占部裕典

租税法の解釈と立法政策 II

信山社

目　次

〔法人税〕

第Ⅰ巻　目　次

はしがき

目次

第一一章　トライアンギュラー・ケースにおける国際的利子課税

一　はじめに

「トライアンギュラー状況（triangular situations）」は、三カ国以上の国々が課税関係において関係する状態であると定義される。各国の締結している租税条約は基本的には二国間での二重課税等を排除することを目的とした条約であるために、そのような状況においては当然に問題を生むこととなる。一九九五年ＯＥＣＤモデル条約（Model Double Taxation Convention on Income and on Capital, 1995）Art. 4 は、法人や個人等のパーソン（person）が複数の国の居住者であり、そして第三国から所得を受領する場合に生ずる居住地判定に関する問題について、解決のためのルールを提示している（日米租税条約 Art. 3 参照）。しかし、ＯＥＣＤモデル条約は、典型的なトライアンギュラー・ケースを解決するための一般的ルールについては何ら規定をおいていない。このことは、一九七九年国連モデル条約（United Nations Model Double Taxation Convention Between Developed and Developing Countries, 1979）や一九九六年ＵＳモデル条約（United States Model Income Tax Convention, 1996）においても同様である。

一九九二年ＯＥＣＤモデル条約報告書（トライアンギュラー・ケース（Triangular Cases））において、典型的なトライアンギュラー・ケースとは、ある国（Ｓ）から生じた配当・利子・ロイヤルティという所得が、別の国（Ｐ）におかれている恒久的施設（パーマネント・イスタブリシュメント（Permanent Establishment）。この恒久的施設は、第三国

(R) に居住する本店 (法人) に依存している恒久的施設である。) によって受け取られるようなケースであると定義している。[1] このようなトライアンギュラー・ケースは、OECDモデル条約コメンタリーにおいて言及されているが、OECDモデル条約自体においては触れられていない。[2] これは、租税条約が本質的には相互的であるために、複数国間の状況に対処することを原則的には考慮する必要がないからであると考えられる。

ここでは、恒久的施設による利子の支払い、利子の受取り、さらに本店による恒久的施設のための利子の支払いを検討の対象にするが、特に支払者 (payer) が第三国においている支店等の恒久的施設に関連する利子の支払いを行う場合のトライアンギュラー状況を中心に論ずることとする。[3] そして、OECDモデル条約の準拠した (あるいは部分的にそれに依った) 二重課税回避のための租税条約が、異なる二国間の「ソース・ルール」[4] からもたらされる二重課税の潜在的な軋轢を解消することができるか否か (いわゆる利子の二重源泉地国課税の問題) を検証することとする。[5]

ここで主として検討を加えようとする状況は、OECDモデル条約コメンタリーの paras. 28-30 において議論されている。ある一方の国 (以下、「HO State」という。) に法人の本店 (head office) が設立され、その法人は他方の国 (以下、「Lender State」という。) に居住する貸主に利子を支払う。HO State は、第三国 (以下、「PE State」という。) に存する恒久的施設 (パーマネント・イスタブリシュメント、PE) のために、Lender State の貸主と融資に関する契約を締結している。恒久的施設は、その融資により機械・設備等を購入する。

このような状況のもとでは、利子は三カ国 (HO State, Lender State, PE State) において課税されうることになろう。特に、この三重課税のもとで、HO State は、居住者が当該国に支払った利子について課税 (通常、源泉税) を行い、同時に PE State は当該国に源泉を有する、あるいは実質的に関係する利子に課税する (この税をどのように賦課するかは、PE State の内国法の問題である。)。しかし、Lender State が HO State と PE State (第三国) において課税された税額について、外国税額控除を認めると二重課税は排除されうることになろう。

けれども、二重課税の完全な排除は稀であるといえよう。たとえば、完全な外国税額控除は、Lender State がパー・カントリー主義をとっている場合には達成されないであろうし、さらにそのような制限がなくとも、貸主がグロス・インカム（総所得）ではなく、貸主の利益マージンにのみ課税されているとするならば、貸主は利益マージンに課せられた所得税から源泉税のすべての額を控除することはできないであろう。

そこで、以下議論するように、あるいはOECDモデル条約コメンタリーは、このような状況下での課税関係を間接的に確認しているが、そこで言及されているような結論は十分に検証される必要があろう。OECDモデル条約、さらに国連モデル契約、USモデル条約、日米租税条約等を念頭におきながら、この問題を検討することにする。

なお、本店と恒久的施設（PE）の間における内部的なローンの取扱いは、PE は当該法人の一部であるために、法的には PE（独立した法人格をもたない）の借入金であるとみなすことはできない（ただし、銀行の本店・支店間のそれについては例外がある。）[6]

そして、次にその他のトライアンギュラー・ケース、すなわち PE State での利子の支払い、PE State での利子の受取りに対する課税関係を補足的にみていくことにする。

二　本店所在地からの利子支払い

1　OECDモデル条約 Art. 11

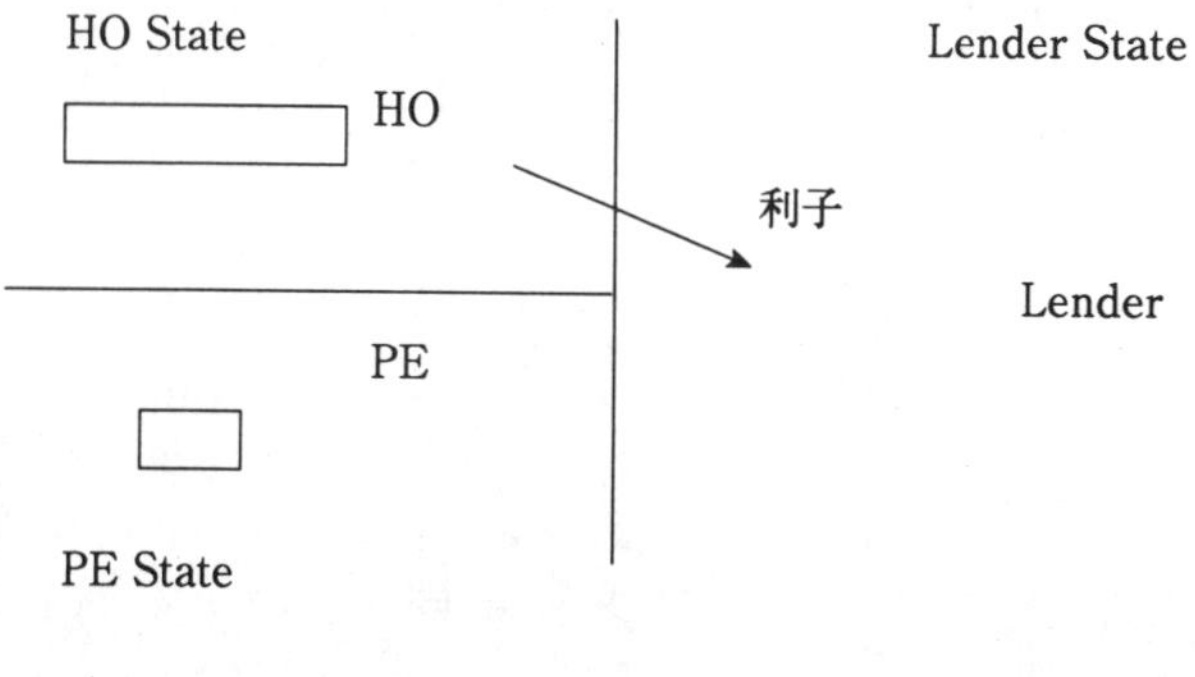

トライアンギュラー状況を、まずＯＥＣＤモデル条約の利子条項にもとづいて、議論することとする。ＯＥＣＤモデル条約 Art. 11 は、利子（利子とは、すべての種類の信用に係る債権をいう。同条約 Art. 11 (3)参照）が受取国及び源泉地国の双方で課税されると規定する。源泉地国の場合、課税は、利子の総額（グロス）の一〇パーセントに制限されている。ＯＥＣＤモデル条約 Art. 11 は、利子についての基本的なソース・ルールを示し、そして、「利子は、その支払者が一方の締結国……の居住者である場合には、当該一方の締結国において生じたとみなされる」と規定している。

しかし、ＯＥＣＤモデル条約 Art. 11 (5)の第二センテンスは、次のように規定している。

「利子を支払っている者（person）が、締約国の居住者であるか否かは問わず、一方の締約国に恒久的施設又は固定的施設をもち、そこで当該利子支払いの起因となった債務が当該恒久的施設又は固定的施設において成立し、そしてそのような利子が恒久的施設又は固定的施設によって負担されている場合には、そのような利子は、恒久的施設又は固定的施設の存する当該一方の締約国において生じたとみなされる」。

このような規定は、国連モデル条約においても導入されている（Art. 11 (5)）。

ＯＥＣＤモデル条約 Art. 11 のコメンタリー para. 27 は、利子の起因する債務と恒久的施設との間に経済的な関連性がある場合には、利子は当該恒久的施設又は固定的施設によって支払われたとみなされると述べている。同コメンタリー para. 27 は、またそのような経済的な関連性が存在する場合（すなわち、ＯＥＣＤモデル条約 Art. 5 の第一センテンスから乖離する場合）のいくつかの、次のような事例を挙げている。

「(a) 恒久的施設の特別な要求を充たす目的で、当該恒久的施設が業務の一環として借入契約を締結した場合。この場合は、当該恒久的施設が直接に債権者に対して債務を負担する。

(b) 企業の本店がもっぱら外国にある恒久的施設のために借入契約を締結した場合。この場合には、利子は本店より支払われるが最終的には当該恒久的施設の債務に帰することとなる。

(c)　借入契約の締結は本店により行われるが、借入資金は国外にあるいくつかの恒久的施設により用いられる」。

同コメンタリー para. 27 は、上記の(a)(b)は、OECDモデル条約 Art. 11 (5)の第二センテンスが充たされるとみてとれるが、(c)についてはArt. 11 (5)に該当しないので、同一の借入れについて複数の源泉地国があると解釈しなければならないとする。そこで、Art. 11 (5)の適用を(c)までにするのかについては両締約国の最終的な判断に任せられている。なお、実質的意味において、「債務に帰することとなる」利子と恒久的施設によって控除される利子とは同意義であると解される。

同コメンタリー paras. 28-30 は、特に解決が複数国レベルの協議、租税条約でみいだされうることを示唆している。しかし、ここでは、理論的に可能な複数国間による解決を考慮にいれず、代わりに、二国間のレベルでのこの問題の解決可能性に着目する。

2　USモデル条約 Art. 11

一九八一年USモデル条約は、最近（一九九六年九月二〇日）、大きな修正がなされている。このUSモデル条約 Art. 11（以下、「一九九六年USモデル条約」という。）は、利子課税について、次のように規定している。

「1．一方の締約国で生じ、他方の締約国の居住者が受益的に所有する（beneficially owned）利子は、当該他方の締約国においてのみ課税される。

2．この条約において用いられている「利子」の文言とは、すべての種類の負債に係る債権（担保の有無、債務者の利益の分配を受け取る権利の有無は問わない。）から生じた所得、特に政府証券（公債）、債権又は社債から生じた所得（政府証券（公債）、債権又は社債に係る割増金又は賞金を含む。）及び所得の生じた締約国の税法によって貸金からの所得として同じ課税上の取扱いを受けているその他のあらゆる所得をいう。一〇条（配当）の規定の適用を受ける所得又は遅延金は、本条約の適用において利子とは取り扱われない。

3．一項の規定は、一方の締約国の居住者である利子の受益者（beneficial owner）が、当該利子の生じた他方の締約国において、当該他方の国にあるパーマネント・イスタブリシュメントを通じて事業を行い又は当該他方の国において当該他方の国にある固定的施設を通じて独立の人的役務を提供し、当該利子がそのようなパーマネント・イスタブリシュメント又は固定的施設に帰属する場合には、適用されない。このような場合には、七条（事業利益）又は一四条（独立的人的役務（自由職業所得））の規定が適用される。

4．利子の支払いの起因となった債権（debt-claim）を考慮した場合に、利子の支払者と受益者、あるいはこれらの双方と第三者との特別の関係によって、利子の額がそのような関係の存しないときに支払者又は特別の受益者が同意する額を超過する場合には、本条の規定はその合意をしたとみなされる額についてのみ適用される。この場合には支払われる額のうち当該超過部分については、この条約の他の規定に妥当な配慮を行ったうえで、各締約国の法令に従って租税を課することができる。

5．para. 1（一項）の規定にもかかわらず、

(a)　一方の締約国の居住者が支払い、そして受取り、販売、所得、利益又は負債者又は関係者のその他の金銭の流れ、又は負債者又は関係者のあらゆる財産の価値に対するあらゆる賦課金、あらゆる配当、パートナーシップの配分又は負債者又は関連者が行ったあらゆる類似の支払い、に関して決定された利子で、その他方の国の居住者に支払われた利子は、またそれが生じた締約国において、その国の法律によって課税されうる。しかし、受益者が他方の締約国の居住者である場合には、当該利子の総額は一〇条二項(b)に規定した税率を超えない範囲で課税されうる。そして、

(b)　不動産担保共同出資（real estate mortage investment conduit）における残余持分に関する超過部分（excess inclusion）である利子は、各々の内国法に応じて各々の締約国によって課税されうる。」

Art. 11 は、源泉地国及び居住地国の利子所得についての課税管轄権を規定するとともに、当該条に適用するために必要な文言を定義している。[7] 一九八一年USモデル条約は、OECDモデル条約 Art. 11 (5) の規定を有していたが、一九九六年改正により同条項を削除している。[8] トライアンギュラー・ケースにおける一九九二年USモデル条約 Art. 11 の射程距離は必ずしも明確ではないように思われる（本稿では、主として一九八一年USモデル条約 Art. 11 (4) を参考とする。）。

3　HO State と PE State との間に条約がない場合に生ずる問題

まず、二つの租税条約（Lender State と HO State 間での租税条約と Lender State と PE State 間での租税条約）があり、その条約はどちらもOECDモデル条約に準拠しているとする。OECDモデル条約 Art. 11 (5) の第一センテンス、すなわち Lender State と HO State 間での租税条約の最初のセンテンスにおいて、HO State は貸主に支払われた利子について課税することができる。同条約 Art. 11 は、借入れ（債務）が PE により必要とされたので本店で行われ、そして PE State の恒久的施設が利子を負担する場合、PE State が課税できるかについてはなんら言及していない。しかし、PE State は、内国法及び Lender State との条約（OECDモデル条約 Art. 11 (5) の第二センテンス）の適用により、利子に課税することができる。このような状況下において、二つの存在する租税条約は、二重源泉地国課税を解決するためには機能しない。他方、PE State が、Outbound Interest（支払利子）について原則的に課税しない場合、あるいは当該国にある恒久的施設が利子を負担する場合において、課税をしない場合には二重源泉地国課税の問題は生じない。

具体的な事例としては、次のような場合が考えられる。(9) 本店がイタリアにあり、PEがナイジェリアにあり、貸主がオランダに居住しているとする。現在、イタリアとナイジェリアとの間には条約がない。イタリア―オランダ租税条約においては、イタリアの本店が支払った利子は、イタリアで生じたとみなされ、そこで課税されることになる（一〇パーセントでの源泉税率）。ナイジェリア―オランダ租税条約 Art. 11 において、利子はまたナイジェリアで生じたとみなされ、そこで課税される（一二パーセントの源泉税率）。貸主は利子の収入総額（グロス）にもとづいた二重の源泉地国課税に直面することになる。

4 源泉地国タイ・ブレイカー条項としてのOECDモデル条約 Art. 11 (5)

(1) 源泉地国タイ・ブレイカー条項

PE State と HO State は、OECDモデル条約 Art. 11 に準拠した利子条項をもつ租税条約を締結している。この場合、PE State が Lender State とOECDモデル条約に準拠した条約を締結しているか否かは問題ではなく、また Lender State が HO State とのそのような条約を締結しているか否かも問題ではない。なぜならば、このような条約が存在していたとしても、上述したように、二重源泉地国課税に対する救済を与えないからである。OECDモデル条約 Art. 11 (5) は、利子の受領者と支払者がともに両締約国の居住者であるが、借入金が支払者の第三国に存する恒久的施設の利用の用に供され、かつ当該利子をその恒久的施設が負担する場合につい

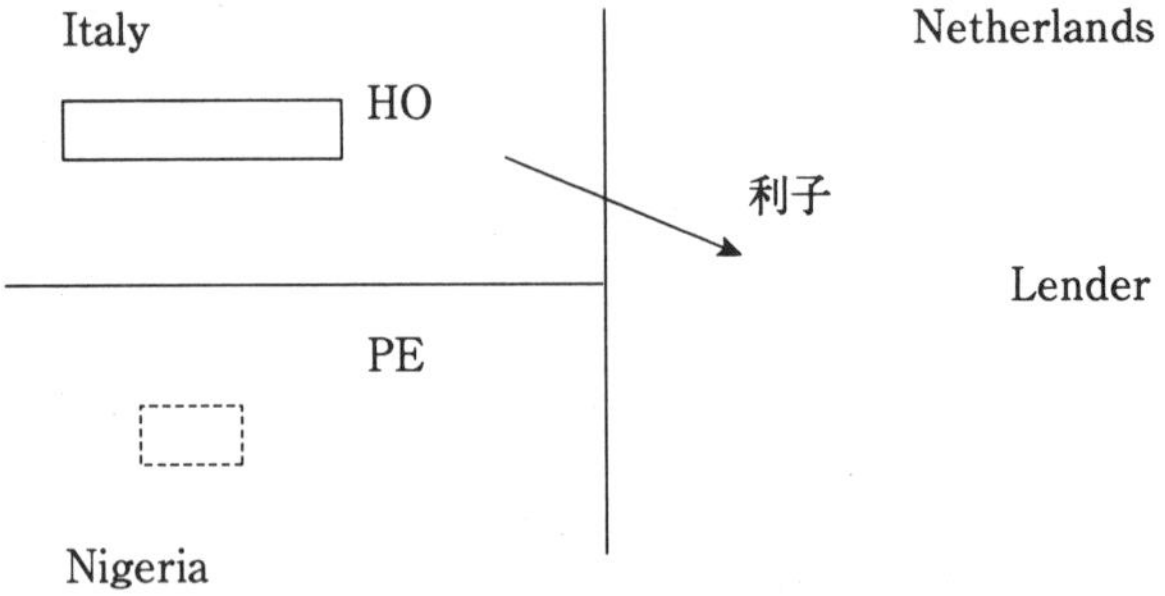

て、何らの解決方法を規定していないのである。よって、このような場合には、本条 para. 5 の第一センテンスのみが適用されることになる（OECDモデル条約 Art. 11 (5) のコメンタリー para. 28 参照）。

しかし、このような場合、OECDモデル条約 Art. 11 (5) のコメンタリー para. 29 は、PE State と HO State 間での租税条約 Art. 11 (5) が二重源泉地国課税を消滅させることができると示唆しているようにみえる。OECDモデル条約 Art. 11 (5) のコメンタリー para. 29 は、「しかし、利子を支払う者が居住している居住地国が、資金を借入れ、利子を負担する恒久的施設の存する第三国のために、源泉地国課税を放棄するような場合については二国間条約 (bilateral convention) で規定を設けて解決することは不可能である。上記の場合の二重課税の危険は、本条五項と内容的に同一の規定を二国間（すなわち、利子支払者の居住地国と資金を借入れた恒久的施設の存する第三国との間）の条約で締結すること、あるいはこの種の規定を盛り込んだ多国間条約 (multilateral convension) を締結することによってのみ回避することができる」と規定している。

ここで、コメンタリーははっきりと述べてはいないが、PE State と HO State 間での租税条約 Art. 11 (5) の第二センテンスは、PE State の居住者か HO State の居住者かどちらかが利子を取得する場合以外の事例へも適用され、「利子の源泉がどこかを判断するための一般的なルール」を含んでいると解釈することを許容していると考えられる。[10] このような解釈が上記の二重源泉地国課税の問題を解決させることにつながるであろう。

換言すれば、このような解釈をとることにより、Art. 11 (5) の第二センテンスは、二つの衝突する源泉ルールを解決するときの「一般的なタイ・ブレイカー・ルール (Tie-Breaker Rule)」を含んでいると解することができる。これ規定の射程距離は広がり、ある三国の居住者がもたらす利子に対しても影響を及ぼすであろう。その結果、Art. 11 (5) の第二センテンスは、HO State の内国法におけるソース・ルールにとって代わることになる。[11]

(2) 源泉タイ・ブレイカー条項への障害

PE State と HO State 間での租税条約 Art. 11 (5) の第二センテンスが、このように解決されうるならば、この条項は、二重源泉地国課税問題についての解決策を理論的には提供することとなろう。しかし、現実問題として、貸主が二重源泉地国課税を回避しうるか否かは、そのような解釈がＯＥＣＤモデル条約 Art. 1 に示されている原則と矛盾しないか否かに依存しているといえよう。ＯＥＣＤモデル条約 Art. 1 は、「この条約は、一方又は双方の締結国の居住者である者に適用する」として、二つの条約締約国の居住者に、条約の適用を一般的に制限している。ＯＥＣＤモデル条約 Art. 11 のコメンタリーは、第三国の居住者が他の二国間での条約のもとでの便益（ベネフィット）を享受できるか否かという問題について明確な言及を避けているといえよう。

しかし、Art. 11 (5) の第二センテンスが、第三国の居住者に利益を与えないならば二重の源泉地国課税は消滅させることができないと考えられることから、ＯＥＣＤの見解は、PE State と HO State 間での租税条約 Art. 1 の存在にもかかわらず、この条約の Art. 11 (5) のタイ・ブレイカー・ルールは、このような条項を含む条約を批准すると、HO State の国内法の一部となり、貸主にも適用されうると考えることができよう。[12] このように解すると、貸主が PE State と HO State 間での租税条約の適用（便益を取得できるか）を受けられるかというよりもむしろ、貸主が HO State の国内法の適用を受けられるかが重要な問題となるであろう。

しかし、現実には、PE State と HO State 間での租税条約の居住者以外の者（つまり貸主）に適用されうるか否かに関して、未解決のまま残っている。条約の相対的効力については議論が存する。[13] さらに、貸主が二重源泉地国課税から、どの程度の保護を実際に享受できるのかも問題である。特に、貸主が PE State か HO State のどちらかの居住者でないとすると、貸付けは PE State と HO State 間での租税条約により与えられる相互協議手続きを発動することができないので、その結果、HO State の国内法に規定されている救済にのみ依存することとなる。つまり、ＯＥＣＤが示唆している Art. 11 (5) の第二センテンスの解釈によると、貸主は自分が受け取る利子について賦課される場所及び源泉税額を前もって予見することができない。同様に、同じ理由で、Art. 11 (5) の第二センテンスの解釈では、本店が源泉徴収代理人としての権限において、貸主になされた利子支払いについての税を源泉徴収しないという選択を行うということを必ずしも保証しない。

(3) 一つの源泉地国課税

源泉タイ・ブレイカー・ルール（条項）としてOECDモデル条約 Art. 11 (5) が二重源泉地国課税をどのように消滅させるかについては、上述した事例により示した。しかし、今度は、PE がフランスにあるとする。フランスは、イタリアと租税条約を締結している。イタリア—フランス租税条約 Art. 11 (7) はタイ・ブレイカー・ルールを規定している。

イタリアは、OECDモデル条約コメンタリーに沿って、イタリア—フランス租税条約 Art. 11 (7) を解釈することに同意している。そして、イタリアは、オランダ貸主に支払われた利子に課税する権限を放棄することに同意している（イタリアの利子課税は、イタリア所得税法 Art. 20 にもとづいている。）。そのような利子は、イタリア—フランス租税条約とフランス—オランダ租税条約 Art. 11 (6) によって、フランスにおいて生じた（フランス源泉所得）とみなされる。結局、利子は源泉地国（つまりフランス）において課税される。税率は、フランス—オランダ租税条約によって規定されている一〇パーセント（最大税率）までの範囲である。(14)

(4) 源泉地国課税の不存在

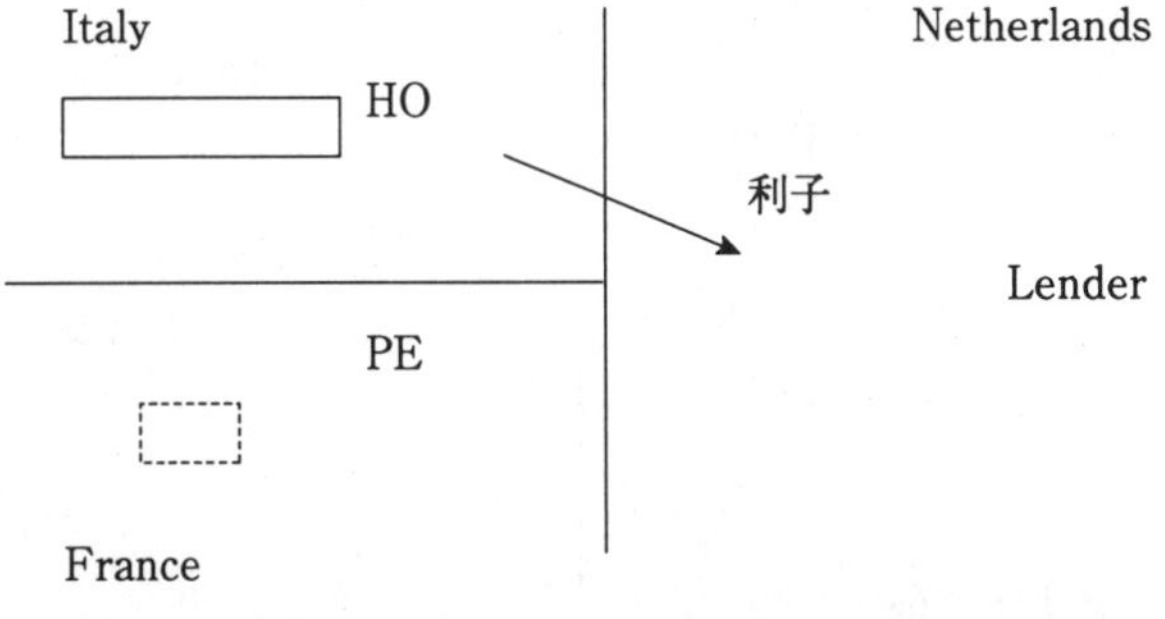

PE State と HO State 租税条約 Art. 11 (5) の第二センテンスは、二重源泉地国課税を消滅させるのみでなく、源泉地国課税すべてを消滅させる法的効果までもたらす。PE State がその国で生じた利子に課税をしない場合にこのようなことが起こる。これは、次のような事例で示すことができる。(15)

本店がイタリアにあり、PE がオランダにあり、貸主は第三国に居住しているとする。イタリア―オランダ租税条約 Art. 11 は、すでに述べたように源泉課税を制限している。イタリア―オランダ租税条約 Art. 11 (7) の第二センテンス（タイ・ブレイカー・ルールの規定に相当する。）において、イタリアの本店が貸主に支払った利子（ただし、現実にはオランダ PE が負担したものである。）は、オランダで生じた（オランダ源泉所得）とみなされる。しかし、オランダ国内法において、利子所得は課税（源泉徴収）されることはない。結果として、オランダが貸主の国と租税条約を締結しているか否かに関係なく、オランダにおいて課税はされないであろう。

5 OECDモデル条約コメンタリーとオーストラリア条項

OECDモデル条約 Art. 11 (5) のコメンタリー para. 30 は、二重源泉地国課税が次のような、修正 Art. 11 (5) 第二センテンスの文言により消滅させられることを示唆している。

「しかし、利子を支払っている者が、一方の締約国の居住者であるか否かは問わず、その支払者の居住地国以外の国に恒久的施設又は固定的施設をもち、そこで利子支払い

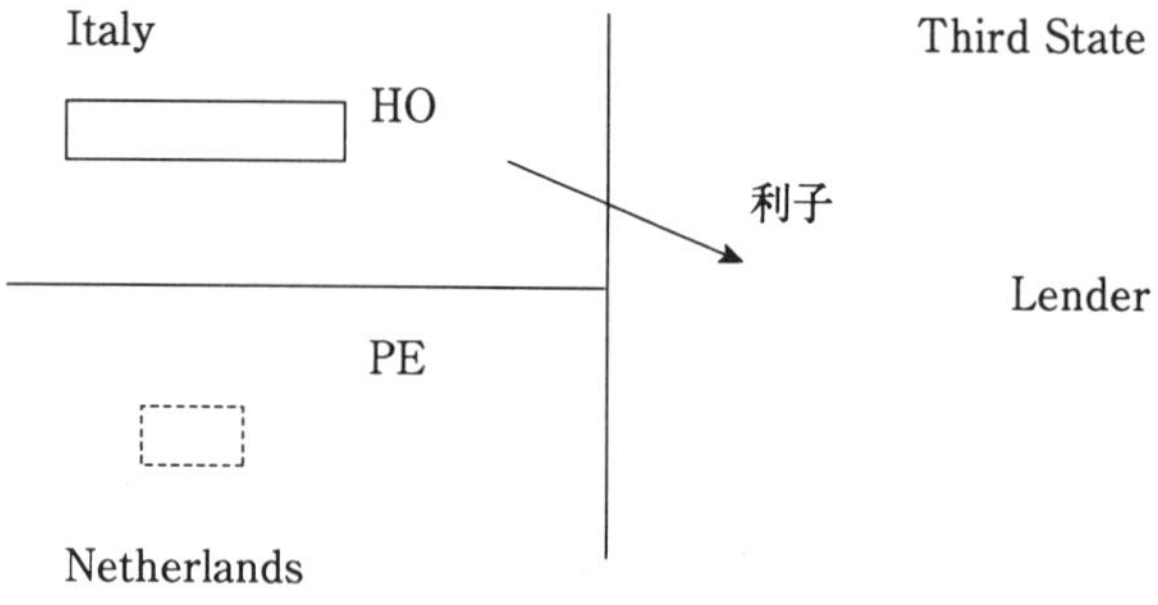

の起因となった債務が当該恒久的施設又は固定的施設において成立し、そしてそのような利子が恒久的施設又は固定的なベースによって負担されている場合には、そのような利子は、恒久的施設又は固定的施設の存する締約国において生じたものとみなされる[(16)]」。

ＯＥＣＤモデル条約 Art. 11 (5) 第二センテンスにもとづく場合と異なり、上述のような条項のもとで、利子は、条約締約国（二カ国）以外の国において源泉地国を有することができる。オーストラリアと締結した条約の多くが、このＯＥＣＤモデル条約コメンタリーにより示唆されている内容に相当する条約条項（以下、「オーストラリア条項」という。）をおいているというのは興味深いことである[(17)]。オーストラリアは、オーストリア、カナダ、フィンランド、インド、イタリア、オランダ、ノルウェー、スペイン及びアメリカとの間でこのような条約を締結している[(18)]。なお、アメリカ締結した条約のなかにもいくつかそのようなものがある。たとえば、アメリカ―ベルギー租税条約（Art. 11)、アメリカ―ノルウェー租税条約（Art. 24)、アメリカ―ブラジル租税条約（Art. 5）などにみることができる[(19)]。

オーストラリア条項が Lender State と HO State との間の租税条約 Art. 11 (5) に相当すると仮定する。また、PE State と HO State 間に、租税条約は締結されていないか、あるいは両国間に租税条約は締結されているが、タイ・ブレイカー・ルールは効果がなく、つまりそれは貸主に関して、HO State を拘束していないと仮定する。しかし、Lender State と PE State 間に租税条約が存するか否かは無関係である。

(1)　一つの源泉課税

オーストラリア条項（Lender State と HO state との間の租税条約 Art. 11 (5)）のもとで、本店が支払った利子は、PE State に源泉があるとみなされる。その結果、二重源泉地国課税が回避されうる。ソース・ルール間での衝突は生じないであろう。なぜならば、利子は、PE State ― Lender State 租税条約 Art. 11 (5)（ＯＥＣＤモデル条約に準拠している。）のもとでは、PE State に源泉地があると同様にみなされるからである。本店がカナダにあり、PE

がスペインにあり、貸主はオーストラリアに居住しているとする。さらに、事例（上述4 3）のイタリアと違って、カナダは、スペインとの租税条約 Art. 11 (5)（OECDモデル条約 Art. 11 (5) 第二センテンスに相当する。）をオーストラリアの貸主に便益（ベネフィット）を与える（利子源泉に関する。）タイ・ブレイカー・ルールとは考えていない。(20)

オーストラリア―カナダ租税条約のオーストラリア条項（つまり、Art. 11 (5)）において、カナダ本店がオーストラリア貸主に支払った利子はスペインに源泉があるとみなされる（利子は、またスペイン―オーストラリア租税条約 Art. 11 (5) で、スペインに源泉があるとみなされる。）。スペイン内国法及びスペイン―オーストラリア租税条約 Art. 11 にもとづいて、スペインのみが源泉地国として課税しうることになる。

(2) 源泉課税の不存在

Art. 11 (5) がタイ・ブレイカー・ルールとして機能するような事例において、オーストラリア条項を適用すると源泉地国での課税を引き起こさないことがあるということに注意をすべきである。つまり、PE State が、当該国におかれている恒久的施設が負担する利子に課税しないような状況である。

6 利子の二重源泉課税についての結論

Art. 11 (5) タイ・ブレイカー・ルールとオーストラリア条項を比較すると、オーストラリア条項は、二重源泉課税により直接影響を被る者である貸主がその条項を直接に適用することができるので、より効果的であると指摘することができる。さらに

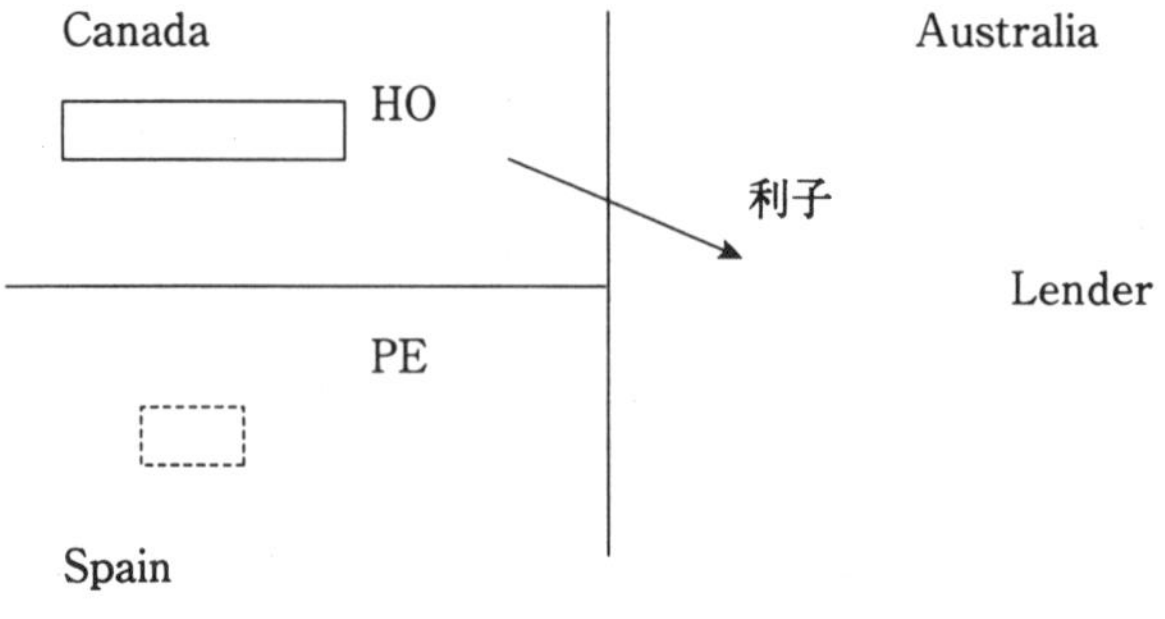

必要であれば、貸主は、Lender State ― HO State 租税条約の相互協議手続きによることもできる。オーストラリア条項の欠点は、Lender State と本店との間に条約が存する場合にのみ二重源泉課税を消滅させることができるということである。

比較した場合に、OECDの解釈が正しいと仮定するならば、Art. 11 (5) 第二センテンスはOECDモデル条約及びUN（国連）モデル条約に準拠したかなり多くの条約のなかに含まれており、基本的な準則ということになる。しかしまた、それ（Art. 11 (5) 第二センテンス）は、PE State と HO State 間に租税条約が存する場合にのみ二重源泉地国税を消滅させることができ、また貸主に対して直接的かつ効果的な救済を与えることができないことから、欠点も存在する。

上述したように、双方の条項は、利子についての源泉地国課税を否定することができる。しかし、PE State ― HO State 租税条約のタイ・ブレイカー・ルールは、HO State に源泉地国での利子課税の権利を放棄させることとなるので、Lender State と締結している条約におかれているオーストラリア条項は、逆の状況（つまり貸主が HO State の居住者である場合）において、HO State の居住者について、二重に源泉課税を消滅させる。このような理由から、オーストラリア条項は、OECDモデル条約 Art. 11 (5) の基本的条項に盛りこまれるべきであるということができよう。[21]

双方の条項は、PE State の有利になるように、ソース・ルール間での衝突を解消している。理論的な視点からみると、このような解決方法が受け入れられるべきであるか、議論の余地がある。利子について源泉地で課税することを求めている二カ国の「ソース・ルール」を比較すべきである。不幸にも、内国法のルール及びそこでの基本的な原則は一貫したパターン（取扱い）によっているとは必ずしもいえないので、これは困難な検討になるかもしれない。たとえば、利子への源泉徴収課税及び利子の控除は二つの独立した別個の問題であるけれども、二〜三の国（たとえば、オーストラリア、イギリス）では、源泉徴収税が「非居住者が別の非居住者に支払った利子」に課せられる場合にのみに、これらの国の恒久的施設に関係して、「非居住者が別の非居住者に支払った利子」の控除を認めている。これらの国では、利子と国家との関係（当該利子がこれらの国の源泉所得であることを正当化する関係）は、所得が借入金のこれらの国での投資を介して、生ずるものであるということである。事実、OECDモデル条約 Art. 11 (5) の第二センテンスは、これと同じ原則（関係）を述べていると考えられる。

その他の場合として、支払者がその国の居住者である場合にのみ、融資と所得の稼得とに関連があるか否かを問わず（たとえば、私的な資産の購入のために、私人が行った借入、法律が所得の稼得と関係がないとみなす「会社により借入られた金銭」など）、利子がその国で生じたとみなされる（たとえば、イタリアの所得税法 Art. 20）。きわめて形式的なパターンである。

二つの国のソース・ルールの衝突を解決するためには、利子は貸付けを受けた者（つまり本店）が借入金の利子を支払う所得を得るために使った国においてのみその国の源泉となるべきであるといえよう。結果として、利子は、PE State に源泉があるというべきである。つまり、借入金がその国で税を支払うために用いられた国である。[22]

この結論は、HO State が、イグゼンプション方式あるいは外国税額控除方式によって、PE の所得について二重課税を排除する旨を規定しているか否かに関係なく、正当であるといえる。双方の場合において、HO State が現実に、完全にあるいは部分的に、PE State が有利になるように、PE の所得への課税権を放棄している。結果的に、HO State が、PE State で得た所得と関係して、貸主に支払われた利子について同じように取り扱うのは正当であろうと思われる。[23]

もちろん、このようなためには、本店と恒久的施設との間で利子を適正に配分する必要がある。これは、「イグゼンプション方式のもとで PE 所得」あるいは「外国税額控除制度のもとで外国税額控除のための控除限度額」を計算するときに用いられる方法と同じ配分方法（ルール）を用いることにより簡単に行うことができる。個々で活用可能な二つの主たる方法は、①トレイシング・アプローチ及び②アポーション・アプローチである。

結果として、理論的な視点からみれば、Art. 11 (5) のタイ・ブレイカー・ルール及びオーストラリア条項がどちらも、PE State の有利になるようにソース・ルールの軋轢を調整することを求めているのは正しいように思われる。[24]

実務的な視点からみれば、HO State での課税を認める方向でソース・ルールの軋轢を解決させる方が貸主にとっては望ましいといえるであろう。なぜならば、特に HO（本店）が借入金をどのようなものに使用するか知らない場合（つまり借入金を一つの PE だけではなく、複数の PE のために用いるかもしれないし、あるいは本店がその借入金の一部を使用するかもしれない。）に、貸主（lender）が受領する利子について貸主に源泉税を先に（前もって）賦課させることができるであろう。[25]

しかし、この方法は現実的な解決を導くことにはならないであろう。なぜならば、ＯＥＣＤが一九六三年以来、ＯＥＣＤモデル条約 Art. 11 において一貫して採用している「PE State での課税原則」に完全に反することとなるからである。

三　恒久的施設の利子支払い及び利子の受取り

1　恒久的施設での利子支払い

前述したように、ＯＥＣＤモデル条約 Art. 11 (5) の第二センテンスは、「利子を支払っている者が、締約国の居住者であるか否かは問わず、一方の締約国に恒久的施設又は固定的施設をもち、そこで当該利子支払いの起因となった債務が当該恒久的施設又は固定的施設において成立し、そしてそのような利子が恒久的施設又は固定的施設によって負担されている場合には、そのような利子は、恒久的施設又は固定的施設の存する当該一方の締約国において生じたものとみなされる」と規定しており、このような規定は、国連モデル条約においても導入されていることを既に確認した。さらに、一九八一年USモデル条約 Art. 11 (4) も同様の規定をおいていた。一九八一年USモデル条約 Art. 11 (4) は、「利子は、その支払者が一方の締約国の居住者である場合には、当該一方の締約国内で生じたものとみなされる。しかし、利子の支払者（締約国の居住者であるか否かを問わない。）が一方の締約国内に恒久的施設又は固定的施設を有する場合に、当外利子の支払いの起因となった債務が当該恒久的施設又は固定的施設について生じ、かつ当該利子が当該恒久的施設又は固定的施設によって負担されるものであるときには、当該利子は、当該恒久的施設又は固定的施設の存在する当該一方の国内で生じたものとされる」と規定していた。[26]

次の二つの事例は、恒久的施設が利子を支払う場合である。

(1) PE State がアメリカの場合

法人は、HO State の居住者であり、アメリカに恒久的施設をおいている。その恒久的施設は、Z国の法人に利子を支払う。恒久的施設は債務をもち、それについて利子を支払う。そして、その利子支払いは、当該恒久的施設について生ずる（課税所得の計算時に利子は控除される。[27]）。当該利子は、内国歳入法典 § 884 (f) のもとで三〇パーセントの源泉税率で賦課される。アメリカとZ国は、一九八一年USモデル条約にもとづいた租税条約を締結している。その条約のもとで、このような利子はアメリカ源泉所得（利子）となるであろう。PE State の恒久的施設が直接、Z国に借入金の利子を支払う場合、恒久的施設それ自体は「居住者」たる資格を有しないことから、一九八一年USモデル条約 Art. 11 (4) の本文の直接適用はないが、ただし書の射程距離内にあり、同条項の適用を受けるものと解される。その結果、利子を受け取ったZ国法人は、アメリカ―Z国間の租税条約から軽減税率による利益を受け取ることができる。このような取扱いは、一九八一年USモデル条約 Art. 11 (4) に代えて、OECDモデル条約 Art. 11

(4)にもとづいた租税条約が締結されている場合にも同様の結果となる。このような事例では、HO State の国内法規において、恒久的施設の利子支払いを HO State の居住者に源泉地国課税（源泉徴収）することはできないことから、二重源泉地課税の問題を生じないと解する余地もあり得るが、HO State の国内法（一九八一年USモデル条約 Art. 11 (4)あるいはOECDモデル条約 Art. 11 (4)の第一センテンスを採用している場合）には、恒久的施設の利子支払いは、法的には HO State の居住者の利子支払いであることから、HO State の源泉所得と解されるであろう。よって、そのような場合には二重源泉地国課税の問題が生ずることとなる。二重源泉地国課税を回避するためには、前述したような対応（二3、4）が検討される必要があろう。

なお、アメリカは、前述したようにいくつかの租税条約において、支払者（HO State 内国法人）が一方の締約国以外に恒久的施設をおき、債務が生じ、利子が当該恒久的施設に関して生じ、利子が他方の締約国（この例ではZ国）の居住者に支払われるとするならば、当該利子は当該支払者が居住している締約国において非課税とされる旨、規定している（二5、オーストラリア条項も参照）。

(2)　**アメリカ以外に PE をおいた場合**

アメリカ法人は、アメリカ以外の国に恒久的施設をおいている。そして、当該恒久的施設は、アメリカが租税条約を締結している国の居住者に利子を支払う。恒久的施設は債務をもち、それについて利子を支払う。そしてその利子支払いは、当該恒久的施設について生ずる。アメリカの内国歳入法典 § 862 (a)(1) において、利子の源泉地

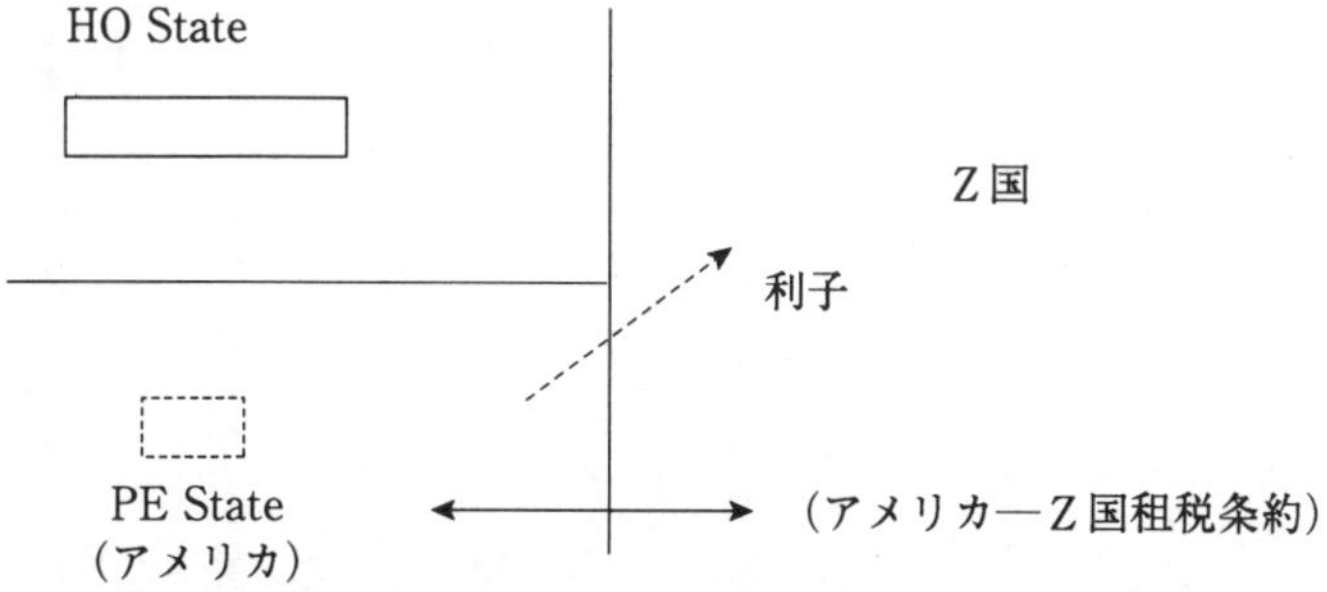

国は、基本的には支払者の居住地場所で決まる（the residence-of-the payor rule）。よって、アメリカ居住者及びアメリカ法人が支払う利子はアメリカ源泉所得として扱われる。ただし、いくつかの例外規定がおかれていることから、その適用が検討されなければならないが、本事例の場合、アメリカ法人は、内国歳入法典§861（a)(1)(A）及び(c)(1）に規定する八〇パーセント外国事業要件（三年間にわたり債務者の総所得の八〇パーセントが外国所得から生じていること）を充足していないし、また、当該利子は、アメリカ法人の商業的な銀行業務に従事している外国支店に預けられた預金に対して支払われたものではない（内国歳入法典§861（a)(1)(B)(i)）ことから、当該利子は、アメリカ源泉所得となり、アメリカ源泉税を課せられる。

問題は、アメリカが租税条約の適用によって支払利子に課税することができるか否かである。アメリカが締結している租税条約（利子、所得の源泉、あるいは原則的な税ルールに関する条項）のいくつかに規定されているソース・ルールのもとで、利子がアメリカ源泉所得に該当しないことがある。たとえば、日米租税条約 Art. 6 (2)は、「利子は、……一方の締約国の居住者によって支払われている場合に限り、当該一方の締約国内の源泉から生ずる所得として取り扱う。ただし、次の場合において、恒久的施設の利子（船舶又は航空機の購入に関連して生じた債務について支払われるものを除く。）を負担するときは、その利子は、当該恒久的施設が存在する国の源泉から生ずるものとする。

(a) その利子の支払者（一方の締約国の居住者であるかどうかを問わない。）が一方の締約国内に当該恒久的施設を有する場合において、その利子の支払いの起因となった債務が当該恒久的施設について生ずるとき。

(b) その利子の支払者が一方の締約国の居住者であり、かつ両締約国以外の国に当該恒久的施設を有する場合において、その利子の支払の起因となった債務が当該恒久的施設について生ずるとき。」と規定しており、同条(2)(b)はこの場合に該当する。(28)

しかし、一般に、アメリカが締結している租税条約（利子、所得の源泉、あるいは原則的な課税ルールに関する条項）

の多くは、一方の締約国がその国から生ずる利子のみについて課税することを認めている。

一九八一年USモデル条約 Art. 11 (4)は、利子支払者が締約国に恒久的施設をもち、当該恒久的施設が利子を支払っている場合（つまり、上記事例のように、第三国法人がアメリカに恒久的施設をもち、当該恒久的施設がアメリカと租税条約（一九八一年USモデル条約に準拠した条約）を締結している国に設立されている法人居住者に利子を支払う場合）をカバーしている。利子支払者が締約国の居住者であるか否かは関係がない。

一九八一年USモデル条約 Art. 11 (4)は、恒久的施設がおかれている締約国において生ずる利子について規定をしている（この事例でいえば、アメリカにおいて生ずる。）。

一九八一年USモデル条約 Art. 11 (4)は、逆の場合はカバーしていない（つまり、一方の締約国の居住者（アメリカ法人のような）が恒久的施設をもち、その恒久的施設がアメリカと租税条約（一九八一年USモデル条約に準拠した条約）を締結している国の居住者に利子を支払う場合といった本事例のような場合）。一九八一年USモデル条約 Art. 11 (4)は、恒久的施設が支払者の居住国よりむしろ、第三国におかれ、そこで利子が生じた場合（源泉所得となる場合）を規定していない。その理由の一つは、一九八一年USモデル条約 Art. 11 (1)において、一方の締約国（アメリカ）で生じ、他方の締約国の居住者に支払われた利子は、他方の国（つまり支払者が設立された又は居住している条約国ではない。）においてのみ課税されるということである。このことは、OECDモデル条約 Art. 11 (5)の解釈においても同様に取り扱われる（ただし、OEC

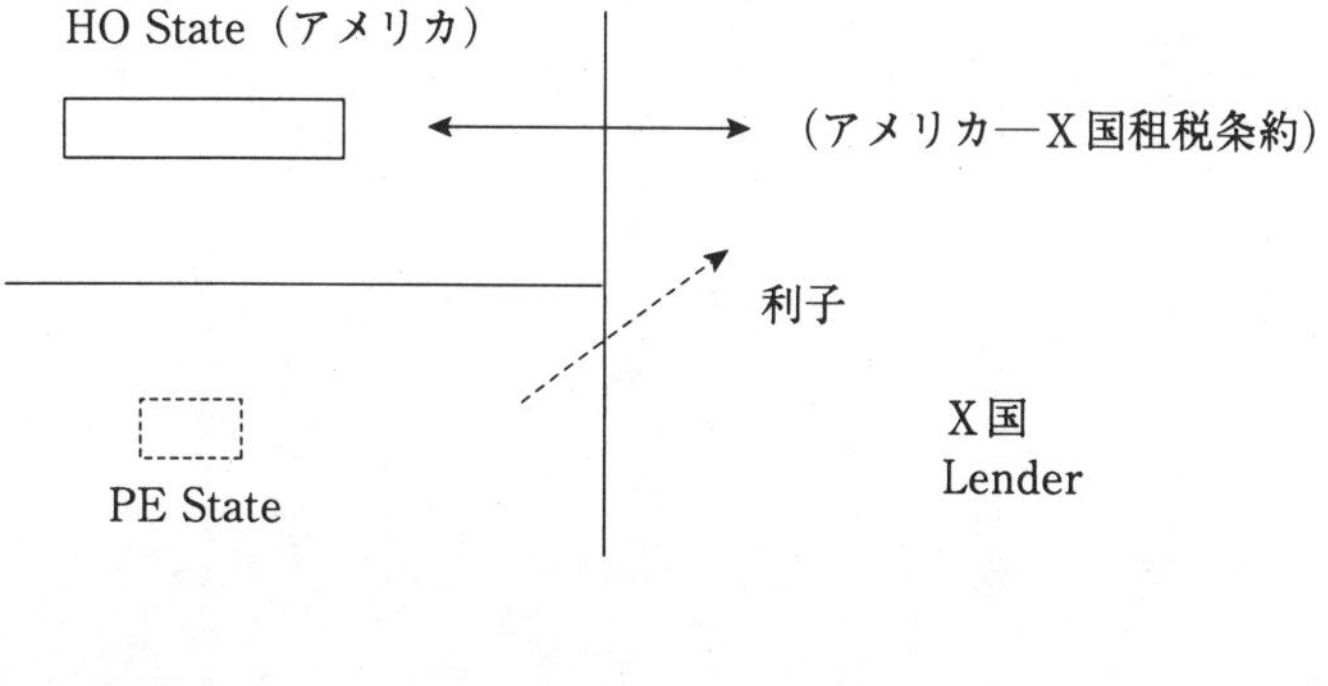

Dモデル条約 Art. 11 (5) の第二センテンスの解釈について、二4参照)。

よって、HO State (アメリカ) が課税をしない限り、二重源泉地国税の問題は生じないであろう。

二 恒久的施設での利子受取り

一九九二年OECDモデル条約報告書で検討されたトライアンギュラー・ケースは、「利子、配当及びロイヤルティからの所得がZ国を源泉地として生ずる。そして、そのような所得は、PE State におかれている恒久的施設が受け取る。さらに、恒久的施設は、HO State に居住する企業に従属している。」といった、いわゆる恒久的施設での利子受取りケースであった。ここで提起された問題のアウトラインは、次のようなものであった。(29)

(1) HO State が恒久的施設に課税をする場合

三カ国において条約が締結されていないとすると、その企業は、HO State で、居住地国課税により無制限納税をもつことになる。PE State は、恒久的施設の利益に課税する。Z国は、恒久的施設に支払われた所得(利子)に対して源泉(徴収)課税を行うこととなる。

恒久的施設からの利益あるいは第三国からの所得について、二重課税が回避されるか否か、回避されうるとしてどのように回避されるのかは、各々の国の内国税法の規定にかかわることになる。しかし、二重課税回避のための租税条約を締結しているのであれば、当然のこと、それぞれの条約毎にその適用を受けることになる。

Z国が HO State の居住者に利子を支払うと、Z国は HO State とZ国の租税条約にもとづいて源泉課税を行う。利子の支払いが PE State に帰属するとしても HO State とZ国の租税条約は PE State に適用されない。一方、Z国と PE State との間の租税条約は、恒久的施設が PE State の居住者でないので、適用されない。この場合に生ずる問題は、源泉徴収税の控除を請求できるのはこの法人(本店)か恒久的施設か、そのような請求はだれが確認すべきであるか、である。

HO State においては、HO State とZ国及び HO State と PE State の租税条約が適用される。すなわち、HO State とZ国の租税条約は、所得がZ国から派生して、HO State に支払われているので適用される。そして HO State と PE State の租税条約は、利得が PE State の恒久的施設の利得であることから、適用される。HO State はZ国からの所得を含む PE State の恒久的施設の利益に課税をする。この場合外国税額控除の適用がある（このような外国税額控除は、通常 PE State で支払った外国税額を考慮している。）。しかし、HO State とZ国において、また二重課税の回避が求められる。

トライアンギュラー・ケースが関係しないときには、原則として、HO State は、Z国で支払うべき税額をZ国からの所得に賦課された HO State の税額から控除することを認めている。トライアンギュラー・ケースにおいては、HO State は、すでに PE State で支払った税額について税額控除を与えている。Z国で支払った税額で、かつ PE State で税額控除されない税額が考慮されるべきか否かという問題が生ずる。(30) 前述したZ国に対する源泉徴収税の控除手続きとその確認の問題が、HO State においても同様に生ずることとなる。

HO State と PE State の租税条約のもとで、PE State は、HO State の企業が PE State で活動することによりその国にある恒久的施設に帰属する利得に課税することができる。Z国からの利得がそのような利得の一部を構成し、その結果 PE State で課税されることになる。しかし、PE State がZ国での制限的な課税権の行使を考慮に入れるか否かという問題が生ずるであろう。この場合、PE State とZ国との租税条約が適用されないとするならば、PE State が租税条約から生ずる義務（たとえば、Z国で課税された税額について外国税額控除を与えるといったような義務）を負うとは考えられない。しかしさらに、PE State は、HO State と PE State の租税条約のもとで、そこに規定されている無差別条項の規定にもとづいてそのような外国税額控除を付与する必要があるといえるかという問題が生ずる。[31]

(2) HO State が恒久的施設の利益に課税しない場合

HO State と PE State が租税条約を締結していない場合に、恒久的施設の利益が非課税であるという事態は生ずる余地が少ない。一方、HO State と PE State が租税条約を締結している場合に、このような事態が生ずるといえよう。OECDモデル条約（次項及びコメンタリー）は、このような場合に生ずる二重課税及び二重課税の回避について規定をおいていない。

HO State は、PE State におかれている恒久的施設の利益に含まれているようなZ国からのパッシブ所得には課税をしない。その結果、HO State は、次の外国税額について控除を認めることはできない。[32]

(1) PE State がZ国において課せられた税について外国税額控除を認めない場合には、Z国において課せられた税額

あるいは

(2) Z国において課せられた税額と PE State で付与された外国税額控除との差額すべて

換言すれば、Z国と PE State 双方において、そのような所得が課税される（これがZ国も PE State もタックス・ヘイブン国でないときには通常である。）、二重課税は PE State においてのみ消滅させることができる。HO State と PE State がOECDモデル条約に準拠した条約を締結しているときには、同モデル条約 Art. 24(4)の文理解釈上、Z国からの利子を受け取る居住者に PE State が外国税額控除を与えるのと同じ方法で、PE State は外国税額控除を与えなければならないであろう。[33] これは、ある場合においては部分的にではあるが、二重課税の問題を解消することになる。なぜならば、PE State が付与した外国税額控除（PE State とZ国の租税条約にもとづいて）はZ国において賦課された税額（Z国の内国税法あるいは HO State とZ国との租税条約にもとづいて）よりも

少額となるからである。しかし、このような状況下において、同モデル条約 Art. 24 (4) のコメンタリーは、外国税額控除を与えることを規定しておらず、そしてＯＥＣＤモデル条約のその他の規定もこの二重課税の問題を一切考慮していない。

多くのメンバー国代表団は、HO State とZ国の租税条約 Art. 11 は、Z国からの所得が HO State で納税義務を負わない場合（HO State の内国税法あるいは HO State と PE State との租税条約にもとづいて）においてでさえ、そしてそのような所得を受け取った恒久的施設がどこにあろうとも、Z国からの所得に対するイグゼンプションあるいは賦課税額の控除を正当化すると考えている。[34]

明らかにこのような解釈は、HO State に存する銀行及びその他の企業に、租税優遇措置を有する国及び地域にある恒久的施設の一つに、パッシブ所得を生みだす資産を附属させるというインセンティブを与えることになる。[35]

このような問題は、ＯＥＣＤモデル条約 Art. 21 のコメンタリー para. 6 に要約してある。[36] そこでは、次のようなことを示唆している。[37]

(1) HO State と PE State 間の租税条約 Art. 21 (2) の便益を受けるために所得を生み出すためにのみ資産を恒久的施設に附属せしめたときには、この規定の適用を否定する旨の規定を租税条約 Art. 21 (2) に追加をする。

あるいは

(2) HO State は、資産を PE State の恒久的施設に附属させたことがフィクションであると考えるときには、HO State と PE State 間の租税条約 Art. 21 (2) を適用すべきではない。

しかし、このどちらの方法も十分に満足の行く解決策にはならない。なぜならば、多くの国で大量の取引をしている銀行などに対して上記の(1)の方法で条約の適用を認めないとすることは大変困難であるし、また上記の(2)の方法は国内法で自国の領域外におかれた恒久的施設によって生み出された利益を非課税であると規定する国を無視すること

になるからである。(38)

一九九二年ＯＥＣＤモデル条約報告書は、以上のような問題点を指摘したうえで、「ＯＥＣＤのメンバー国のほとんどは、典型的なトライアンギュラー・ケースにおいて生ずる問題の解決策に関心をいだいている。まず第一に、恒久的施設に関して存在する一定の差別による税額（Ｚ国において課せられる税額に関して税額控除が一定のケースにおいて付与されないという事実から生ずる。）を消滅させる必要がある。第二に、典型的なトライアンギュラー・ケースは、関係国において施行されている税制度と適合しながら統一的に取り扱われるべきである。(39)」と述べて、ＯＥＣＤモデル条約のコメンタリーの改正を勧告した。

一九九二年ＯＥＣＤモデル条約の改正にあたり、同報告書で提案されたコメンタリーが導入された（ＯＥＣＤモデル条約 Art. 24 のコメンタリー paras. 50-56 参照）。このコメンタリーにおいては、「(para. 51) 一方の締約国におかれた他方の締約国の居住者の恒久的施設が、利子……を第三国から受領する場合、恒久的施設の存する締約国は、第三国で徴収された税について税額控除を与えるべきか否かという問題が生ずる。(para. 52) こうした二重税については何らかの救済が行われるべきであるという合意がある。加盟国の多くは、その国内法又は第三項により、外国税額控除を付与することができる。……これは、次の文言を第三項第一センテンスの後に挿入することにより達成されうる。『一方の締約国に存する他方の締約国の企業の恒久的施設が、利子……を第三国から受領する場合で、当該利子……の支払いに起因する権利又は財産がこの恒久的施設に実質的に関連する場合には、この恒久的施設の存する一方の締約国は、第三国で当該利子……に課せられた税額を税額控除する。ただし、当該税額控除の金額は、この企業が居住者である締約国と第三国との間で締結された租税条約において規定された該当する税率を適用して計算され金額を超えることはできない』」と述べられている。さらに手続的問題について、同コメンタリーは、源泉地国と居住地国の租税条約に規定する源泉税率を適用するために、源泉地国において居住国での居住証明が必要な場合には、この証明書は居住地国により発行されなければならない（para. 53）と述べている。

さらに、同条項のコメンタリーは、「(para. 53) 企業が居住地とされる一方の締結国において、他方の締約国に所在する恒久的施設の利得を免除する場合、当該企業は、株式、債券又は特許権といった資産を非常に優遇的な課税上の取扱いを受けられる国の恒久的施設に移転し、その結果いずれの国においても課税が生じないといった状況を作り出すおそれがある。このような濫用を防ぐためには、居住地国と第三国との租税条約に、他の国に存する恒久的施設が得た所得が恒久的施設が存する国においてのみ通常どおり課税される場合にのみ、企業は租税条約の便益（ベネフィット）を被ることができるとする規定を盛り込むことができる」と述べている。

(3) PE State とZ国に租税条約がある場合

法人は、HO State の居住者であり、アメリカに恒久的施設（PE）をおいている。その恒久的施設は、Z国の法人たる居住者から利子を受け取る。アメリカは、Z国と一九八一年USモデル条約にもとづいた租税条約を締結している。その条約は、Z国の国内法における利子源泉税を軽減あるいは消滅させる。

この状況において、HO State 内国法人のアメリカにある恒久的施設は、通常、Z国とのアメリカ租税条約においては、アメリカ居住者には当たらない。一九八一年USモデル条約 Art. 4、一九九六年USモデル条約 Art. 4 参照。その結果、恒久的施設が受け取った利子は、Z国—アメリカ租税条約における軽減源泉税（率）あるいは免税の適用を受けることができない。この事例においても、前述した（三、I

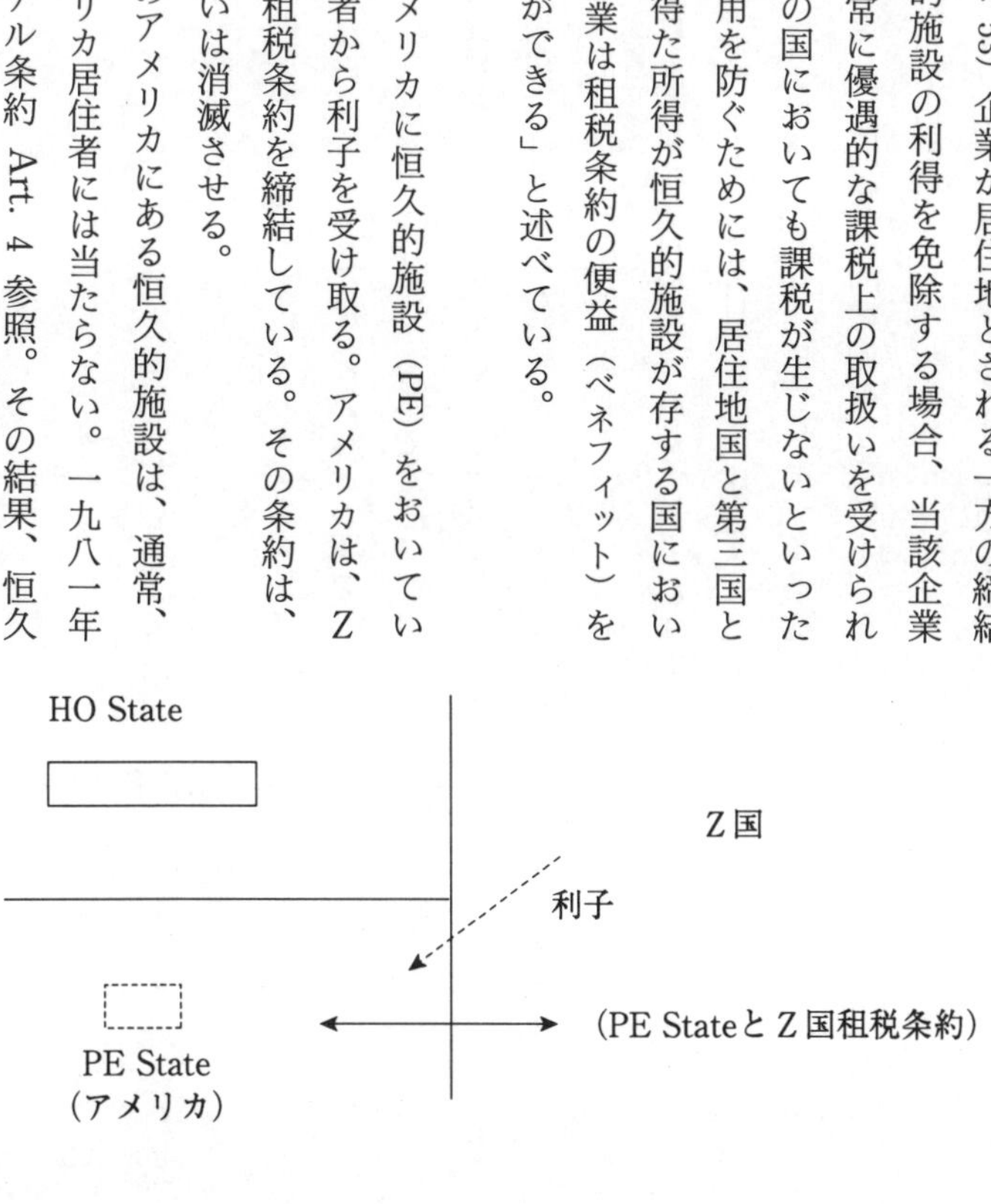

1）二重課税排除の問題と類似の問題が考慮される必要があろう。

しかし、HO State —Z国に租税条約が締結されていれば軽減源泉税率の適用を受けることができるであろう。

⑷ HO State とZ国に租税条約がある場合

HO State とZ国は、USモデル条約にもとづいた租税条約を締結している。この条約は、Z国の内国法上での利子源泉税を軽減あるいは、消滅させる。法人は、HO State の居住者であり、アメリカに恒久的施設（PE）をおいている。この恒久的施設は、Z国源泉所得（利子）を受け取る。論点は、HO State とZ国との間で締結されている租税条約は、このような利子の支払いに適用されるか否かである。すなわち、HO State 法人の恒久的施設が利子を受け取るという事実が、HO State —Z国間の租税所得課税条約における源泉税率の適用を排除するということを意味しているのであろうか。

通常、HO State —Z国間の租税条約における源泉税率は適用されると解されよう。なぜならば、利子が、たとえ恒久的施設であっても、それはX国の内国法人（居住者）により受け取られていることになるからである。一九八一年USモデル条約 Art. 11 ⑴は、「一方の締約国の居住者が取得し、かつ受益的に保有している利子は、他方の締約国において課税される」と規定している。

恒久的施設が利子を受け取ることにより被る一つの租税上の便益は、HO State 内国法人が、① HO State 及び②第三国（上記事例ではアメリカ）での外国源泉所得

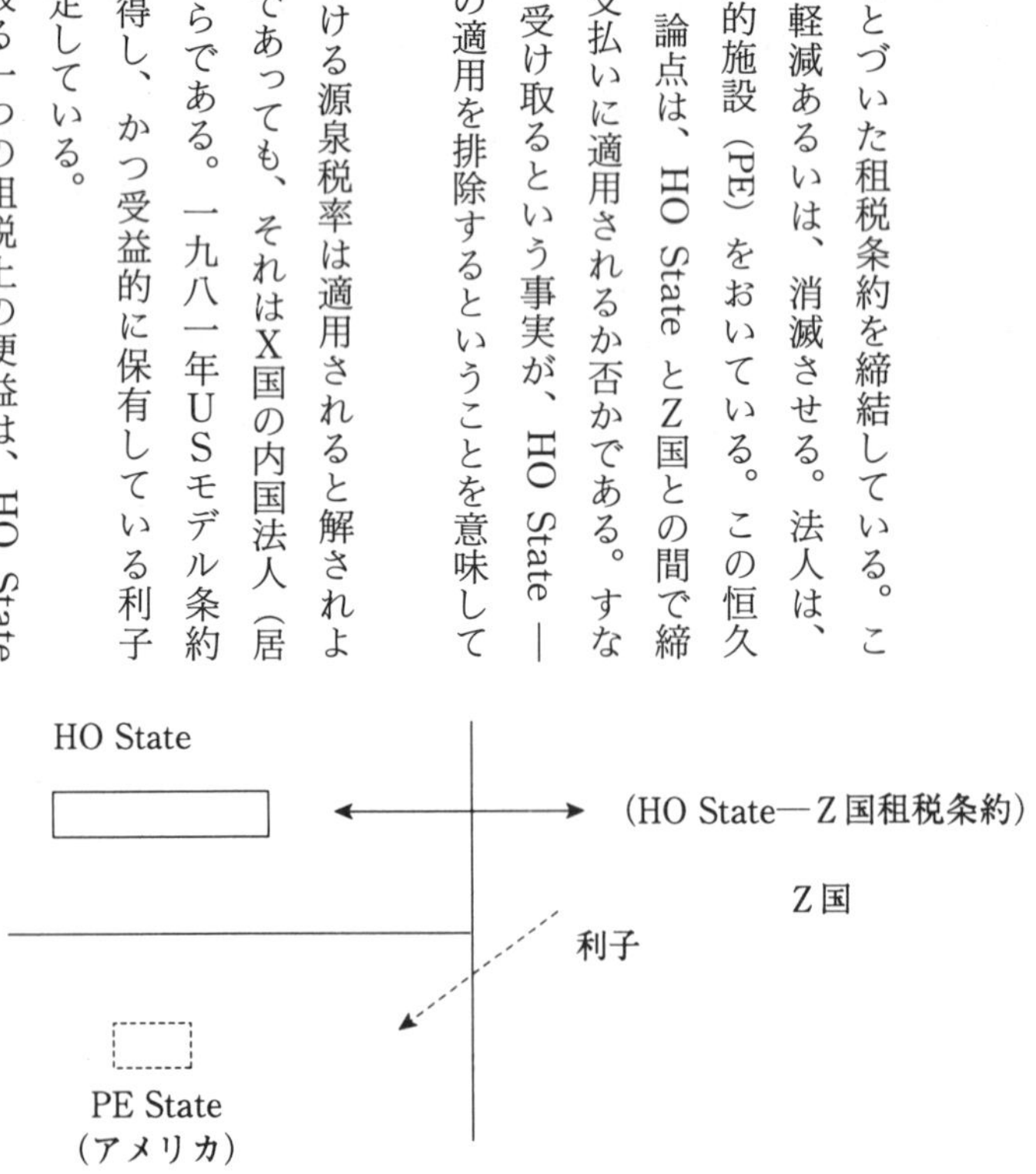

（利子）についてゼロ・パーセントまたは軽減税率の適用を受けられるということであろう。さらにまた、HO State内国法人は、HO State ―Z国租税条約のもとでZ国での源泉税率から利益を被るかもしれない。

一九九二年一〇月一三日プロトコールによって修正された一九九二年アメリカ―オランダ租税条約は、そのような租税条約の「濫用」を制限している。[40]

このプロトコールは、オランダの居住者が、ゼロ・パーセントまたは軽減税率国に恒久的施設をおき、そして恒久的施設がアメリカ源泉から稼得した利子所得について、オランダと第三国双方において、ゼロ・パーセント又は軽減源泉税率によって課税されている場合に焦点をあわせている（アメリカの内国法上の源泉税を租税条約上免れることができる場合に、オランダの居住者はそのような利子についてゼロ・パーセントまたは軽減税率によって課税されることになる。）。租税条約のこのような「濫用」に対処するために、一九九二年一〇月一三日プロトコールによって修正されたアメリカ―オランダ租税条約は、租税条約上のゼロ・パーセント源泉税率ではなく、アメリカの一五パーセント利子源泉税（率）の適用を規定している（Art. 12 (8)）。[41] しかし、プロトコールは、恒久的施設が営業・事業活動において利子を受け取る場合には、租税条約上のゼロ・パーセント源泉税率が適用されると規定している。グループ金融及びポートフォーリオ投資を含む投資運営・管理は、銀行及び保険会社により行われている銀行・保険業を除いて、営業・事業活動とはみなされない。

たとえば、オランダ・カンパニーはオランダ領アンティールに金融支店（finance branch）をおき、アンティール支店は、オランダ・カンパニーを含むグループ・カンパニーに融資を行うとする。そして、アンティール法人税に、税率三パーセントで服するとする。アンティール支店は、アンティール支店の所得はオランダでまた課税されるが、オランダ・カンパニーはアンティール支店の所得に係るオランダ法人税相当額について二重課税排除が与えられる。これは、アンティール支店がオランダで実質的に課税されないことを意味している。アンティール支店の所得はオランダ税率の五〇パーセント（二つの税率がオランダで適用されている。（最初の NLG 250,000 に四〇パーセント、それを超える部分については三五パーセントであるが、プロトコールのもとでは適用税率三五パーセントと解されている。）より低い累進税率による税額に服するので、このプロトコールのもとで、アメリカは、アメリカ子会社からオランダ親会社に支払われた利子に対して一五パーセントでの源泉税率の適用を認めることになる。

四　利子課税に関する特別規定

1　導管及び便益制限

租税条約にもとづく利子源泉税率は、導管及び複数当事者間で行われた金融調整（バック・ツウ・バック・ローン及び保証融資によるクロス・ボーダー利子支払いを含む。）には適用されない。一九八一年USモデル条約は、租税条約上の源泉税率を適用するためには、利子の受取人が受益者（名義人ではない）でなければならない旨を規定していた。OECDモデル条約 Art. 11 (2)、国連モデル条約 Art. 11 (2)は、「当該利子の受益者」という文言を用いている。アメリカ―メキシコ租税条約 Art. 11 (2)は、特別にバック・ツウ・バック・ローンに言及している。

一九八一年USモデル条約は、トリーティ・ショッピングを規定するために租税条約利益（便益）制限条項をおいていた（Art. 16. さらに、一九九二年USモデル条約 Art. 22 参照。これは、OECDモデル条約や国連モデル条約とは異なる。）。アメリカの締結した租税条約の多くは、条約上の軽減源泉税率の利益を制限する条項をおいている。[42]

しかし、その内容にはかなり相違がある。いくつかの租税条約は、利子あるいはその他の類似所得を受け取る投資会社あるいは持株会社に対してのみ租税条約便益制限条項を適用する。これに対して、このような所得の受取人に広く適用する条約も存する。さらに、アメリカの内国歳入法典（I. R. C.）は、一定の租税条約便益制限条項をおいている。同法典§884（f)(3）は、三〇パーセントのアメリカの支店利子税を軽減、免除させるためにアメリカの租税条約を適用することに対して、「適格居住者（qualified resident）」ルールを規定している。[43] また、一九九三年には内国歳入法典§7701（l）の規定が導入され、財務省長官に複数の当事者間での金融取引（たとえば、バック・ツウ・バック・ローン、保証債務、資本投資）を二〜三の当事者による直接取引とみなすためのレギュレイションの制定権を認めている。[44] これを受けて、一九九五年に公布された Reg. §1. 881-3 は、伝統的な融資のみでなく、リース、ライセンス、その他一定のエクィティ形態に関する金融調整を規制している。内国歳入庁は、「金融取引（financing arrangement)」における一又は複数の「中間（媒介）エンティティ（intermediate entities)」の参画を、そのようなエンティティが、「導管的エンティティ（conduit entities)」として活動している場合には否認することができる。この参画は、内国歳入法典上の源泉税等のためにのみ否定される（Reg. § 1. 881-3 (a)(1))。「導管的な金融調整」は、一又は複数の「導管的エンティティ（intermediate entities)」を介してもたらされたあらゆる金融調整である。「導管的エンティティ」は「中間(媒介）エンティティ（intermediate entities)」と定義されているが、金融調整へのそのようなエンティティへの参加はレギュレイションによって、すべてあるいは一部が否認されることになる。このような規制への配慮は、今後、不可欠となるであろう。

五　おわりに

典型的なトライアンギュラー・ケースにおける利子支払いあるいは利子受取りに係る国際的な課税関係はきわめて複雑である。[45] 一九九二年ＯＥＣＤモデル条約報告書は、典型的なトライアンギュラー・ケースにおける利子等の課税関係の問題に一定の配慮を示したもの、ＯＥＣＤモデル条約 Art. 11 のコメンタリー、必ずしもトライアンギュラー状況に十分対処したものではない。本稿では、このようなケースにおける課税関係と二重課税の問題を明らかにした。なかでも、OECDモデル条約 Art. 11 (5) の第二センテンス及び同条項のコメンタリー para. 27–30 に注目して、HO State での居住者（本店）による利子支払いに係る二重源泉地国課税問題及びその解決策について検討を加えた。OECD等において、統一的な解決策が早急に示されるべきであろう。

（1） OECD, *Model Tax Convention : The Second Chapter of Four Related Studies.* No. 4 of Series "Issues in International Taxation" 28 (1992).

ここでは、「利子、配当及びロイヤルティからの所得がS国を源泉地として生ずる。そして、このような所得は、P国におかれている恒久的施設が受け取る。さらに恒久的施設はR国に居住する企業に従属している。」といったトライアンギュラー・ケースを念頭においている。

（2） ここでのOECDモデル条約は、一九九二年OECDモデル条約をもとに、一九九四年、一九九五年に修正されたモデル条約を指すことにする。

（3） トライアンギュラー・ケースに言及した文献としては、Kees. van Raad, *The 1992 OECD Model Treaty : Triangular Cases,* 33 European Taxation 298 (1993); Marco Lombaldi, *Triangular Situations : A Case of Double Source Taxation of Interest and Royalties,* 33 European Taxation 177 (1993) がある。

（4） ここでは「ソース・ルール」の定義を、簡単にするために、ある国がその国の非居住者が稼得した所得に課税することを許容するルールをも含めて、広義に解しておく。

（5） これ以外の状況で、二重課税あるいは三重課税を引き起こすこととなる場合は取り扱わない。OECDモデル条約のその他のケースについて、OECDモデル条約 Art. 24 のコメンタリー、OECDモデル条約 Art. 23 のコメンタリー paras. 3 (c), 11 が言及する。二重の居住地をもつ会社（dual resident）が第三国の居住者から受け取る、あるいは支払う配当についてのケースは、OECDモデル条約コメンタリーには言及されていない。国連モデル条約（United Nations Double Taxation Convention Between Developed and Developing Countries, 1979）Art. 11 (5)のコメンタリーは、ＯＥＣＤモデル条約のコメンタリーにかなり言及しているが、たとえば異なるソース・ルール、たとえばローンの使用地主義（place of use）にもとづいたルールを採用することができるとしている。ロイヤルティに関する国連モデル条約 Art. 12 (5)コメンタリーは、使用地（place of use）ルールについても言及している。これは、さらなるトライアンギュラーあるいはクオッドアンギュラーを引き起こすことになるであろう。*See* Lombaldi, *supra* note 2 at 177 n. 8.

（6） これは、ＯＥＣＤモデル条約 Art. 7 コメンタリー para. 18. 3 において、次のように反映されている。「企業が利子等を第三者に支払い、これら支払利子の一部が恒久的施設の活動に関係しているときには、それが恒久的施設の活動に関する割合に相当する部分について、恒久的施設の利得を計算するにあたり控除されなければならない」。*See* OECD, Attribution of Income to Permanent Establishment (1994).

（7） 一九九二年ＵＳモデル条約 Art. 11 をテクニカル・エクスプラネイションによって詳細にみておくことにする。*See Tresuary Department Technical Explanation for the Model Income Tax Convention Released September* 20, 1996. *U. S. Model Income Tax Convention : Technical Explanation*, 96 TNI 186 196 (1996).

この para.1 は、居住地国の居住者によって受益的に保有され、かつその他の締結国で生じている利子に課税する排他的な権利を居住地国に与えている。しかし、当該国は、para. 3 と para. 5 に規定されている例外規定の適用を受ける。利子支払いの「受益者」は、一方の締約国に居住しているすべての者（当該国がその国の課税において支払いを帰属させる者）であると一般には理解されている。Art. 4 の para. (1)(d)（居住地）は、金融上、導管的なパーソン（transparent persons）が稼得した所得に対して、問題となる。さらに、ＯＥＣＤモデル条約の Art. 11 のコメンタリー para. 8 によると、源泉地国は利子支払いを名義上受領するが実質的にそれを支配していない一定の者を受益者とみなさないことができる。ＯＥＣＤモデル条約の Art. 1 のコメンタリー para. 24 参照。

para. 2 は、「利子」を定義する。Art. 11 で用いられている「利子」は、とりわけ、担保により保証されているかいないかを問わず、あらゆる種類の負債からの所得を含む。納税遅延に対する延滞金は利子の定義から排除されている。条件付きで支払われた、または生じた利子は Art. 11 の範囲内にある。これは、利益の配分権を含む負債義務からの所得を含む。しかし、この文言は、Art. 10 のもとで配当として取り扱われるものは含まれない。

また、利子の文言は、所得が生ずる国の法律によって、貸付けから生ずる所得として同じ課税上の取扱いを受ける額を含む。よって、この条約において、アメリカが利子としてみなす金額には、(1)発行価格と債務の満期時における償還価格との差額、つまり負債の処分によりすべて又は部分的に実現する「当初発行ディスカウント（OID）」（内国歳入法典§1273）、(2)繰延販売契約における帰属利子の額（§483）、(3) Stripped Bond ルールのもとで OID として取り扱われる額（§1286）、(4)市場利率以下ルールのもとで OID として取り扱われる額（§7872）、(5)パートナーシップの利子所得のパートナーの配分的持分（§702）、(6)金融リースのもとで、又は財産の取得に融資するために名義的なレッシーによる実質的に借入れである「類似の契約的な協定」によって行われた期間的支払いの利子部分、(7)保有者の所得に算入れる REMIC の残存持分の額（§860E）を含む。なぜならば、このような額はアメリカ税法において利子として同じ課税上の取扱いを受けるからである。また、(8)政府元本契約に関する利子をも含む。

para. 3 は、利子の受益者が源泉地国でパーマネント・イスタブリシュメントを介して事業を行っている、又は当該国におかれた固定的施設から独立的な人的役務を遂行している場合に、para. 1 の排他的な課税のルールの例外が認められる旨を規定している。そのような場合、Art. 7（事業利益）又は Art. 14（自由業による役務）の規定が適用され、源泉地国はそのような利子所得への課税権を留保するであろう。

一度、パーマネント・イスタブリシュメント又は固定的施設が源泉地国に存在したが今は存しない場合、仮にそれが支払い発生の年度に存在していたならば、そのようなパーマネント・イスタブリシュメント又は固定的施設に帰属するであろう利子に対して、Art. 7 の para. 8 のために、para. 3 の規定が適用される。Art. 7 の para. 8 のテクニカル・エクスプラネイション参照。

para. 4 は、パーソン間に特別な関係がある場合に、Art. 11 は総支払利子のうち、そのような特別な関係が存しないとみなされる部分（独立当事者部分）にのみ適用される。支払超過額は、各々条約のその他の規定を考慮したうえで、アメリカ及び他方の締約国の法律により課税されうる。よって、仮に超過額が会社からの利益の配分として源泉地国で取り扱われるとすると、それは利子ではなく配当として課税されるが、その課税は、Art. 10 の para. 2 の制限税率に服することになる。

「特別な関係（special relationship）」という文言は、条約においては定義されていない。この para. 4 を適用するときに、アメリカは、Art. 9（これは、§482の「支配」の定義に相当する。）に述べている関係を含むようにその文言を解釈している。

このpara. 4は、支配者と受益者、あるいはこの両者と第三者との間に特別な関係が存する場合に、利子の金額が独立当事者関係による金額が下回る場合については触れていない。そのような場合に、取引は、その実質を反映するように特徴づけられ、利子はpara. 2の利子の定義に即して帰属させられる。アメリカにおいて、このような場合の帰属所得の金額は§§482, 7872を適用することにより算定される。

para. 5は、二つの利息支払ケースについて、para. 1の源泉地国イグゼンプションに対する「反濫用イグセプション」規定をおいている。

para. 5(a)における最初の例外は、いわゆる条件付利子（不確定利子）と呼ばれるものである。この規定のもとで、締約国の一方から生じた利子（受取り、販売、所得、利益又は負債者又は関係者のその他の金銭の流れ、又は負債者又は関係者のあらゆる財産の価値に対するあらゆる賦課金、あらゆる配当、パートナーシップの配分又は負債者又は関連者が行った類似のあらゆる支払いに関して決定された利子）は、それが生じた締約国において、その国の法律によって課税されうる。しかし、受益者が他方の締約国の居住者である場合には、当該利子の総額はArt. 10 para. 2(b)に規定した税率を超えない範囲で課税されうる。

第二の例外はpara. 5(b)におけるものであるが、不動産担保共同出資（REMIC）における残余持分に関する超過部分（excess inclusions）は、あらゆる場合にアメリカの税に服すべきであるという§§860E(e), 860G(b)の趣旨と一貫している。源泉での十分な課税がなければ、残余持分の外国購入者は、このような持分がはじめに与えられたときにアメリカの購入者よりも多くの利益をもつことになる。

なお、Art. 11のpara. 1のもとでの排他的な居住地国課税の便益（ベネフィット）あるいはpara. 5(b)のもとでの制限的な源泉課税は、他方の締約国の居住者がArt. 22のもとでそのような便益を取得する権利をもっている場合にのみ、他方の締約国の居住者に適用される。

（8）USモデル条約の旧条項やOECDモデル条約Art. 11との比較については、Richard L. Doernberg & Kees van Raad, The 1996 United States Model Income Tax Convention 94-103 (1997) が詳しいが、Art. 11 (4)

が削除された理由については直接言及されていない。

(9) Lombaldi, *supra* note 3 at 178, 179.

(10) このような見解は、Marco Lombaldi により主張されている。*Id.* at 179.

(11) *Ibid.*

(12) *Ibid.*

(13) 租税条約の相対性について、P. Baker, Double Taxation Conventions And International Tax Law 76, 77 (2nd ed. 1994) 参照。OECDモデル条約 Art. 24 のコメンタリー para. 54 は、もはや条約の相対性を否定しているとの見解もある。M. Edwardes-Kar, Tax Treaty Interpretation Chap. 56 (1995).

(14) *Id.* at 180.

(15) *Ibid.*

(16) *Ibid.*

(17) オーストラリアの国際租税法における利子課税については、Richard Krever & Yori Grbich, Australian International Tax 52 (1994) が詳しい。

(18) たとえば、アメリカ―ベルギー租税条約 Art. 11 は、「利子は、一方の締約国又はその地方政府……居住者によって支払われている場合に限り、当該一方の締約国内の源泉から生ずる所得として取り扱う。ただし、上述のセンテンスにかかわらず、(a)その利子の支払者（一方の締約国の居住者であるかどうかを問わない。）が一方の締約国内に当該恒久的施設を有する場合において、その利子の支払いの起因となった債務が当該恒久的施設について生じ、恒久的施設の利子を負担するときには、あるいは(b)その利子の支払者が一方の締約国の居住者であり、かつある締約国以外の国に当該恒久的施設を有する場合において、その利子の支払の起因となった債務が当該恒久的施設について生じ、恒久的施設の利子を負担するときには、その利子は、当該恒久的施設が存在する国の源泉から生ずるものとする」と規定する。

なお、アメリカの租税条約については、Richard L. Doernberg & Kees Van Raad, Us Tax Treaties (1991) 参照。

(19) 小松芳明『租税条約の研究（新版）』七五頁以下（有斐閣・一九八二）参照。

(20) Lombaldi, *supra* note 3 at 181.
(21) *Ibid.*
(22) *Id.* at 181-82.
(23) *Id.* at 182.
(24) *Ibid.*
(25) *See* KLAUS VOGEL, DOUBLE TAXATION CONVENTION 673 (1991).
(26) アメリカが締結している租税条約は、利子課税に関して複雑なルールを規定している。特別なルールは、支店を含む恒久的施設が利子を受領あるいは支払うときに適用される。

かなりのアメリカ租税条約は、アメリカ支店税（超過利子課税）において、「利子超過額」に言及している。これは、内国歳入法典 § 884 (f) のもとでの超過利子控除に係る支店段階での利子税を決定するときに用いられる概念である。この「利子超過額」は、①外国法人の恒久的施設あるいはアメリカの営業・事業に実質的に関係している課税所得を計算するときに用いられる「控除されうる利子費用（以下、「控除利子費用」という。）」（§ 882）のうち、②その恒久的施設あるいは営業・事業が現実に支払った利子の額を超える部分（超過額）である。§ 884 (f)(1)(A), (B). この超過利子は、あたかも当該支店を法人とみなして、当該アメリカ法人（現実には支店）から同法人により所有された外国会社に支払われた利子として、アメリカ源泉税を賦課する。ちなみに、イスラエルとの租税条約においては、この源泉税率は五パーセントであり、メキシコとの租税条約においては、この源泉税率は四・九パーセントである。外国法人たる銀行がアメリカに支店あるいは代理人をおき、それらが§ 884 の利子超過額をもつと、この超過利子額の一部は、§ 871 (i)(3) 及び§ 881 (a) のもとでアメリカで非課税の預金利子として取り扱われる。また、超過利子の残額は租税条約のもとで非課税とされうる。レギュレイション（Reg.）1.884-4(c)(3)(i) は、§ 884 のもとでの利子超過額に対する税率は、条約便益の制限条項を充足している場合には、条約の税率を超えることはできないとしている。内国歳入庁は、ルーリングのなかで、§ 884 のもとでの利子超過額（みなしアメリカ子会社銀行から外国親会社銀行へのみなし利子支払い）は、所得租税条約にとって利子であると述べている。

一九八一年USモデル条約 Art. 11 (3)（恒久的施設と実質的に関係する所得）でのルールに加えて、アメリカ租税条約は、特に恒久的施設が受領した又は支払った利子についての特別なルールをおいている。恒久的施設（受取人あるいは支払人）がアメリカ租税条約上の便益を得ることができるか否かが問題である。

まずトライアンギュラー・ケースの検討に入る前に、X国とY国との間に条約があり、どちらか一方の国に法人が設立され、かつ他方の国にその法人の恒久的施設が存するという基本的な課税関係をみておくことにする。

たとえば、X国の内国法人は、Y国に恒久的施設をおき、両国の間には、OECDモデル条約あるいはUSモデル条約にもとづいた租税条約が締結されているとする。Y国の恒久的施設は、X国（以下、「HO State」という。）の法人（本店）に利子を支払う。当該条約がY国（以下、「PE State」という。）での制定法（国内法）上の利子に対する源泉税（率）を軽減するであろうか。当該法人がHO Stateの内国法人であり、PE Stateの（国内源泉）所得から利子を受け取っている場合には、OECDモデル条約 Art. 11 (1) あるいは一九八一年及び一九九二年USモデル条約 Art. 11 (1) にもとづいて、条約による軽減税率の適用を受けることができる。

次に、HO Stateの内国法人は、PE Stateに恒久的施設をおき、両国の国にはOECDモデル条約あるいはUSモデル条約にもとづいた租税条約が存在するという上記前提のもとで、PE Stateの（国内源泉）所得から利子を受け取っているとする。利子所得がHO Stateにおいて源泉課税されている場合に、PE Stateの恒久的施設は、X国及びY国の租税条約上の便益（軽減税率）の適用を受けることができるか。このような場合、PE Stateの恒久的施設は、租税条約においてPE Stateの居住者（resident）とはみなされないことから、通常は適用を受けることはできないと考えられる。OECDモデル条約 Art. 4、一九八一年及び一九九二年USモデル条約 Art. 4 参照。ただし、一九八一年USモデル条約 Art. 11 (6) は、特別にY国の恒久的施設は、租税条約

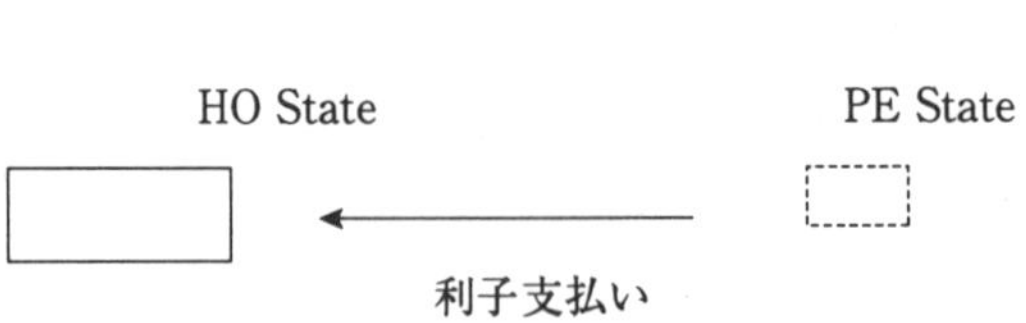

（HO State—PE State租税条約）

においてY国の居住者（resident）ではないとしても、PE State は、恒久的施設が稼得し、HO State の居住者が支払った利子について課税することを認めている。

なお、アメリカ―フランス間の租税条約は、フランス銀行又は金融機関のアメリカにおける恒久的施設が、利子に係る租税条約の条項（Art. 10 (2)）においてのみ、あたかも恒久的施設がアメリカ居住者であるかのように、フランス所得税法に関しては取り扱われると規定している。この条項は、恒久的施設がアメリカ―フランス租税条約上の便益を主張することを認めている。アメリカ―フランス租税条約上の便益とは、アメリカの恒久的施設に対して支払われたフランス源泉所得（利子）により低いフランス源泉税率の適用を受けることである。この条項の目的は、フランス金融機関のアメリカでの恒久的施設にフランス居住者が支払ったフランス利子源泉税を消滅させることによって、フランス金融機関のアメリカ恒久的施設からフランス居住者が融資を受けることを促進することである。

(27)　アメリカの利子課税については、村上麻呂『対米投資の国際税務戦略』一〇二頁以下（東洋経済新報社・一九九六）。

(28)　日米租税条約における「利子」については、小松芳明『逐条研究日米租税条約』一四三頁以下（税務経理協会・一九八九）参照。

(29)　OECD, *supra* note 1 at 28-32.

ＯＥＣＤモデル条約のコメンタリーは、Art. 21（「その他の所得」paras. 5. 6）、Art. 23（「二重課税消滅の方法」para. 10）及び Art. 24（「無差別取扱」paras. 52〜55）に関するトライアンギュラー・ケースによって引き起こされる問題に言及している。一九六三年ＯＥＣＤモデル条約のコメンタリーの中ではみることのできなかったものである。一九六三年ＯＥＣＤモデル条約を改正するときに、トライアンギュラー・ケースは、特に次の点について検証された。

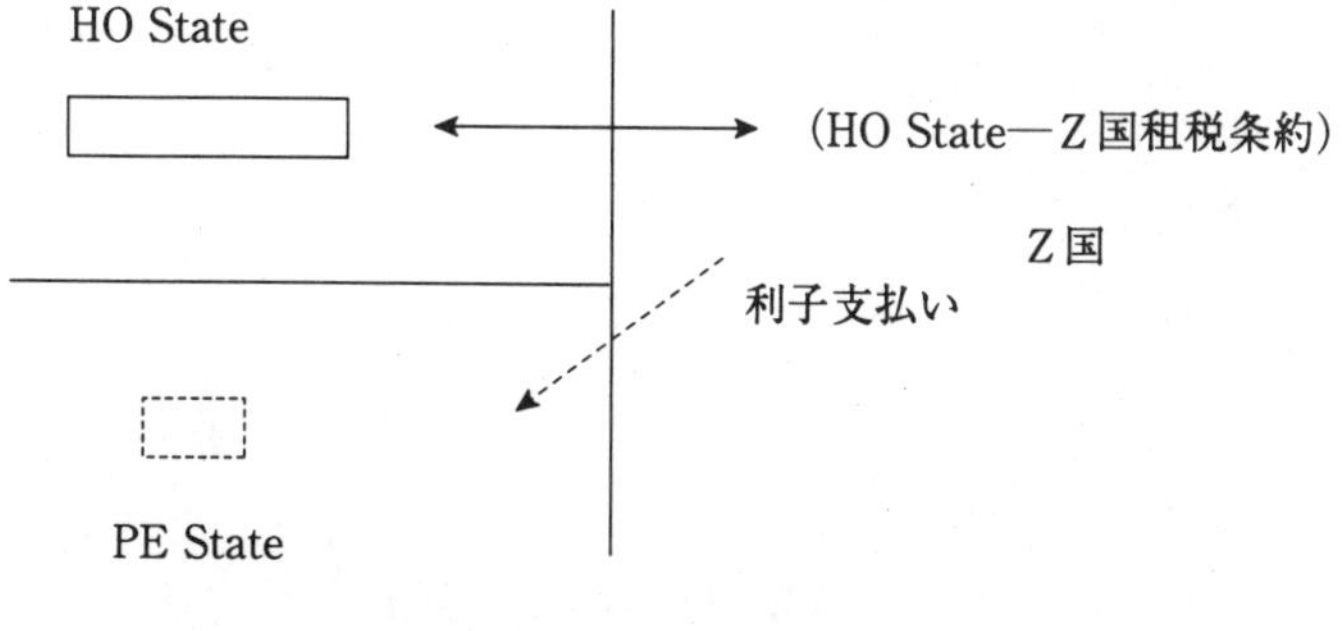

(1) 無差別条項の適用範囲はどの範囲か。
(2) PE State の恒久的施設は HO State からの所得について、税額控除あるいは非課税措置を享受することができるか。
(3) この税額控除はどの程度のものとすべきか。
(4) 救済を与えるための形式的な要件はどのようなものか。
(5) 濫用はどのようにして回避されるべきか。

メンバー国は典型的なトライアンギュラー・ケースに係る問題が余りにも複雑でOECDモデル条約あるいは同コメンタリーにおいて対処することができなかった。その結果、メンバー国は国々の相互条約で対処する方法を記述すべきである、あるいは多国間　　条約によりそれらを解決すべきであると勧告した。メンバー国の現実の対応方法については、*id.* at 32-35 参照。

(30) *Id.* at 30.
(31) *Ibid.*
(32) *Id.* at 30, 31.
(33) *Id.* at 31.
(34) *Ibid.*
(35) *Ibid.*
(36) OECDモデル条約 Art. 21 のコメンタリー para. 6 は、「免除方式（二三条A）を採用する国のなかには、第二項の取扱いは、一方の締約国の企業がより有利な税法上の取扱いを受けるために、他方の締約国におかれている恒久的施設に株式、債権又は特許権といった資産を帰属させる誘因となるおそれがありうるが、これは理由の存することである。濫用行為と認められるような運用に対処するために、国によって、取引が人為的なのであり、その結果当該資産は恒久的施設に実質的関連性をもたないという見解をとることもできる。また、ある国は、本条項は主としてこの規定の便益（ベネフィット）を受ける目的で行われた行為については適用されない旨の規定を第二項に追加することによって、その見解を明確にすることもあろう」と規定をしている。
(37) OECD, *supra* note 1 at 31, 32.
(38) *Id.* at 32. 8

（39） *Id.* at 38, 39.

OECDメンバー国は、OECDモデル条約のコメンタリーを一部改正すべきであると勧告をし、一九九二年OECDモデル条約のコメンタリーに盛り込まれている。

①OECDモデル条約 Art. 10 のコメンタリー para. 19 に付記。

②OECDモデル条約 Art. 11 のコメンタリー para. 9 に付記。

③OECDモデル条約 Art. 12 のコメンタリー para. 5 に付記。

（OECDモデル条約 Art. 24 のコメンタリー para. 10 を削除）

④OECDモデル条約 Art. 24 のコメンタリー paras. 52-55 を paras. 52-56 に変更（なお、一九九五年OECDモデル条約において paras. 52-56 は、paras. 50-54 に再付番されている）。

（40） アメリカ財務省の条約及びプロトコールに関するテクニカル・エクスプラネイションを参照。概要については、*International Tax Report Dec.* 1993. 1-4 (1993).

（41） 詳細については、矢内一好『租税条約の論点』第一三章（中央経済社・一九九七）参照。

（42） 一九八一年USモデル条約については、中田謙司『租税条約の読み方』一一一頁以下（中央経済社・一九九四）一。一九九六年USモデル条約 Art. 22 については、R. L. DOERNBERG & KEES VAN RAAD, *supra* note 8 at 168-85 が詳しい。

（43） 詳細については、占部裕典『国際的企業課税法の研究』第三編二章二節三（信山社・一九九八）参照。

（44） レギュレイションの詳細については、Alans. Lederman & Bobble Hirsh, *Conduit Proposed Regulations Are Protect in Effect, but Limited in Scope*, 2-1995 J. TAX. 16 (1995); Peter A. Glicklick, *Final Regulation on Conduit Financing Arrangements Empower. the IRS*, 1-1996 J. TAX. 5 (1996); James E. Croker, Jr. & Henry J. Birnkrant, *Inclusion of Guaranteed Loans Further Complicates Earnings-Stripping Provisions*, 1-1994 J. TAX. 30 (1994); Thomas P. North, *Proposed US Regulations on Conduit Financing*, 6-1995 BULLETIN 4 (1995) 参照。

（45） 本稿では、ロイヤルティや配当について言及しなかった。

OECDモデル条約 Art. 12 は、ロイヤルティが受取国においてのみ課税されると規定している。しかし、UN

（国連）モデル条約 Art. 12 (2)において、源泉地国はまたロイヤルティに課税する権利をもっている。UNモデル条約 Art. 12 (1)は、一方の締約国から生じて、かつ他方の締約国の居住者に支払われたロイヤルティは、その他方の国において課税することができると規定している。しかしまた、現実には、二～三のOECD加盟国は、OECDモデル条約 Art. 12 において源泉地でのロイヤルティについて課税する権利を留保しているので、ロイヤルティの源泉地国課税の問題は、OECD加盟国と締結した条約、あるいはOECD加盟国間での条約に影響を与える。

UNモデル条約 Art. 12 (5)は、OECDモデル条約 Art. 11 (5)と同じようなパターンを採用している。UNモデル条約 Art. 12 (5)は、ロイヤルティが支払者を居住している国において生じたとみなされる旨規定している。OECDモデル条約 Art. 11 (5)と同様に、UNモデル条約 Art. 12 (5)は、ある者（締約国の居住者であるか否かを問わず）が支払ったロイヤルティで、それを条約の締約国のうちの一方の国におかれた恒久的施設が負担する場合においては、そのロイヤルティは恒久的施設がおかれている締約国において生じたとみなされると規定している。結果として、利子について議論したようなトライアンギュラー状況がおこる。

OECDモデル条約 Art. 11 のコメンタリー及びUNモデル条約 Art. 12 のコメンタリーは、トライアンギュラー状況に対処していない。その結果、この問題は、OECDモデル条約 Art. 11 のコメンタリーが示した解決方法がこのケースにおいても用いられるか否かである。OECD（及びUN）の利子源泉地ルールとUNのロイヤルティ源泉ルールとが一致するとすれば、ロイヤルティの場合に、HO State と PE State のOECDモデル条約 Art. 12 (5)の第二センテンスは、ソース・ルールの軋轢を調整するタイ・ブレイカー条項として解釈されていると論じることができる。

最後に、ロイヤルティに関して、受取人の居住する国と HO State との条約においてオーストラリア条項が含まれていると、その条約は二重源泉地国課税を消滅させうる。このような条項は、オーストラリアが締結した租税条約のほとんどに含まれている。

〔付　記〕

本稿は、「(財)全国銀行学術研究振興財団一九九七年度助成研究」及び「神戸学院大学一九九五年度共同研究A」の研究助成の成果である。

第一二章　外国税額控除制度の濫用形態とその規制

――控除余裕枠の利用と経済的利益テスト――

一　問題の所在――新たな「外国税額控除制度の濫用問題」

国際的な二重課税の排除にあたり、わが国をはじめ先進国の多くは外国税額控除制度を採用しているが、その制度の枠組みは内国中立性＝資本輸出の中立性を前提としている。資本輸出の中立性は、企業の場所（投資先）の決定に税が最終的に影響を与えないことを目的とし、その結果、企業の資本がもっとも効率的なところにおかれ、自国の富の最大化をもたらすこととなるといわれている。(1)

外国税額控除制度は外国で得た利益に対して、その国で課された税額部分についてわが国で納付する税額部分から控除するシステムであるが、その控除限度額の算定については全世界を一括して取り扱う一括限度額方式を採用し、わが国の税率の範囲内での外国税額を控除する（外国税額控除限度額内での控除）というシステムを採用している（法法六九条、所法九五条）。(2) ここでは外国税額控除限度額の管理が外国税額控除制度の中心的な問題となるが、この問題はきわめて技術的な部分であるといっても過言ではない。外国税額控除限度額をどのような方法により算出するかは、各国の租税政策、税務行政等の問題とも複雑にからまり、必ずしも統一的な制度が国際的に確立されているわけではなく、わが国は、長い間この限度額の管理に関してきわめて寛大であったといえよう。

しかし、わが国は一九八八年（昭和六三年）度の税制改正において、外国税額控除制度の濫用が問題となり、すなわち、「控除枠の彼此流用（クロス・クレジッティング又は平均化）」「所得の内外区分（所得と費用のソース・ルール）」に起因する外国税額控除制度本来の趣旨を超える外国税額控除が問題となり、大きな改正事項となった。(ア)「控除枠の彼此流用（クロス・クレジッティング又は平均化）」に対処するために、外国法人税の額から所得に対する負担が高率の部分の金額を除いた金額を控除対象外国法人税の額とし、また(イ)「所得の内外区分（所得と費用のソース・ルール）」に起因する問題に対処するために、当期国外源泉所得金額から非課税国外源泉所得金額の二分一（平成四年度以降は三分二）を除外し、さらには国外源泉所得金額に全所得金額の九〇パーセントのシーリングを課すという二面から、一括限度額方式に修正を加えていった（法令一四二条、一四二条の二、一四二条の三参照）[3]。外国税額の控除限度額の管理は、取引項目別、所得項目別、さらには国別に限度額を管理することも可能であるが、わが国は上記のような方式に比較して相当な割切り（結果的には外国税額控除限度額の管理について「あそび」をもっている。）を伴っていると評価することができる。しかし、このことは、一方で各国の外国税額算定に係る課税ベース、課税のタイミング等に係る相違によるミス・マッチを緩和する役目を果たしているともいえよう。このことはなお、法的に、居住者等において、外国税額控除制度の本旨に反した運用が可能であることを示している。

外国税額控除制度の濫用の問題は、アメリカでも同様に大きな問題となり、一九八五年にアメリカ財務省はパー・カントリー（国別）基準への提案を行ったが産業界等の反対から、一九八六年に九つの独立した個別限度額バスケット・システムを採用して、控除限度額の算定が所得の各々独立したバスケット内のみで行われることとして、クロス・バスケットが生じないようにしている（I. R. C. §§901, 904）[4]。日米とも一括限度額方式の修正として改正を位置づけることができるがなお、日本の制度はアメリカに比べて、簡素かつ大雑把な制度であるといえよう。

しかし、最近に至って、このような外国税額控除制度の趣旨に反するような税額控除が「外国税額控除制度の濫用」として問題となり、その規制を巡り大きな議論が生じている。平成九年度法人税改正に関する政府税制調査会答申は、わが国の企業が外国で納付した税のなかには、租税回避を目的として、任意に税を納付する場合のように、外国税額控除を認めるのが適切でないものも含まれているとの認識のもとに、法制面の整備も含めて、わが国の法人税から控除することが不適切な外国法人税について明確化を図ることが適当であるとしていた(5)。前述した一九八八年度の外国税額控除制度改正当時の問題が限度超過額を巡る問題であったのに対し、現在の問題は控除余裕枠の利用に係る問題であるところに特徴がある。後述する裁決事例は、最近のこのような問題を象徴するようなケースであった。同様の問題は国内での税率が高く、海外での税率が低いといった状況を反映しているといえよう。

このことは既にアメリカにおいて、十分な議論が続けられている。特に一九九七年一二月二三日に一定の外国税額控除の濫用を規制するために Notice 98-5 を公表している(6)。

本稿では、現行税制のもとで最近、外国税額控除制度の濫用として問題化しつつある事例を参照にしながら、いかなる場合に現行制度のもとで外国税額控除（の請求）が否定されるのかを、同様の問題を抱えるアメリカの外国税額控除の濫用規制と比較しながらみていくことにする。

二　外国税額控除の可否を巡る事例

1　控除余裕枠の利用スキーム

昨年〔一九九八〕、外国税額控除制度の濫用として、大きく紹介されたケースにまとづいて、その代表的なスキームを示すと、以下のようになる(7)。

(1)　外国税額控除余裕額を有する日本企業の源泉税額吸収スキーム

ヨーロッパの投資家から資金を得て、高利回りのニュージーランド国債に投資をするスキームにおいて、日本の銀

図一

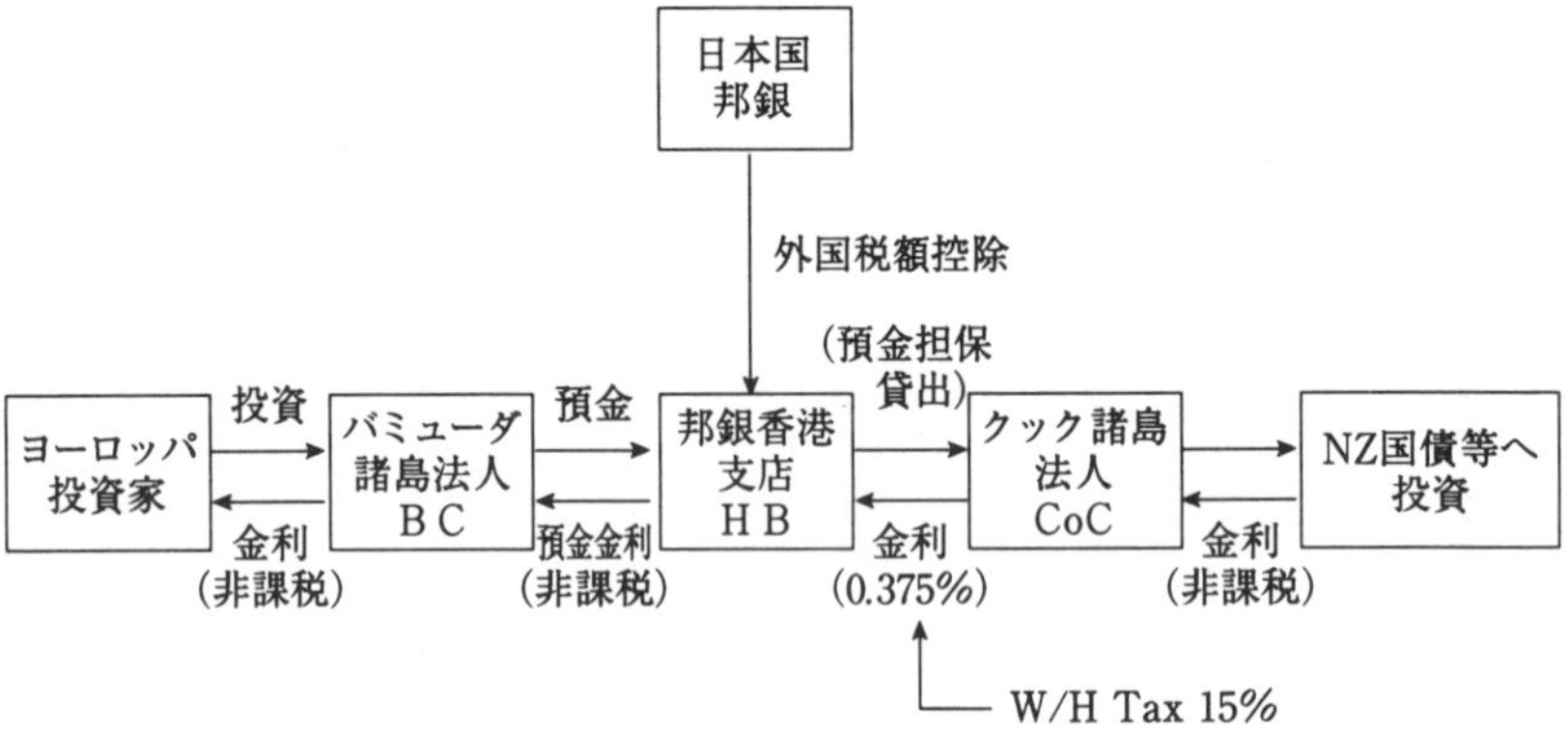

行が利子に係る源泉税額を吸収することにより、ヨーロッパ投資家は自らが直接投資をするよりも高利回りのメリットを享受し、その邦銀もスプレッド収益を得るというものである。具体的には次のような取引を介して行われる。

① ヨーロッパ投資家はバミューダ諸島法人（ＢＣ）に投資をし、ＢＣは日本の銀行の香港支店（ＨＢ）に預金をし、ＨＢはこれをクック諸島法人（ＣｏＣ）に貸し付ける（預金担保貸付け、貸出金利〇・三七五パーセント）。そして、ＣｏＣは、ニュージーランド国債等に投資を行う。

なお、ＢＣとＣｏＣは関連会社である。

② ＣｏＣはニュージーランド国債等から金利を受け取るが、ニュージーランドでは源泉課税されない。邦銀（香港支店）は、ＣｏＣからの支払利子（貸出金利〇・三七五パーセント）について、クック諸島において一五パーセントの源泉課税に服する。さらに、ＢＣが邦銀（香港支店）から受け取る預金利子、さらにはヨーロッパ投資家がＢＣから受け取る貸付利子も非課税である。

③ 邦銀は、日本での法人税の申告にあたり、受取利子に対して課された源泉税額を外国税額控除として税額控除する。

スキームを図示すると、上図のようになる（図一参照）。

図二

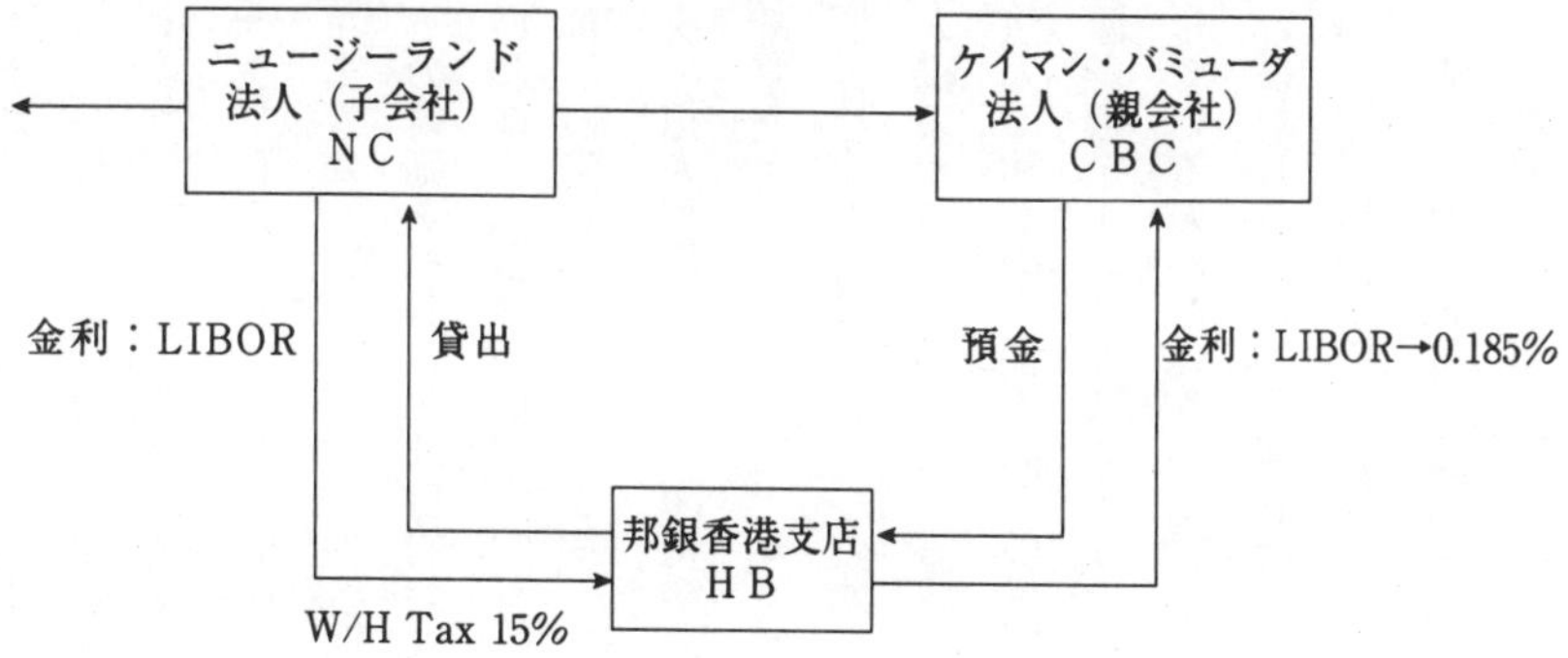

⑵　バック・ツウ・バック・ローンの利用による外国税額控除吸収スキーム

①　ケイマンあるいはバミューダの現地法人（ＣＢＣ）がニュージーランドに子会社（ＮＣ）を設立し、両法人の金融の貸借取引に、ＨＢ（あるいはシンガポール支店）を介在させる。すなわち、ＣＢＣがＨＢに預金をし、それら預金をＮＣに融資をする（ローン契約）。

②　ＨＢは、ＮＣからの貸付けによる支払利子（余利LIBOR）を受領し、親会社たるＣＢＣに預金利子（余利LIBOR—〇・一八五パーセント）を支払う。ここで受領した支払利子については現地で一五パーセントの利子源泉税が賦課されるが、預金についての支払利子については源泉課税は存しない。

③　邦銀は、日本での法人税の申告にあたり、受取利子に対して課された源泉税額を外国税額控除として税額控除する。

スキームを図示すると、以下のようになる（図二参照）。

2　外国税額吸収スキームの問題点

このような外国税額控除吸収スキーム（前記⑴、⑵）について、課税庁は、(ア)このような取引に係る外国税額の控除を否定する明確な規定がなくとも、本件のような外国税額控除の使い方は、法のそもそも予定していないものであり、外国税額控除制度の濫用にあたる、(イ)前記各ローン契約及び各預金契約は、本件クック諸島源泉税あるいはニュージーランド源泉税が請求人に発生したかのように装った法形式をつくり出したものであり、この法形式は取引当事者間の真の目的と異なっていることから、法形式どおりのローン契約及び預金契約が存在するとは認められず、したがって、本件クック諸島源泉税あるいはニュージーランド源泉税は、BCあるいはCCが負担すべきものであるから請求人の損金の額に算入することはできず、BCあるいはCCに対する仮払金である、として更正処分を行った。これに対して審査請求人は、前記(1)のスキームについては、(ア)本件各取引による目的は、貸付金利息の収入を得ることであり、クック諸島源泉税を吸収し、その対価を得ることは目的ではない、(イ)親子会社又は関連会社間の融資にあたり、金融機関をその間に介入させる、いわゆる「預金担保融資」は商慣習として国際金融取引においても広く行われている、(ウ)私法上有効に存在する取引事実を存在しないとして法人税法六九条の適用を否定することは憲法八四条に規定する租税法律主義に反する実質主義の拡大解釈となり、課税権の濫用となるなどと反論した（前記スキーム(2)についてはそもそも法形式どおりの契約関係が存在しないとされたことから、契約の存在が反論の中心となっている。しかし、本稿では以下、スキーム(1)と同じように各取引は私法上有効であるとの前提のもとで議論を進めることにする。）。すなわち、①当期に納付することとなった外国法人税のうち、所得に対する負担が高率な部分、②金融・保険業を営む法人及び利子収入割合が二〇パーセント以上の法人の利子等に係る高率の外国源泉税といった法律による明確な控除排除規定がない以上、このような外国税額の控除を否定することはできないと反論している。ここでの争点は、現行制度がこのような外国税額控除をそもそも許容しているのかということである。

これに対して国税不服審判所は、以下のような判断をして、法人税法六九条の適用を否定している。(8)

(1)「当該源泉税は、請求人の本来の事業活動から派生的、付随的に生じたものではなく、バミューダ諸島法人の資金調達等の費用を請求人が有する外国税額控除の余裕枠を利用して軽減することを目的として仕組まれた取引によって発生したものである。すなわち、これらの取引における当事者の主眼は、請求人が我が国の外国税額控除制度の適用を受け、それによる利益をバミューダ諸島法人に交付することにあるものであって、そのために迂回とも思える取引を考案し、請求人に敢えて当該源泉税を発生させ、請求人も自ら税減額を負担することを意図してこれらの取引に介在しているのである。このように、契約当事者の主たる目的が、日本の外国税額控除制度を利用することであり、そのために国際的二重課税を故意に発生させたとみうるような取引においては……（外国税額控除）制度が排除しようとする、国際的な財務サービスの流通や資本・人的移動への影響、企業の国際的競争力の低下などという弊害について考慮するに値しないばかりか、国際経済の適正な発展という観点からも、外国企業の利潤追求のための手段として発生した国際的二重課税を排除しなければならないとする理由は見い出し難い。」

(2)　「外国税額控除制度の立法趣旨によれば、国際的二重課税の排除による利益は、請求人が享受すべきであるのに、本件においては、実際の利益の帰属先は外国企業であるバミューダ諸島法人となっているのである。このため、請求人はわずかな所得しかないのに、クック諸島法人からの貸付金利息のすべてを所得することを前提として過大な外国税額の控除を受けることになっているのであって、このような取引に外国税額控除制度の適用を認めるならば、我が国の税収確保に著しい支障を来すとともに、課税の公平を著しく損なう結果となり、外国税額控除制度の存在意義が失われることになりかねないというべきである。」

この裁決においては、①本件のような取引により生じた源泉税の税額控除を認めることは、外国税額控除制度の趣旨・目的に反すること、②請求人はわずかな所得しかないのに過大な税額控除を受けており、課税の公平を損なうことをその理由としている（(2)基準は、アメリカにおいて、いわゆる「経済的な利益テスト」といわれるものである。後述三参照）。また、課税庁においては、外国税をそもそも経済的に負担する者に外国税額控除（の請求）が認められるとしている（アメリカでは「納税義務テスト」として論じられる問題である。後述三参照）。

三　Notice 98-5――経済的な利益テスト

1　Notice 98-5 の特徴

外国税額控除の濫用に関する内国歳入庁の Notice 98-5 は、一九九七年の一二月二三日に発行された[9]。Notice 98-5 は、政府が二つの取引カテゴリーに関する外国税額の濫用的な調整（abusive arrangement）を規制するためのレギュレイション（財務省規則）をこの後に公表する意向を示している。この二つの取引とは、取引から納税者が期待（又は予想）している「経済的な利益」が取引から生じた外国税額控除と比較してより大きくなる場合にかかわるものである。ここでいう経済的な利益は、特別なルールを適用して計算される。外国税額控除に対する規制について、Notice98-5 はその判断基準として、非制定法の外国税額控除利益テスト＝経済的な利益テスト（foreign tax credit tax profit test）を適用しているが、後述するようにこのようなテストは、外国税額控除の利用についての独立的な制限として、Notice 98-5 に先立ってこれまで用いられたことがなかったものである。もっとも重要なことは、外国所得課税に係る税額（以下、「外国税額」という。）が費用として扱われ、アメリカの税額と相殺する（税額控除する）ことができない。この Notice 98-5 は、原則として①外国源泉税額に関する取引と②税のアービトラージ（裁定又は鞘取り）取引（tax arbitrage transaction）に適用される。このような取引は、外国納税者がローカル税の便益（ベネフィット）を（アメリカ当事者が税額控除を主張する。）税の支払いの結果として生むような取引である。特に、後者の取引は、一般的には、アメリカ税法とアメリカ外の国の税法とにおける取扱いの相違を前提としたハイブリッド取引である。

まず、Notice 98-5 における事例は、支払日直前に購入した資産（この資産は、源泉課税に服する所得を支払う。）に係る取引（購入者が源泉徴収された十分な税額について外国税額控除を主張する。）及びそのような資産をヘッジする取引（そこで外国税額控除を主張している納税者は、その資産について十分な危険を有しない。）を目標にしている。

また、エクイティ・レポ取引（Equity Repo Transaction）を規制の対象にしている。この取引において、アメリカの納税者は、外国子会社が優先株式を外国投資家に発行することによって魅力的な率でのファンドをもつことができる。株式投資はアメリカ税法のもとでは負債として取り扱われ、ローカル税法のもとでは資産として取り扱われる。外国投資家は、法人課税の二重課税排除のためのメカニズムにおいて、投資家の受取配当がローカル税法のもとで非課税であるという恩恵を被る。アメリカの納税者は、軽減配当税率による便益の一部を受け取る。

Notice98-5は、源泉税率あるいは限定されたリスクに関する取引について外国税額控除の活用を制限するためのものであり、内国歳入法典 §901（k）の導入につづく政府の動き（規制）の第二弾である。(10)

なお、Notice 98-5 の公表前に、内国歳入庁は外国税額控除の研究を公表した。(11)（アメリカの多国籍企業が支払った）アメリカの納税義務から控除された外国税額の割合は、一九七八年の六四・八パーセントから一九九三年の九六・五パーセントまで上昇している。

この統計は、アメリカの会社が超過税額控除（excess credit）から超過限度（excess limitation）の立場に移行し、その結果、高い実効税率の外国税額に服する所得を生み出す外国取引を積極的に実行していることを示している。

2　変化のための理由

Notice 98-5 は、このような濫用禁止ルールが必要な理由として、アメリカが免除システムではなく税額控除方式をとっていることをあげている。よって、アメリカ財務省は、低税率の外国所得を稼得した納税者からもたらされるあらゆる居住者便益を得させることを示唆しているといえよう。外国税額控除システムは、アメリカへの投資と外国への投資との資本輸出の中立性を確保し、投資をどこにするか、所得をどこで稼得するかについて税の効果（影響）を最小にすることである。税額控除は各々の取引ごとについて計算されないが、前述したように九つの独立したバスケットごとに計算される。

このアプローチは、バスケット内でのクロス・クレジットを認めている。納税者は、軽課税の国外所得に対応する居住アメリカ課税額を相殺するために、高税率課税の国外所得に対応する外国税額を控除することを認められているが、納税者が「クロス・クレジット制度を濫用するために、外国税額控除を生むスキーム」を計画、実行したときには、その結果は、アメリカ課税システムをイグゼンプション制度に効果的には移転することになる。[12]

Notice 98-5 によると、「このような結果は、詳細な外国税額控除の規定の存在、議会によって立法化されたクロス外国税額控除制限と明らかに矛盾する。規定の目的は、軽課税国外所得について、アメリカの残余課税を減じるために行われた濫用的取引において生じた税額の外国税額控除を許容するものではない。」

3 Notice 98-5 における事例

Notice 98-5 は、政府が次の二つの取引カテゴリーに関する濫用的な調整による外国税額控除を規制するためのレギュレイション（財務省規則）を公表する意向を示している。

(1) 源泉税のような、いわゆるグロス所得に賦課するような税の対象となる所得を生み出すような資産を取得すること

(2) 税の便益（ベネフィット）を二重に得ることとなるようなクロス・ボーダー税のアービトラージ取引（cross-border tax arbitrage transaction）を行うこと

この Notice 98-5 によれば、二重の便益は、同じ税あるいは所得について別々の者に、アメリカが便益を与える、

さらには外国が便益（完全な、あるいは部分的なインピュテーションあるいは非課税システムを含む。）を与えるときにもたらされる。二重の便益は、一般的にはアメリカと外国が各々の課税制度のもとで取引やその金額のすべて又は一部を別々に取り扱うときにもたらされる。[13] Notice 98-5 は、源泉税に関する調整あるいはクロス・ボーダー税のアービトラージ取引において、その期待されている経済的な利益がその結果生じた外国税額控除に比べて実質的でない場合に、そのような取引等は濫用（abuse）とみなされると考えているようである。[14]

(1)　源泉税濫用取引型

Notice 98-5 にはいくつかの事例が示されているが、前記(1)の源泉税に係る濫用的な取引（以下、「源泉税濫用取引型」という。）に関する事例として、以下の三つをみることができる。[15]

［例1］

アメリカ法人（US）が最後のロイヤルティの支払日前（一九九八年六月二九日）に七五ドルで著作権を購入する。ロイヤルティの支払いは最後の一回のみであり（支払日一九九八年六月三〇日）、その支払いのグロスの金額は、一〇〇ドルであることが期待されている。そして、その支払いはX国で三〇パーセントの源泉税に服することが予定されている。USは著作権を七五ドルで購入し、源泉税の徴収後七〇ドルを集める。そして事例によると、USは五ドルの経済的なロスを得る。この取引は濫用テストを充足するといえる。なぜならば、経済的な利益(economic profit)（ゼロあるいは実質的にはロス）は主張された外国税額に比べて実質的ではない（insubstantial）といえるからである。

［例2］

アメリカ法人（US）は、毎年六月三〇日に一〇〇ドルの利息を生む外国社債を一、〇九六ドルの価格でクーポン支払日の前日である一九九八年六月二九日に購入した。この一〇〇ドルの利息は、四・九パーセントの源泉課税に服する。次の日に、USは税額を控除して九五・一〇ドル（一〇〇ドルのクーポンにつき）を受け取る。USは、購入後五日後にこの社債を一、〇〇一・〇五ドルで売却する。このアメリカ納税者は取引上の利益を享受することを期待していない。USは税額控除を四・九〇ドル主張する。その結果の経済的な利益は〇・一五ドルのみである（1,001・05ドルの譲渡収益＋95・10ドルのネット利息—1,096ドルの購入価格・取得原価）。税額控除との関係において、経済的な利益は実質的ではない。その取引は濫用とみなされる。

この事例は、内国歳入法典 §904 (d)(2)(B) のもとで、事例で述べた利息が高率の源泉税の対象となる利子を構成するか否かについては言及していない。(16)

［例3］

外国税額控除から便益を得ることのできない投資家（F）は、元本額一、〇〇〇ドル（市場価格一、〇〇〇ドル）の外国社債（これはX国で四・九パーセントの源泉課税に服するものである。毎年一〇〇ドルの利息を生む。）を取得することを望んでいる。Fは、社債を購入するかわりに、他の場所（国）に一、〇〇〇ドルを投資する。そして、非関連者たるアメリカ法人（US）と資産スワップ（assets swap）を実施する。USは各々の社債のクーポン日にFに九六ドルを支払う。同日、USはFから一、〇〇〇ドルからの利息（金利LIBOR）を受け取る。スワップの消滅時に、USは外国社債の価格に係る増加額をFに支払い、Fは外国社債の価格に係る減少額をUSに支払うことが約されている。USはこのスワップをヘッジするために外国社債を購入し、LIBOR の利率で利息を支払う負債一、〇〇〇ドルを発生させる。

USは、九五・一〇ドルの（源泉課税後）社債のネット利息を受け取り、Fに九六ドルを支払うことが要求される。そして、スワップに対するその一方の支払いが現実のコストあるいはUSによる利益に相応している。よって、USは経済的な損失を期待しうる状況にあった。USは、このような取引において外国税額控除を購入したと考えられる。このような取引は濫用であるとみなされる。

(2)　**税のアービトラージ取引型**

Notice 98-5 には、さらに前記(2)の税の売買取引（以下、「税のアービトラージ取引型」という。）に関する事例として、以下の二つをあげている。[17]

［例4］

アメリカの投資家（US）は、外国（X）に法人（N）を設立する（このような法人はアメリカ税法においても法人として分類される。）。ここで、USは一〇ドルを出資し、Nの株式を取得する。NはX国の外国投資家（F）から九〇ドルを借り入れ（利率七・五パーセント）、そして合計一〇〇ドルの資本を毎年一〇ドルの所得を生み出す優先株や社債を購入するために用いる（Nが一〇パーセントの利率でUSへ一〇〇ドルを融資することも可能）。Nの九〇ドルの借入れは、ローカル税法のもとではエクイティ（資産）として取り扱われる。ローカル税法のもとでは、利子費用の控除はNにおいては認められない。Fは法人の配当の二重課税を回避する制度（インピュテーション・システム）のもとで、Fそれ自身の課税所得から受取所得（Nからの配当）を控除することができる。この便益のために、Fは、七・五パーセントのみの（税率は一〇パーセントに近く、これと比較して、より低い率の）利率で利子を喜んで受け取ることになる。法人の利得は三〇パーセントの税率で課税される。その結果、Nは、外国税額と利子費用を控除した毎年〇・二五ドルの利得を得る（受取配当等の一〇ドルから税額三ドルと利子費用六・七五ドルを控除する。）。この利得の金額は、外国税額三ドルの八・三三パーセントであるために、これは非実質的であるとみなされる。

［例5］

アメリカ法人（US）は、再びX国に外国法人（N）を設立する。X国のNは、USからの出資一〇〇ドルとX国の投資法人（F）からの融資九〇〇ドル（Fは、八パーセントの利率による利子を得る。）を資本とする。この一、〇〇〇ドルは、Y国で二五パーセントの税率による源泉課税の対象となる一〇パーセント配当を支払うこととなる（Y国の非関連当事者の）優先株を購入するために使われる。X国において、Nは、パートナーシップとして分類され、Fの融資はエクイティとして取り扱われる。X国は、FがY国の源泉税の九〇パーセントを控除することを認める。また、Nは、アメリカ税法においてトランスペアレント・エンティティ（法人格をもたない主体）である。さらに、アメリカ税法において、Fからの融資は負債として取り扱われる。結果として、USは、Fのエクイティの全てを保有しているものと取り扱われ、その結果としてY国での源泉税の一〇〇パーセントの税額控除を主張する。その結果、二重の税の便益がもたらされることになる。三ドル（100ドルーローンについての72ドルの利子費用及び25ドルの源泉税）の取引からもたらされる毎年の利益は、二五ドルの外国税額控除の一二パーセントに相当する。これは、非実質的であるとみなされる。(18)

4 Notice 98-5 と特徴

Notice 98-5 は、レギュレイションが税額控除（これは、潜在的なゲインとロスが生ずる可能性をもたらす。）からの合理的に期待された経済的な利益を計算するときに、客観的アプローチ（objective approach）を採用することを強調しているといえよう。(19) Notice 98-5 は、「合理的に期待されている経済的な利益」とは真の経済的な投資又は利益の可能性を有していない、あるいはその調整の一部として適切に取り扱われないところの未履行金融契約（executory financial contracts）を無視して判断されると述べている。よって、納税者が取引に金融的なインストルメント（instrument）を含んでおり、それが実質的な利益を生み出すけれども同時に同額の損失をもたらす可能性を有している場合、そのインストルメントは期待された経済的な利益に付加されるものを生みださないであろう。(20)

また、Notice 98-5 は、このテストが不連続の（discrete）調整に適用されるとしている。この調整は、一連の関係取引又は投資を、結合にして、さらにはシングル取引の一部分として取り扱うことを意味している（「調整の一部分」テスト）。[21]「合理的に期待されている経済的な利益」は、このような一連の関係する取引費用自体が控除されるか否かに関係なく、この調整と関係する費用を考慮することによって、判定されるであろう。非常に重要なことは、外国税が費用として取り扱われるということである。利子費用あるいは類似の費用は、それらの費用を生み出した負債又は契約が調整の一部であるならば、一般的に考慮されるであろう。明らかに、「調整の一部分」テストは、一般的には融資（financing）と取引（transaction）とが直接的に関連しているのであれば（トレイシング・アプローチによる。）、その利子は費用として取り扱われる。[22]

外国税は経済的な利益を算定するときに費用として取り扱われるものと考えられるが、外国税のセイビングは、費用のリダクションとして（つまり、結果的には利益に帰属するものとして）取り扱われないであろう。このようなワン・サイド・ルールは、たとえば、(ア)アメリカの納税者Dが他の国Xで証券を取り扱っており（証券ディーラー）、X国で稼得したネット・インカム（純所得）に対して所得税を課せられ、そして(イ)Dが第三国Y（DのX国における納税額をXによる税額控除として認める国）から利子支払いを受け取る場合に、X国の納税額におけるリダクションは、Y国の課税のネット効果を通してでさえ、Y国の課税によりもたらされた費用を相殺することを認めないであろう。そして、X国の納税額におけるリダクションは、アメリカにおける外国税額控除の額を増大させることはない。このような結果は、Notice 98-5 において、外国税額のセイビングを便益として扱うことは「不適切」であるとの前提のもとで、明らかにされている。[23]

レギュレイションは、所得の濫用がないにもかかわらず外国の高税率に服するといった理由だけで外国税額控除を否定はしないであろうと解されている。[24]

原則として、配当に係る源泉税の税額控除は、内国歳入法典 §901(k) の保有期間要件が充足されるのであれば、クロス・ボーダー税のアートラージ取引と関係する場合あるいは証券ディーラーによる一定の株取引に係る同法典

§901(k)(4)の特例規定が適用される場合を除いて、否定されないであろう。ここでの例外とは、外国での証券事業の積極的な活動と関係して配当を得ている証券ディーラーに、そのような配当に課せられた第三国での源泉税を、そのディーラーが所得を得た場合にその第三国により課せられたネット・インカム（純所得）に係る税額から控除しうる範囲内において、控除することを認めていることである。[25]

奇妙なことに、Notice 98-5は、そのNoticeのもとで控除されない税がどのようにして処理されるかについて説明していない。おそらく、それらは税としての特徴（税額控除）を失い、費用控除の対象となるであろう（その場合においても、費用控除として認められる限度額の制限に服するであろう。[26]）。

Continental Illinois v. Commissioner[27]において、かつて、政府は、納税者の利子に係る源泉税額の控除を否定する一方で、それにもかかわらず納税者の総利子所得に課税することを求めた。連邦最高裁判所は、税額控除できないのであれば、納税者はそれと関連した所得が実現したとみるべきではないと判示している。

Notice 98-5はまた、政府が多くの外国税額控除の問題を検討していることを示している。たとえば、以下のような問題である。

(1)　高率の源泉課税（原則的にはグロス・ベイシス課税）に関する濫用的取引にさらに規制が必要であるか否か。

(2)　外国税額が支払われる又は発生する時と、外国納税義務を生みだす外国源泉所得の稼得が認められる時（課税の繰延べ等が配慮されている。）の間に重要なミスマッチをつくり出す構造（ハイブリッド・エンティティ構造を含む。）及び取引が存在している。

(3)　ポートフォーリオ・ヘッジング戦略のもとでヘッジされる資産又は所得の一連の流れにおいて生ずる税額控除、及び納税者がかなりの期間にわたって損失の危険を減少させることなしに保有している資産又は所得の一連の流れにおいて生ずる税額控除が存在している。

四　Notice 98-5の抱える問題

Notice 98-5 における濫用規制の理由づけのうち一つの重要な問題は、外国税額控除を否定する濫用取引をどのように判断するかということについて述べていないということである。Notice 98-5 は、その取引が Notice 98-5 に示されている経済的利益テストを充足していなければ（しかし、その要因が決定的ではないと考えられるが）、その取引は濫用取引であると解している。Notice 98-5 のもとで公表されるレギュレイションは、ここでリスト化された取引の二つのカテゴリー（源泉税の濫用に関する取引及び税のアービトラージ取引）を除いて、このテストは適用されないであろう。しかし、問題は、このテストを充足することができないのはどのような場合であるのかが必ずしも明確ではないということであろう。(28)

ここでは、Notice98-5 のなかに見出される経済的な利益テスト（内国歳入法典等の制定法の規定がない。特に費用として外国税を取り扱うタイプと利子費用のためにトレイシング・ルールを適用するタイプ）が外国税額控除において意義があるのか、あるいは外国税額控除とその他の便益（これはそのようなテストを課されない。）との間において意義のある相違が存するのか否かを考察する。

1　経済的な利益テスト

連邦最高裁判所は、時々、達成させられる税の便益と比較して、税引前の経済的利益が存しない、あるいは利益が最小である場合に、取引における税の便益を拒絶するために「実質的な経済的な利益テスト（substantial economic profit test)」を適用する（Knetsch v. United States; Goldstein v. Commissioner; Rice's Toyota World Inc. v. Commissioner; ACM Partnership v. Commissioner 参照）。[29]

このテストは、典型的には、問題となった「費用」（これは、経済的な損失よりむしろタイミングの便益を反映するという意味で巧妙に用いられている。）の控除を否定するために使われている。利益のために遂行された取引について、あるいは事業のなかで生じた項目（items）についてのみ、規定が控除を認めるときには、この利益テストを正当化することはたやすい。このテストは、また規定が控除を無条件に与える「その他の費用項目」（多くの注目すべき項目は利子）のケースに拡大されている。[30] このようなセッティングにおいて、利益テストのための正当性は、立法者が明文化していない願望を遂行するために必要とされるということである。立法者は、控除が目的にかなった活動に対してのみ適用されるということを意図していたといえよう。納税者が経済的な利益を稼得する可能性が存しないのであれば（つまり取引は税なくしては全く意味をもたない。）、税の便益を認める議会の意思とは相反することになろう。このような方法で、この経済的な利益テストは単に Gregory v. Helvering[31] の基本的な教え（グレゴリーの原則――規定の文言的な要件を充足する取引は、立法者が意図していたことを充足させているとは必ずしもいえない。）を実行している。

直接・間接外国税額控除を認める規定は、その税額が利益をもたらす活動と関係することを求めていない。しかし、内国歳入法典 §904 の外国税額控除限度額は、納税者の国外源泉（課税）所得に直接、税額控除をリンクさせている。確かに、外国税額控除の主張は、議会の意図に照らして解釈された規定の要件を充足していなければならない。グレゴリーの原則は立法を通じて拡張されてきたといえるが、Notice 98-5 から生じた問題は、内国歳入法典 §904 のもとで既に適正であるとされている外国税額控除の要件に加えて、このようなコモン・ロー・ネット・インカム・テスト（common law net income test）を充足することも外国税額控除の条件であると議会において認識されていたかどうかである。

しかし、外国税額控除の適用を制限するためにコモン・ロー・ネット・インカム・テストを適用するといった立法者の見解はこれまで存在していないといえよう。一九一八年に外国税額控除が導入されて以来、このような立場はとられていない点に留意をしておく必要があろう。

(1) 人為的な税の支払い

税額控除は、内国歳入法典§904の限度額にもとづいて、納税者によって支払われた又は発生した税額について認められる。法的には、納税者が納税義務を負い、納税者が税を支払った（発生させ、究極的に支払った）ことを立証すれば、税額控除の要件を充足したと考えられる。これに対して、これまで経済的な実質が問題となったケースにおいて、納税者は、納税者が誰にも真に経済的なコストや負担を与えていないという意味で人為的な税の損失又は費用を所得控除することを主張している。

ここでの議論のひとつのポイントは、外国税額控除に関する取引において、納税者がその取引に課せられた税の経済的な負担の一部のみを負担するように取引等における価格が設定されていることである。税が誰か他の者により負担されているので、このような税額控除は否認されうるべきであろうか。さらに、Notice 98-5の経済的な利益テストは、納税者が税負担をしていないという取引をこのテストが検証することができるという前提のもとで、正当化することができるのであろうか。

この最初の問題について、控除に肯定的な答を受け入れる基本的な見解は、内国歳入法典§904のレギュレイション及び判例法が税額控除を主張するときに税を負担していることが必要でもないし十分条件でもないと明確に述べているということである。[32]また、税負担を究極的に誰が負担したかを判定することは困難である。いかなるときでもNotice 98-5における経済的な利益テストによって、税額控除を主張する納税者が税を負担しなかったということでその取引を否定することはできないであろう。[32]逆に、外国税額控除を費用として取り扱うことによって、このテストは、税がほかの誰かによって負担されるときではなく納税者が税負担を負うときに、税額控除を否定することになろう。[34]

(2) 納税者の動機

実質的な経済テストの適用において問われる典型的な問題は、納税者がそのような優遇的な税額控除がなくとも、そのような取引を行ったかどうかである。外国税額控除取引において、仮に税がファクターとして消滅させられるのであれば、納税者の立場は良くなるか、あるいは中立的になるであろう。他の税の便益（作為的な損失に関する損失控除及びその他の税額控除を含む。）と違って、外国税額控除は、同額の現金支出を単に納税者に補償するにすぎない。そこで、納税者が外国税の支払いと外国税額控除を行うことによって明らかに得をすることはない（良くはならない）のであり、納税者はせいぜい中立的となるにすぎない。[35]

前述のアプローチにおいて、納税者はいかなる課税も存しない場合に（外国税額の支払い及びアメリカでの外国税額控除ともに消滅しているような場合）いったいどのように取り扱われるか、という点において、批判されうる余地がある。Notice 98-5 は、仮に納税者が外国税を課せられたが、アメリカでその外国税について税額控除が利用されないとすると、何をするためであったのかを問うことによって、納税者の動機をテストしている。外国税額控除が認められない場合には、外国税額を費用として取り扱うことになろう。

しかし、これは合理的であるといえるのであろうか。外国税額控除の基本的なシステムの機能は、外国税額を（アメリカ税率まで）アメリカ税のように取り扱うということである。外国税額と国内税額との相当性は、取引からの課税所得（課税所得は、結局、内国歳入法典による利益の測定である。）が、控除しうる外国税額を費用としてではなく、むしろ所得控除できない連邦税の支払いに対する相殺として取り扱うという事実によって反映されているといえる。[36]これと同じ取扱いは、財務会計において採用されている。よって、Notice 98-5 の事例のすべては、外国税が現実に税額控除されると仮定すると、意味のある、積極的に課税することのできる帳簿上の所得を創り出すといえよう。[37] このようなことは、実質的な経済的な利益テストによって税の便益が否定されているところの典型的なケースにおいては肯定することはできない。[38]

税額控除を主張するアメリカ当事者の視点からすると、外国税の存在は、アメリカの当事者が外国税額控除を通じてそのような税を取り戻すことができ、そして税額について十分な経済的な負担を負わない範囲において、税の便益を創り出す。たとえば、仮に社債利息（これは源泉課税に服する。）を支払い、この社債が税のリターン・ネットを反映する価格で取引されるとすると（なぜならば、それが取引されるところの市場は、税額控除を主張することができない重要な購入者を含む。）、アメリカの社債購入者は、税が課せられなかったときよりも、税の賦課の結果として納税申告後、より高いリターン結果（税引後）を得ることができよう。この税は、本質的には棚からぼた餅（ウィンドフォール）的な便益もたらす。[39] 一方、取引に対する外国当事者が、通常、外国税の負担を負うときに、仮に取引がそのための外国税額控除を主張することのできるアメリカ当事者にその税をシフトさせる効果をもっているとすると、その取引は外国税額控除を考慮した価格となり、その結果、外国の当事者は、税の便益の一部を得ているといえよう。[40] 別の言い方をすると、税負担の一部が外国人からシフトされる（その外国人は税負担をアメリカの当事者にもたらすであろう。）。

潜在的なウィンドフォールの要素は、税額控除システムをデザインするときに深く関係しうるものであり、そして以下で議論するように、源泉税に関する取引及び税のアービトラージ（鞘取り）取引を否定しようとするときの重要な要素であったと考えられる。しかし、それは、非制定法上の経済的な利益テストを適用するときに、取引の現実的な条件を無視することを正当化しない。経済的な実質テストを内国のセッティングに対して適用するときに、裁判所は、取引には税の便益が不存在であるとして評価するのではなく、取引は実質的に行われたものとして取り扱うと評価している。ここで、このようなアプローチと異なるアプローチをとる理由はないように思われる。[41]

納税者によって経済的に負担されない税について税額控除を認めることは、納税者を取引（契約締結）に導くときの重要な要因となるであろう。納税者が税の便益がないために取引をしないという事実は、経済的な実質ケースにおける決定的な要因ではなかろう。事実、たとえば、それが決定的であるならば、前述の判決等はもっと簡潔なものになっていたであろう。その取引が、外国税額控除が行われないならば遂行されなかったということが明らかにされたときに（立証されたときに）、取引における外国税額控除を否定するテストは、一般的な商取引に広範囲な影響を与えることになるであろう[42]（後述（例1）〜（例4）参照）。

(3) ハイタックス・キックアウト・ルールとしてのテスト

納税者が税負担を有している場合、そして税の不存在が意味をもたない取引を締結した場合に、Notice 98-5 の経済的な利益テストが正確に機能しないとすると、この経済的な利益テストは何を測定することになるのかが問われることになる。このテストの機能をもっとも明確に説明する方法は、この取引が外国実効税率（アメリカ税原則のもとで算定された税引前所得により外国税額を割ったもの）の高いものであると判断することである。実効税率が高くなればなるほど、外国税額控除後の経済的な実質的な利益は小さくなる。たとえば実効税率が六〇パーセント、七五パーセント、あるいは九〇パーセントであるすると、経済的な利益は外国税額の三分の二、三分の一、九分の一となる。もちろん実効税率が一〇〇パーセントを超えると、定義されているような利益は存在しなくなる[43]。よって、Notice 98-5 の経済的な利益テストが意味をもつかどうかの問題は、取引に係る税額を控除することが、その取引の実効税率が一定の限界を超えているために否定されるかどうかということである。この問題は、ローカル税率というよりも、取引構造のために税率が高いというケースに焦点をあわせることにより明確にすることができる。

不正手段のしるし（badge of fraud）としての高いが実効税率に依存することには、二つの問題がある。まず第一に、税金（税負担）により動機づけられていないが高い実効外国税率をもたらす取引で直観的に濫用とは思えない取引がある。第二に、実効税率が一定の範囲を超えるときに税額控除を否定するというテストは、内国歳入法典 §904の外国税額控除限度額とかなり重複することになろう。このような状況において、コモン・ロー・インカム・テストが制定法スキームにおいて意図していない欠陥をふさぐとの前提で、コモン・ロー・インカム・テストを正当化することはむずかしいといえよう。(44)

高い実効税率をもたらすが事業により動機づけられた取引のいくつかの事例は、以下のようである。(45)

［例1］

銀行が LIBOR プラス二五基本ポイントの利率でメキシコの借主に融資（ローン）をする。銀行は、融資の基金を LIBOR で借り入れる。融資の利子については四・九パーセントの税率で源泉徴収される（四・九パーセントの税率はメキシコ税法のもとで設定されており、その結果、源泉徴収された税はいかなるものも高率源泉税のための内国歳入法典 §904 の個別の限度額バスケットに服さないであろう。）。その借主は、利子までグロスアップされないであろうから、利子は税引後のネットで支払われる。LIBOR が平均で五パーセントを超えて推移することが期待されるのであれば、その取引は Notice 98-5 の経済的な利益テストをパスしないことになるであろう。

仮に LIBOR が五パーセントであったならば、源泉課税は〇・二六パーセント（四・九パーセントに LIBOR プラス二五基本ポイントを乗ずる。）になるであろう。それは二五基本ポイント・スプレッドを超えている。この例は、Notice 98-5 のもとで、負債（その元本は事業にトレイスされうる。）が事業活動の一部に使われることから、関連利子費用は、経済的な利益の計算において考慮されるであろう。(46)

［例2］

アメリカの製造者は、プラントを建設・運用するために外国に子会社を設立した。子会社は、投資された資本の一二パーセントの税引前利益があると考えていた。たとえば総資本が一億ドルであるとする。ローカル税法は、五〇パーセントの法人所得税を課し、また負債に係る所得控除が総資本の半分まで主張できるようにその負債の額を制限している。親会社グループは、子会社に融資するために一億ドルの借入れを必要とする。子会社は五千万ドルを借り入れ、親会社は五千万ドルを借り入れる（それは資本として子会社に流れていく。）。借入利率が八パーセントであるとすると、投資は Notice98-5 の経済的な利益テストをパスしないこととなる。

総税額は八百万ドル（総利益1,200万ドル―400万ドルの子会社により支払われる控除利子）の五〇パーセントである（すなわち四百万ドル）。Notice 98-5 により算定された経済的な利益はゼロである（1,200万ドル―400万ドルの税額―800万ドルの総利子費用）[47]。

【例3】

証券ディーラーは、外国法人たる顧客と長期にわたり取引関係にある。そして、この証券ディーラーは、ときどきその法人の株式を引き受ける。証券ディーラーは市場メーカーとして行為を行い、株式の売買をする。株式が長期間保有されず、株式が配当後短期間保有されるとき、株式に対する源泉税は証券ディーラーの予期された利益に比較して大きいとする。配当支払日に近接する日での株式の購入は、Notice 98-5 の経済的な利益テストを充足させないであろう。

【例4】

アメリカ投資アドバイザーは、成功率の高い投資アドバイザーである外国法人の株式すべてを非関連当事者から購入する。株式を取得した外国会社の資産はかなりの部分が営業権（goodwill）である。購入者は、内国歳入法典 §338 を選択し、同法典 §197 にもとづいてアメリカ連邦税のもとで一五年にわたり、その購入価額を償却していく。取得価額のステップ・アップと営業権の償却は、外国税法のもとでは認められていない。このような相違のために、一五年にわたって、アメリカの課税所得はほとんど存しないが、外国税の納税義務は実質的に存する（内国歳入法典 §197

の償却費は経済的利益テストのもとで費用になるとの前提である。）。現在価値の点からは、外国税の税引き後の利益は、控除可能な外国税額と比較して小さいので、Notice 98-5 の経済的な利益テストは充足されないであろう。

以上のような事例のすべては、通常の事業取引に関係している。[48] そこにおいて実効外国税率は高いが、これらは、アメリカと外国の税システムの相違によって（特に外国税を計算するときに考慮されない所得控除がアメリカにおいて認容されるなど）引き起こされている。

第二の問題は、外国税額控除の条件についてコモン・ローにおける経済的利益テストとの関係において生じているが、実効税率テストは内国歳入法典 §904 により、既に先取りされているようにみえる。同法典 §904 は、外国税額控除が主張できる税を外国源泉所得の三五パーセントまでと制限することにより、そのようなテストを正確に課している（内国ロスは存在しないとの前提である。）。Notice 98-5 は、同法典 §904 の制限を吸収するための高い外国税率を創り出す取引を遂行するために、議会によって詳細に立法化された規定である外国税額控除の規定及びクロス・クレジット制限と明らかに矛盾することになろう。[49] Notice 98-5 の内容は逆行しているといえよう。議会はこの領域について広範囲に規定し、そして高度に技術化された一連のルールに従った意図的にクロス・クレジッティングを認めたという事実のもとで、議会が別の所得テストを正当化することは非常に困難であるといえよう。[50]

先取り（preemption）についての議論は、ここでは強調されるべきであろう。なぜならば、議会は、所得テストにもとづいた外国税額控除の適用条件を立法化することができなかったわけではないが、議会はかわりに、内国歳入法典 §904 においてそのテストをどのように適用するかについて、詳細に明文化した。Notice 98-5 の経済的な利益テストは、かなりの点で、同法典 §904 とかけ離れている。特に、このテストは、トランザクション・バイ・トランザクション基準で（クロス・バスケットではなく）適用されており、ネット所得を計算するときに外国税額を費用として取り扱う、そして少なくともいくつかの取引において、トレイシング・アプローチのもとで、利子費用を配分することになろう。さらに、Notice98-5は、独立した取引バスケットネット所得から税額を控除する（クレジット）ことを認められるであろう高率の源泉課税と税のアービトラージ取引のために、独立した取引バスケットを創設していない。そのかわりに、Notice98-5は、経済的な利益テストを充足しない取引に係る税額すべてを税額控除の対象から否定することになろう。[51]

内国歳入法典§904と異なる経済的な利益テスト（Notice 98-5）で示された特別の方法を明らかにすることは、先取り議論を評価するうえで有益である。

内国歳入法典§904は、パッシブ所得と一般的な制限所得のために各々独立したバスケットを有している。ポートフォリオ投資（これは源泉税に服する。）から配当所得を得ている製造会社を考えてみよう。外国税の実効税率が三五パーセント以下であるとすると、その所得と税は、パッシブ・バスケットのなかに納まる。一方、外国税の実効税率が三五パーセント超であるとすると、同法典§904の高税率で課税される所得のキックアウト・ルールにより、その所得と税は、パッシブ・バスケットからは除かれ、一般的な限度額バスケットに含められ、その他の事業所得と結合されることになる（§904 (d)(2)(A)(iii)(III), (d)(2)(F)参照[52]）。

内国歳入法典§904とNotice 98-5の経済的な利益テストのもう一つの相違は、利子費用の配分にかかわるものである。同法典§861のレギュレイションは、現金アプローチによる規制（fungibility）を採用している（一般的には資産配分方式である。）。そのアプローチのもとでは、限られた例外はあるが、納税者の利子費用はあらゆる所得源泉間で配分される。一九八六年租税改革法（T. R. A. 86）において、議会はこのアプローチを支持しており、グループ利子費用の按分のためにすべての関連会社を一つの独立の法人として取り扱うことにより、このアプローチの適用を拡大している。このような経緯からすると、トレイシング・アプローチ（それは、Notice 98-5が原則的なルールとして提案したものである。）のもとで、利子費用を按分するのは中途半端であるといえよう。[53]

2　Notice 98-5 により影響を受ける取引

Notice 98-5 は、総課税ベース（売上課税等）に係る取引及び税のアービトラージ取引についてのみ経済的な利益テストを適用する。以下において、これらの取引の特徴をみていくことにする。

(1)　源泉税

Notice98-5 における例1と例2は、所得の支払いがなされる前のある日に、源泉税を賦課される所得の支払いを購入する取引に関係している。事例は、すべての税支払いが購入者に課せられるべきであると考えている。よって、源泉税のための税額控除を認める国における一つの問題は、連続する保有者の間において、税額控除を発生主義よりも現金主義にもとづいて効率的に配分する原則的ルールを適用することから生じる歪みである。

外国税額控除制度の存在は、納税義務の按分と所得の按分との間における不公平を許容することになるけれども、ときがたてば発生する（利子及び条件のついていないロイヤルティのような）所得の支払いの場合に、所得発生にもとづいて源泉税を按分するルールの採用は、合理的であるということになろう。同じようなアプローチは、配当所得は発生しないために、株式の配当には適用されないであろう。内国歳入法典 § 901(k) において既に具体化されている保有期間の要件は、納税者が税額控除を得るための意味のあるリスクであり、そして配当取得の極端なケースの多くを否定させることになる。(54)

Notice 98-5 は、また、所得を発生させる資産がヘッジされるケースにおいて、そのような取引における特別な費用配分ルールを公表することによって税額控除が源泉税について禁じられる機会を最大化することを目的としている。財務省は、納税者が資産に関連してある程度のリスクを有しない限り、資産に関する税の控除を認めるべきではないということを確信している。これは、政策手段として合理的に到達すべき結論である。(55)　内国歳入法典 § 901（k）は、配当に係る源泉税について税額控除を主張するためにはリスクの要素が必要であるとの立場をとっていることは明らかである。

Notice 98-5 において、ヘッジ資産に関する事例の一つは例3である。この事例において、税額控除から便益を得ることのできない者は、そのかわりに社債を保有し、税額控除の便益の一部を（取引の価格移転を通じて）パスするために、税額控除から便益を得ることのできる他の者と調整を行った。このような調整において、相対する当事者が融資の当事者として行為を行い、そしてこの調整が税額控除の使用のため以外の目的を有しない場合には、これらの税額控除を否定するというその直観的な主張は説得力がある。しかし、Notice 98-5 は、そのようなケースと事業目的のためにそのポジションを得ている（たとえば、ディーラーにとっての棚卸的なポジションを維持するような）ケースとを区別することを企ててはいないであろうし、他の者に融資をすることを否定する趣旨ではなかろう。Notice 98-5 は、ヘッジが複数の当事者との結合的な取引により構成されているかどうかによって差別はしない。Notice 98-5 は税額控除の対象となる源泉税が利用することが可能な税額控除総額を増大するか、あるいは代わりに税額控除が可能な他の税を単に相殺するか（別の国における外国税額控除の適用により）どうかによっても差別しない。(56) 換言すれば、アメリカ法人の租税回避の動機は全く問題ではない。

例3における問題に直面した立法者は、融資取引とヘッジのポジションに係る他の取引とを区別する実務的な方法は存せず、ここでは大雑把な正義（公平）を適用すると明らかに考えているといえよう。商業的な動機による取引を含む広範囲の状況のなかで税の便益を否定するための手段として、一般的な租税回避事例と同じようなラインに立っている経済的な利益テストを適用することは、この問題に対する有効な防御的方法ではない。一方で、利子税率及び為替ヘッジとその他の資産の特別なヘッジの間の Notice 98-5 の区別は、ヘッジングが融資であるとき、あるいはヘッジングが融資でないときの状況を、大雑把で手早く分離しようとしているようにみえる。しかし、このような規制の強化が「Knetsch 判決／Goldstein 判決で用いられた経済的な実質テスト」（1参照）の場面として、外国税額控除にそのようなテストを適用することにより可能であると解するのは疑問である。[57]

グロス・ベイシス課税に対する財務省の攻撃（規制）は、また源泉税が投資家よりもむしろ所得の支払者によって経済的に生じさせられるという認識のもとから生じているといえる。それが真実であるとすると、源泉税の税額控除は、内国の資産よりも外国の資産を投資家が購入することを促進するという結果も導くことになる。しかし、財務省は、このような政策的な合理性にもとづいて「クロス・ボーダー源泉税」の税額控除を否定するための権限を現行法上有していないのである。

(2)　税のアービトラージ取引

税のアービトラージ取引について、Notice 98-5 は、アメリカ及び外国がそのような取引を、同じ所得又は税額について、異なる当事者に税の便益を与える取引としてみている。Notice 98-5 によると、この二重の便宜は、アメリカ及び外国における取引あるいは課税の矛盾した又は相違した取扱いから生じる。政府は、当事者がそのような取引をアメリカあるいは他国の法律のもとで区別をして扱うということを、一般的には厄介な問題として考えているようにはみえない。[58]

さらに重要な問題は、アメリカの当事者にとって経済的に望ましい条件で、他方の国の当事者に税の便益をもたらすことは、アメリカ納税者との取引を遂行するための誘因として機能するということである。これは、アメリカ当事者にもそのような取引に従事するためのインセンティブを与える。取引の内容が、所得に課税されるときに別の国で（アメリカ外で）その所得を稼得することが求められている限り、アメリカの当事者はアメリカ外に所得を生み出す資産を移動し、そして外国税額を発生させるという誘因を与えられる。

このことを示すために、Notice 98-5 の例4をみる。アメリカの当事者が七・五パーセントの率で融資を受ける（課税負債の市場利率は一〇パーセントである。）。外国の貸主は受取利子について自国で課税されない。ローカル税率が三〇パーセントである。そこで、貸主は、自分が非課税から得る三〇〇基準ポイントの便益のうち二五〇ポイントを、アメリカの当事者に移転をしたことになる。

税のアービトラージ取引についての重要な問題は、それら取引が海外に投資をするための経済的なインセンティブであるとする場合には、経済的な所得テストはこの問題に対処するために適したものではない。前述したように、このテストを納税者がウィンドフォールの便益を実現する場合であってもこのテストを充足することは簡単である。(59) さらに、アメリカ納税者が税のアービトラージ取引に従事するための課税ベースでのインセンティブをもっているとしても、このような取引が唯一又は優先的に税により左右されるとはいえないであろう。多くの、このような取引は、たとえ外国税額が費用として取り扱われたとしても、簡単に経済的な利益テストを充足させうる。

Notice 98-5 の例 4 において、アメリカ納税者は、ファンドを他の源泉から得るよりも、その取引自体を介してより安くファンドを借り入れることができるようにその取引を遂行している。外国法人が借りたファンドは毎年一〇パーセント利率でアメリカの親会社に融資されるとする。たとえば、この取引によるアメリカ親会社からの戻り（リターン）は会社間での融資における所得であるとの前提のもと、経済的な利益を計算している。そのような取引は通常行われているが、外国子会社はアメリカ税法のもとで支店であると想像してみよう。その場合に、親会社に対する子会社からの貸付は無視されるであろう。そして、すべての取引が親会社による借入れとなるであろう。外国税額が利子コストに含まれると仮定したとしても、このような、取引は市場率よりも八三基準ポイント高いところのアメリカ親会社に対する借入コストにすべて含まれるという結果をもたらすはずであろう。グループが借り入れたファントからの期待しているリターン率がこの利子コストより実質的により大きいかどうか（それは、ほとんどのケースにおいて大きくなるであろう。）を問うことは適正であるようにみえる。(60) 外国子会社は通常支店よりも法人として分類されるのであるから、極端に異なるアプローチを適用することは不適切であろう。この納税者の動機及び取引の税効果は、子会社がどのように分類されるかどうかにはかかわらず、実質的には同一であるといえよう。

五　外国税の納税義務者と税の負担

Notice 98-5 は、この Notice が念頭においている外国税額控除制度の濫用を可能にさせる現在の外国税額控除制度の特徴に注意を払っている。この制度の中心的な特徴の一つは、税を課している外国法のもとで納税義務を負う当事者（ときには、外国納税者あるいはテクニカル納税者ルールとして言及される。）に外国税額控除を認めることである。特に、その当事者は、(ア)その税が経済的な負担を負っているか否か、(イ)税が賦課される特別な所得がアメリカの税法のもとで実現しているか否かに関係なく、原則的には控除することができる。このルールは、政府にとって問題である取引についてその規制の対象を明確にする。(61)

アメリカの課税制度は、外国法のもとで納税者となる者に対して税額控除を与えるが、税額控除は（発生主義又は現金主義のもとで税額控除を主張するかどうかに応じて）課税年度に税を発生させた、あるいは支払った「アメリカ納税者」に認められる。「発生又は支払いテスト」がアメリカの課税の原則であることは明確である（I. R. C. §901）。

1　納税義務テスト

内国歳入法典は、直接外国税額控除が競合する請求者間においてどのように配分されるかについて細かく規定していない。内国歳入法典 §901 は、課税年度の間、外国あるいはアメリカの属領において発生又は支払った税について、外国税額控除をアメリカ納税者に認める。このことは一九一八年以来内国歳入法典に明記されている（なお、内国歳入法典が納税義務の配分について厳格に規定している領域の一つは、間接外国税額控除に係る同法典§902である。[62]）。

内国歳入法典はこの点について原則として言及していないが、税はローカル法のもとで納税義務を負う者によって発生させられた、支払われたとみなすということは真実である。この見解は、一九三八年のBiddle v. Commissioner[63]において支持されている。内国歳入法典§901に係る一九八〇年前レギュレイションはこの点について曖昧であり、「支払い又は発生した税とは、税額控除を主張する納税者の課税年度において、適正に、発生又は支払われた税を意味する」と規定するのみであった。一九八〇年に財務省は、内国歳入法典§901条に係る暫定レギュレイションにおいて、外国税法のもとでの納税義務の基準を明確に採用した。これは一九八三年に最終レギュレイションとなり、現在施行されている。[64]

2　レギュレイションの基準

法的納税義務基準は、Trea. Reg. §1. 901-2 (f) において具体化されている。このレギュレイションは、内国歳入法典§901及び§903において税を発生又は支払ったとみなされる者は、たとえ別の者（たとえば源泉徴収義務者）がそのような税を送金したとしても、外国法によりそのような税の法的な納税義務を負うところの者であると述べている。レギュレイションは、法がたとえ納税義務者と直接又は間接の取引を行う当事者が取引の一部として、納税者の外国納税義務を引き受けることに同意をしているとしても、その税は納税者により支払われたとみなされると述べている。

法的な納税義務を負うとは、国庫に支払いをなす義務を有する者として理解されている。しかし、源泉税のリミター（remitter）として源泉徴収義務者をみなしていることは、少なくとも源泉税の場合には、法的な納税義務は税が源泉徴収される支払い（金額）に対して権利を有する者について生じることと解釈しているといえよう。[65]

レギュレイションは、納税者を決定するために、三つの場合を列挙している。

最初の事例は、融資契約（同意）にもとづいて支払われた利子に課せられた租税条約上の源泉税に係るものである。税は、グロスアップされることなく借主Aにより源泉徴収される。ローカル法のもとで、Aがそれを源泉徴収したとしても、税は非居住受取人Bに課せられたと考えられている。(66) よって、納税者はBであると解されている。

第二の事例は、最初の事例と同じであるが、形式的な貸主BがCの代理人又は名義人として融資を行い、利子を受け取る場合である。事例はCが利子の受益的所有者であるために、Bではなく、Cが納税義務を負うと結論づける。よって、Cが納税義務者となる。(67)

第三の事例は、税の負担をシフトさせる契約が考慮されないというルールの射程距離にかかわるものである。事例において納税者Dは、外国政府との契約により外国政府の海軍基地を建設するために建設事業に従事している。政府は所得課税を行い、そして政府契約にもとづいて政府が納税義務を代わって引き受けることとする。よって、課税管轄権に対して税の支払いはなされない。にもかかわらず、契約者（納税者）Dによって税は支払われたとみなされる。(68)

3　レギュレイションの問題点

(1)　経済的な税負担

レギュレイションは、取引の一方の当事者は、たとえば他方の当事者が納税義務を支払うことに同意をしたとしても、アメリカ納税者として経済的に負担しない税について税額控除を主張できるということを明確にしていると解される。たとえば、融資に係る利子について、源泉税額を減ずる前に、利子の利率が市場の利率に決定してあるか（その結果、受取人は受取利子について税額部分だけ減じられる。）、又は代わりに貸主が市場の純利率についてネゴシエイトしているかどうか（借主があらゆる税のために、支払いをグロスアップする。）は、融資に係る利子に対する源泉税の税額控除において相違はない。

この原則は、レギュレイション（Treas. Reg. §1. 901-2(f)(2)）の第三の事例のなかからはっきりとうかがうことができる。レギュレイションにおいて、課税を行う政府によって契約上生じた税についての税額控除を認める。明らかに税額控除は税が支払われない場合においても認められる。納税義務が政府により肯定され、税額が控除される場合に、それが別の政府により肯定されるとまた税額が控除されることになる。しかし、内国歳入法典 §901(i)（禁じられた補助金の規定）のもとで別のレギュレイションにおけるルールが、納税者に課せられた税が納税者が契約した相手の誰かに政府によって支払われた補助金により減じられる場合、税額控除を否定することに留意をしておくべきであろう。[69]

「納税者とみなされるためには、税を負担する必要がない」というルールにおけるコロラリーは、税コストがある者に配分されるという理由のみによってその者が納税者とはみなされないということである。この点は、Biddle 判決において強調されたところである。この判決は、株主が税負担を負うという事実は株主をそのような税の支払者とみなさないと述べている。[70]

(2) 所得の配分

レギュレイションは、納税者に納税義務があるかを判断するときに、連邦所得税において課税の対象となる所得がどのように配分されているかについて、何ら言及していない。内国歳入法典 §904(d) のもとでの限度額バスケットに所得をどのように配分するかを規定するレギュレイションは、外国税とアメリカ税との間において所得の額及び所得発生のタイミングに相違あるということを十分に承知している。所得の配分は、関係者の誰が外国税を負担すべきかを決定するときのルーリング、あるいは判決において、重要な要因ではない。

しかし、所得の配分はまず第一に、連邦税において法人又はパートナーシップであると認められるエンティティ（主体）に対して課税される税をその所有者間でどのように配分するかを決定するときに、第二に、特別の納税者に配分される税がどの年度に帰属するかを決定するときに、重要な意味をもつ。国外所得について納税者が外国税を支払うタイミングと、その納税者がアメリカに居住するものとしてアメリカ税法のもとで算定したものとみなして行う所得発生のタイミングとを対応させるルールは、その年度の税額控除において考慮される税額を増大させることにより（当該年度において、内国歳入法典§904の限度額はそのような税額を控除するに十分余裕がある。）、その納税者を優遇していた。そのような対応関係は、特に一九五八年度前（超過外国税額を繰り延べる又は繰り戻すことを許容するルールが一九五八年に初めて採用された。）においては重要であった。しかし、今日において、そのようなマッチング・ルールが、必ずしも外国税額控除制度のもとでとられていない[71]。

(3)　税の支払いと個々の納税義務

外国法のもとでの個々の納税義務の存在は、通常誰が税を支払うべきかを判断するときにかなりの程度で該当支払いの前提としてのそれと一致する。このルールの例外は、源泉税に適用されている。所得の支払時に源泉税を徴収されたときには、源泉税の徴収義務は、たとえ受取人が税の納税義務を負わないとしても、支払い（金額）の受取人に税を課したとみなしている。現在のレギュレイションは、源泉徴収義務者を納税者としてではなく、税の送金人とみなしている。Trea. Reg. §1. 901-2(f)(2)(ii) において示されている事例1と2は、支払いに対する源泉税は、ある当事者が人的に課税の義務があるかどうかに関係なく、受取りの権利を有している該当当事者に課せられていると判断している。

(4)　アメリカ税法と外国税法との関係

現在のレギュレイションは、外国税法のもとで納税義務を負う者を税額控除にあたっての納税者であると解している（Trea. Reg. §1. 901-2(f)(1) 参照）。

この基準は、アメリカ税法上の課税原則を外国税額控除の納税者の判定のために用いる余地を認めているようにはみえない。しかし、前述した Biddle 判決は、外国法にもとづいてある者が納税者としてみなされるという事実は決定的ではなく、またアメリカの課税原則が納税者を判定するときに用いられると言及することにより、厄介な問題を引き起こした。

Biddle 事件においては、租税条約上の法人所得税が法人に課せられた。イギリス税法のもとでは、配当を受け取る株主は税額までグロスアップされた支払いを受け取り、その結果この所得税は株主自身が支払った税であるとみなされていた。連邦最高裁判所は、イギリス税法のもとで、株主が税を支払ったとみなされる事実は、外国税額控除にあたり株主を納税者と当然にみなすことはできないと判示した。この判決の意義は、外国法のもとである者を納税者として選定するということは、仮にその者がアメリカ法のもとで認められるような納税義務を有しないときには、その者の税額控除が必ずしも認められるとは限らないということである。このようなアプローチは、現在のレギュレイションにおいても採用されている。レギュレイションは、外国税法のもとで納税者として特徴づけられた者にではなく、外国税法のもとで納税義務を有している者に税額控除を認めることとしている。

ちなみに、Biddle 事件においては、その法人は税を支払う法的な義務を有していたため（ここでの税は源泉税ではなく、配当が支払われたか否かに関係なく支払われるべきものであった。）、納税義務は株主ではなく、法人に存した。この Biddle 判決の論法は、税額控除を行うことができる者を判断する場合に、外国税法の納税義務テストを無効とするために、アメリカ税法のコンセプトを使用することを広く正当化するように用いられてはいない。[72] つまり、外国税を課される所得がアメリカの課税原則のもとで配分されるとして外国税を配分するルールを正当化するようには広く適用されていない。

これらの基準は、具体的事例の適用において、なお様々な疑問を呈示する。(73)

六　おわりに――控除余裕枠の濫用規制のための方向

1　Notice 98-5 の濫用取引とわが国の外国税吸収スキーム

現在のアメリカの外国税額控除制度は、三つの重要な特徴を有している。(ア)外国法のもとで税を支払う義務のある者に税額控除を認める。(イ)特別の取引において、アメリカ納税者が経済的な税負担を負わないという理由で、アメリカ納税者に対して税額控除は否定されえない。(ウ)アメリカ税法にもとづいて課税所得は算定されているが、その所得は内国歳入法典 §904 の税額控除限度額規定を適用する場合は別にして、税額控除が認められるか否かを判断するときには考慮されていない。(74)

このような特徴は、租税政策上、正当化されうる。納税義務を負っている者に税額控除を認めるということは、現実に支払われ、そして適切に申告された税に対してのみ税額控除を認めることを保障するという意味での実務的な必要性に的を絞っているといえる。(75) また、行政実務は、これまで経済的な税負担を有することがその税額控除の要件ではないという原則を配慮してきている。(76) 逆のルールは、納税者又は政府によって適用されえないであろう。内国歳入法典 §904 は、納税者アメリカ国外源泉所得を有していることを税額控除の要件としており、その結果、アメリカ国内源泉所得に対して税額控除は認められないとしている。控除限度額は、事業活動の総合的性格から、あるいは行政実務的な理由により、それぞれ別々に項目ごとに計算するよりも、バスケット・バイ・バスケット基準により計算される。トランザクション・バイ・トランザクションによりネット所得の計算を行うことは非常に複雑である。

一九八六年租税改革の改正経緯は、アメリカ納税者が一般的に超過外国税額をもっている（なぜならば他の国と比較してアメリカにおける課税を減じるために）という問題（関心事）を反映していた。結果として、限度システムの焦点は、低率課税の所得による不当な平均化を防止するためであった。これは、高い税の所得が一般の限度額バスケットに入れられることによって、パッシブ・バスケット所得をキックバックすることとなった。一九八六年以来、海外の税率の減少の結果として、アメリカにおけるその超過外国税額の統計値は変わってきている。多くの会社が限度超過額よりも限度余裕額をもつようになってきた。このような状況のもとで、政策立案者は、高税率により課税されるパッシブ所得が低税率で課税される事業所得と混合されえないようにすることに関心を抱いていた。[77] 適正な所得バスケットを創設することは大変困難であり、このことは税額控除限度額制度の歴史的推移によっても明らかであるといえる。

この議論が示すように、外国税額控除制度のあり方は、政策判断が主要な要因となっている。よって、外国税額控除制度の内容は、その時々の経済的な状況をベースにしており、議会の立法政策によるところが大きい。確かに、外国税額控除の領域は、「それ自体一つの特別な問題とニュアンスをもった不安定な領域である」(Estelle Morris Trust Court[78] 引用)。

Notice 98-5 は、源泉税及び税のアービトラージ取引に関する個々の取引のためにハイタックス・キックアウト・ルールを効果的に採用することにより、現行のバスケット・システムを改定しようとするものである。財務省によってとられた改定への一つの段階であると解される。内国歳入庁は、内国歳入法典 §904 における新しい限度額バスケットについてのプレス・リリース (press release) を発行することはできないであろう。そこで、Notice 98-5 は、経済的な利益テストを外国税額控除に適用することを認めたが、しかしこれは二つの領域にのみに適用されるということを公表したのである。Notice 98-5 の経済的な利益テストは、他のセッティングに適用されるコモン・ロー上の経済的な実質テストから生じているものであり、よってその Notice 98-5 において引用・形成されたテストは、外国税額控除に適用された場合にはそれとの関連性を失う。それは濫用取引と非濫用取引との間を画する適正な一線を引くことができない。税が経済的に納税者により生じている場合よりも税が経済的に納税者に生じていない場合に、税額控除は否定されることになろう。そして、内国歳入法典 §904 に照らしてみて、そのギャップを議会が意図した制定法の範囲に存するギャップとして正当化することはできないであろう(79)。事実、多くの場合に、そのテストは同法典 §904 と衝突することになる。Notice 98-5 を読む限り、財務省は、政策的な理由により、源泉税のための税額控除及び税のアービトラージ取引における税額控除を否定することを決定し、そのような行為に法的な根拠を付与するために経済的な利益テストを発動したといえよう。

なお、Notice 98-5 の経済的な利益テストが、存在する外国税額控除ルールについての評価に値する解釈であると解することができるかどうかについて検討を加えることは、Notice 98-5 の有効性を検討するという理由で重要であるにとどまらない。もしそれが可能な法解釈であるとすると、そのテストは Notice 98-5 によってカバーされない取引においても外国税額控除を否定するために適用されることになろう。一方で、仮にここで論じているように、Notice 98-5 の経済的な利益テストが法解釈の範囲を逸脱したようなものであるとすると、そのテストは無効になる。問題のような事例に対する規制は、直接制定法の改正を通じて行うことが要求されよう(81)。

2　わが国の外国税の吸収スキームの法的評価

まず、二で述べたようなスキームがわが国の外国税額控除制度の創設にあたり、規制する趣旨であったか否かである。

わが国の外国税額控除制度は、企業の海外事業活動の活性化を背景にして昭和三七年度にそれまでの国別限度額方式（あるいは一括限度額方式との選択）を改め、一括限度額方式に一本化した。そして、前述した昭和六三年一二月の抜本的改正までは、この基本的な考え方を維持してきた。しかし、その後、わが国企業の国際的競争力が高まると、国際的な二重課税排除の本来の趣旨に立ち返り、国民の税負担の公平といった視点からの問題指摘が行われるようになった。昭和六一年一〇月の抜本答申及び昭和六三年四月の中間答申では、「この方式には、限度控除額の計算が比較的簡明であることといった利点がある反面、我が国の実効税率を超える高率で課された外国税についてまで我が国で控除されうるため、結果として制度本来の趣旨を超えた控除が行われることとなるほか、高税率で課された外国の租税を控除できるようにするために企業が控除枠の創出を目的とした投資行動をとる誘因となるといった問題がある」（昭和六一年一〇月抜本答申。昭和六三年四月の中間答申も同旨）[82]と具体的にその問題を指摘しており、その結果、以下のような控除枠の彼此流用の規制が行われたのである。

(1) 控除限度額の計算の基礎となる国外所得から外国で非課税とされる所得の二分一を除外する（法令一四二条の二）。

(2) 控除限度額の計算上、全所得に占める国外所得の割合は、原則として九〇パーセントを限度とする（法令一四二条）。

(3) 以下の外国税額を控除対象外国法人税額から除外する（法法六九条一項）。

① 五〇パーセントを超える率で課される税（五〇パーセントを超える率に対応する部分）（法令一四二条の三第一項）

② 利子収入を課税標準として課される税（三事業年度の平均所得率が一〇パーセント以下の場合は、一〇パーセントを超える部分。三事業年度の平均所得率が一〇パーセント超二〇パーセント以下の場合は、一五パーセントを超える部分）（法令一四二条の三第二項）

③ 外国子会社に課される税で親会社が納付したとみなされるもの（外国子会社からの受取配当に課される外

国源泉税とあわせて五〇パーセントを超えることとなる部分）（法令一四七条一項）

外国税額控除の限度管理の問題は、きわめて経済政策的かつ技術的な問題であるが、この改正は、「限度額管理の簡便さという一括限度額方式の利点に配慮し、この方式を基本的には維持しつつ、必要な修正を加えることとしたものである。なお、改正の考え方からすれば、非課税国外所得の全額を国外所得金額から控除すべきであるが、国外で軽課税とされる所得については依然その全額を国外所得とすることを認めることとの均衡に配慮し、二分の一を国外所得から除外することに留めている」と解されており、その余の一括控除限度額内で起こりうる不公平は許容していたといえよう。(83) 本件のようなスキームの規制は、まさに前述した平成九年度の政府税制調査会において意識されたものであるといえよう。本件外国税額吸収スキームが国税不服審判所裁決のいう「外国税額の趣旨・目的に反する」といえるかはきわめて疑問であるといわざるをえない。この点、Notice 98-5 における反論と軌を一にするところがある。

また、国税不服審判所裁決における、「わずかな所得しかないのに過大な税額控除を受けている」との判断は、アメリカの Notice 98-5 における「経済的な利益テスト」の日本版であると思料されるが、法人税法六九条一項にいう「控除対象外国法人税」の額から法的に除外される税額に該当しないことは明らかである。そのような場合に、実質的に利益が発生しないとの理由から控除対象外国税額から除外するとの見解は租税法律主義に反するといわなければならないであろう。

アメリカは、Notice 98-5 及びレギュレイションにより一定の取引を規制しようとするものであるが、Notice 98-5 についても遡及適用の問題さらには内国歳入法典 §904 違反等の疑いはあるものの、法の支配に一定の配慮を示していると評価することができる。わが国においても、このようなスキームを規制するためにはまず立法が必要とされよう。

なお、外国税を経済的に負担しないものは外国税額控除の適用を受けることができないとの主張については、二重課税の排除のための外国税額控除制度の趣旨・目的といった視点からすればそのような解釈も成り立ちえようが、現行外国税額控除規定は、外国で法的な納税義務（税負担）を負うことのみを要求しており、それを誰が実際に納付をしたか（すなわち、経済的な負担者が誰であるか）は問題としていないと解される（法法六九条）。

よって、本件のスキームに係る外国税額の控除は、現行税法のもとではなお安全地帯に存していたといえるのではなかろうか。

今後、このようなスキームの一定のものについて外国税額控除制度の濫用として規制していく必要があるものと思われるが、どのような取引を、どのような基準で排除していくのか、アメリカでの議論、さらには先進諸国における規制を参考にしながら、十分検討を深めていく必要があろう。

（1）　占部裕典「外国税額控除制度―なぜ外国税額控除方式なのか」租税法研究二一号一〇頁以下（一九九三）。そのほか関係論文については、占部・前掲論文一〇七頁注（13）参照。

（2）　わが国の外国税額控除制度については、黒田東彦『国際課税Ⅰ　外国税額控除制度』（税務経理協会・一九八九）渡辺淑夫『全訂版外国税額控除』三六頁以下（同文館・一九九〇）参照。占部、前掲論文、一〇九頁以下も併せて参照。

（3）　この改正については、中尾武彦「外国税額控除制度の改正について上・下」国際税務二号一二頁以下（一九八九）、三号一三頁以下（一九八九）、大高洋一「国際課税関係の改正について」税経通信四四巻四号一一八頁以下（一九九一）等参照。

（4）　アメリカの外国税額控除制度については、2 Isenbergh, International Taxation : U. S. Taxation of Foreign Taxpayers and Foreign Income 529 (1990). 占部・前掲論文一一八頁以下参照。

（5）　政府税制調査会法人課税小委員会報告（平成八年一一月）参照。

（6）　この Notice 98-5 については、とりあえず*e News : Applying the Smell Test to U. S. Foreign Tax Credits*, 1998

TNI 83 (1998); Peaslee, *Economic Substance Test Abused: Notice* 98-5 *and the Foreign Law Taxpayer Rule*, 1998 TNI 1153 (1998); *News: U. S. Treasury Modifies Notice on Foreign Tax Credit Abuses*, 1998 TNI 1909 (1998); *News: U. S. Treasury to Modify Foreign Tax Credit Abuse Rules*, 1998 TNI 1909 (1998) 参照。

(7)　一九九八年七月四日付各新聞は、国税不服審判所の裁決について報じている。特に神戸新聞はそのスキーム等を詳細に報じている。その他、川田剛「外国税額控除の可否をめぐる審判所の裁決結果」国際税務一七巻九号五頁（一九九八）が簡単にその裁決を紹介する。

(8)　国税不服審判所平成九年六月一二日裁決（棄却）（未登載）。

(9)　Notice 98-5 は、一九九七年一二月二三日以後に生じた、あるいは支払われた税についての税額控除に適用される。実務的な問題として、この施行日のルールによれば一九九七年度の終わりまでに生じたネット所得課税において、結果的には一九九七年の一月一日に遡って外国税額控除を否定することができた。このような Notice 98-5 の遡及的な適用は意図的であったといえよう。そして、一九九七年の末日前に Notice 98-5 を発行することによって遡及的適応を行うということは、この問題の緊急性を表していたといえよう。

(10)　一九九七年の納税者救済法（Taxpayer Relief Act）は、いくつかの取引において、外国法人の株式からの配当に関する税についての外国税額控除を否定する内国歳入法典 §901(k) をおいた。

特に、その規定は最低保有期間を充足し、そして受取配当の控除を制限する内国歳入法典 §246 のもとで適用されている「関連支払テスト」を充足する場合に税額控除を認める。一九九九年の予算(案)が一九九八年二月のはじめに財務省側から公表されたが、それは一定のハイブリッド取引における外国税額控除を否定することを提案している。内国歳入庁は、Hybrid Entities, Hybrid Securities, Hybrid Transaction によりアメリカの税法の目的とは異なる結果をもたらす場合に対処するためのレギュレイション（規則）を制定する権限を与えられることになろう。

(11)　*See* IRS, *Statistics of Income Bulletin* (Fall 1997). この分析については、*See News: Foreign Tax Credit Cut U. S. Liability by 28 Percent, IRS Data Show*, 1998 TNI 89 (1998).

(12)　Peaslee, *supra* note 6, at 1179.

(13)　*Id*, at 1176.

（14）*Ibid.*
（15）*See ibid.*
（16）グロス・ベイシス（課税ベース）に高税率で課税される「源泉税利子」は、そのような利子に適用される税率が五パーセント以上である場合の利子である。おそらく、その注意深い文言からして、その税率はローカル法のもとで適用されている税率ではなく、特別な納税者への実効税率であると考えているものと思料されよう。
（17）Peaslee, *supra* note 6, at 1177.
（18）奇妙なことに、一〇〇ドルがアメリカの投資家にキャッシュバックする事例において、事例は借入ファンド（基金）を使用する活動おける戻り（returm）の期待率について述べていない。
（19）Peaslee, *supra* note 6, at 1177.
（20）Peaslee, *supra* note 6, at 1177 n. 107.
（21）*Ibid.*
（22）このテストは、内国歳入法典 §246A(d)(3) において利子費用を配分するための「直接な帰属（directly attributable）」基準に類似しているようにみえる。
特別なルールのもとで、投資が資産スワップあるいはその他のヘッジング・デバイスに関係しているときには、利子費用又はその他の原価は、直接トレイシング法以外の方法で配分されるであろう。このルールについて言及する Notice 98-5 の文言は曖昧である。明らかに、このルールは、費用の配分を最大にするように工夫されるであろうし、その結果、経済的な利益テストが実質的には失敗に終わるであろうことを示している。しかし、利子の利率あるいは為替リスクについてのヘッジングは、特別なルールを誘引しないであろう。ヘッジされたインストルメントが重要な税額控除のリスクをもっているかどうかは問題ではない。*See ibid.*
（23）Notice 98-5 とともに、現在、問題となっている Notice 98-11（ハイブリッド・ブランチを用いることによってアメリカでの課税を免れた所得に係る外国税をアメリカ納税者が減じることを制限している。）においてもこれと同じ見解をみることができる。
（24）Peaslee, *supra* note 6, at 1178.

(25) *Ibid.*

(26) 内国歳入法典 §275(a)(4)(A) は、納税者がそのような税について税額控除することを選択すると、外国所得税の所得控除を否定している。

(27) Continental Illinois v. Commissioner, 752 F. 2d 413 (7th Cir. 1993).

(28) Peaslee, *supra* note 6, at 1179.

(29) 税引前の経済的利益が存しない、あるいは利益が最小である場合に、取引における税の便益を拒絶するために「経済的な利益テスト (economic profit test)」を適用する判決としては、Knetsch v. United States, 364 U.S. 361 (1960)；Goldstein v. Commissioner, 364 F. 2nd 734 (2nd Cir. 1966)；Rice's Toyota World Inc. v. Commissioner, 752 F. 2nd 89 (4th Cir. 1985); ACM Partnership v. Commissioner, T. C. Memo. 1997-115, Dec97-6453 (1997) などがある。

(30) Peaslee, *supra* note 6, at 1180.

(31) Gregory v. Helvering, 293 U. S. 465 (1935).

(32) Peaslee, *supra* note 6, at 1180.

(33) *Ibid.*

(34) *Ibid.*

(35) たとえば、Notice 98-5 の例1において、仮に源泉税が課せられず、税額控除が認められないとすると、納税者は二五ドルの利益を得る。これは、納税者が税を支払い、税額控除を受けた場合と利益は同じである。*Id.* at 1181.

(36) *Ibid.*

(37) 企業会計において、外国税額控除は単にアメリカ税に置き換わるだけであり、税引後又は税引前の利得に何ら影響を与えない。

(38) 控除税額に係る取引を遂行する納税者がその税の支払い及び税額控除の結果として、よりよい状態には決してならないという前述の見解について、その他の批判は、納税者が現実の経済的な条件（あらゆる当事者により行われる、そしてあらゆる資産及び負債についての税以外の支払い）を前提として受け入れているということである。取引の経済性は税額控除の有無により明らかに影響されるので、そのような経済的な条件は、外国税を課さない場合に異なるのは当然である。

(39) Peaslee, *supra* note 6, at 1181.

(40) *Ibid.*

(41) *Ibid.*

(42) *Id.* at 1182.

(43) *Ibid.*

(44) *Ibid.*

(45) *See id.* at 1182, 1183.

(46) *Id.* at 1182 n. 123.

(47) *Id.* at 1182 n. 125.

(48) この問題については、*News : U. S. Treasury Modifies Notice on Foreign Tax Credit Abuses*, 1998 TNI 1909 (1998) ; *News : U. S. Treasury to Modify Foreign Tax Credit Abuse Rules*, 1998 TNI 1909 (1998). が詳しい。このような問題を考慮して、Notice 98-5 は部分的に修正されることが伝えられている。

(49) Peaslee, *supra* note 6, at 1183.

(50) 一九八六年租税改革法の改正経緯については、*See* Joint Committee on Taxation, *General Explanation of the Tax Reform Act 1986* (TRA'86 Blue Book), at 854-57. 同じようなケースは、Estelle Morris Trusts v. Commissioner, 51 T. C. 20 (1968) において生じた。そのケースにおいて、納税者は、低税率のブラケットへ所得を分散するために複数の信託を設立した。租税裁判所は、各々の信託が主として租税回避目的で設立されていると判断したが、税法上それらが一つの主体であるとは判断しなかった。租税裁判所は、議会が複数信託問題について注意を払い、検討をしてはいたが、それに対する規制立法を決して通過させようとはしなかったと述べた。このような改正経緯は、裁判所が司法上の救済を行うためにそのような判断をすべきではないという結論を導いた。

「議会の意図は、複数の累積信託を介した租税回避を完全に規制することであるということはできない。むしろ学ぶべきことは、裁判所が特殊な問題あるいは意見など微妙な差異を含んだ領域において租税回避、事業目的あるいは仮装という原則を広範囲に適用することに慎重であるべきであるということである。少なくとも司法的に発展させられた原則で対応することが意図されているような状況に、そのような原則の適用を制限することが求められているということである。先の立法の背景を考えると、*Gregory* の事業目的テスト及び *Knetsch, Weller, Goldstein* の各判決で示された経済的な真実テストは不適切であると考えられる。これらの判決は、ここで示されている特別な問題について議会による詳細な立法経緯に触れていない」(Estelle Morris Trusts v. Commissioner, at 43)。

(51)　Peaslee, *supra* note 6, at 1184.

(52)　一九八六年租税改革法は、パッシブ源泉からの所得が相対的に高い税に服することを認めている（それは、高税率の源泉税に服するポートフォリオ配当を例示している。）。また立法経緯において示された事例は、三〇パーセント源泉税の支払いに服するロイヤルティ（税額を計算するときに所得控除として認められない支払人のロイヤルティ費用に対して、按分後実効税率が五〇パーセントとなる。）に関するものである。この事例は、オーバーオール・バスケット（一般限度額）に源泉税が配分されるべきであると述べている。高税率のインカム・キックアウト・ルールを制定法のなかに含めることによって、議会は、一般の限度所得と高税率のパッシブ所得とを混合させる意図であったことが伺われる。これに反して、高税率で課税される特別な取引からのパッシブ所得に対する課税は、Notice 98-5 の経済的な利益テストにより、単に禁じられることになろう。

金融サービス会社が高税率のパッシブ所得を稼得する場に、高税率のインカム・キックアウト・ルールは適用されない。一九八六年租税改革法の立法経緯は、高税率のパッシブ所得への税額を金融サービス・バスケットにおける他の利得と結合させると述べており、前述のことはここで明確となっている。一九八六年の制定法は曖昧であったけれども、そのレギュレイションは同じ内容を述べている。一九九七年に、議会は、金融サービス所得のために手に入れた高税率の所得に対する明確な例外を規定することにより、一九八六年租税改革法の立法経緯とレギュレイションの内容に適合するように、技術的な修正を行った。

経済的な利益テストのもとで、五パーセント未満の利子源泉税率に服する融資（ローン）を行う銀行は、仮にその融資が外国税を考慮するとポジティブなスプレッドを生み出さない場合に、そのような税についての税額控除は否定されることになろう。一九八六年租税改革法の立法にあたり、新しく、高率の利子源泉税率のバスケットが議論となったが、議会は、銀行の融資に係る源泉税が融資からの銀行ネット所得と比較して高くなることを認識していた。高税率の源泉税を賦課される利子のための独立したバスケットは、このような状況のもとで、他の低い課税所得の税額から源泉税額をクロス控除することを制限していた。審議の結果は、特別な利子の支払時にネット所得の計算が必要となるためにそれを回避し行政の簡素化を図るために、アメリカ税率よりも大きなネット税率をもたらす税の税額控除を否定するというよりもむしろ、五パーセント以上の源泉税のための独立したバスケットを設けることとなった。経済的な利益テストは、ここで採用しなかったこのような計算の必要性を再度導入することになる。

See TRA'86 Blue Book, at 864, 879, 881.

(53) Peaslee, *supra* note 6, at 1185.

(54) 利子及びロイヤルティのための発生ルールは、発生している所得の流れの把握に焦点を合わせる方法として意義があるかもしれないが、Notice98-5 における経済的な利益テストに、わずかな類似性のみを有しているということができるであろう。このテストは、税の支払いと所得の発生との間におけるミスマッチに焦点を合わせるものとしてみるならば、その対象を広げすぎ（overinclusive）であるとともに、かつ狭めすぎ（underinclusive）である。それは、購入日の前に発生した所得の資本化というよりもむしろ費用の配分のために、経済的な利益が小さい取引に係る税額控除を否定するというのは overinclusiveである。このような問題は、四1(3)の例1においてみることができる。そこにおいては、銀行は源泉税を上回るスプレッドでの融資を行う。一方、それは、発生した源泉税のネット（純益）である価格で（別の言い方をすると、源泉税の負担が投資家によってではなく、発行者によって負担されている場合）、発生した所得を有する購入資産が取引されるところのケースではほとんど税額控除を制限されることはないであろうから、それは underinclusive である。それはまた、納税者が短い期間、資産を保有すること（そして、そこから所得を得ること）を企図するときには効果がなく、その結果、実効税率は、平均化（averaging）を通じて減少させられる。

税と発生所得とをマッチさせるために経済的な利益テストによる場合の別の問題点は、そのテストが購入者に対してすべての税額控除を否定するという結果のみをもたらすことである。発生利子付社債がアメリカの納税者から別の納税者に売却された場合において、マッチング・ルールは、各々納税者の保有期間に按分して、購入者と売主との間に税額控除を按分すべきである。*Ibid.*

(55) Peaslee, *supra* note 6, at 1186.

(56) *Ibid.*

(57) *Ibid.*

(58) アメリカ税法の原則と矛盾しているハイブリットな取引の使用を制限するための権限を与えるという提案は、一九九九年の予算（案）に含まれていたが、そこですべてのハイブリッドな取引が問題であることは考えられていない。チェック・ザ・ボックス規則は、その規則がアメリカとその他の国において分類に異なる取扱いをするという状況を増大させることになるという十分な認識のもとに、すでに導入されている。また、Notice 98-5 の発行に先立って、内国歳入庁は、税の所有（tax ownership）問題について、異なる国において矛盾した立場をとることは、相違が事実認定ではなく法的な基準の相違によりもたらされる限り、アメリカにとって問題ではないと結論づける（ダブル・ディップ・リース（double-dip lease）に関する）テクニカル・メモランダムを発行した。*Id.* at 1187.

(59) Notice 98-5 の例4において、外国投資家が利子非課税について経済的な便益を有しておらず、融資に係る利子が七・五パーセントではなく七パーセントであるとすると、アメリカの納税者の経済的な利益は〇・二五ドルから〇・七〇ドルになるであろう。

(60) Peaslee, *supra* note 6, at 1187.

(61) アメリカは、特に、基本的なアメリカの課税コンセプトと外国税法の原則との間に相違が存在する場合においても、外国税法のもとでの納税義務の存在に対して外国税額を配分するルールに寛大であるようにみえる。しかし、いくつかの制約的な要件がある。

まず、第一に、アメリカは本質的にアメリカにおける所得課税に相当する税額についてのみ税額控除を許容している。この類似性に関する最小限度の要件は、納税義務と所得が大雑把であるが符号するというセイフ・ガードを与える。第二に、外国税を控除する可能性は、内国歳入法典 §904 にかかわっている。同法典 §904 は、アメリカの課税原則のもとで国外源泉所得であると認められる所得に課したアメリカ税額からのみ税額控除を認める。仮に、取引によって生じた所得が、適用される外国税法のもとでよりもアメリカ課税原則のもとでの方がより小さいとすると、そして外国の実効税率（アメリカで計測された所得の金額税額を割る。）がアメリカ税法の税率よりも高いとすると、同法典 §904 は当該所得に対してアメリカ税を相当させるために税額控除をスケールバックする。しかし、同法典 §904 は、独立した取引基準には適用されないが所得のバスケットには適用される。そこで、一定の例外はあるが、ひとつの取引からの高い税は、同じバスケットの範囲内で、他の所得の低い税によって平均化される。*Id.* at 1154, 1155.

外国税法のもとで納税義務を負う者に対する税額控除を認める実務的な理由は、アメリカの課税制度が税が本当に支払われているといういくつかの証拠を前提にしているということである（もし誰からも税が支払われないとすると明らかに税額控除は存しない。）。*Id.* at 1155.

(62) 内国歳入法典 §902 は、外国法人に課せられた税についての間接税額控除を、外国法人の一〇パーセント以上の持分を保有している外国法人のアメリカ株主に認める。この規定は、配当はプールから支払われたとして利得のプールに税を配分し、そして機械的にその税を配分する。

(63) Biddle v. Commissioner, 302 U. S. 573 (1938).

(64) *See* T. D. 7918, 1983-2 C. B. 113.

(65) Peaslee, *supra* note 6, at 1156.

(66) 事例の記述においては、ローカル税法がBに対する課税関係をどのように規定しているか明確ではない（たとえば、Bが現実に支払う必要のない税について納税義務を負っているか否か、又は納税者として述べられているか否か）。事例では、税についての法的な納税義務がBに課せられているために、Bはこの税についての納税義務者である。

(67) 事例は、代理人契約がローカル税法のもとで認められているか否かについて述べていない（その記述は、それが認められないという含みがあるようである。）。

(68) 現行レギュレイションにおける唯一の他のガイドラインは、結合所得（combined income）について支払われた税に関してである。レギュレイションは、仮に外国税が二以上の関連者に課せられたものであるとすると（たとえば夫婦、親子会社間）、それらは外国法のもとで連帯して納税義務を負う、そして外国税法は、そのような者が現実にいくら支払ったかに関係なく、課税ベースの部分に帰属する外国税の額をそれぞれの者が納めた（納税義務を負っている）とみなしていると述べている。このルールは関係者間における結合所得にのみ適用される。Treas. Reg. §1. 901-2 (f) (3).

よって、たとえば所得を生み出す事業の継続的な所有者の間では適用されない。

(69) 事例は、納税者が国の石油機関と納税契約を結んだ場合の状況について述べており、納税者と国の代理人である石油機関双方が所得税に服して、そして政府が納税者による税の支払いの部分について代理人に税額控除を認めることにより免除をする場合を掲げている（おそらくそれらは納税者に対するリベートとなるであろう。）。その事例では、補助金ルールのもとで納税者の税額控除は否定されている。一方、政府が単に納税者の税にリンクしない代理人に対して一般的な支出金（appropriation）を支払っているとすると、税額控除は否定されないであろう。Trea. Reg. §1. 901-2(e)(3)(iv) 参照。要は、レギュレイションのもとで、政府が直接に政府に税を支払うための納税者の納税義務を支払うとすると、税は控除することが認められる。しかし、仮に政府が保有する独立した機関（agency）が同じことをすると、税額控除は認められない。

このような区別は、Amoco 事件においてもたらされた。その事件で、アモコは、エジプトの石油会社ＥＧＰＣ（エジプト政府がすべて保有する独立した法人）と共同して事業を行っていた。ＥＧＰＣは、エジプト政府がアモコに課する税を支払うかわりに高い製造割合を得ることとし、早期の取決めを修正した。ＥＧＰＣは、アモコのエジプト税を支払い、そしてＥＧＰＣの納税義務からアモコの税額を控除することができる立場を取得した。内国歳入庁は、税務調査において、このような税額控除はＥＧＰＣにより行われており、そしてアモコのアメリカの税額控除はその補助金ルールのもとで同じ額まで減じられるべきであると主張した。アモコは、ＥＧＰＣが税額控除を受ける権利がないと、エジプト課税庁が判断することを求めていた。結局のところ、裁判所は、エジプト法を精査のうえ、ＥＧＰＣ自身の納税義務に対する税額控除はエジプト法のもとでは認められないというアモコの見解に同意をした。その結果、補助金問題は消滅した。おそらくその理由は確かではないが、裁判所はＥＧＰＣがエジプト政府の一部であり、独立した存在ではないと判断したと思われる。よって、エジプト政府以外にこの取引の当事者はいないということになる（そして、それに補助金が支払われた。）。

(70) Peaslee, *supra* note 6, at 1158.

(71) 以下に議論するように、一九五四年度内国歳入法典前の多くの規定は税額控除のタイミングを決定するための対応原則の存在を支持している。

第二次世界大戦による小さな成果の一つは、納税者が外国で取得した所得でアメリカに送金することのできなかった所得に起因していた。そのような所得はアメリカ課税が繰り延べられていたが、議会は所得が実現するまで外国税額控除を繰り延べるように求めた（一九四二年の法案において）。上院財政委員会の報告書はこれは必要ないとして反対していた。レギュレイションは、所得が実現するまで封鎖された所得に係る税額控除を繰り延べるとした。このルールは、内国歳入法典 §905のレギュレイションのなかに今日まで残されている。最近の動向については、*See id.* at 1159.

(72) *Ibid.*

(73) 源泉税を中心に、これらの問題を具体的な事例を通してみることにする。

源泉税は、外国投資家のパッシブ所得に課税する方法としてはきわめて一般的なものであるが、源泉税に関して納税者の同一性について、二つの問題が存する。

第一は、公債が利息支払日までに取引された場合には、連邦税は、原則として、利子所得はそれぞれの保有期間に応じて売主と買主の間で按分されることとしている（Trea. Reg. §1. 61-7）が、買主が次の利息支払日に源泉徴収された税について十分な税額控除をする権利を有するのか、あるいは税額控除も所得の按分にもとづいて按分されるのかという問題である。

第二は、二人の当事者が承継的な保有ではなく、同時に源泉税に服する同じ金融商品（instrument）の所有者である場合の問題である。特に、一方の当事者が課税管轄地の法律にもとづいて、その商品を所有し、他方の当事者が連邦法にもとづいて、その商品を所有しているといった場合である。このような状況はたとえば、源泉税に服する社債が課税管轄権の国においては REPO 取引と認められ、他方、連邦法のもとでは金融であると認められる場合に生じる。

源泉税においては、ときに外国法が納税義務をだれに課しているかを判定することが困難な場合がある。源泉税は、一般に、条約上のネット所得との関係で、投資家に対して多くの税を課すことができない、あるいは課すことに関心を示さず簡単に行政上課税をすることを望むといった場合に課される。この目的を達するために、源泉税は納税者の個々の特徴を考慮することなく、そして、多くの場合投資家に人的な納税義務を課すことなく、課税されている。よって、このような制度において、納税者が誰であるかは必ずしも明確に示されているとは限らない。

（利息支払日までの間での譲渡）

ここでは利息支払日までの間に取引された社債から生じる利息について考えることとする。社債の発行者としてのI、前所有者又は売主としてのS、取得者（購入者）としてのBの各存在を前提とする。Iは外国（利息について源泉税を課す国）に居住している。利息支払日までに、SはBに社債を譲渡する。Bは次の利息支払日に源泉徴収された税額を控除して利息を受け取る。SとBが外国税額控除を主張するアメリカの納税者であるとする。それぞれ配分された所得の金額について税額控除を認めるのか、それともBに対してのみ税額控除を認めるのであろうか。SあるいはBに対して税額控除は否定されないであろう。Iは、税が存在しないときよりも高い利率をセッティングすることにより、経済的な税負担を負っているからである。

現行アメリカ税法においては、所得にもとづいて非関連納税者間で税額控除は按分されないが、代わりに外国法のもとで納税義務を課された者に対して認められる。よって、比例按分アプローチは、外国法のもとでの納税義務がアメリカの課税原則における所得配分ルールに従っている場合のみ正しいといえる。外国法は外国税額控除の按分問題の出発点になるべきであるが、通常、実際に行われている方法は、源泉税が支払いまで課税されず、その結果、支払日前の期間にまで遡って考慮されないという前提のもとで、Bが完全な税額控除を主張している。Bは、税の支払いが現実に生じているということを示すに際してSよりも明確な立場に存する。

外国法がアメリカ法を反映しているとすると、Sは自ら稼得した利息について納税義務を負うべきであり、その結果、税が支払われ又は生じたときにその税について税額控除が認められるべきである。Sが、そのような税を支払わないのであれば、源泉徴収された税がBに支払われた利息からの源泉徴収を通じてSのために支払われたと考えるべきである。Sは、税額控除のための会計方法（現金主義又は発生主義）に応じて、税が支払われ又は発生した課税年度を通じて、税額控除が認められることになろう。

アメリカは、源泉徴収されていない外国投資家から税を徴収することができると考えている。多くの国は、源泉税が源泉徴収を通してのみ徴収され、そして独立した支払義務が存しないと考えている。では、外国がこのような国の一つであるとすると、SとBに対する結果はどのようになるのであろうか。

二つの異なる源泉税の制度を区別することは有益である。一つの制度は、受取人の同一性について関係なく、税は、利息（あるいは一定のタイプの社債に係る利息）から源泉徴収されるとするものである。他方の制度は、源泉徴収は支払いを受け取る者の同一性に依存するものである。たとえば、仮に支払利息の受取人が外国投資家であるが、内国投資家ではないとするならば、課税されうる。

前者の制度において、源泉税が課せられるときには、少なくとも利息が現実に支払われていたとするならば実際の効果はアメリカ・システムのもとでの効果と同じである。では、SとBとの間で税が比例的に配分されるのであれば、その結果は、同じとなるべきであろうか。仮に外国（法）が源泉税を徴収せずに、Bに税支払いのための納税義務を法的に課しているとすると（そのような納税義務をSには課していない。）、このことは、Bが外国税を支払う義務を課されている人であるという結論を支持する要因となろう。

しかし、外国（法）が外国投資家から源泉税を徴収することができず、I（あるいはその他の納税義務代理人）に法的な納税義務を課しているがしかし、Bあるいはその他の支払者には納税義務を課していないとした場合には問題が複雑となる。このような状況のもとでは、源泉代理人（源泉徴収義務者）が源泉税を徴収したときに、その税が利息支払者により送金された所得を稼得した納税者よりもむしろBのために支払われたと考えるべきかは明確ではない。

この問題を解決するための一つの方法は、外国（法）がBにのみ税を課していると論ずることである。なぜならば、その税は現実の支払いに付随しており、Bは、支払利息を現実に受け取った者である。

また、この問題を解決するための別の方法は、支払いが課税の結果であるので、支払いが発生するまで税は発生しないと論ずることである。その税は、Bが社債を所有しているときに、支払われかつ発生するのであるから、税はBに課税されたということになる。しかし、このアプローチには少々問題があるといえる。それは、レギュレイションに示されたテスト（誰が外国法のもとで納税義務を負うか）の代わりとして、アメリカのタイミング・コンセプト（支払いと発生）を用いているからである。

（社債のストリッピング）

アメリカの納税者（A）が無記名債券と分離したクーポンを所有しており、その社債のクーポン利息の支払いは源泉税に服する。Aは税について完全な外国税額控除を主張することができるか、あるいは各々の部分から経済的に発生している所得にもとづいて社債の所有者（B）とAに税額が按分されるのであろうか。この問題を解決するためにはまず、外国法において、税を課せられる者がAかBかそれとも両方かについていくつかの有益なガイドラインを提供しているか検討しなければならない。仮にAにのみ納税義務があることが明確であるとすると（たとえば、それは、税が一定の投資家のみに課せられ、そしてこのためにクーポンの所有者の資格が決定されている。）、Aに対して税額控除が認められる。この税と経済的な所得とのミスマッチは、ここでは、社債が前の利息支払いから間がなく購入され、購入者に源泉税が課せられた場合に比べて、それほど大きな問題にはならないといえよう。他方、社債からの支払利息については、たとえそのような所得に係る権利が売られたとしても社債（元本）の所有者に課税されるというローカル税法がある場合には、Bにのみ税額控除が認められる、あるいは仮に内国歳入法典§1236の社債のストリッピング・ルールに類似したルールをローカル税法が有しているとするとクーポンに生じた経済的な所得にもとづいてAとBに按分されることになる。

（所有についての異なる基準）

社債の利息からの源泉税について問題は、アメリカ課税原則の社債の所有者と課税管轄権を有する国（外国）との所有者が異なるときに、納税者の同一性に関して生じる。このパターンは、いくつかの事例で説明することができる。

［例1］　Cは、社債の法的な所有者であり、Dのために一〇〇パーセントの参加利息を創り出す。Cは社債の所有権に関係なく実質的な活動を行っており、Dと無関係である。CとDは、外国において非居住者であり、その外国は受益的所有の概念を認めており、Cをあらゆる法的目的、課税において社債の法的な所有者としてみなしている。Dは社債の利息支払いによる所得についての源泉税を税額控除できるであろうか。

Cがローカル法のもとで納税者である場合には必ずしもそうはいえないが、税額控除は認められる。Cが、アメリカ課税原則のもとで社債の保有に際してDの代理人とみなされるのであれば、外国納税者としてのCの地位はDに帰属するであろう。内国歳入法典§901のレギュレイションにおける事例は、利息が受益的な所有者のためにノミニー又は代理人により受け取られているときには、その受益的な所有者は利息からの源泉税について納税者とみなされる。代理人関係がローカル税法のもとで認識されないときにおいても、その事例は適用されると解されているようである。

［例2］　例1の事実のもとで、Cは外国と優遇租税条約を締結している国に居住しているが、Dはその国に居住していない点で異なる。よって、Cを通しての利息の支払いに適用される税率は、仮に支払いが直接Dに行われた場合と異なる。外国は租税条約の利益を拒絶するために導管原則を適用していない。外国の税率がCの個別的な状況に依存して

いるという事実は、Dが納税者であるという結論に影響を及ぼすであろうか。

おそらく影響を及ぼさないであろう。代理理論（特に支店との関係において）は、代理人が外国税法のもとで独立した主体であることを認識することを認めるであろう。よって、この事実のみでは税額控除を否認するに十分ではないといえよう。

［例3］ Cは内国エンティティであり、そして支払利息に課せられる源泉税は、内国及び外国納税者双方に支払われた利息に適用されるということを除いては、例1と事実は同じである。利息が内国納税者によって受け取られたとき、その税は内国納税者自身のネットの所得の納税義務（それは高い税率で課せられている。）から税額控除される。あらゆる超過源泉税は、他の年度の納税義務から控除され、一定の状況のもとでは還付される。Cはその年度に十分なネット所得の納税義務をもっているのでネット所得税とその税を相殺するに十分であろう。

税額がCの個別的状況にもとづかない場合に、Dに税額控除が認められる。しかし一方、代理理論のもとで、外国税がCへ適用されるベースが、Dに帰属しない活動を取り込む（emcompasse）場合に問題が生ずる。別の言い方をすれば、Cは、源泉税に関してDのアルタ・エゴ（alter ego）とはいえないであろう。このような状況において、Dが税額控除を主張することは否定されるべきであろう。

［例4］ Dが最初に社債を取得し、それからそれをCに販売する（さらに将来、CはそれをDに再販売する義務を負っている）点を除いて、例1と事実は同じである。同意した額まで社債に支払われた利子は、Cにより保有されている。Cは、社債をさらに譲渡する権利をもっていない。取引はCからDへの融資（アメリカ税法において社債により担保された）とみなされるが、外国法は販売であるとは認めている。Dは支払利息に係る源泉税を税額控除する権利を有しているといえるであろうか。

アメリカ税法の見地からみて、例はCが法的な所有者であるが、Dがアメリカ税法においても所有者とみなされるという点で例1と同じである。形式的な相違（出資と販売／再販売契約における相違）は、ローカル税法においてどちらか一つが法的認識されるので不相当となる。さらに、例1と違って、DのCからの借入れという事実は、源泉税の分析に影響を与えない。もちろん、Cがその社債を処分することができ、その結果、その取引が金融よりも証券ローンとみることが妥当であるとすると、源泉税の税額控除についてのDの主張は、かなり困難になると解される（そしてCが社債を処分すれば、そのような主張は消滅するであろう。）。Peaslee, *supra* note 6, at 1165, 1166.

(74) *Id.* at 1188.

(75) *See ibid.*

(76) *Ibid.*

(77) *Ibid.*

(78) *Ibid.*

(79) *Id.* at 1189.

(80) *Ibid.* 注（9）も併せて参照。

(81) *Ibid.* なお、下院は、一九九八年六月二二日に内国歳入庁の改革と一九九八年改革法案、HR 2676 に対する議会のレポートを承認した。国際課税の領域において、Notice 98-5 及び Notice 98-11 (Subpart F に係る外国税額控除規制）に関する規定は法案に盛り込まれなった。しかし、議会のレポートは、このような問題を肯定している。このレポートによると、議会は、内国歳入庁が Notice 98-11 を取り下げ、さらには暫定的な提案レギュレイションを撤回する意図であることに注目している。また、議会は、Notice 98-5 のもとでのレギュレイション制定が公的なコメントの機会を含む通常の規則制定手続で行われるべきであると考えている。注（48）文献も併せて参照。

(82) 黒田・前掲書六頁〜三三頁参照。

(83) 大高洋一「国際課税関係の一部改正」『税務弘報』三七巻四号九七頁（一九八九）

（追　補）

本稿（二1）で論じた外国税額控除制度の濫用問題にかかるスキームに類似するいくつかのスキームに関して、複数の訴訟が提起されていてが、そのうちの一件について、判決をみた。大阪地裁平成一三年五月一八日判決（未登載）は、原告の選択した法律関係が真実の法律関係ではないと解することは相当ではないとして、課税庁（被告）が主張していた私法上の法律構成による否認を否定するとともに、法人税法六九条の「納付することとなる場合」という文言の解釈について詳細な検討を行い、「引取各当事者に税額控除の枠を利用すること以外におよそ事業目的がない場合や、それ以外の事業目的が極めて限局されたものである場合には、『納付することとなる場合』に当たらないが、それ以外の場合には『納付することとなる場合』に該当するという基準が採用されるべきである」として、本件取引はこのような場合に該当しないと判示している。結論において妥当な判決であると評価することができる。本判決の批評については、占部裕典「租税回避に対する新たなアプローチの分析」税法学(日本税法学会創立五〇周年記念号)五四六号二七頁を参照されたい。

平成一三年度の税制改正においは、法人税法六九条一項において「外国法人税……を納付することとなる場合(内国法人が通常行われる取引と認められないものとして政令で定める取引に起因して生じた所得に対する外国法人税を納付することとなる場合を除く。)」と規定し、租税回避を目的とした一定の取引から派生する所得に対する外国法人税については、外国税額控除を適用しないこととした(「政令で定める取引」については、法令一四一条四項参照)。

第一三章　消費税法における仕入税額控除の適用要件

一　はじめに――問題の所在

わが国の「消費税法」は、平成元年四月から施行され、導入後八年を経過する。しかし、「消費税」の制度的枠組み、消費税法の解釈及びその実務の執行はなお醸成過程にあり、様々な問題を抱えているが、仕入税額控除の適用要件を巡る議論は、そのうちの最大の問題の一つである。この問題は、多かれ少なかれ付加価値税を採用する限り生ずるものであるが、わが国においてはいわゆる「帳簿方式」を採用した結果、わが国固有の問題が生じている。

消費税法三〇条一項に規定する仕入税額控除は、消費税の税額算定にあたって最も重要な要素の一つであるが、同条七項は、「第一項の規定は、事業者が当該課税期間の課税仕入れ等の税額の控除に係る帳簿又は請求書等（以下、「帳簿等」という。筆者注）を保存しない場合には、当該保存がない課税仕入れ又は課税貨物に係る課税仕入れ等の税額については、適用しない」と規定する。そこで、今日の中小企業等への消費税に係る税務調査において、売上額には推計課税が行われているものの、仕入税額控除の適用は本項を適用して全面的に否定する事例も少なくないといわれている。(1) 他方、課税庁から仕入税額控除の適用は本項をもとに認められないとの指導があったものの、税務署に日参した結果、仕入税額控除の適用が認められたとの実務家の話も聞き及ぶところである。

また、税務調査段階での帳簿等の不提示を理由に、その後の帳簿等の提出にもかかわらず、仕入税額控除をも否認するといった事例が散見される。特に、この仕入税額控除の要件としての帳簿等の「保存」を巡っては、国税不服審判所平成五年一一月一六日裁決（裁決事例集四六号二二三頁）において、課税庁の法解釈及び実務取扱いが肯定されるに至っている。この問題を巡って、多くの訴訟が現在、提起されている。(2)

このような状況のなかで、ここ数年、この問題については、多くの論考が公表されており、賛否両論の議論が展開されている。(3)

さらに、現行規定の「帳簿又は請求書等」の保存が、平成九年四月一日から施行される改正規定においては「帳簿及び請求書等」の保存を要件とすることとなっているために、さらに今以上の帳簿等記載事項の不備による仕入税額控除の否認が懸念されている。(4)改正消費税法においては、仕入税額控除のこの点に議論が集中し、今後の実務のなりゆきにも注目が集まっているのが現状である。(5)

本稿では、①帳簿等の「保存」がない場合に、仕入税額控除はそもそも認められないのか（すなわち、原則的には、売上額の推計課税によってのみ、消費税額が算定されることになるのか）、さらに、②帳簿等の保存がない場合とはいかなる状況（帳簿等の不作成、帳簿等の不提示、帳簿等の記載不備、虚偽記載）をその射程距離においているのか、といった問題を中心に、これまでの議論を整理しながら、私見を述べてみたいと思う。

さらに、仕入税額控除を巡る法制度のあり方（特にタックス・インボイス）についても併せて言及することとする。

二　消費税法三〇条七項等関連規定と仕入税額控除の立法意図

1　消費税法三〇条の構造と立法者意思

〔1〕消費税法二八条一項は、「課税資産の譲渡等に係る消費税の課税標準は、課税資産の譲渡等の対価の額……と

する」と規定するが、同条二項は、「第四条第四項第一号に掲げる消費又は使用」（自家消費額、自家使用の経済的利益）については、「当該消費又は使用の時における当該消費し、又は使用した資産の価額に相当する金額」を、また「第四条第四項第二号に掲げる贈与」（自己の役員に対する資産の贈与）については、「当該贈与の時における当該贈与をした資産の価額に相当する金額」を、その対価の額とみなす旨規定する。そして次条、二九条で消費税率を規定する。そのうえで、消費税法三〇条一項は、「事業者（……）が、国内において課税仕入れを行った場合又は保税地域から課税貨物を引き取った場合には、当該課税仕入れを行った日又は当該課税貨物を引き取った日の属する課税期間の……課税標準額に対する消費税額（……）から、当該課税期間中に国内において行った課税仕入れに係る消費税額（当該課税仕入れに係る支払対価の額に一〇三分の三を乗じて算出した金額をいう。……）及び当該課税期間中に保税地域から引き取った課税貨物（……）につき課された又は課されるべき消費税額（……）の合計額を控除する」と規定する。そして、この仕入税額控除については、消費税法三〇条七項が、前述したように「第一項の規定は、事業者が当該課税期間の課税仕入れ等の税額の控除に係る帳簿又は請求書等を保存しない場合には、当該保存がない課税仕入れ又は課税貨物に係る課税仕入れの税額については、適用しない」として、一見するときわめて厳しい帳簿等の保存義務を規定している。(6)

消費税法三〇条八項は、帳簿とは、「課税仕入れ等の税額が課税仕入れに係るものである場合には、次に掲げる事項が記載されているもの／イ課税仕入れの相手方の氏名又は名称／ロ課税仕入れを行った年月日／ハ課税仕入れに係る資産又は役務の内容／ニ第一項に規定する課税仕入れに係る支払対価の額」をいうと定義する（なお、同項二号は、保税地域から引き取った課税貨物については課税仕入れの相手方の氏名又は名称は必要でないとしている。これはおそらく、輸入許可書に明記されているから、わざわざ記載する必要はないとする趣旨であろう。このような例外規定は、そのほかにも散見する。後述五参照）。

また、同条九項は、請求書等とは、「事業者に対し課税資産の譲渡等（……）を行う他の事業者が、当該課税資産の譲渡等につき当該事業者に交付する請求書、納品書その他これらに類する書類で次に掲げる事項（……）が記載されているもの／イ書類の作成者の氏名又は名称／ロ課税資産の譲渡等を行った年月日（……）／ハ課税資産の譲渡等に係る資産又は役務の内容／ニ課税資産の譲渡等の対価の額（……）／ホ書類の交付を受ける当該事業者の氏名又は名称」をいうと定義する。消費税法施行令四九条一項（課税仕入れ等の税額の控除に係る帳簿又は請求書等の記載事項等）は一定の業種についてその帳簿記載の簡略化を認めている。

なお、これら帳簿等については、消費税法は、原則的に七年間の保存義務を課している（消法三〇条一〇項、消令五〇条一項）が、六、七年目には一定の要件を満たすマイクロフィルムによって保存することも認めている（消令五〇条二項、なお、今回の改正については、消費税法施行令五〇条一項、消費税法施行規一五条の二参照）。

わが国の仕入税額控除に係る規定は、法形式的には、実体規定である仕入税額控除規定と帳簿等の保存に係る規定（あるいは仕入税額控除の否認規定）が同一条文にすべて盛り込まれているという点に特徴がある。

〔**2**〕本条の解釈に係るこのような問題は立法当初より、仕入税額控除の適用は、同条七項の要件を充足しない限り、推計による税額控除をも認めないとの理解が一般的であったと考えられる。たとえば、「(仕入れに係る消費税額の控除の―筆者注）要件に該当しない場合には、たとえ課税仕入れの事実があったとしても、仕入税額控除を受けることはできない（傍点筆者）[7]」との主張はそのことを如実に物語っている。立法者の意図は、仕入税額控除を担保にして、帳簿等の保存義務を課し、帳簿等を課税仕入れ等のための証拠としてとらえていたといえよう。

〔**3**〕しかし、消費税法案の段階から、そのような解釈から生ずる問題が既に懸念されていた。一九八八年一〇月・一一月における日本税法学会「消費税法案に対する当学会各地区意見書」において、推計課税の適用の有無に対する疑問、この点についての明確な規定の要請等が主張されていた[8]。特に、同学会関西地区・九州地区意見書には、推計

課税の規定の必要性が詳細に説明されている。

また、清永敬次教授は、消費税法導入の当初より「取引に係る帳簿・請求書等が備わっていない等のため、課税標準である課税資産の譲渡等の対価の額が推計により計算されるときは、課税仕入れに係る支払対価の額については推計で計算を行い、それに基づく仕入税額控除が許されるものと思われる[9]」と主張されており、傾聴に値するものであった。よって、今日のような問題は、立法当初から予想され得るものであった。

2　実務取扱い

〔1〕　課税庁は、消費税法三〇条七項の（手続）規定にもとづいて、消費税法における推計については、以下のような取扱いをしているといわれている[10]。

① 帳簿の備付け不正確、帳簿の備付けが存しない、帳簿の不提示など非協力的である場合には、課税資産の譲渡等の対価の額の合計額を推計することができる。

② 帳簿等の保存がないか、不備の場合には、仕入税額控除をすることはできない。推計によることも認めない。

③ 調査の着手時に帳簿等の保存がないか、不備の場合には、調査終了時までに補充があっても仕入税額控除をすることはできない。

④ 帳簿等の保存がある場合に限り仕入税額控除が適用される旨を再三教示しても、なお提示がない場合には仕入税額控除を認めない。

また、このような実務運営は広く実務においては支持されているともいわれているが[11]、その実態、程度については必ずしも明らかでない。

〔2〕　さらに、現行規定の「帳簿又は請求書等」の保存が、平成九年四月一日から施行される改正規定においては「帳簿及び請求書等」の保存を要件とすることとなるために、さらに仕入税額控除要件の不備による否認の問題がこの問題に拍車をかけている。(12)

わが国の事業取引においてインボイスを発行する習慣が一般的ではなく、インボイスの発行を義務づけることは事業者にとって大きな負担になる等の理由から、帳簿方式（アカウント方式）がとられたことは周知のとおりであり、またこの改正もその延長線上において、「仕入税額控除については、制度の信憑性や課税・非課税判定等の利便性、正確性の観点から、取引の実態を踏まえつつ、請求書、納品書、領収書その他取引の事実を証する書類（インボイス）のいずれかを保存することをその要件に加えることが適当である」（政府税制調査会・平成六年六月）の指摘を受けて改正されたものである。改正前の規定では帳簿の記載事項と請求書等の記載事項が重複していたとしても保存すべきものが帳簿又は請求書等であったから、いずれを保存していようとも必要最低限度の記載事項は充足していると考えたうえでの規定であったことから、納税義務者にとってはその立法趣旨に沿った比較的柔軟な規定であったともいえたのであるが、(13)改正規定は請求書等とともに帳簿の保存をも仕入税額控除の要件として求め、請求書、納品書、領収書その他取引の事実を証する書類、さらには帳簿等の記載内容について十分に検討せず、単に「及び」を入れてしまった感があり、(14)その結果、現在の記帳慣行からますます乖離し、納税者に過酷な負担が及ぶことが懸念されているのである。

三　帳簿等が存しない場合の消費税法三〇条七項の適用と推計課税を巡る議論

事業者がそもそも当該課税期間の課税仕入れ等の税額の控除に係る帳簿又は請求書等を保存していない（帳簿等を

作成していない、あるいは帳簿等を廃棄処分している。）場合に、消費税法三〇条七項が当然に肯定されるとしたうえで、消費税法においても推計課税により、課税仕入れに係る消費税額等を推計し、消費税額を算定することができるか否かについて、見解が対立している。ここでの問題は、仕入税額控除がわが国の消費税法の本質的な体系のなかでどのような位置づけにあるのかがまず究明されなければならない。

しかし、今日、この議論は、消費税法の課税標準と所得税法の課税標準の対比から、消費税法の課税標準が所得でないことから当然、仕入税額控除に係る推計課税は許されないとの前提に立ったうえでの帳簿等の「保存」義務違反に関して、帳簿等の不提示、帳簿の記載不備をもその射程距離におくのかといった点に既に移っているとの印象もある（後述五の1の〔1〕①参照）。

1　推計課税を巡る学説の対立

〔1〕　仕入税額控除の要件としての、帳簿等の「保存」を欠いた場合には、仕入税額控除は一切許されないとする見解（仕入税額控除否定説）は、次のような根拠を背景にしている。

① 消費行為に対して課税をするという消費税の性格は、収入金額から経費を控除して真実の客観的所得金額を課税標準とする個人及び法人の所得課税制度とは本質的に相違しており、消費税の推計課税は、課税標準額である「課税資産の譲渡等の対価の額の合計額」を推計するものであって、「仕入税額控除」又は「仕入税額控除後の納付すべき税額」を推計するものではないという点に特質がある。したがって、収入金額又は経費額を推計して課税標準たる所得金額と所得税額を推計により認定する所得税等の推計課税とは、この点において本質的に相違している。(15)

② 仕入税額控除は、仕入税額控除に係る帳簿等の保存があるものについて認められるところ、この規定の趣

旨は、帳簿等の保存がない場合には一切仕入税額控除を認めないとするものであり、課税仕入れの対価の額は、帳簿等を保存（あるいは提示）しなくとも所得税と同様に推計で行われるべきであるとの主張は許されない。(16)

上記①は消費税額の算定構造を根拠にするものであり、②は消費税法三〇条の規定自体の解釈によるものである。

①に関して、確かに所得税と消費税の課税ベース（あるいは課税標準）は規定のうえから相違するが、理論的に消費税の課税標準は何であるのか、さらには消費税法の基本的な税額算定構造はどのように評価し得るのか（仕入税額控除の権利を納税義務と一体として把握できるか否か）といった、検討が必要である。②に関しても、仕入税額控除規定は適用されないものの、推計を明文で排除していないことから、推計課税まで当然に排除しているとの解釈は必然的には出てこないとも考えられる（後述〔2〕④参照）。②の解釈は、①の議論と必然的にかかわり合う。

〔2〕　これに対して、仕入税額控除説（推計課税肯定説）に立つ論者は、清永敬次教授、北野弘久教授、田中治教授、福重利夫氏等である（前掲「消費税法案に対する当学会各地区確定意見書」も併せて参照）。その論拠は、以下のようなものであると考えられる。

①　課税売上げに係る税額から課税仕入れに係る税額を控除することが、消費税の計算の基本的構造である以上、推計課税においても仕入税額を控除することは当然である。租税実体法上、事業者が納付すべき税額が、仕入税額を控除した金額であって、この累積課税の排除措置により消費税は付加価値税の性質をもちうる。客観的にみて、帳簿等の書類の存否とは別に、仕入れには仕入税額が付着しているということ、仕入税額控除は事業者の特典ではなく権利である。(17)

②　消費税法三〇条七項は、仕入税額の計算を規律するための手続規定の性格をもつものである。この規定の趣旨・目的は、納税者において取引の実態をおよそ証明できなければ、たとえ客観的には仕入税額があると

してもその不明分は控除できないとの、手続的観点からする当然の制約を述べたものにとどまる。[18]

③　消費税法三〇条七項は、規定の位置からして、推計課税の場合を想定して作られたものではない。消費税の基本構造を前提として推計をする以上、合理的な手法により仕入税額相当分についても推計を行うべきである。[19]

④　消費税法三〇条七項ただし書は、「災害その他やむを得ない事情」が存すれば、推計課税を行う用意があり、何らかの方法で推計して仕入税額を控除しなければならないことを消費税法は予定している。[20]さらに、消費税法基本通達一一―四―五も併せてこの根拠としてあげることができよう。

⑤　簡易課税の場合は、帳簿等の保存がなくとも、課税売上税額の一定割合（みなし仕入率）を仕入税額とみなすことができる（消法三七条）。すると、同様の状況のもとで、簡易課税においては税額控除が認められ、それ以外の事業者においては認められないという不公平が生ずる。[21]

⑥　推計課税は、適正な課税を確保するためにやむを得ない場合に行われるものであり（制裁目的のものではない）、明文規定がなくともできる。適正な課税目的から、売上げのみでなく、課税仕入れについても推計すべきである。[22]現行消費税法三〇条七項の規定は、所定の帳簿等を全く保存していない場合で、かつ他に納税者の課税仕入れ等を合理的に推認する手段が全く存在しないような場合であると絞って理解すべきである。[23]あわせて、「災害その他やむを得ない事情」を、天災等に限定して、きわめて狭く解する必要はない。[24]

〔3〕　以上の推計課税肯定説の論拠のうち、もっとも説得力のあるものは①であろうが、消費税法が前段階税額控除方式をその規定の仕方いかんにかかわらず、そもそも採用しているか否かについての検証が必要であろう（②、③、⑥もこの検証が不可欠であろう）。仕入税額控除否定説の①の論拠のように、帳簿等の保存を条件とした前段階税額控除方式を採用していたとの理解も十分に可能である。②の論拠は、この規定を用いて直接、納税者の実体法上の権利

を制約することはできないとするものであるが、租税法規のなかには手続規定をして実体法上の権利取得の要件としているものも存在する。④の論拠も、確かに災害その他やむを得ない事情が存すれば推計課税は認められることになろうが、これはきわめて例外的な取扱いであり、そのことをもって売上帳簿も仕入帳簿も存しない事業者に当然に推計課税が及ぶとも考えにくい。⑤の論拠も同様に、両者そのような取扱いの差が生ずることが、仕入帳簿等も存しない事業者に推計課税を認めないことが違法といえるほどの不公平が存するかはなお検討が必要であろう。⑥の論拠も①を前提にして消費税が付加価値税であることから、できる限り仕入税額控除を認めようとする。具体的には、消費税法三〇条七項のただし書から、このような解釈を導くか、明文規定は存しないが、同項の適用がない場合に推計課税をいかなる法的な根拠において許容するのか、さらに検討が必要であろう。

推計課税否定説と推計課税肯定説の対立は、消費税法三〇条一項の規定を消費税額の算定における実体法的規定であると解したうえで、同条七項を仕入税額控除請求権の手続要件規定と解して、同条一項の仕入税額控除規定を同条七項と連動させた消費税法三〇条をどのように評価するのかといった問題であったといってよかろう。

〔4〕　このような見解に対して、三木義一教授は、ドイツ売上税法における同様の問題についての議論を参考に、仕入税額控除を課税標準と不可分の課税基礎と解しつつ、法が要求していると解し得る計算書提示を仕入税額控除の単なる証明手段ではない、実体法的要件と解し、保存がない以上、仕入税額控除の要件自体が充足されておらず、推計も原則としてできないと主張される。仕入税額控除を付加価値税の本質として理解しながら、帳簿等の保存がない場合には仕入税額はそもそも納付税額の計算過程に入ってこないという意味での帳簿等の保存を仕入税額控除に係る実体法的要件と解される[25]。結果的には、これまでの二説の折衷的見解とも評価でき、卓見であるといえよう（三木教授はこのように解することにより、納税義務者による実額による仕入税額控除の主張をできる限り、肯定されようとする。後述六の1の〔2〕③参照）。このような見解は、①わが国の消費税法の規定ぶりが同じであるドイツ売上税法において、ドイ

ツ連邦財政裁判所がこのような解釈を展開している、②仕入税額控除規定は消費税（及びドイツの付加価値税）の本質的構成要素であるが、条文を素直に読む限り、「それ以外の場合で帳簿等の保存がない場合には仕入税額を控除しない」ということになり仕入税額を推計で算出することは原則として許されないと解される等、を背景にしているものと解される。帳簿等の保存が仕入税額控除のための手続要件であるとの解釈に立ち、推計課税否定説をとる課税庁にはこのような解釈は存しない。

四　仕入税額控除と推計課税

1　消費税の仕入税額控除の理論的位置づけ

推計課税を否定する論拠のひとつに、所得税法との課税標準の相違があげられている。すなわち、消費行為に課税する消費税において推計課税の対象となるのは、課税標準のみであるとの立場から、消費税法において、国内取引に係る課税標準は課税資産の譲渡等の対価である（消法二八条一項本文）以上、当然に及ばないとする。理論的に消費税は消費行為に課税するものである以上、課税標準が課税資産の譲渡等の対価であるとの視点に立つ。そして、付加価値税のほとんどはこのような課税標準に係る規定をもつ。

しかし、付加価値税の課税ベースは付加価値であり、付加価値税の算定構造を現在のような「間接的」方式をとっているにすぎないのである。

付加価値（value added）は、業者の販売による価値と当該商品に用いられた購入仕入価値との差額である。この付加価値は、付加的な視点からは、賃金と利益の合計額と評することができ、また差額的な視点からは、売上げと仕入れとの差額であると評することができる。(26)この場合に付加価値税の算出にあたっては、基本的には付加的・直接的

（アカウント）方式（additive-direct or account method）、付加的・間接的方式（additive-indirect method）、差額的・直接的（アカウント）方式（sabtractive-direct method）、差額的・間接的（インボイス・税額控除）方式（sabtractive-indirect method）が考えられ、理論的には同一の結論に達する。(27) 多くの税は、タックス・ベース（たとえば、所得、財産価値等）をまず算定して、それに税率を乗じるのであるが、多くの付加価値税は、このような「直接的な」（direct）方法を採用していない。付加価値税を採用する国の大部分が差額的・間接的（インボイス・税額控除）方式を採用している。いわゆる付加価値の構成要素（売上げと仕入れ）に税率を適用し、その差額（すなわちネットの税額）を納付税額として算出する。付加価値にアクセスする方法としては、いわゆる「間接的」方式が用いられている。このような方式を採用するもっとも大きな理由は、このインボイス方式が納税義務をその取引（transaction）に付着させるということである。この方式は他の方式に比較して法的にも技術的にも優れている。この方式ではインボイスが、重要な取引の、さらには納付税額の重要な証拠となる。また、第二に、監査（査定）の点で優れている。差額的・直接的（アカウント）方式（ベース・ツウ・ベース方式である。）は、この方式を採用した国々の過去の経験からして、各々の取引にインボイスがないことから、仕入れは、税が支払われるときに、そして課税売上げが仕入れを超過するときにのみ控除されるということを保証するかという問いに十分答えられない。第三に、これは複数税率とかかわる議論であるが、仮に付加的・直接的（アカウント）方式、付加的・間接的方式を採用すると、そのプロフィットは同一視される必要がある。企業会計においては、異なる製造のカテゴリーによる売上げを、異なる売上げで異なる税率を乗ずるため、わざわざ区別して計算をするということは行わない。第四に、付加価値（売上げ―仕入れ）を計算する最も簡単な方法は、差額的・直接的（アカウント）方式であるが、単一税率の国であればともかく、企業がこの方式で付加価値を計算することはきわめて手続的に煩雑であり、現実的ではないと解されている。そこで、結局は、差額的・間接的（インボイス・税額控除）方式が、週単位、月単位、さらには三か月、半年、一年単位でも納税義務の計算が可能であり、複数税率をも配慮し得る現実的な方法であると解されているのである。[28]

わが国もこのような理論的背景のもと（複数税率への移行はともかくも）、このような方法を採用している。税制改革法一〇条二項は、「消費税は、事業者による商品の販売、役務の提供等の各段階において課税し、経済に対する中立性を確保するため、課税の累積を排除する方式によるものとし、その税率は、一〇〇分の三とする。この場合において、その仕組みについては、我が国における取引慣行及び納税者の事務負担に極力配慮したものとする」とし、同法一一条一項は、「事業者は、消費に広く薄く負担を求めるという消費税の性格にかんがみ、消費税を円滑かつ適正に転嫁するものとする」と規定しており、税制改革法は、転嫁を法的に強制しているものではないが、付加価値税を指向したものであることについては異論はない。[29]

わが国の消費税法は、ヨーロッパ型の付加価値税の性質をもつ多段階一般消費税であり、付加価値税の課税ベースは付加価値であり、付加価値税の算定構造を法的に現在のような方式によっているにすぎないのである。[30] この点で消費税法で規定する「課税標準」は何かという議論から、直接的に推計課税の是非を決することはできない。推計課税の是非は、消費税法の解釈あるいは憲法上の租税法原則（比例原則等）から決せられることになろう。

2　仕入税額控除規定の法的性格

〔1〕　消費税法四条（課税の対象）は「国内において事業者が行った資産の譲渡等」に消費税を課すとし、同法五条は「事業者は、国内において行った課税資産の譲渡等につき、この法律により、消費税を納める義務がある」とし、同法二八条は、「課税資産の譲渡等に係る消費税の課税標準は、課税資産の譲渡等の対価の額」であると明記する。同法三〇条一項で前述したように課税仕入れに係る消費税額の合計額を控除する（仕入税額控除）とし、同法三〇条七項が、仕入れに係る消費税額の控除は、事業者が当該課税期間の課税仕入れ等の税額の控除に係る帳簿等を保存し

ていない場合には適用しないと、明記する。そして、同法四五条は、国内において事業者が行った課税資産の譲渡等に係る課税標準である金額の合計額（課税標準額）、課税標準額に対する消費税額、仕入れに係る消費税額等を記載した申告書の提出を求めている。また、同法五八条は、資産の譲渡等を記載した帳簿の備付け等を規定している。

わが国の仕入税額控除は、インボイス方式の仕入税額控除を指向しながら、インボイス（請求書等）の作成義務を売主に課すのではなく、買主に課すという奇妙な制度であり、さらに課税物件は資産の譲渡等としながら、課税標準がアカウント方式のベース・ツウ・ベース（個々の取引について対応関係を要求しない。）によっている。[31]

このような消費税法の法的な構造において、消費税法三〇条一項と七項との関係をどのように解するべきであろうか。

〔2〕　この点、ドイツ売上税法においても、同法一条において、課税対象である売上げとして「(1)次の各号に掲げる売上げには、売上税を課す。①企業者（事業者）が、国内において、その企業の枠内で、対価を得て行う供給、又はその他の給付。……[32]」を規定し、次に同法一〇条で「(1)売上げは、供給、及びその他の給付（第一条第一項第一号）については、対価によりこれを算定する。対価とは……」とし、同法一二条で、「(1)税額は、納税義務の対象である各売上げに対し、算出基礎の一一パーセントとする。……」と規定する。そのうえで、同法一三条二項において、租税債務者を企業者として規定する。そして、同法一四条一項で計算書の作成義務を企業者に負わせている（同項に計算書の記載事項も明記し、供給、又は給付をする企業者の名及び宛先、供給の買主、又はその他の給付の受領者の名及び宛先等が要求されている。宛先を要求している点に留意）。同法一五条において、「(1)国内において、……供給、若しくはその他の給付を行っているか、又はこれらの地域に、法人住所、若しくは事業所を有している企業者は、次に掲げる先納税額を控除することができる。①当該企業者の企業のために行われている供給、又はその他の給付に対する他の企業者が、計算書に区分して表示した税額……」として、仕入税額控除を規定する。そして、同法一六条において、

「(1)第一条第一項第一号及び第二号の各規定による売上げに対する税額の算出に対しては、第五項の規定の適用がない限り、企業者が一暦年（査定期間）に対し行っている売上げの合計額を基礎とする。……(2)第一項の規定により算出された税額から、査定期間に係る第一五条の規定により控除することのできる先納税額を控除する」とする。同法二二条は、さらに一般的な記録作成義務を企業者に課す。

同法一四条一項で売主に計算書（インボイス）の作成義務を課しており、二項は売主（企業者）が当該売上げに対して、この法律により負う納税義務よりも高額の納税義務（付加価値税）をインボイスに記載しているときには、原則として、負担を負う旨規定し、三項は売主が販売時に納税義務に服しなくとも（たとえば免税業者など）インボイスを発行し、付加価値税を記載すると、売主はその付加価値税についても納税義務を負う旨、規定する。[33] まさに、この点で、ドイツ連邦財政裁判所（及びその見解を支持される三木教授）の指摘のように、ドイツ売上税法一四条（税額を区分して表示する計算書の作成義務）は仕入税額控除のための実体法的な規定であるということができ、そして、実体法的規定であると解すると、納税義務者は更正の期間内であればいつでも、争訟段階においても実額主張が許されることとなるであろう。換言すると、転嫁が法的に強制された、担保された付加価値税法であり、買主は売主が作成した計算書の税額を控除することになる。

〔3〕　また、イギリスを中心とするヨーロッパ型の付加価値税法の規定も、おおむね、売主へのインボイスの作成・交付義務（購入者のインボイスの引渡請求権）→インボイスへの詳細で厳格な記載事項の要求→購入者がインボイスを売主から受け取り、記載事項を充足したインボイスを保存している場合の、仕入税額控除の権利の付与（→インボイスの作成義務違反の場合の罰則規定→インボイスの作成・引渡期限）と規定されており、ドイツ売上税法の基本構造はその他のＥＵ諸国の規定と近い（しかし、ドイツ売上税法一四条三項・四項はヨーロッパ型の付加価値税法を採用する国のなかで特徴的である。）。[34]

わが国の消費税法の基本構造はヨーロッパ型の付加価値税法を範としていると考えられることから、一見きわめて類似した規定の配列となっている。わが国の消費税法三〇条七項の規定ぶり、「(仕入れに係る消費税額の控除の）要件に該当しない場合には、たとえ課題仕入れの事実があったとしても、仕入税額控除を受けることはできない」との前述の見解は、同条七項が実体規定であるとする議論をさておくとすれば、まさにこのような付加価値税の法的な構造及び原則的な解釈と軌を一にするともいえよう。

また、仕入税額控除規定は、形式的には所得税法における一定の税額控除規定と類似しているところもあり、よって手続規定で実体規定を排除することもあながち無理ではないとする見解もあり得よう。

すなわち、消費税法において、帳簿等の存在・保存は証明手段にすぎず、その目的は証明を手続的・経済的方法で行うことであり、よって、推計の可能性は消費税法においても十分考え得るところであるが、一方で立法者が消費税法三〇条七項によって推計を明文をもって排除したと解釈することも十分に可能であるようにみえるのである。

〔4〕 しかし、次のような理由から仕入税額控除否定説（推計課税否定説）には問題があると考えられる。

① ヨーロッパ型の付加価値税法を採用する国々は、売主たる企業者を納税義務者として、インボイスの作成・交付義務を課している点では同じであるが、ドイツ売上税法は前述したところから、計算書等の作成は仕入税額控除請求権を行使するための実体法的な規定として構成し得るであろうが、これに対して、わが国の消費税法の仕入税額は（前段階の）売主のインボイスによって決定されるのではなく、納税義務者の自己完結的な計算構造のなかで、仕入税額ではなく、その前提となる仕入れの存在に係る帳簿等の保存（その前提としての法定事項の記載）を求めているにすぎない。仮にドイツ売上税法のような実体法的規定であるとすれば、「課税仕入れに係る支払対価の額」が現実より過大であっても仕入税額控除が認められることになる（ドイツ売上税法は、これを肯定している。）が、わが国の消費税法はこのような取扱いを許容していない。仕

入れに仕入税額分が付随しており、その前提から購入者が客観的な資料で課税仕入れ等を証明するにすぎない。[36] 消費税法三〇条七項は、証明手段としての手続規定と解するのが素直な解釈であるといえよう。

そこで、三木教授のいわれるような、わが国の消費税法三〇条七項も実体法的規定と解し得るとする見解には疑問を呈しておきたい。

② 消費税法三〇条七項を手続規定と解し、仕入税額控除の権利を七項の要件のみにかからしめたと理解すれば（立法者の見解と考えられる。）、帳簿等の保存がなければ、仕入税額控除は否定されることとなる。しかし、前述したように、わが国は付加価値税を指向したが、消費税導入の経緯のなかで、それを具体化する法的な構造において、法的な転嫁の強制を担保せず、仕入税額控除を購入者（事業者）の帳簿等の保存によるとする納税義務者の自己完結的な構造を採用し、売主にインボイスの作成・交付義務（さらには、これら義務違反に対する罰則規定）も課していない。それゆえに、付加価値税の根幹である仕入税額控除をすべての場合に否定するような立法及び解釈は許されなかったといえよう。確かに、所得税法の課税標準である所得概念（差額概念）そのものが所得税法から完結的に導き出されるのに対して、消費税法のそれはこの点、税制改革法をもとに消費税法を介して導かれる。この点で仕入税額控除は消費税法のなかで自己完結的に強制されたものではないことも確かである。さらに、税制改革法によりそれが法的に直接的に強制されたものでもない。しかし、帳簿等の保存がない場合に仕入税額控除の適用を認めないことは比例原則に違反しうると考えられよう。少なくとも、売主たる事業者の責任で帳簿等の記載、保存ができない納税義務者に対してまで、仕入税額控除の適用を否定することは明らかにこの原則に違反しているといえよう。

消費税導入の一連の経緯のなかで、わが国のアカウント方式で考慮されたのは、「我が国における取引慣行及び納税者の事務負担に極力配慮したものとする」とした点のみであり、帳簿等の保存ができなかった事業者の仕入税額控除を一律にすべて否定することまでは予定していなかったといわざるを得ない。帳簿等が全く存在しないことの一理をもって、存在することが明確である仕入れに係る税額の控除を葬りさることはできない。

消費税法は、仕入税額控除の方式として、実額による控除と概算による控除とを認めているが、消費税法三〇条七項はその位置からして、帳簿・請求書等の保存がない場合には実額による控除のみを否定しているのであって、同項は推計による控除については白紙であると論ぜざるを得ない（同項のただし書は、両説どちらの根拠にもなり得るであろう。）。推計を明文をもって否定しているわけではないし、明文をもって肯定しているわけでもない。

なお、ヨーロッパ型の付加価値税法を採用する国においてもインボイスの作成・保存がなければ、原則として仕入税額控除は否定されることになるが、[36] わが国のような完全な仕入税額控除の否認といった事態まで肯定し得るものか疑問である（後述五の3の〔2〕参照）。

③　帳簿等の保存がない理由が売主に起因する場合はもちろんのこと、納税義務者自身に起因する場合であっても、付加価値税の重要な要素である仕入税額控除を、仕入れの事実が存在することが明確であるにもかかわらず、仕入税額控除を葬りさることは「平等原則」に反して、違法になると解さざるを得ない。納税義務者自身に起因する保存義務違反は、仕入税額控除の全面否認ではなく、別に罰則規定をもって臨むべきものであろう。[37]

結局のところ、消費税法三〇条一項において、納税義務者は仕入税額控除の権利を付与されており、その行使は消費税法三〇条七項の帳簿等の保存によっているが、付加価値税体系を指向した消費税法のなかで納税義務の存在の構成要件である仕入税額控除の権利を、帳簿等が存在しないことのみをもって、全く否定することはできない。仕入税額控除の適用を受ける者と受けない者との事業者間の不平等は、納税義務者に起因する理由により帳簿等が不存在であっても許容されるものではない。課税仕入れの存在が肯定される以上は、同法三〇条七項をもって、推計による仕入税額控除を排除することは許されないであろう。

五　記載不備・虚偽と消費税法三〇条七項

次に、消費税法三〇条七項に関連して、同条八項における帳簿の記載事項又は同条九項における請求書等の記載事項（二1参照）に不備・虚偽があった場合の取扱いについても、当該仕入税額控除が否認されるのかといった問題が生ずる。この問題は、先の帳簿等の保存がない場合と次元を異にする問題である。さらにここでは、記載事項の一部を欠くことによる不備と記載されてはいるが内容が虚偽にわたる場合を区別して論じる必要があろう。

1　帳簿等の記載不備

〔1〕　帳簿等の記載不備の場合に、仕入税額控除が適用されるか否かについては、①消費税法三〇条八項及び九項所定の事項を完全に記載することが仕入税額控除の適用要件であれば、消費税法三〇条七項に「……次項及び第九項に定める事項を記載し、かつその事項につき事実を記載した帳簿又は請求書等の保存がない場合には、その記載がない課税仕入れについては適用しない」との文言があるはずであるが、この文言がない以上、消費税法三〇条八項及び九項の規定は仕入税額控除の適用要件ではなく、不備によって原則的に当該仕入税額控除が否定されることはないとする見解（消費税法三〇条八項及び九項を一般的な帳簿等記載義務に係る規定として理解している。[38]）、②帳簿等は、原則的には、消費税法三〇条八項及び九項が掲げる事項をいうことから、課税仕入れの相手方の記載がなく、また記載があっ

ても不備であれば控除は認められないこととなるが、相手方が確認できない場合でも、相手方の氏名・名称等の記載事項は、それを正確な仕入税額を認定するための手段として要求しているのであるから、売上げ等の推量から仕入れが確認できる場合には仕入税額控除は認められるとする見解[39]、③法律の要求している要件を充足しない限り、当然仕入税額控除は否定されるとする見解[40]があり得よう。

〔2〕　わが国の取引慣行を尊重し、事業者に過大な負担をかけないとする立法趣旨、さらには消費税法三〇条七項が手続規定であり、帳簿等が課税仕入れの証明手段として用いられることから考えると、この問題に関しては、帳簿等に記載されている内容から総合的に課税仕入れ等の事実が把握できれば、十分であると解さざるを得ない。

なお、消費税法三〇条八項及び九項の記載事項の規定を消費税法における一般的な記帳義務の内容を規定したものであるとする解釈は、消費税法三〇条七項と同条八項・九項の規定の解釈からして無理があるといえよう。確かに、消費税法五八条所定の帳簿の記載内容から課税仕入れに係る記載が除外されてはいるが、同法四五条の確定申告書には課税仕入税額を記載することとなっているところ、確定申告書の課税仕入税額は、同法三〇条における仕入税額控除の適用の有無にかかっており、一般的な記帳義務とは次元の異なる義務であるといえよう。

帳簿等に一定事項の記載と、その保存を求めている趣旨は、仕入税額を算定する前提としての課税仕入れを明確にするためであると解さざるを得ないことから、記載事項全体の趣旨からその仕入れの事実が確認できれば十分であると解される。

2　帳簿等の虚偽記載

〔1〕　帳簿等の記載虚偽については、①「相手方の氏名又は名称」等の記載は、記載事項それ自体の真実を要求しているのではなく、正確な課税仕入れを認定するための手段であるから、記載に疑いがあり、それを確認できない場合

であっても、不備の場合と同様に、総合的に仕入れの事実が確認できる場合には、仕入税額控除は否認され得ないとする見解[41]、②仕入税額控除の要件が予定しているのは、法定記載事項についての個別的真実性であり記載事項について税務当局において確認できない場合には、仕入税額控除は認められないとする見解[42]、などが展開されている。

〔2〕　法定記載事項についての個別的真実性を要求していると解した場合には、①仕入税額控除に係る消費税法三〇条八項及び九項の立法趣旨に反することになる、②仕入税額控除のもとで売主に起因する理由で虚偽記載に及んだ場合に不合理な取扱いを受ける、③消費税法三〇条八項及び九項の帳簿及び請求書等においては、「氏名又は名称」の記載が要求されているのみで、住所は要求されていない（たとえば、ヨーロッパ型付加価値税法におけるインボイスの記載事項には住所が要求されている。個別的真実性を要求するのであれば、住所の記載は不可欠である。）、④消費税法施行令四九条一項において、「再生資源卸売業その他不特定かつ多数の者から課税仕入れ」をする事業については「相手方の氏名又は名称」の記載が省略できることとなっているなど、業種間の特性に応じて記載事項に差があり、規定の趣旨が個別的真実性まで確認をする趣旨とは解されない[43]などの理由により、帳簿等の虚偽記載の場合にも、原則として記載不備の場合の取扱いと同様に解して差し支えないものと思われる。

形式的な要件を充足した帳簿等は、とりあえずは消費税法三〇条七項及び八項、九項の要件を充足していると解される。その際に、記載した内容が虚偽であることが判明した場合については、前述の記載不備の場合と同様に、その虚偽が課税仕入れの事実を疑わせる程度のものであるか否かで決することとなる。虚偽記載であることが直ちに、仕入税額控除の否認に結びつくものではない。消費税法は、課税仕入れの相手方の氏名又は名称の記載をはじめとする事項のすべての記載及びその内容が真実であることを予定しているが、それが真実でない場合に、仕入税額控除が適用できないということにはならない。記載内容不備及び虚偽の場合について、すべての記載事項を完全な記載を要求し、かつ真実の記載を求めるのであれば、わが国のような仕入税額控除方式では現実の問題として、納税者にとっては不可能であるといわざるを得ないであろう。帳簿虚偽（あるいは記載不備）を理由に機械的に仕入税額控除を否認するのであれば、そのような仕入税額控除制度はヨーロッパ型のインボイス方式のもとでのみ論理的に可能である。すなわち、インボイスの作成義務を売主に課すことによらざるを得ないであろう（罰則規定等をも含む）。しかし、このようなインボイス方式を採用する国においても、このような否認が機械的に行われているわけではない。

なお、記載虚偽により、納税義務者の課税仕入れに係る支払対価の額が虚偽である場合、その虚偽により、課税仕入れの事実を疑わせる程度のものであるときには、納税者に十分な追完や補正を認めるべきであり、仕入税額控除の適用を虚偽記載を理由に一律否定することはできない(44)。

3　ヨーロッパ型の付加価値税におけるインボイスの記載の内容と程度

〔1〕　インボイスは、通常の付加価値税においては重要な文書（書類）である。売主（供給者）の納付税額を、買主（購入者）に賦課される付加価値税のため、それを控除する権利の付与を確定する。インボイスは、原則として完全に記載され、かつ記録として保存される。EC諸国の法律及び規則（レギュレイション）は、インボイスの形態、その発行の義務及び期限、インボイスの内容の変更、税額控除ノートの使用等について、詳細に規定している。EC諸国において、各々の国はインボイスとしての要件を決めることができる(45)。

そこでは、各国、若干の相違はあるにしても、次のような事項について一般的に記載することが要求されている。

①　インボイスを発行した者の名前と住所
②　付加価値税の登録番号（レジストレイション・ナンバー）
③　インボイスの一連番号
④　インボイスの発行日

⑤　インボイスの発行日と商品の販売日及び役務の提供日が異なる場合には、商品・役務の提供の日
⑥　商品・役務についての記述（内容）
⑦　課税される額
⑧　税率（ゼロ税率を含む。）と税率ごと（複数税率の場合）の付加価値税の税額
⑨　消費者の名前と住所

この記載事項のなかでも、タックス・インボイスについてのブラック・マーケットが拡大することを防ぐために、売主、買主の名前、住所等の要件は厳格に運用されるべきであると解されている(46)。要求されている記載内容を含んでいる限り、特別の様式を必要とせず、一般的には事業者はどのような様式をもとることができる。例外的に台湾のようにその様式を統一しているところもあるが、多様な業種及び企業会計の慣行を尊重するならば、これはあまりにも大きな負担を事業者に課すことになるといえよう。最低限、インボイスの写しの一枚は売主に、もう一枚の写しは買主によって保管されれば十分であろう(47)。

事業者はすべての取引についてのインボイスの発行を義務づけられるが、免税事業者や個人（事業を行っていない者）は取引についてそのような義務づけはない(48)。

〔2〕　たとえば、イギリスにおける仕入税額控除において、仕入れ又は輸入に係る税額はレギュレイションにおいて規定してある証拠書類等、それを裏づけるものが存在する限りにおいて、税額控除が可能である（VATA 1983, S. 14 (9)(a)）。レギュレイションあるいはコミッショナーが認めている証拠書類等は、以下のようである(49)。かなり柔軟な対応を伺い知ることができる。

(1)　納税者からの仕入れ等

①租税インボイス、②入庫記帳、③(a)公的又は私的な電話からの事業のための電話利用、(b)自動販売機を通

じての提供（仕入れ）、(c)課税対象となる駐車料金のうち、二五ポンド以下の商品・役務のための会計記録への記帳、④商品の贈与に関する納税証明

(2)　自己調達のステイショナリー

不　要

(3)　海外から受け取った役務

海外の役務提供者からのインボイス

(4)　輸入品

輸入記録

(5)　車の旅行経費に係るガソリン部分

以下の記録

①旅行距離、②車の種類、モデル、排気量、③費用の割合、④仕入税額控除部分、⑤私的又は非事業のための旅行に係る経費の区分の詳細

よって、売主にインボイスの作成・交付義務を課すという前提での制度であり、わが国のそのインボイスの記載事項にも相違があるにもかかわらず、法解釈あるいは実務の運用面においてのみヨーロッパ型というのでは問題であろう。ヨーロッパ型の付加価値税においては、虚偽・不備記載を原則として認めないと解されているが、後述するように実務では納税者に客観的な立証責任を負わせて、柔軟に対応しているといえよう。これらは、今後のわが国のインボイス方式のあり方において考慮されるべきであろう。

4　裁決事例等の問題

〔1〕　国税不服審判所平成六年一二月一二日裁決(50)（裁決事例集四八号四一一頁）は、請求人の作成した「本件帳簿等には仕入先としてその氏名の氏に相当する部分の記載のみで、住所・電話番号等の記載もないため、本件帳簿等から仕入先を特定することができない。法第三〇条第八項第一号のイは、明確に『課税仕入れの相手方の氏名又は名称』を記載することを特定しているのであるから、当該記載が同項の帳簿としては不備なものであることは明らかである」と述べ、また税務調査にあたって請求人が仕入先を明らかにして記載不備を補完しようとしなかったことから、帳簿等は結局不備の状態のままであるとして、仕入税額控除の適用を受けることができないとしている。この裁決は、法定記載事項に該当しない住所・電話番号等の記載を要求しており、また仕入先の特定を求めている点で疑問が残ると解されているが(51)、この裁決は、仕入先の特定が要求されているとの前提のもと、法定記載事項以外の事項によっても代替し得ることを是認した事例として理解することができよう。なお、記載不備の補完は、当該帳簿等の保存が申告時に存することが明確であれば課税庁の処分時までに行えば足りると解すべきであろう。これに対して、国税不服審判所平成六年一二月二一日裁決（裁決事例集四八号四二四頁）は、「原処分庁の主張が、帳簿又は請求書等自体あるいはその記載のみから、課税庁において、取引の相手方が実在する（あるいは実在した）特定人であることを確認し得るものでなければならず、その関係で、相手方の氏名又は名称のみならずその住所又は所在地も帳簿又は請求書等自体に記載されていない限り、消費税法第三〇条第八項又は同条第九項の要件を充足しないというものであるとすれば、これは明文の規定に反する解釈といわなければならない」と述べて、柔軟な解釈を示している。

わが国において、国税不服審判所の見解は、必ずしもこの問題について見解は一致しているとはいえない状態であるが、後者の裁決の解釈が支持されるべきであろう。

〔2〕　イギリスの付加価値税法においても、インボイスの記載を巡っては多くの不服申立事例が存する(52)。たとえば、Morshan Contracts Ltd. v. Customs and Excise Comrs. においては、虚偽のインボイスが仕入税

額控除の適用を否定するか否かが争点となった。不服申立人が登録されていない会社の名前が記載された二枚のインボイス（偽造インボイス）を保有していたケースであるが、課税庁は、①この文書は登録された付加価値税の納税義務者によって発行されていないので、インボイスではない、また、②不服申立人は善意ではなかったので、付加価値税法のレギュレイション55(1)（レギュレイション 1980SI No. 1536）にもとづく裁量を課税庁は行使しないと述べて、仕入税額控除（input tax credit）を否定した。不服申立人は、課税庁がインボイスを受け入れないという裁量権の行使を再検討するように主張した。不服審判所は、課税庁がレギュレイション40(6)にもとづいて監督権限（権）をもっていたということを考慮した。そして、不服審判所は、問題のインボイスに係る売主は、問題の金額について納税義務者であるに相違なく、また不服申立人が善意であったという証拠を受け入れて、課税庁がインボイスを受け入れないとした裁量権の行使は不合理であると結論づけた。

また、Wishmore Morgan Investment v. Customs and Excise Comre.[53] においては、インボイスの記載事項のうち住所が誤記入であった点が争点となった。課税庁は、役務提供に係る誤住所を記載したインボイスについては仕入税額控除を考慮したものの、資材提供に係る仕入税額控除は否定した。不服審判所は、その供給が不服申立人へなされており、誤記入が売主によってなされた重大なミスであるという証拠を受け入れた。そこで、インボイスの住所が誤記入であるとして仕入税額控除を否定した課税庁の取扱いは、不合理であると判断された[54]。

このように、厳格なインボイス方式を採用する国においても、記載事項の不備・虚偽記載が直ちに仕入税額控除を否認する結果とならないということに留意をしておくべきであろう。

六　帳簿不提示と消費税法三〇条七項

前述した仕入税額控除の適用が認められない場合の推計課税の是非を巡る議論の多くは、帳簿不提示が「帳簿又は請求書等を保存しない場合」に該当するものであり、推計による仕入税額控除の主張が否定されたものであった。

そこで、ここでは、①帳簿不提示が「帳簿又は請求書等を保存しない場合」に該当するのか否か、該当するとした場合に、いかなる状況のもとで帳簿等の不提示といえるのか（適法な税務調査において、帳簿提示が行われなかった場合を含むか。）、②課税売上げ又は仕入税額を推計によった後に、帳簿書類が提示された場合、両者の関係（推計課税と実額課税との関係）をどのように解するのか、といった点を中心に考察を加えることとする。(55)

1　帳簿等の不提示と「保存」

〔1〕　青色申告承認取消処分に係る判例の論理と同様に解し、帳簿書類の不提示（提示拒否）が所得税法一五〇条一項一号、法人税法一二七条一項一号所定の取消事由に該当すると解する判例の大勢に従い、「帳簿書類の備付け、記録又は保存」とは税務職員が必要に応じていつでも帳簿書類を閲覧しうる状態におくことと解し、税務職員の再三の要求にもかかわらず（帳簿の備付け状況は社会通念上要求される程度の努力を行ったにもかかわらず、その確認を客観的に行うことができなかったと考えられる場合に）提示しないことは「保存しない場合」に該当すると解する立場がある。その結果は、この立場に立っても後日、納税義務者が仕入税額を立証する場合等には仕入税額控除が適用されるとする見解と仕入税額控除（推計による仕入税額控除を含む。）も否定されるとする見解に分かれようが、現在、実務においては一般的に推計課税をも許されないことから、仕入税額控除は否定されるとする見解が通説であるといえよう。(56)

裁決事例においては、この点の解釈はおおむね一致しているといえよう。たとえば、国税不服審判所平成六年九月三〇日裁決(57)（裁決事例集四八号四五八頁）は、「原処分庁の調査担当者が再三にわたり、課税標準に係る帳簿又は請求書等の提示を求めたにもかかわらず、一切の必要書類を提示せず異議申立ての段階で初めて提示したことは、消費税法（以下本法という）第三〇条第七項（帳簿又は請求書等の保存義務）不履行であり、同条但し書き（災害その他の宥恕規定）にも該当せず、本法第三〇条第一項（仕入税額の控除）の適用はない。したがって、本法施行令第五〇条第一項（課税仕入れ等の帳簿等の保存期間等）の規定を斟酌する余地もない。……」と述べている（同旨・前掲平成五年一一月一六日裁決）。

〔2〕 しかし、このような見解については、以下のような反論もなされている。

① 基本的には青色申告承認取消処分に係る判例の論理を前提としながらも、消費税法においては、仕入税額控除にも適用されることから、帳簿書類の不提示、拒否の事実の有無に関しては所得税法以上の調査努力義務が要求されると解すべきである(58)。

② 保存がない場合と不提示とは明らかに相違する。合理的な理由がないときでも現実に、保存があれば、保存義務違反に該当しない。不提示と「保存しない場合」とは根本的に事実が相違するとして、帳簿等の「保存」が課税処分時までに存すれば足りると考えられる。よって、このような場合には、税務調査の段階で帳簿等の提示がなかったとしても、その後の争訟段階における帳簿等の提示によって仕入税額の存在が認められる場合は、原則として、その控除が認められる(59)。

③ 仕入税額控除は青色申告承認のような手続的事項ではなく、消費税額算定上不可分の実体法上の要件であり、課税事業者が当該帳簿等を課税庁の更正期間内に提示し、処分時に当該帳簿等が存在することが客観的に証明できたときには、仕入税額控除を認め、更正をしなければならない(60)。

所得税法一五〇条一項一号は「その年における……業務に係る帳簿書類の備付け、記録又は保存が……（青色申告者の帳簿書類）に規定する大蔵省令で定めるところに従って行われていないこと」を青色申告の承認の取消事由としているが、この規定は一度承認をしたものを取り消す処分（行政行為の撤回）であり、その結果、青色申告の承認により得ていた恩恵（特典）部分が否定されるのみで、仕入れそのものが否定されることはない（法人税法一二七条一項一号も併せて参照）。これに対して、消費税法三〇条七項の「保存」の不存在は、同項の規定の本質（同条一項との関係）において相違し、また仕入税額控除という消費税額算定の根幹を否定する効果を生じることから、青色申告承認の取消事例と同列に同じ基準をもって論じることはできない[61]。

青色申告承認取消処分に係る調査義務よりも厳格な調査義務が課されていると解さざるを得ない。そして、その結果、不提示であっても、課税仕入れ等の事実が確認できる場合には、推計により課税仕入額を算定し、仕入税額控除を行う必要があるといえよう。

2　税務調査後争訟段階に至り帳簿書類が提出された場合

青色申告承認取消処分に係る判例と同様に考えると、取消処分時に帳簿書類の提示拒否という取消事由があればよく、争訟の段階に至り帳簿書類が提出されたとしても影響は存しないということになる[62]。しかし、この青色申告承認取消処分と同列に論ずることができないのは上前のとおりである。

前述②と③は、その前提を異にするが、結論を同じくするといえよう。

たとえば、③説においては、仕入税額控除の適用要件は「帳簿又は請求書等の保存」であるから、調査段階で帳簿等を提示していない場合には「保存」は証明したことにはならない。不提示はあくまでも不存在を推定させるにすぎないものであり、課税処分時に問題の帳簿等が客観的に存在することが証明できたときには、当該仕入税額控除を認

め、更正しなければならないと解する。(63)

しかし、この点についていえば、消費税法三〇条七項の規定の解釈からして、②、③説には問題がある。仕入税額控除は実体法上の権利として、納税義務者に付与されているが、その行使は帳簿等の保存が前提となっている。課税期間の末日の翌日から二か月を経過した日から七年間保存することとなっていること、さらに確定申告時に消費税額から、控除されるべき課税仕入れに係る消費税額を記載することが求められていることから、原則的には、法定申告期限終了時まで帳簿等の記載と保存を求めていると解される。よって、調査時において、確定申告終了時に存した帳簿等を提示できない場合には、帳簿等の保存がなかったものとして取り扱われることもやむを得ないと考えられよう。このことは、仕入税額控除規定が手続規定でありながら、消費税法三〇条一項の仕入税額控除の権利行使の要件となっていることから、手続法は実体法を制約することはできないとか、消費税法三〇条七項が実体的に要件規定であるといった理由で、保存の事実が客観的に確認された場合には、その確認がいかなる段階であったとしても仕入税額控除を認めるべきであると解することはできないであろう。

調査時において、確定申告終了時に存した帳簿等を提示できない場合には、帳簿等の保存がないものとして、課税庁は推計により課税仕入額を算定せざるを得ない。その結果、納税義務者は推計の必要性と合理性は争うことができるが、実額反証は消費税法三〇条七項の規定より許されないこととなる。消費税法三〇条七項は推計をも否定する効力はもたないが、実額による仕入税額控除を排除する効力は肯定し得ると解さざるを得ない。仕入税額控除の適用にあたり、帳簿書類の不提示、拒否の事実の有無は所得税法以上の調査努力義務が要求され、推計の必要性が厳格に審査されることとなる。

七　おわりに――わが国のインボイス方式のあり方

消費税法において、今日、課税庁の要求するような帳簿等の保存を前提として、購入者たる事業者に仕入税額控除適用のための記帳義務等を課すことは、事業者の負担という点からいえば、ヨーロッパ型のインボイス方式のそれと実質的に変わりはないといってよかろう。アカウント方式をとることは、結局租税の転嫁を曖昧にし、かつ事業者間での企業規模、業種及び業態による不公平を助長するのみであるといえよう。

わが国は、ヨーロッパ型の付加価値税を採用しながら、このようなインボイス方式に代えて、アカウント方式を採用したのであるが、その最大の理由は事業者の負担軽減とわが国の商的慣習を尊重した結果であった。しかし、その結果として、仕入税額控除の適用を全く受けられない事業者の存在を肯定することは、立法政策の範囲を超えた問題であるといわなければならない。

仕入税額控除は、インボイス方式を採用する付加価値税の最大の特徴である。これは売上税額から仕入税額を控除することにより、総売上税額に対するカスケード効果を防止する。このような消費型タイプのインボイス方式の賦課においては、納税者は、購入が棚卸資産であろうと、資本的な商品であろうと、役務であろうと、購入にかかわる税額については税額控除が認められる。課税年度に超過仕入税額控除が資本的な商品に生じようとも、原則として、その年度に超過仕入税額控除に関して還付を請求する権利を有している。購入者は、売主がインボイスに記載した税額を仮に納付しないとしても、仕入税額控除をする権利を有している。このような場合、課税庁のリコースは、インボイスを信頼し、そして善意で売主に支払ったか否かにより、売主にその支払義務を負っている購入者の仕入税額控除を否定するのではなく、不履行の売主に対する課税処分（あるいは訴訟）を通じて行われる。

売主のタックス・インボイスは、インボイス方式の付加価値税の中心的要素である。小売前の段階においては、売主のタックス・インボイスに課せられた税額は、売上げに対する売上税額と仕入れに対する仕入税額とはクロス・マッチ（対応形態）で用いることができる。事業において、購入者は、売主に対してタックス・インボイスの発行を請求する。多くの国では法律で、売主のタックス・インボイスの発行を義務づけるとともに、タックス・インボイスの内容について詳細な規定をおいている。また、多くの場合、一定額以下の商品等取引については、その記載事項等の簡略化を図っている。コモン・ローの国々においては、一般的にはインボイスは買主が事業者であるときにのみ発行されており、売主は通常小売段階においてはインボイスを発行していない（この点で、小売段階でのインボイスの問題は残る。）。

わが国の消費税法三〇条八項及び九項で求めている帳簿等記載の程度（住所が記載事項の対象となっていないが、住所の記載はわが国の商慣習からいえば、大きな負担ではないと考えられる。）は、ヨーロッパ型のインボイスと記載自体の負担は大差があるとはいえない。誰が記載義務（交付義務）を負っているかが現実に相違をしているだけであるといっても過言ではなかろう。「仕入税額控除については、制度の信憑性や課税・非課税判定等の利便性、正確性の観点から」改正を行うとすれば、帳簿や請求書等の記載内容を厳格にするのではなく、売主にタックス・インボイスの発行を義務づけるべきである。買主に帳簿や請求書等の記載内容の厳格化を要求するだけでは仕入税額控除に係る問題を増すだけであり、付加価値税を指向したわが国の消費税法の体系は維持することができなくなる。

売主が、一定の期間まで、正当な理由なくして、法律で規定されたインボイスを充足することができない、あるいは一定の期日に発行できなかった場合には、ペナルティで対応すべきであり（それはインボイスにもとづいて課せられる付加価値税の一〜二パーセントに相当する額にとどめるべきであろう。）、納税義務者は、その負担軽減から、売主の売上げインボイスはタックス・インボイスとしてみなされるべきであり、別の売上げ及び付加価値税に係るインボイスを作成する必要はないとすべきである。また、帳簿への記載は、一般的な帳簿の記載・備付けの義務として、消費税法五八条に盛り込まれるべきであるといえよう。

(1)　北野弘久『消費税は廃止できる』一九頁以下（BOC出版部・一九九四）、山本守之「消費税の納付及び税務行政」宮島洋編著『消費課税の理論と課題』一九五頁以下（税務経理協会・一九九五）所収。その他、後掲注（3）論文参照。

(2)　後掲注（3）の三木論文、梅田論文参照。

(3)　北野弘久「消費税法の執行と問題」『現代企業税法論』三九八頁以下（岩波書店・一九九四）所収（初出一九九二）、田中治「消費税改革の法的問題点」法律時報六七巻三号一三頁（一九九五）、福重利夫「帳簿等の保存義務違反と消費税の仕入税額控除」税理三八巻二号二三三頁（一九九五）、石島弘「消費税における帳簿保存の不備の場合の課税上の問題」税理三八巻八号一〇頁（一九九五）、大淵博義「消費税法の帳簿保存義務と仕入税額控除の問題点」税理三八巻一二号三六頁（一九九五）、高野裕「仕入税額控除における帳簿等の保存義務」税務弘報四四巻四号七一頁（一九九六）、梅田和良「帳簿書類等の提示拒否と仕入税額控除否認の関係」税務弘報四四巻七号一七七頁（一九九六）、三木義一「帳簿不提示と消費税の仕入税額控除否認の関係―ドイツ売上税法の判例を素材として」税理三九巻一三号一九頁（一九九六）。

なお、石島論文は、推計課税には直接言及しておらず、この点は明確ではないともいえるが、消費税法三〇条七項の適用には慎重と合理性が要求されるという。推計課税も当然認められないとの前提のもとで石島論文は最もよく理解できる。

(4)　高田具視「消費税の改正について」税理三九巻三号一五七頁以下（一九九六）参照。なお、国税庁は、「仕入税額控除の要件における『帳簿』の記載内容について」（一九九六年九月）を公表している。国税庁の見解については、林訓「特別解説／Q&A＝仕入税額控除の要件における『帳簿』の記載内容」税経通信（一九九六年一〇月臨時増刊）三一頁以下（又は、税理三九巻一五号一一三頁以下）（一九九六）参照。しかし、具体的な取扱いを巡ってなお混乱があるようにみえる。
（5） 山本守之・水野忠恒・中里実「（鼎談会）抜本的消費税改革の背景と課題」税経通信五一巻七号四二頁以下（一九九六）、平川忠雄・山本守之・駒野定吉「（鼎談会）改正消費税の具体的内容と留意点」税経通信（一九九六年一〇月臨時増刊）一八頁以下、山本守之「仕入税額控除要件および請求書等の保存とその記載事項をめぐる問題点」税経通信（一九九六年一〇月臨時増刊）四二頁以下、小池敏範「仕入税額控除における帳簿及び請求書等」税務弘報四四巻三号三二頁以下（一九九六）、山本守之「仕入税額控除に係る帳簿、請求書等の保存と記載事項」税務弘報四四巻三号一〇五頁以下（一九九六）。
（6） 田中・前掲論文（3）一九頁は、保存義務を課すものではないとする。消費税法三〇条七項が帳簿保存義務を課しているか否かについては、消費税法五八条の帳簿備付け等の義務規定との関連もあわせて考察する必要がある。後述六参照。
（7） 水野勝『租税法』三四五頁（有斐閣・一九九三）。その他、大蔵省主税局税制第二課『消費税のあらまし』五九頁（大蔵省印刷局・一九八九）等参照。
この水野氏のような解釈は、財政学的な意味でのEU型の付加価値税を念頭においた解釈であり、EU型の付加価値税のインボイス規定のもとでは、仕入税額控除がすべて否定されうるということは現実にも法的にもあり得ないといってよいのではなかろうか。これに対して、わが国の消費税法のもとでは仕入税額控除をすべて否定するといった事態が起こりうる。
（8） 日本税法学会運営委員会「消費税法案に対する当学会各地意見書」税法学四五二号一六頁、二〇頁、二二頁、二五頁（一九八八）。日本税法学会運営委員会「消費税法案に対する当学会各地区確定意見書」税法学四五三号二五頁、二六頁、二九頁、三九頁（一九八八）等参照。K・ティプケ／木村弘之亮監訳『所得税・法人税・消費税―ドイツ租税法』三四〇頁以下（木鐸社・一九八八）においてもドイツの議論をみることができる。この問題を、「消費税立法当時又は導入当初において問題とされなかった消費税の仕入税額控除に関する法解釈上の問題点」（大淵・前掲論文（3）三六頁）と指摘する向きもあるが、前述するように（「日本税法学会の意見書」等参照）納税者からは、このような問題は法案当時より十分に予測されており、立法的な手当てを要求していたところである。仮に、このような見解が課税庁にあるとすれば、立法意思を明確にすべきであり、それを怠ることは、立法者の怠慢といわざるを得ない。
(9) 清永敬次『新版　税法〔全訂〕』一四三頁（ミネルヴァ書房・一九九〇）。
(10) 国税庁取扱要領「消費税の課税標準額（課税売上高）の推計及び仕入税額控除の取扱いについて」。実態については、北野・前掲論文（3）四〇九頁以下参照。
(11) 「特集　消費税課税の問題点（巻頭言）」税務事例二七巻六号五頁（一九九五）。
(12) 山本・前掲論文（5）（「仕入税額控除要件および請求書等の保存とその記載事項をめぐる問題点」）三八頁以下。
(13) 平川・山本・駒野・前掲鼎談（5）二一頁（駒野発言）参照。
(14) 山本・前掲論文（5）「仕入税額控除要件および請求書等の保存とその記載事項をめぐる問題点」）四〇頁、四一頁参照。
(15) 大淵・前掲論文（3）三七頁。
(16) 同旨として、国税不服審判所平成五年一一月一六日裁決・裁決事例集四六号二四四頁。
(17) 田中・前掲論文（3）一八頁、同旨、北野・前掲論文（3）四〇八頁〜四〇九頁。特典的な理解については、石島・前掲論文（3）一二頁参照。
(18) 田中・前掲論文（3）一八頁以下。
(19) 田中・前掲論文（3）一九頁以下。
(20) 福重・前掲論文（3）二三八頁以下。
(21) 福重・前掲論文（3）二三八頁以下。
(22) 北野・前掲論文（3）四一〇頁以下、福重・前掲論文（3）二三八頁。
(23) 北野・前掲論文（3）四一四頁。
(24) 北野・前掲論文（3）四一三頁以下、同旨、田中・前掲論文（3）一八頁以下。
(25) 三木・前掲論文（3）二二頁。計算書の提示規定を実体法的要件とすることによって、仕入税額控除を全く受けられない納税者を創り出すことが、憲法上許されるか否かという問題は問われなければならない。三木義一「付加価値税制と憲法問題―中小企業特例及び前段階税額控除方式をめぐる西ドイツ売上税法の議論を素材として」静岡大学法経研究三九巻一号三七頁（一九九〇）参照。非課税業者の前段階税額控除の権利排除の合憲性を巡る議論が展開されており、参考となる。

(26) Alan A. Tait, Value Added Tax 4 (1988).

(27) *Ibid.*

(28) *Id.* at 4-6. その他、付加価値税の本質、その計算構造については、John Whalley & Deborah Frets, The Economics of the Goods and Services Tax (1990); Charls E. Walker & Mark A. Bloomfield, The Consumption Tax 277-281 (1987); Henry J. Aaron, Introduction and Summary, in the Value-Added Tax: Lessons from Europe 1-18 (1981) を参照されたい。

(29) 金子宏『租税法〔第五版〕』四〇五頁以下（弘文堂・一九九五）、山田二郎「消費税をめぐる若干の問題」成田頼明ほか編『行政法の諸問題（上）』六五四頁～六六四頁（有斐閣・一九八九）等参照。税制改革法一一条等の法的効力については、吉良実「消費税の転嫁」税法学四八四号一頁以下（一九九一）参照。山田論文は、「消費税の納税義務者は事業者であり、他の事業者又は消費者は納税義務者ではないから、消費税そのものを納付するという関係には立っていない。この点、利用者（消費者）が納税義務者であると構成されている……ゴルフ場利用税の法律関係は根本的に異なっている。また、源泉徴収制度では受給者は実体法のうえでは納税義務者であり、その納税の方法として所得の発生の時点で天引を受けるのであり、この納税の手続面でみる限り、受給者は埒外におかれているが、受給者は実体法上の納税義務者であり、源泉徴収義務者といわれているとおり、実体法上の納税義務と結びつけているものであるといえる。ところで、消費税の場合は、納税義務者である事業者と、消費税の転嫁を受ける他の事業者又は消費者との関係は実体法上の法律関係（納税義務）に由来するという根拠を見いだすことは困難である。……納税義務者である事業者は自分がこれを負担する（いわゆる消転）ということではなく、最終的に消費者に負担を求めるべきもの、すなわち最終的に消費者に転嫁すべきものと考えられているのであるが、……転嫁というのは法律上の関係に由来するものではなく、事業者が消費税相当額の経済的負担を自分で引っ被るということではなく、価額に上乗せをして最終的に消費者に負担させるように仕向けるという経済的な指向を説明しているにすぎないものと帰結せざるを得ない」と述べている。

(30) 消費税法二八条一項と三〇条一項は、現行消費税法の骨格となる規定であると考えると、仕入税額控除がいかなる場合でも予定されていると解される。（課税売上げ×３％）－（課税仕入れ×３％）＝消費税額、すなわち（課税売上げ－課税仕入れ）×３％＝消費税額、であるとして、わざわざ法的に同一であることを強調する必要はない。さらに、この公式は、仕入控除方式（の付加価値税）となるが、そのような方式をとれば当然に推計課税が及び、仕入税額控除方式（の付加価値税）をとれば及ばないと考える必要はない。

(31)　水野忠恒「消費税の構造」日税研論集三〇巻八五頁以下（一九九五）、同「消費税（仕入れ控除型付加価値税）の系譜とその問題点」ジュリスト九三二号一一二頁（一九八九）参照。ベース・ツー・ベース方式は、所得課税とリンクしやすいが、わが国のこの問題については、武田昌輔「法人税と消費税の計算構造」会計一三六巻二号一六五頁以下（一九八九）以下参照。

(32)　本稿において、ドイツ売上税法については、中川一郎「西ドイツの売上税法の原点及び沿革について（Ⅵ）」税法学四五一号一頁以下（一九八八）等を参照している。

(33)　K・ティプケ・前掲書（8）三四二頁等参照。

(34)　Coopers & Lybrand, A Guide VAT toin the EU (1994). その他、吉牟田勲「仕入税額控除の諸問題」日税研論集三〇巻二九頁（一九九五）、小山威倫「ヨーロッパの付加価値税の会計処理および税務上の取扱いに関する検討」広島経済大学20周年記念論文集四〇三頁以下（一九八五）等参照。

(35)　田中・前掲論文（3）一八頁。

(36)　石島・前掲論文（3）一四頁。インボイス方式をとってもインボイスが存在しなければ、仮にその事実等が確認できても、控除は認められないとされている。

(37)　田中・前掲論文（3）一九頁。

(38)　大淵・前掲論文（3）三九頁～四一頁。

(39)　石島、前掲論文（3）一四頁参照。

(40)　後述五４の裁決事例、山本・前掲論文（5）（「仕入税額控除要件および請求書等の保存とその記載事項をめぐる問題点」）等参照。

(41)　大淵・前掲論文（3）四一頁～四二頁、石島・前掲論文（3）一四頁参照。

（42） 金子宏・宮島洋・山本守之「（鼎談会）消費税の見直しをめぐって」税経通信四九巻一号九八頁（一九九四）、九八頁（山本発言）。石島・前掲論文（3）一四頁、大淵・前掲論文（3）三九頁参照。

（43） 大淵・前掲論文（3）四一頁〜四二頁参照。石島・前掲論文（3）一四頁参照。

（44） 石島・前掲論文（3）一四頁参照。

（45） COOPERS & LYBRAND, *supra* note 35, at 336-354 に、各国のインボイスの記載事項が列挙されている。

（46） ALAN A. TAIT, *supra* note 27, at 271-303.

（47） 韓国はこのインボイスについてはきわめて厳格な規定をおいている。納税者は、資産の提供、役務の提供時に四枚のインボイスを充足させなければならない。一枚は販売をした事業者、一枚はその事業者から地区の税務署に送付される。一枚は購入者により保存され、そして最後の一枚のコピーは購入者によって購入者の管轄税務署に送付される。そして税務署に送付されたインボイスは、電算入力され、購入と売上げに対するクロス・チェックが行われる。ALAN A. TAIT, *supra* note 27, at 281.

（48） 小売インボイスの問題について、特に現金登録機の導入については、韓国の事例が参考となる。*Ibid.*

（49） VATA 1983, S. 14(9)(a), VAT（General）Regulations, SI1985, No. 886 reg. 61(1A)(a)等参照。なお、イギリスの仕入税額控除については、ERNEST J. HOSKIN, COMMUNITY LAW AND UK VAT 305（1988）; HOWARD SCOTT & DERMOT MCLELLAN, VAT AND PROPERTY 153（1989）を参照。

現金勘定スキームのもとでの取引を認めている業者は、手形・現金での支払いのための受取証インボイスを保存しなければならない。

有効なタックス・インボイス以外のものを受け入れるか否かのコミッショナーの裁量権の行使については、*See* Morgan v. Costoms and Excise Comrs. LON/86/165 未登載（納税義務者でないものによって発せられたインボイス）、Morshan Contracts Ltd. v. Customs and Excise Comrs. MAN/84/202（虚偽のインボイス）、Presman (Bullion) Ltd. v. Customs and Excise Comrs. [1986] VATTR136（虚偽のインボイス）、Read v. Customs and Excise Comrs. [1982] VATTR12（インボイスの紛失）。

自社請求インボイス（self-billing invoice）について、*See* Credit Ancillary Services Ltd. v. Customs and Excise

Comrs. [1986] VATTR204 ; FA1988 s. 22. さらに、後掲(54)～(56)もあわせて参照。

見積インボイス (pro-forma invoices) について、*See* Ford Fuels Ltd. v. Customs and Excise Comrs. LON/91/20 [1986] ; Notice No. 700 (August 1991) paras. 56 and 69.

VAT (General) Regulations, SI1985, No. 886 reg. 61(1A)(d). これは、外国の倉庫で保管されていたがイギリスにおいて製造された商品に関係する規定である。

入庫記帳について、VATA 1983, s. 35(2) 参照。関係するフォームのリストについて、Notice No. 702 (January 1988) para. 14.

一定額以下の商品等について、otice No. 700 (August 1991) para. 69(e)(ii) ; Customs and Excise Press Notice No. 32/91 dated 20th March 1991 参照。

商品の贈与について、Customs and Excise Press Notice No. 889 dated 1st March 1984 参照。

みなし仕入れが行われた場合に保存すべき記録については、Leaflet No. 706/1/89, para. 5 参照。

海外からの役務提供について、VAT (General) Regulations, SI1985, No. 886 reg. 61(1A)(a) 参照。

輸入品について、VAT (General) Regulations, SI1985, No. 886 reg. 61(1A)(c) 参照。関係するフォームのリストについて、Notice No. 702 (January 1988) para. 14 参照。

車のガソリン代等について、Notice No. 700 (August 1991) Appendix C. para. 16(b) 参照。

納税義務者のVAT の登録に先立って行われた商品の取引（輸入を含む。）については、さらに付加的な記録が要求される。*See* VAT (General) Regulations, SI1985, No. 886 reg. 37(4).

この記述は、Butterworths, UK Tax Guide 1992-93（11ed.）1539 を参照している。

(50)　なお、国税不服審判所平成七年七月三日裁決・裁決事例集五〇号二五七頁は、仕入税額控除に係る事案ではないが、輸出免税にあたっての輸出証明書等の一定の書類の保存が争点となっており、類似の問題を含んでいる。

(51)　審査裁決については、山本・前掲論文（5）（「仕入税額控除要件および請求書等の保存とその記載事項をめぐる問題点」）四六頁、四七頁参照。

(52)　Morshan Contracts Ltd. v. Customs and Excise Comrs. MAN/84/202.

(53) Wishmore Morgan Investment v. Customs and Excise Comrs. LON/86/165.

(54) これに対して、Jomast Trading & Development Ltd. v. Customs and Excise Comrs. [1984] VATTR219 においては、「一九八三年付加価値税法の一五条、一四条は、仕入れが課税仕入れである限りにおいて、納税者が一五条で認められるのと同じ額の仕入税額控除を税額控除する権利をもっている。仕入税額控除は、納税者との関係で、『(a)あらゆる商品と役務について納税者に提供するときに課せられる税』として、定義されている。付加価値税法のレギュレイション55(1)（レギュレイション 1980SI No. 1536）は仕入税額控除を主張する者は、税が課せられる会計期間内に、その者によって提出された申告書において、それが主張されていなければならないし、そして、そうする前に、一定の記載事項を充足した、タックス・インボイス、すなわちレギュレイション８において規定された文書（document）を保持しておくことが必要である。この文書は、不服申立人が申請書を提出した後の日付で作成されており、またレギュレイション９(b)(f)(g)が要求している商品の同一性を示すような記述、商品の量が記載されていない」と述べ、仕入税額控除を否定する。

(55) 大淵・前掲論文（３）三八頁以下、石島・前掲論文（３）一五頁。

(56) 大淵・前掲論文（３）三八頁以下。

(57) 本件審査裁決事例解決としては、堺澤良「審査裁決事例紹介」税経通信五〇巻一六号二二三頁（一九九五）がある。

(58) 石島・前掲論文（３）一六頁。

(59) 田中・前掲論文（３）一九頁。

(60) 三木・前掲論文（３）二五頁。

(61) 福重・前掲論文（３）二三六頁、田中・前掲論文（３）一九頁参照。

(62) 大淵・前掲論文（３）三八頁。

(63) 三木・前掲論文（３）二五頁。

＊ 本稿は、筆者が一九九六年六月より海外研修に赴くため、一九九六年六月までに公刊された文献を参照に当初取りまとめたが、その後も注目すべき論考が公刊されたため若干の加筆を行った。加筆にあたり、小川正雄京都学園大学教授に

は関係文献の送付を賜り、三木義一立命館大学教授からは直接、執筆論文の送付を賜った。記して謝意を表す。

（追　補）

本稿公表後に、多くの判決が登場している。稿を改めて、総合的に論じることとしたい。

帳簿不提示と消費税の仕入税額控除が争点となった判決は以下のようなものである。

(1)　大阪地裁平成一〇年八月一〇日判決（判時一六六一号三一頁）
(2)　津地裁平成一〇年九月一〇日判決（判時一六六一号三一頁）
(3)　東京地裁平成一〇年九月三〇日判決（判時一六六一号三一頁）
(4)　横浜地裁平成一一年六月九日判決（未登載）
(5)　東京地裁平成一一年八月三〇日判決（未登載）

これらの判例分析については、増井良啓「帳簿不提示と消費税の仕入税額控除」判時一六七六号（判例評論四八六号）一六四頁（一九九九）が有益である。増井教授は、「消費税法三〇条七項にいう『保存がない場合』とは、『適法な提示要請があれば直ちに提示できる状態での保存がない場合』を意味するものと解すべきであり、これに該当することは課税庁が主張・立証すべきである。納税者による帳簿等の不提示は、『保存がない場合』を推認せしめる事情と位置づけられる。」と述べられる。

帳簿虚偽記載と消費税の仕入税額控除が争点となった判決は以下のようである。

(1)　東京地裁平成九年八月二八日判決（行裁例集四八巻七号＝八号六〇〇頁）
(2)　高松地裁平成一〇年九月二八日判決（未登載）
(3)　東京高裁平成一〇年九月三〇日判決（未登載）

これらの判例の検討としては、とりあえず、清野正彦〈(1)判決・判例解説〉行政判例研究会『平成九年度行政判例解説』一九八頁（ぎょうせい・一九九九）参照。

第一四章　独占禁止法と消費税法

――独占禁止法七条の二第一項、同法施行令五条、六条所定の課徴金算出の基礎である「契約により定められた対価の額」に消費税相当額を算入することの是非――

〔審決取消請求事件、東京高裁平八(行ケ)一七九号・一八八号・一八九号、平9・6・6第三特別部判決、棄却（上告)、判時一六二一号九八頁〕

一　事　実

原告X_1、X_2及びX_3（以下、原告会社をXという。）は、社会保険庁において指名競争入札の方法により発注する国民年金、厚生年金等の各種通知書等に係る貼付用シール（以下、「本件シール」という。）の入札に関して、遅くとも平成元年一一月一一日以前から平成四年一一月一一日までの間、指名業者であるX及びAが談合を行い、予め受注予定者を定めることにより社会保険庁発注の本件シールの供給に係る取引分野における競争を実質的に制限し（以下、「本件カルテル行為」という。)、私的独占の禁止及び公正取引の確保に関する法律（以下、「独占禁止法」という。）三条に違反した。

被告公正取引委員会（Y）は、平成五年九月二四日付で独占禁止法七条の二、四八条の二の規定にもとづき課徴金納付命令を発したが、Xの請求により審判手続が開始され、平成八年八月六日X_1に対して四一〇九万円、X_2に対して九二一一万円、X_3に対して三七三六万円の課徴金を納付すべきことを命じる審決（以下、「本件審決」という。また、本件審決により納付を命じられた課徴金を「本件課徴金」という。）がなされた（公正取引委員会平成八年八月六日審決・判時一五八八号六六頁）。本件は、これを不服としたXが本件審決の取消しを求めて提訴したものである。

なお、X及びAは、本件カルテル行為について、平成五年一二月一四日に各々罰金四〇〇万円に処せられ、その後この刑事判決（以下、「本件刑事判決」という。）は確定している。また、国はXと締結した本件シール納入契約が無効であるとして、X_1に対して三億〇四一四万円余、X_2に対して八億五四七四万円、X_3に対して三億六三八三万円余を不当利得したとして、各返還を求める訴訟（以下、「本件不当利得返還請求訴訟」という。）を提訴している。この訴訟は、本判決時、東京地裁に係属中である。

本件訴訟において、Xは、(1)本件カルテル行為について刑事罰が確定し、かつ不当利得返還請求訴訟が提起されている状況下で、本件課徴金の納付を命じる本件審決は、二重処罰を禁止する憲法三九条に違反し、憲法二九条、憲法三一条の規定の趣旨にも反する。(2)本件不当利得返還請求訴訟において国の主張どおり本件シール給付契約が無効であるとすると、本件課徴金賦課の基礎となる「売上額」が存在しないこととなる、(3)本件課徴金の算出基礎に消費税相当額を算入することは、独占禁止法七条の二第一項に違反する、(4)本件カルテル行為に参加したAを課徴金納付命令の対象から除外してなされた本件課徴金納付命令は違法である、(5)本件審決が私的独占の禁止及び公正取引の確保に関する法律施行令（以下、「施行令」という。）五条の規定する「引渡基準」によらず、施行令六条の規定する「契約基準」を適用して課徴金の額を算出したのは違法である、と違法事由を主張していた。

二　判旨

1　課徴金の賦課等と憲法三九条（二重処罰の禁止）について

①「課徴金は、カルテル行為の反社会性ないし反道徳性に着目し、これに対する制裁として、刑事訴訟手続に

よって科せられる刑事罰とは、その趣旨・目的、性質等を異にするものであるから、本件カルテル行為に関して、Xに対し刑事罰としての罰金を科すほか、さらにYにおいて、独占禁止法七条の二、五四条の二等の規定に基づいて課徴金の納付を命ずるとしても、それが二重処罰を禁止する憲法三九条に違反することになるものではない」

② 国の提起した本件不当利得返還請求訴訟は、未だ第一審裁判所においてなお審理中であり、現段階では、国が主張しているXに対する不当利得返還請求権の存否ないしその範囲自体が全く未確定の状況にあり、「本件カルテル行為についての罰金刑と不当利得返還請求及び課徴金による経済的不利益の三者併科の違憲性を問題にするXの右主張自体、あくまでも将来の可能性を想定した立論にすぎないのであって」、本件課徴金の賦課が憲法三九条の規定に反するか否かの判断において、考慮すべきではない。

③ 「民法上の不当利得に関する制度は、……前示の課徴金制度とはその趣旨・目的を異にするものであり、両者がその法律要件と効果を異にするものであることはいうまでもないから、実質的観点からも、不当利得制度の下において返還を求められている利得の具体的な内容が、賦課される課徴金と同一の性質のものとして、重複する関係に立つとみるべきが否かは、これを一般的、抽象的に論ずることはできず、個別的、具体的な検討を加えたうえ、判断することを要する」「また、課徴金については、独占禁止法上、同法の定める要件を充足するカルテル行為に関し、Yにおいて、カルテルに参加した事業者に対し課徴金の納付を命ずるか否かにつき裁量判断を行う余地はなく……同法の定める算出基準にしたがって、一律に所定額の課徴金の納付を命ずることが義務づけられているのである」「本件においても、当然には、本件課徴金と国がXに対し返還を求めている不当利得金が実質的に重複する関係にあり、Xが同一の事実関係を原因として二重の経済的な不利益を課される結果にならないように両者の調整を要するものといえないことは明らかである」。

2　本件シール納入契約が無効であるとの主張と売上額の存在

「独占禁止法は、『売上額』の算定上の控除の要因を施行令五条一号ないし三号が掲げる控除、返品、割戻に限定し、かつそれらはカルテル行為の実行期間中になされたものであることを要するとしていることは明らかである。……本件シール納入契約が無効であるとしても……本件カルテルの実行期間中の国の無効の主張に関連した本件シール納入契約に定められた対価の額の控除も、返品もされていないのであるから、……『売上額』の算定に何らの影響を及ぼすものでないことは明らかである。」

3 「売上額」への消費税相当額の算入

「Xと国との間の本件シール納入契約においては、販売価格のうちの消費税相当額は、その旨が契約書に明記されているのであり、Xの企業としての規模、組織等にかんがみれば、Xは、国から支払いを受けた本件シールの販売価格のうちの消費税相当額を、税抜経理方式により、仮受消費税として、売上額とは区別して経理処理したうえ、消費税法の関係規定にしたがって中間申告及び確定申告を行い、所定の消費税を国に納付したものと推認されるところである。……消費税相当額は、契約書の記載から外形的に、本件シールの実質的な対価部分と明瞭に区別ができるものであり、経理処理の形式上も、売上額には含まれておらず、これらに対応する所定の金額が消費税として納付されているものと推認されることによりすれば、右の消費税相当額が実質的にXの収益の一部を構成しているものともいい難いと思われる。そうであるとすれば……消費税相当額をもって、本件カルテル行為によるXの現実の『不当な経済的利得』とみることができるかは疑問である……。したがって前示の課徴金制度の趣旨・目的に照らせば、Xが本件シール納入契約に基づいて国から支払いを受けた消費税相当額が、施行令六条の『契約により定められた対価の額』に含まれるものとして、課徴金の額を算出することの相当性については疑問が残るところである。」

「しかしながら、……Yが主張するように、一般に、商品の販売の対価とは商品の販売価格を指すものということができるばかりでなく、Xが本件シール納入契約に基づいて国から支払いを受けた消費税相当額は、直ちに国に消費税として納付されるわけではなく、法定の納付期限が到来するまではXのもとに留保されている仕組みであること、加えて、前示のように、そもそも、独占禁止法自体が、課徴金によって剝奪しようとする事業者の不当な経済的利得の把握の方法として、具体的なカルテル行為による現実の経済的な利得そのものとは切り離し、一律かつ画一的に算定する売上額に一定の比率を乗じて算出された金額を、観念的に、剝奪すべき事業者の不当な経済的利得と擬制する立場をとっていること等の諸点を考慮すると、Yが、本件審決において、Xに対し納付を命じた課徴金の額を算出するに当たり、Xが本件シール納入契約に基づいて国から支払いを受けた消費税相当額を『契約により定められた対価の額』（施行令六条）に算入したことの相当性については疑問を払拭しえないとはいえ、右の取扱いが直ちに独占禁止法七条の二、施行令六条に違反するものとまでは未だ断定することができないというほかはない。」

4　課徴金納付命令の対象控除と本件課徴金納付命令の違法性

Xの主張は、「自己の法律上の利益に関係ない違法を理由として取消しを求めることができない旨を定める行政事件訴訟法一〇条一項の趣旨に照らし、相当なものであるかどうか疑義がある」のみならず、本件審決の適否は独占禁止法七条の二、五四条の二等の関係規定に適合するかにより決せられるのであるから、Aが本件カルテル行為に参加した一員であるにもかかわらず課徴金納付の対象から除外することは違法であるとのXの主張は、主張自体として失当である。さらに、YとAとの間に本件シールの納入契約もなく、Aに「当該商品」の売上額がないことから、Aに課徴金を賦課すべき理由もない。

5　契約基準の適用要件

施行令六条が、売上額の算定につき、施行令五条が規定する原則としての引渡基準によらず、契約基準によることができるのは、「『著しい差異が生ずる事情がある』かどうかの判断は、施行令五条の定める引渡基準によった場合の対価の合計額と契約により定められた対価の合計額との間に著しい差異が生ずる蓋然性が類型的ないし定性的に認められるかどうかを判断して決すれば足りるものと解する」。本件においては、「社会保険庁からの本件シールの発注額は時期ごとに均一ではなく、また、契約締結から本件シールの納入期限までの期間も、大部分は二か月半以上のものであ（る）」ことなどから、引渡基準では本件カルテルにもとづく事業活動を反映しない部分が大きくなる可能性が定性的外形的に認められる。よって、Yの判断が施行令六条に反する違法なものと断ずることはできない。

三　評　釈

本判決に一部反対。

Xの主張は多岐にわたるが、本件課徴金納付命令が二重処罰を禁じる憲法三九条に違反するか否かは、課徴金制度の導入及びその後の法改正に際して最も活発に議論されてきた問題であったが、不当利得返還請求訴訟との関係をも含めて、裁判所はこの問題に初めて正面から判断を下した（課徴金と刑罰との関係については、東京高裁平成五年五月二一日判決・判時一四七四号三一頁等で争点となっている。）。また、独占禁止法七条の二第一項、同法施行令五条、六条所定の課徴金算定の基礎になる「契約により定められた対価の額」又は「売上額」と民事実体法との関係（契約無効による売上額の存否）、売上額の算定基準（引渡基準と契約基準の関係）、売上額の内容（消費税相当額の算入の是非）などについても、裁判所の判断としては初めてのものであり、いずれも課徴金制度の本質にかかわる論点であり意義があるといえよう。

本件におけるとりわけ主要な争点は、①「売上額」への消費税相当額の算入、②課徴金の賦課と二重処罰を禁じる憲法三九条等との関係、であると考えられるので、本評釈ではこの二点を中心に検討を加える。

1 「売上額」への消費税相当額算入について

「売上額」への消費税相当額算入についてはこれまで正面から議論になったことはなく、「消費税は、法律上は消費者からの預かり金ではなく対価の構成要素であるために控除されない」[(1)]と言及したものがあるに過ぎない。本判決の原審（公正取引委員会審決）は、「法律上、事業者は、消費者から受け取る対価の中からあくまでも自らの義務として消費税を納めることが予定されているのであるから、消費税相当分も対価に含まれている」と述べて、この見解を支持していたが、本判決もその理由には相違はあるものの、この結論を結果的には支持している（東京地裁平成二年三月二六日判決・判時一三四四号一一五頁、東京地裁平成四年三月二四日判決・判時一四三〇号七四頁、東京高裁平成六年四月一八日判決・判時一五三六号三三頁も同様の結論を導く。）。

課徴金の計算方法は、カルテルの実行期間中の対象商品又は役務の売上額に一定率（原則一〇〇分の六）を乗じる方法である（独占禁止法七条の二）。課徴金の算出基礎たる売上額は、原則として引渡基準により実行期間中の総売上額を算定し、この額から値引き、返品及び割戻しなど一定の要件に該当する額を控除する（施行令五条、六条参照）独占禁止法は売上額の算定に係る規定をおかず、その詳細を政令に委ねている（独占禁止法は、委任立法の範囲を具体的に規定していない。）が、独占禁止法における課徴金制度の趣旨からくる制約は当然あるものの、基本的には企業会計慣行を背景にしているといえる[(2)]。

(1) 消費税の会計処理方式

企業会計において、消費税の処理は、税抜き方式（切放し方式）税込み方式と呼ばれる会計処理方式が採られている。消費税は、多段階非累積型で最終的には消費者が負担することが予定されている税であり、各取引段階で納付された消費税は販売価格に上乗せされて、逐次転嫁されるもので（前段階税額控除方式）一種の経過勘定的な性格を有している（税制改革法一一条一項は「適正に転嫁するものとする」と抽象的に述べているにすぎず、消費税法上、明文で事業者に完全な転嫁を義務づけているわけではないが、消費税の法的構造は転嫁を前提としているといわざるをえない。(3)よって、この経過勘定的性格を仮勘定として処理する方法と、さらに従来の間接税と同様に取引金額の中に含めて会計処理を行う方法とがある。(4)税抜き方式においては消費税は損益計算書を通さずに、貸借対照表科目で処理するものである。これに対して、税込み方式は本来の取引金額に含めて処理する方法で、消費税が売上高、仕入高に含まれるので当然損益に関係してくる。両者いずれの方法をとろうと原則的には所得金額の計算には影響を及ぼさないが、売上額は税込み方式による方が消費税額分だけ大きくなる。(5)

仮に税込み方式により算定していたとしても、最終的には仕入れ税額との差額（消費税の額）を納付することにより、損金として算入されることから、原則的には利益は生ずることはない。ただし、消費税額が算入されるのは、申告期限が到来し、納付すべき税額が確定したときであり、期末の決算期には損金確定の要件を満たしていない。消費税の額を納付することにより所得金額の調整が行われるのは翌期にずれることになる。(6)本判決の述べるように「消費税相当額が実質的に原告らの収益の一部を構成しているものとはいいがたい」との判断に異論はない。

本件において、Xは形式的にも税抜経理方式により消費税額売上額に含まれておらず、契約上も実質的な対価部分と明瞭に区別ができるにもかかわらず、本判決は、①商品の販売の対価とは商品の販売価格を指すものということができるばかりでなく、②国から支払いを受けた消費税額は直ちに消費税として納付されるわけではなく、納付期限まではXらの許に留保されおり、また③独占禁止法自体が課徴金により剝奪しようとする事業所の不当な利得は、具体的なカルテル行為による現実的利得そのものとは切り放し、一律かつ画一的に算定する売上額に一定の比率を乗じて算出された金額を、観念的に剝奪すべき不当な経済的利得と擬制している、などをその理由として、Yの判断を支持している。しかし、①②について、判決の理由とするところは必ずしも明確ではなく、なお疑問である。

消費税法自体において売上げとは「課税期間中に引き渡した財貨及び貸付け並びに提供したサービス（又は財貨の

輸入）の対価の額」（消法二八条）とされており、独占禁止法とおおむね同じ規定である。消費税法取扱通達一〇—一—一は、個別消費税のうち、利用者等が納税義務者となっている軽油引取税、ゴルフ場利用税、特別地方消費税及び入湯税について、明確に相当する金額について区分されている場合には、「対価の額」に含まれないと規定する。また、企業会計における売上げにおいては、取引金額に含まれている「個別消費税」も含まれるが、消費税の額は一般には含まれていないと解されている。(7) 消費税は最終的に消費者に転嫁すべきものと考えられているが、単段階直接個別消費税であるゴルフ場利用税等と違い、消費税法は納税義務者である事業者と消費税の転嫁を受ける事業者又は消費者との間に実体法上の法律関係（納税義務）を直接規定していない（消費税の納税者が消費者であると直接消費税法に明記はされていない。これを明記せずに、これを実現するために多段階型一般消費税・付加価値税を採用するのが法制度的には一般的である。）が、価額に消費税を上乗せすることによって最終的に消費者に負担させるように仕向けており、(8) 多段階型一般消費税を採用している消費税法の構造からして、消費税の負担者が明記されていなくとも消費税の転嫁が予定されていることをもって足りるであろう。(9) また、②については、なぜ留保されていれば売上額に含められるのか不明である（課徴金算定の前提となる実行期間と消費税の事業年度とのずれを念頭においているものとも考えられるが、少なくとも税込み方式においても消費税を本質的には預かり金と解している。消費税の「運用益」の問題については改正が進められている（消法第四章参照）。）。さらに、③については、消費税を観念的に剝奪すべき不当な経済的利得と擬制していることは確かであるが、本件のように不当経済的な利得といえないものまで擬制を及ぼすことは問題であろう。また、一般的にいって、カルテルに参加する事業者が消費税相当額を引っ被ることは通常考えにくいであろう。このような方式により計算される金額は、ある程度の擬制を働かせる必要があるとしても、カルテルによる利得を一応は反映させている必要があろう。消費税額は本件カルテル行為に起因して生じたものであるが、消費税額はそもそも観念的に剝奪すべき不当な経済的利得には相当しないといえよう。よって、これらの理由には疑問が残る。本判決は、対価の額に消費税相当額を含めることに疑問を呈するが、そうであれば「疑わしきは国庫の不利益に」解釈すべきであり、また課徴金算定においても課税要件明確主義に準じた取扱いがなされるべきである。(10)

なお、法人税法の売上額も独占禁止法と同様に企業会計原則によることから、税抜き方式と税込み方式いずれの方式も一般に公正妥当と認められる会計処理の基準に従ったものということができ（法法二二条四項参照）、本件においても参考になろう。税抜き方式と税込み方式とは納付すべき（又は還付を受けるべき）消費税額の計算方式ではなく、会計方式であることから、いずれの方式によるにせよ、納付すべき（又は還付を受けるべき）消費税額に相違が生ずることはないが、企業利益（よって、法人税の課税所得金額）は、いずれの方式を採用するかによって相違が生ずることがある（ただし、当該事業年度のみでなく、長期的にみれば全体として変わらないともいえよう。）。「資産の購入の代価」に消費税相当額を含むか否かが争点となった法人税法事件において、「消費税を取引の対価に含める会計処理の方法による経理をしていた場合には、当該減価償却資産の購入の際に支払う金額のうちの消費税相当額も、購入の対価と区別せずに、これに含めた経理処理をすることになるから、同号の『当該資産の購入の代価』は消費税相当額を含む価額をいうものと解すべきである」と判示している（静岡地裁平成七年一〇月一三日判決・行裁例集四六巻一〇号＝一一号九〇三頁）。このような論理からいえば、本件のように逆に税抜き方式を採用している場合においては、対価に消費税額が含まれないことになる。しかし、このような法人税法上の取扱いが独占禁止法における課徴金制度のもとでとれるであろうか。同じカルテルにより事業活動を行ったものが、その事業者の会計処理により課徴金算定方式を異にするのは不合理であろう。継続的な事業活動を背景とする企業課税とは、この点についてはパラレルに解することはできないであろう。

(2) 取引が無効又は取消しとなった場合の資産の譲渡等

Xは、国が本件カルテル行為を理由として本件シール納入契約を有効として課徴金を賦課するのは明らかに自己矛盾であると主張するが、本件課徴金の額は、本件シールの納入契約の有効・無効にかかわらず、独占禁止法七条の二ではその経済的な成果にもとづいて課徴金を賦課することを予定しており、判旨2にこの点では異論はないといえよう(11)。しかし、このことは、売上額に消費税相当額が算入されるかという問題にも当然に妥当するものではない。契約の無効又は取消しという効力の不発生（結果的には対価性の欠如により課税（客体）要件を充足しない。）が消費税にどのような影響を及ぼすかは、特別な規定がない以上、まず消費税法の解釈によることとなる。

そこで、消費税の課税客体たる「資産の譲渡等」（消法四条、二条一項八号。資産の譲渡とは、「事業として対価を得て行われる資産の譲渡及び貸付け並びに役務の提供」である（消法二条一項八号）。）の原因たる私法行為に瑕疵があった場合、それは課税関係にどのような影響を及ぼすであろうか。消費税法において、そもそも譲渡が無効及び取り消された場合の取扱いについて、消費税の課税要件を充足しないと解すれば課税は行われないこととなり（消費税額は当然還付される。）、そのような場合をも独占禁止法七条の二にもとづいて消費税額を売上額に含めることはできないであろう。課税の対象が私法上の行為それ自体である場合や私法上の行為の法的効果である場合には課税対象たる私法上の行為が無効であれば、消費税の課税要件は最初から充足されず、またそれが取消しうる瑕疵があったために取り消された場合には遡って消費税の課税要件は充足されなかったことになる(12)。この点について実務は、課税資産の譲渡等を行った後に、その課税資産の譲渡等が無効であることが判明した場合あるいは取り消された場合においては、その課税資産等の譲渡の課税年度に当該行為が無効あるいは取り消された場合には、その課税資産の譲渡等はなかったものとして取り扱うとしている（消費税法取扱通達一一―五―六）。しかし、その課税資産等の譲渡が譲渡の課税年度後に当該行為が無効あるいは取り消された場合には、その課税年度においてその課税資産の譲渡等はなかったものとして取り扱うとしている（売上げに係る対価の返還として取り扱う（消費税法取扱通達一一―五―六）。）。消費税法は、課税標準の算定にあたり費用収益対応原則がとられていないことから、売上げに係る対価の返還等の規定を準用しているものと解される。通達は、現実に返還されたときとしていないことから、消費税法は所得税とは違って経済的な成果に課税されうる税であると解していないようにも解される。(13)

よって、独占禁止法七条の二によって仮に対価の額に消費税相当額が含まれると解するならば、独占禁止法が消費税法の課税要件規定を侵害することとなる以上、消費税額を結果的に売上額に含めることは許されないものと解されよう。

なお、仮に経済的な成果の発生に着目して課せられる税であるとすると、後日当該行為が無効あるいは取り消された場合に、その課税資産の譲渡等はなかったものとして対価の額が返還された場合にはその法的効果は遡ることなく、対価の返還等が行われた課税年度の課税関係に影響を及ぼすことになる。税抜き方式、税込み方式を問わず、そもそも対価の額に消費税相当額が含まれるとの立場からは、独占禁止法七条の二により、後日の法的な効果いかんにかかわらず課税が可能であることから、消費税額を対価の額に含めることは可能であるようにみえる。しかし、この場合においても独占禁止法と消費税法との優劣関係がなお問題として残る。

(3) 契約基準にもとづく売上額の算定と消費税

売上額の算定は、原則として引渡基準において算定されるが、本件のように契約基準により算定した場合、契約基準にもとづく売上額に係る消費税は、消費税の納税義務の成立時期が「課税資産の譲渡等をした時」(国通法一五条二項六号)であることから、施行令六条は発生していない消費税をも売上額に含めることをも許容する規定となる(消費税法取扱通達九―一―一、九―一―二等参照)。このように解するならば、国税通則法の規定を無視し、独占禁止法等の規定により成立していない消費税額を売上額に含めて課徴金の対象とすることになり、疑問がある。

上述したような点(企業会計における消費税の会計処理方法の尊重、売上額に消費税相当額を算入すると解した場合の現行規定の不合理)を考慮すると、独占禁止法七条の二はそもそも「対価の額」(売上額)に消費税相当額を算入することを予定していないといえよう。「対価の額」に間接税が算入されるか否かについては明文規定をおくことが望まれる。

なお、ＥＣにおいてはわが国と比較的類似した付加価値税が採用されている（ただし、わが国のような仕入帳簿・伝票方式を採用しない。）。ＥＣ条約八五条、八六条及び企業集中規制規則はＥＣにおける独占禁止法制の基本的な内容を構成しているが、企業集中規制規則（Council Regulation 4064／89）において売上額の計算に係る Article 5 は、売上額の算定において、売上額に直接関係する付加価値税その他の税が控除されることを明記している。そして、委員会は、制裁金（fine）として Article 5 にもとづいた総売上額の一〇パーセントを超えない範囲の額を賦課することができるとしている（Article14 (2)）。独占的販売契約に係る委員会規則（Commission Regulation No. 1983／83）Article 5 及び排他的購入契約に係る委員会規則（Commission Regulation No. 1984／84）Article 5 にもすべての税及びその他の賦課金を控除する旨の文言が存する。

2　課徴金、不当利得返還請求と刑事罰との併存

昭和五二年独禁法改正により導入された課徴金制度は、ヤミカルテルのやり得を防ぐ、その有効な排除措置として導入されたものであるが、カルテルの不当利得の剝奪を基本的な考え方として、実際の運用等を配慮して画一的な方法で一定額を国庫に納入させることとしており、制裁ではないと主張されていた(14)。課徴金制度は、不当な利得を剝奪することにより社会的公正を確保し、違反行為の抑止を図るという趣旨であるが、不当な利得を剝奪するだけのものであれば、課徴金に刑罰的な側面はないことから二重処罰の問題は一般的には起きない。しかし、平成三年改正によりカルテル禁止の実効性担保を強調して、従来の売上額に経常利益率を参考にして定められた一定率を乗じた額を二分の一にするという方法を改め、売上額に営業利益率を参考にして定められた一定率を乗じることに改められた(15)。こ

の点で、課徴金のなかに不当利得の剝奪に止まらないものがあれば、制裁的な要素が問題となってくる余地がある。(16)その際の制裁は、経済的利得と結び付けて説明のできる範囲内でのものでなければならないであろう。(17)しかし、重加算税と刑罰の併科が二重処罰にに当たるか否かについて、最高裁（最高裁昭和三三年四月三〇日判決・民集一二巻六号九三八頁、最高裁昭和四五年九月一一日判決・刑集二四巻九号一三三三頁等）は、併科は二重処罰にあたらず憲法三八条に違反しないと判示しているが、この場合の重加算税はまさに制裁的なものであり（本税の追徴により経済的な利益の剝奪は終えている。）、このような制裁的な要素があることから二重処罰に直ちに該当しないと判断しており、これら最高裁判決の射程距離は本件のような場合より広範囲なものを包摂しているといえようか。ただし、まれなケースであろうが、重加算税の対象となった取引が無効又は取消しとなった場合には重加算税等は還付されることになるのに対して、課徴金の場合は独占禁止法上、一切影響は受けないこととなる。

本判決も課徴金制度にはカルテル行為に対する抑止効果が期待されている側面があり、制裁的機能をもつことは否定できないが、課徴金の基本的な性格は不当な経済的な利益の剝奪であるとして、カルテル行為の反社会性ないし反道徳性に着目した制裁としての刑事罰とはその趣旨・目的・性質等を異にするものであるから二重処罰禁止規定に違反しないとしている。

課徴金の性格をどのように考えるか、課徴金により科せられる不利益が刑罰とどのように違うのか、課徴金という形態でどの程度の不利益を課すことができるのか、といった視点から課徴金と刑罰、さらには損害賠償との関係を考慮しなければならない。(18)

現行法の算定式は、なお一般に不当利得の剝奪という性格を維持する合理的なものとみなすことが許されよう。そして、不当利得からはみ出す場合もそれは部分的であり、不可避でもあるから、課徴金制度維持の必要性・合理性の高さとの比較で刑罰との併科を肯定することができるであろう。(19)

しかし、罰金刑、課徴金及び不当利得返還請求権による経済的な不利益の三者併科はどのように解すべきか。本判決は、現段階では不当利得返還請求件の存否又は範囲は全く未確定であることから（そもそも独禁法違反行為の私法上の効果が問題となろう。）、罰金刑と課徴金の二重処罰の問題に還元されるとし、正面からの判断は避けているが、民法上の不当利得に関する制度が、専ら公平の観点から権利主体相互間の利害の調整を図ろうとする私法上の制度であって、前者の課徴金制度とはその趣旨・目的を異にするとしたうえで、実質的には個別具体的に検討することが必要であると判示する刑事罰との関係においては、目的・趣旨が異なる独自の制度であることをもって法的性質を異にする制度の導入は立法政策の問題であるとする形式論から一歩踏み出している点で一定の評価はできるが、この問題は留保されているといえよう。[20]

さらに、現行独占禁止法において規定された課徴金の算出基準により課徴金の納付を命ずることが規定されているのであり、このような段階でも、判決後においても国の不当利得返還請求訴訟の判決との間で調整をとることは予定されていない。しかし、課徴金制度の主たる理由が不当な経済的利得の剝奪であるとすると、課徴金の賦課は実質的には制裁的措置として機能することとなり、この問題が改めて議論となろう。[21]現行独占禁止法の枠組みのもとで、課徴金の主たる目的が不当な利得の剝奪にあると、別の方法により不当利得が剝奪された場合には、なんらかの実務上の調整が検討されるべきであろう。[22]

3　その他の問題

契約基準に係る施行令六条の適用の可否は、一定の範囲でＹに裁量判断を付与しているとしたうえで、Ｙのその専門技術的な判断がその裁量権の範囲を超え、濫用にならない限り、適法であると判示するが、課徴金の算定手続きにおいてはできる限り、憲法三一条、八四条等の規定の趣旨が尊重されるべきであることから、疑問が存する。

また、判旨2において、裁判所は、「本件シール納入契約が無効であるとしても……本件カルテルの実効期間中に国の無効の主張に関連した本件シール納入契約に定められた対価の額の控除も、返品もされていないのであるから、……『売上額』の算定に何らの影響を及ぼすものでないことは明らかである」と判示するが、判決の論理を推し進めると施行令六条はそもそも契約が無効で返品された場合についても、契約基準の適用を許容することとなるが、そもそも取引が成立しなかった場合についても、そのような適用の余地を残すことは返品等の処理とのバランスから検討の余地があろう（そもそも取引が成立しなかった場合については、財務諸表規則七二条一項二号等参照）。

課徴金の算定に係る現行規定は企業会計を考慮したとしてもなお明確性に欠けるところがあり、将来的には立法的な対応が求められよう。

（1）厚谷襄児他編『条解　独占禁止法』二七三頁（和田健夫執筆）（弘文堂・一九九七）。その他、同様の見解をとるものとして柴田章平編『独占禁止法の解説』七一頁（大成出版社・一九九三）。

（2）売上額と企業会計との関係については、田中誠二ほか『コンメンタール独占禁止法』四三六頁以下（菊地元一執筆）（勁草書房・一九八一）、川越憲治「独占禁止法と課徴金制度(3)(4)」NBL一八九号三七頁以下、一九〇号二六頁以下（一九七九）、相場照美・波光巌「課徴金制度における売上額の算定方法」NBL一五二号二七頁（一九七九）、川井克倭『カルテルと課徴金』一三〇頁（日本経済新聞社・一九八六）等参照。

（3）独占禁止法と消費税の転嫁についての詳細は、大蔵省主税局税制第二課『消費税のすべて』三二七頁以下（大蔵省印刷局・一九八九）参照。

（4）「消費税の会計処理について」日本公認会計士協会、「消費税法の施行に伴う法人税の取扱いについて」（直二―一平成元年三月一日）、「消費税法の施行に伴う所得税の取扱いについて」（直三―八ほか一課共同平成元年三月二九日）等参照。消費税の会計処理については、とりあえず、TKC税務研究所編『詳細消費税（二次改定）』第一二章（第一法規・一九八九）参照。

(5)　TKC税務研究所編・前掲書三五八頁参照。
(6)　TKC税務研究所編・前掲書三六二頁参照。
(7)　TKC税務研究所編・前掲書三六八頁等参照。
(8)　山田二郎「消費税をめぐる若干の問題」成田頼明ほか編『行政法の諸問題(上)』六五四頁以下(有斐閣・一九八九)参照。その他、吉良実「消費税の転嫁」税法学四八四号八頁以下(一九九一)は、税制改革法一一条の「消費税を適正に転嫁するものとする」というのは「転嫁することができる」という任意規定とは異なり、それは「転嫁すべきである」という規定に近い一種の義務規定と解すべきであると述べる。その他、拙稿「消費税法における仕入税額控除の適用要件」総合税制研究六号三九頁以下(一九九七)参照。
(9)　本件の場合、税抜き方式で消費税額が明確に区分されていることから、十分であろう。消費税の転嫁に係る公正取引委員会の立場については、公正取引委員会事務局編『「消費税の転嫁と独占禁止法」についての手引き』(大蔵省印刷局・一九八九)参照。川越憲治「適正な転嫁と独禁法・下請法」税務弘報三七巻七号一六頁以下(一九八九)も併せて参照。
(10)　清永敬次『税法(第五版)』三八頁以下(ミネルヴァ書房・一九九八)。
(11)　中山武憲「独占禁止法における課徴金規定の解釈上の諸問題」企業法研究二号五六頁以下(一九九〇)は、課徴金制度はカルテルによる不当利得を徴収しようとするものであることから、取引先の倒産により代金が回収できない場合には、不当利得の発生する余地はないので、実務上常識にそった処理をすることも止むを得ないものと思われるとされる。最終的に不当利得が存しない場合については実務上なんらかの対応が必要であることを示唆している。なお、独占禁止法違反行為の私法上の効果については、服部育生「独占禁止法違反の私法上の効力」独禁法審決・判例百選(第四版)二五〇頁(一九九一)等参照。
(12)　金子宏『租税法(第六版補正版)』一一六頁以下(弘文堂・一九九八)参照。
(13)　ただし、反対説として、清永・前掲書四九頁。
(14)　独占禁止法の解説「別冊商事法務三七号・昭和五二年」五八頁(一九七七)、実方謙二『独占禁止法(三版)』二二九頁(一九九五・有斐閣)。ただし、課徴金算定の前提は、一応の合理性のある算定基準により、カルテルによる不当利得を擬制するというものであり、制裁的な意味が全くないとはいいきれなかった。正田彬『独占禁止法研究II』一一一頁以下（同文館・一九七六）、根岸哲「違法カルテルに対する課徴金制度」法律時報四九巻一一号五〇頁（一九七七）、川越憲治「独占禁止法と課徴金制度(1)」NBL一八六号九頁以下（一九七九）等参照。その他、和田健夫「課徴金制度について」経済法学会編『改正独占禁止法の一〇年』六七頁以下（有斐閣・一九八七）、正田彬「カルテル禁止と公正取引委員会〜カルテル禁止違反の効果〜」今村成和ほか『現代経済法講座2カルテルと法』一六一頁（三省堂・一九九二）。

(15) 根岸哲「カルテルに対する課徴金制度の改正」ジュリスト九七七号三一頁（一九九一）、和田健夫「課徴金制度の改正」商学討究四二巻二・三号二六一頁以下（一九九一）、座談会「独禁法の強化と課徴金の引上げ」ジュリスト九七七号一二頁（一九九一）、伯母治之「課徴金賦課規定に関する一考察」NBL五六四号六五頁（一九九五）。

(16) 前掲座談会（京極発言）一五頁以下参照。

(17) 前掲座談会（実方発言）一八頁以下。

(18) この問題に係る文献については、原審の解説（判時一五八八号六六頁以下）に網羅されている。

(19) 田中利幸「行政制裁と刑罰の併科」『団藤重光古稀祝賀論文集第三巻』一二六頁以下（有斐閣・一九八四）参照。なお、来生新「排除措置と課徴金」一二三頁、四二頁（一九七六）は、課徴金制度の限界について、これ以上増額するような算定方法は難しいと論ずる。諸外国の立法については、正田彬編著『独占禁止法と国際比較』（三省堂・一九九六）、和田健夫「課徴金制度の改正」商学討究四二巻二・三号二七一頁以下（一九九一）等参照。

(20) 本件の審決については、中川直政〈公取委平成八年八月六日審判審決解説〉ジュリスト一一一三号二三八頁（一九九六）参照。

(21) 前掲座談会（正田発言）二〇頁は、全部又は大部分の被害者が損害賠償請求をする額、課徴金として納付する利得とが完全に重複する場合には問題が起こることも考えられるとする。

(22) 中山・前掲論文五六頁以下参照。地頭所五男〈本件判例解説〉ジュリスト一一三五号二三八頁（一九九七）は、国の損害額の範囲との関係で不当利得返還請求額を減額することはありうるとする。

（追　補）

本判決の上告審判決・最高裁平成一〇年一〇月一三日判決（判時一六六二号八三頁・判タ九九一号一〇七頁）は、次のように判示する。

「本件カルテル行為について、私的独占の禁止及び公正取引の確保に関する法律違反被告事件において上告人に対する罰金刑が確定し、かつ、国から上告人に対して不当利得の返還を求める民事訴訟が提起されている場合において、本件カルテル行為を理由に上告人に対し同法七条の二第一項の規定に基づき課徴金の納付を命ずることが、憲法三九条、二九条、三一条に違反しないことは、最高裁昭和二九年（オ）第二三六号同三三年四月三〇日大法廷判決・民集一二巻六号九三八頁の趣旨に徴して明らかである。これと同旨の原審の判断は、正当として是認することができる。………。

原審の適法に確定した事実関係の下においては、実行期間において引き渡した商品の対価の額を合計する方法ではなく実行期間において締結した契約により定められた対価の額を合計する方法により課徴金の計算の基礎となる売上額を算定し、かつ、その際に消費税相当額を控除しなかったことが違法ではないとした原審の判断は、正当として是認することができ、原判決に所論の違法はない。」

本件で取り上げた問題については、本最高裁判決は、課徴金の算定の基礎となる売上額に当然に消費税が含まれると解しているが、本稿で詳述したようにそのような解釈をとるためにはその旨を明記した規定が必要であろう。

本最高裁の評釈としては、来生新〈最高裁平成一〇年一〇月一三日判決・判例評釈〉民商法雑誌一二一巻四号＝五号一七四頁がある。

第一五章　酒類販売業免許制の合憲性

――酒類販売業免許制及び免許要件を定めた酒税法九条一項・一〇条一〇号の規定の合憲性――

〔酒類販売業免許拒否処分取消請求事件、最高裁昭六三(行ツ)五六号、平4・12・15三小法廷判決、上告棄却、判時一四六四号三頁〕

一　事　実

X（上告人、原告、被控訴人）は、酒類並びに原料酒精の売買等を目的とする株式会社であるが、昭和四九年七月三〇日に所轄税務署長Y（被上告人、被告、控訴人）に対して、酒税法九条一項の規定にもとづき酒類販売業の免許（以下、「酒類販売免許」という。）の申請を行った。しかし、Yは、昭和五一年一一月二四日付でXに対して同法一〇条一〇号の「その経営の基礎が薄弱であると認められる場合」（以下、「経営基礎要件」という。）に該当することを理由として同免許の拒否処分を行った（以下、「本件処分」という。）。そこで、Xは、本件処分が違法であるとして、その取消しを求めて出訴した。

第一審では、経営基礎要件の該当性のみが争点となり、東京地裁昭五四年四月一二日判決（判時一二五九号四五頁）は、これに該当しないとして、本件処分を取り消した。第二審では、第一審での争点に加え、酒類販売免許制が職業選択の自由の保障に違反し当然無効であるから、本件処分は当然に違憲、無効であるとの主張を追加した。東京高裁昭六二年一一月二六日判決（判時一二五九号三〇頁）は、酒類販売免許制の合憲性を肯定し、ついで経営基礎要件にも該当するとして、原判決を取り消した。そこで、Xは上告に及んだ。

二　判　旨

1　酒類販売免許の合憲性審査基準について

「職業の自由に対する規制措置は事情に応じて各種各様の形をとるため、その憲法二二条一項適合性を一律に論じることはできず、具体的な規制措置について、規制の目的、必要性、内容、これによって制限される職業の自由の性質、内容及び制限の程度を検討し、これらを比較考量した上で慎重に決定されなければならない。そして、その合憲性の司法審査に当たっては、規制の目的が公共の福祉に合致するものと認められる以上、そのための規制措置の具体的内容及び必要性と合理性については、立法府の判断がその合理的裁量の範囲にとどまる限り、立法政策上の問題としてこれを尊重すべきであるが、右合理的裁量の範囲については、事の性質上おのずから広狭があり得る。ところで、一般に許可制は、単なる職業活動の内容及び態様に対する規制を超えて、狭義における職業の自由に対する強力な制限であるから、その合憲性を肯定し得るためには、原則として、重要な公共の利益のために必要かつ合理的な措置であることを要する（最高裁昭五〇・四・三〇判決・民集二九巻四号五七二頁参照）。」

「租税は、今日では、国家の財政需要を充足するという本来の機能に加え、所得の再配分、資源の適正配分、景気の調整等の諸機能をも有しており、国民の租税負担を定めるについて、財政・経済・社会政策等の国政全般からの総合的な政策判断を必要とするばかりでなく、課税要件等を定めるについて、極めて専門技術的な判断を必要とすることも明らかである。したがって、租税法の定立については、国家財政、社会経済、国民所得、国民生活等の実態についての正確な資料を基礎とする立法府の政策的、技術的な判断にゆだねるほかはなく、裁判所は、基本的にはその裁量的判断を尊重せざるを得ない（最高裁昭六〇・三・二七判決・民集三九巻二号二四七頁参照）。」

「以上のことからすると、租税の適正かつ確実な賦課徴収を図るという国家の財政目的のための職業の許可制による規制については、その必要性と合理性についての立法府の判断が、右の政策的、技術的な裁量の範囲を逸脱するもので、著しく不合理なものでない限り、これを憲法二二条一項の規定に違反するものということはできない。」

2　酒類販売免許制度の合憲性について

「酒税法は、酒税の確実な徴収とその税負担の消費者への円滑な転嫁を確保する必要から、このような制度（酒類販売免許制）を採用したものと解される。」「国家の財政目的のために、このような制度を採用したことは、当初は、その必要性と合理性があったというべきであり」、「酒税の適正かつ確実な賦課徴収を図るという重要な公共の利益のために採られた合理的な措置であったということができる。その後の社会状況の変化と租税法体系の変遷に伴い、酒税の国税全体に占める割合等が相対的に低下するに至った本件処分当時の時点においてもなお、酒類販売業について免許制度を存置しておくことの必要性及び合理性については、議論の余地があることは否定できないとしても、……酒税の賦課徴収に関する仕組みがいまだ合理性を失うに至っているとはいえないと考えられることに加えて、酒税は、本来、消費者にその負担が転嫁されるべき性質の税目であること、酒類の販売業免許制度によって規制されるのが、そもそも、致酔性を有する嗜好品である性質上、販売秩序維持等の観点からもその販売について何らかの規制が行われてもやむを得ないと考えられる商品である酒類の販売の自由にとどまることをも考慮すると、当時においてなお酒類販売業免許制度を存置すべきものとした立法府の判断が、前記のような政策的、技術的な裁量の範囲を逸脱するもので、著しく不合理であるとまでは断定し難い。」

3　酒類販売免許基準の合憲性について

「〔酒税法一〇条一〇号の免許基準〕は、酒類製造者において、酒類販売代金の回収に困難を来すおそれがあると考えられる最も典型的な場合を規定したということができ、右基準は、〔前記の酒類販売免許制度〕の立法目的からして合理的なものということができる。また、同号の規定が不明確で行政庁の恣意的判断を許すようなものであるとも認め難い。」そうすると、著しく不合理であるということはできない。

4　補足意見及び反対意見

（園部裁判官の補足意見）　酒類販売業の許可制について、「財政目的の見地からこれを維持するには、酒税の国税としての重要性が極めて高いこと及び酒税の確実な徴収の方法として酒類販売業の許可制が必要かつ合理的な規制であることが前提とされなければならない」。「酒税の重要性の判断及び合理的な規制の選択については、立法政策に関与する大蔵省及び立法府の良識ある専門技術的裁量が行使されるべきである」。他方、「酒類販売業の許可制に関する規定の運用の過程において、財政目的を右のような経済上の積極的な公益目的と同一視することにより、既存の酒類販売業の権益の保護という機能をみだりに重視するような行政庁の裁量を用意に許す可能性があるとすれば、それは、酒類販売業の許可制を財政目的以外の目的のために利用するものにほかならず、酒税法の立法目的を明らかに逸脱し、ひいては、職業選択の自由の規制に関する適正な公益目的を欠き、かつ最小限度の必要性の原則にも反することとなり、憲法二二条一項に照らし、違憲のそしりを免れないことになる」が、本件においては原審の確定した事実関係からそのような運用は伺われない。

（坂上裁判官の反対意見）　「国家の財政目的のための許可制による職業の規制についても、その必要性と合理性についての立法府の判断は合理的裁量の範囲にとどまることを要し、立法府の判断が政策的、技術的な裁量の範囲を逸脱するものでないかどうかで、裁判所は、その合憲性を判断すべきものと考える。」右の合理的裁量の範囲については、国家の財政目的のためのものでも、許可制による職業の規制については、「事の軽重、緊急性、それによって得られる効果を勘案して、その必要性と合理性を判断すべきものと考える。」酒類の製造免許はともかくも、「酒税の確保を図るため、酒類製造業がその販売した商品の代金を円滑に回収し得るように、酒類販売業までを免許制にしなければならない理由はそれほど強くないと思われる。」酒類販売業の免許制度の採用の前後において、酒税の滞納率に顕著な差異がみとめられず、また免許制を廃することによる経済的な利益等を考慮すると、職業選択の自由を制約してまで酒類販売業の免許（許可）制を維持することが必要かつ合理的であるとも思われない。

判旨には疑問がある。

三　評　釈

1　酒類販売免許の合憲性に係る判例・学説の動向

酒税法九条が規定する酒類販売免許制度については、一連の下級審判決はその合憲性を肯定してきているが[1]、一方、学説の多くは違憲、あるいは違憲の疑いがきわめて強いとしている[2]。本件は、このような状況下で酒類販売免許の合憲性を肯定したはじめての最高裁判決である。ただし、これら判決の違憲審査基準は必ずしも一様ではなく、また学説においても、後述するように目的違憲説、手段違憲説等とその論拠は必ずしも一様ではない。

よって、本判決における酒類販売免許制度の合憲性審査基準と酒類販売免許の合憲性（酒類販売免許の立法目的は何か、立法目的が財政目的であるとして財政目的による規制が憲法二二条一項のもとで許されるのか、またその規制の程度と手段は合理的であのか、さらにその免許条件は合理的であるのか等）に注目が集まっていた。なお、この制度の前提として密接不離の関係にある酒類製造免許についても、違憲、合憲争いのあるところであるが、最高裁は既にこの合憲性を肯定している[3]。

2　合憲性の審査基準について

職業選択の自由に対する法的規制に係る合憲性判断基準について、本判決でも引用されている最高裁昭四七年一一月二二日判決・刑集二六巻九号五八六頁（小売市場判決）は、規制措置が社会政策ないし経済上の積極的な目的を有する場合には一次的には立法府が裁量を逸脱し、当該規制措置が著しく不合理であることが明白な場合でない限り違憲とはいえないとして、「明白性の原則」（合理性の基準）を、最高裁昭五〇年四月三〇日判決・民集二九巻四号五七二頁（薬事法判決）は、規制措置が自由な経済活動により生じる弊害を防止するための消極的・警察的な目的を有する場合に、その合憲性を肯定し得るためには、規制の手段、態様において、より緩やかな制限によっては規制の目的を十分に達することができないと認められることが必要であるとして、「必要最小限の原則」（厳格な合理性の基準）を採用し、今日一般的には規制目的二分論が採用されていると解されている。しかし、最近、この規制目的二分論については、その有用性に疑問が投げかけられ、また規制目的二分論を支持する立場からも理論的な再検討が行われている状況にある。(4)また、前述の下級審判決においても、積極的目的のための規制であっても尊重されるべき立法府の判断の裁量の範囲についてはの事の性質上おのずから広狭がありうるとして、より厳しい審査基準を採用したもの（⑦）、積極的な目的を有するとして明白性の原則によって判示したもの（③④⑤⑧⑫）、また積極・消極双方の目的を有する規制である（混合説）との立場から緩やかな規制措置の有効性について検討したもの（②⑨）などに分かれていた。この点は、学説においても、租税収入目的は積極的目的に含まれないとする見解、(5)酒税を確保し、それを担保とするため、販売業者の乱立を防止して酒類の需給の均衡を維持することにあり、さらに既存の販売業者を保護する機会を併せもつことを鑑みれば、積極的規制であるとする見解(6)など対立があった。

本判決は、酒類販売免許の立法目的を酒類の保全という財政目的であるとの前提の下で職業の自由に対する規制について、薬事法判決と最高裁昭六〇年三月二七日判決（サラリーマン税金判決）の合憲性審査基準を並列的にならべ、

「政策的・技術的な裁量の範囲を逸脱するもので著しく不合理なものでない限り」、違憲ではないとする司法審査基準を導きだしているが、なぜこの二つの最高裁判決の基準が引用されるのか、引用した結果、なぜ本判決のような審査基準が導き出されるのか説得力に欠けている。小売市場判決は、「立法府のその裁量権を逸脱し、当該法的規制措置が著しく不合理であることが明白である場合か否か」としていたのに対し、本判決は「明白」という文言を削り、立法府の判断が「著しく不合理なものでない」か否かを審査基準にしている。裁判所としては「明白」であるとの要件を削除し、立法府の裁量の幅を狭めたと解しうるが、サラリーマン税金判決を持ち込むことにより、結局のところ、最高裁昭四七年一一月二二日判決近くまでよりもどしてゆるやかな違憲審査基準を導いているといえる。[7] 租税立法について司法のハンドオフ状況をもたらしたといえるサラリーマン税金判決は課税要件そのものに関する立法であり（酒類販売業の免許はいわゆる納税義務者にかかわるものでない。）、また酒類販売免許は、移出課税制度の担保的機能を果たしているものでも、課税要件法定主義とはかけ離れた外縁に位置づけられるものであることから、割り引いて本件の違憲審査基準を導いたと考えることもできよう[8]が、規制の目的のみでなく、その規制の対象、規制の態様をも考え合わせると、本件の酒類販売免許は職業へ参入すること自体の制限であり、参入制限についても本人の力では如何ともしがたい要件による制限が課してあるのであるから、薬事法判決に引きつけた「厳格な合理性の基準」が用いられるべきであるといえよう。[9]

なお、本判決の違憲審査基準については、国の財政目的による規制が消極目的・積極目的のどちらにも属さず、従来の規制目的二分論を廃し、あらたな第三の目的、類型による基準を明らかにしたものであるとする見解[10]、目的二分論の観点からではなく、租税立法作用の性質上、当該立法に係る立法裁量の幅をどのように見るべきかという観点からの基準であるとする見解[11]、規制目的二分論を前提に基本的には立法府の政策的判断を尊重して合理性のテストを用いたとする見解等[12]、理解は分かれているが、規制目的二分論を意識したうえで、消極目的と積極目的による合憲性審査基準の間で、「財政目的のための規制」という独自の目的により、両目的の間で極めて明白性の原則に近い審査基準を導き出したと考えられる。[13]

3 立法目的の正当性について

規制目的二分論については、「立法者の宣伝する目的」及び「法律が現実に明示している目的」と「違憲主張者のいう真実の目的」が成立するが、[14] 酒税法には規制目的が明示されていないため、酒類販売免許制度の立法目的の探究は厄介である。Yは、酒税の確実な徴収とその税負担の消費者への転嫁を確保することをその立法目的として主張するが、Xは、新規参入の阻止や競争排除などによって既存業者の不当な利益を温存することが真実の目的であったと主張している。本判決はその立法目的を酒類法規定の仕組みから簡単に肯定する。このような立法目的の認定方法は事実上形式的な立法目的の追随を許すことになり、極めてゆるやかな手段審査を導くことになろう。立法目的の真実性（正当性、重要性）が確認されて初めて手段審査が可能になる。[15] 現行の酒類販売免許制度が新規参入を阻止し、競争を排除する効果を果たしていることを立証すれば、このような不当な立法意思が存在してという疑いについて一応の証明がなされたものとして、次に国会に反証させる責任を課すべきであるとする見解もある。[16] 法に目的が明記されていない本件のような場合にはこの審査はより強く要求されるといえよう。[17]

なお、前述のいずれに規制目的が分類されるか以前の問題として、最高裁のいうように本件規制目的が租税の適正かつ確実な賦課徴収を図るという国家の財政目的であるとしても、財政目的による規制が二二条一項のもとで許されないとする主張も一方で根強い。[18] この点、原審は、酒類の税収が公共サービス提供のための原資となるのであるから、租税の保全は公共の福祉のための財政政策にかかわるものといえ、職業選択の自由への制約を可能ならしめるとしているようである。さらに、酒類の致酔性からその消極目的を導く見解もある。[19]

最高裁は、源泉徴収制度に係る最高裁昭三七年二月二八日判決を引用するところから、いずれも税収確保も目的とする規制立法を当然の前提として肯定しているようである。しかし、源泉徴収制度に係る最高裁昭三七年二月二八日判決は、広義の職業選択の自由（営業の自由）にかかわりうるものであり、本件と同列に論じることはできない。税収確保も目的とする財産権の制約、営業の自由は憲法の予定するところであろうが、狭義の職業選択の自由についても同様に首肯しうるかは疑問が残ろう。

4　酒類販売免許制度、免許の資格要件の合憲性

酒類販売免許制そのものの合憲性（酒税法九条一項）と酒類販売免許基準の合憲性（本件では酒税法一〇条一〇号）が問われなければならないが、前述の本判決の違憲審査基準は、ゆるやかな審査基準をとっていることから、最高裁は酒類販売免許制度を存置しておくことの必要性と合理性について議論の余地のあることは認めているものの合理性を肯定しているが、審査基準如何では、すなわち厳格な合理性の基準が適用されるということであれば、違憲の疑いがきわめて強いものであったと考えられる。[20]

これまで行政当局側において主張されている立法事実は、販売業者の乱立、経営の悪化、製造者の販売業者に対する貸倒れの多発、酒税の回収困難という因果関係で説明されてきたが、酒類販売免許の導入前、すなわち昭和一三年前（当時、酒税は国税全体の一二パーセントを占めていたが、その後四〇年経過した今日、昭和五一年には六パーセントに低下、その額は約一兆一八五億円である。）においては造石税制度が取られていたことから、確かにこのような事態は生じていたが、酒類販売免許制度が導入され、その後完全に庫出税方式に移行したことにともない、庫出税方式さらには酒類製造免許制度で十分であるとも考えられ、当時の立法事実のみで合憲性を維持することはきわめて困難であるといえる。[21]また、経済状況の変化、流通経路、販売形式の変化等酒税を取り巻く状況は大きく変化している（立法事

実の変化）といえよう。立法事実の検証を通して「よりゆるやかな規制手段があるかどうか」を検証すべきであるといえよう。

なお、本判決は、酒類販売免許制が販売代金の回収を円滑に行うのみでなく、消費者へ租税を転嫁することをも目的とするものである旨判示するが、消費税と違い法律で転嫁を義務づけているわけではなく、税額をすべて転嫁するか否かは法的には規制がなく（酒税法六条、消法四、二九、三〇条等参照）、酒税を販売価格に含めるか否かは法的には全く業者の自由であるといえよう。免許業者は他の事業を行った場合、赤字相殺により税収が確保できないことがありうる。酒類販売免許制度による酒税保全の効果は必然的な効果ではなく、酒類販売免許制度で転嫁が十分に担保されているとはいえない。免許規制をせずに消費税のように転嫁を義務付けた方が、いわゆる営業の自由の規制にとどまるに過ぎないともいえよう。徴収の確保は酒類製造免許制度で十分であり、貸倒れは法人税を初めとする他の税目（税収、税率とも酒税を上回る国税は多い。）においても当然生ずるものであり、揮発油税等に比して酒税についてのみこのような制度をとる必要性及び合理性は乏しいといわざるをえない。

この点、坂上裁判官は、多少の効果があるかもしれないが、酒類販売免許制度の採用の前後で酒税の滞納率に顕著な差がなく、酒類販売免許制度を維持する必要性も合理性もないとして、むしろ弊害であるとまで指摘する。(22)

さらに、許可制自体が合憲とされた場合においても個々の免許要件（許可要件）の合憲性が審査される必要がある（本件の場合は一〇条一〇号の経営基礎要件が争点）が、経営基礎要件について、本判決は本件立法目的とかかわる最も典型的な場面であるから合理的であると判示するが、この許可要件のなかには特に「距離制限」といった競争制限的なものがはいっていることから、これら条件を併せて一体として、必要最小限といえるかどうかが問題にされる必要があったというべきであろう。(23) なお、本件では一〇条一〇具の規定の不明確さが問題となっていたが、行政当局は、経営基礎要件を含め、平成五年に酒類販売免許の取扱いの公平性、透明性等を保つため「酒類販売免許等取扱要領等の一部改正について」（課酒三―二一〈例規〉課法三―三・平五年七月八日）を発し、これまでの取扱いを改めている。

以上の考察から、規制目的の合憲性はともかくも、規制手段については違憲の疑いがきわめて強いといわざるをえない。

(1)　酒類販売免許制度及び免許の要件を定めた酒税法九条一項及び一〇条の規定の合憲性が争点となったものとしては、①東京地裁昭五四年四月一二日判決・判時一二五九号四五頁（以下、これらの下級審判決は番号をもって代える。）②東京高裁昭六二年一一月二六日判決・判時一二五九号三〇頁、③青森地裁昭五八年六月二八日判決・訟月二九巻一二号二三五八頁、④東京地裁昭五九年七月一九日判決・行裁例集三五巻七号九六九頁、判時一一二九号四七頁、⑤東京高裁昭六二年一月二二日判決・行裁例集三八巻一号一頁（④の控訴審）、⑥千葉地裁昭六〇年四月二四日判決・税資一四五号一二四頁、⑦福島地裁白河支部昭六〇年一〇月二三日判決・訟月三二巻七号一四七五頁、⑧福島地裁昭六二年三月三〇日判決・税資一五七号一一五九頁、⑨横浜地裁昭六三年三月九日判決・判タ六七二号一三九頁、⑩仙台高裁平元年一月三一日判決・税資一六九号二二五頁（⑧の控訴審）、⑪静岡地裁平二年三月二七日判決・判タ七三二号二〇〇頁、⑫青森地裁平三年八月二七日判決・訟月三八巻三号五五一頁、さらに本判決以後のものとして、⑬仙台地裁平四年一二月一六日判決（未登載）、⑭静岡地裁平五年一月二九日判決（未登載）、⑮静岡地裁平五年一月二九日判決（未登載）、⑯浦和地裁平五年二月八日判決（未登載）。

(2)　山内一夫「営業許可制(1)」法曹時報三一巻六号八九六頁（一九七九）、浦部法穂「営業の自由と許可制」憲法の争点九四頁（一九七八）、玉国文敏「酒類販売免許制度と酒税法」ジュリスト七五五号一二二頁（一九八一）、小林孝輔「酒税法の憲法問題」ジュリスト八〇九号三八頁（一九八四）、棟居快行『人権論の新構成』二三八頁注(2)（信山社・一九九二）（初出一九八五）、小林武〈②判例解説〉法学セミナー四〇三号一二三頁、鎌田泰介〈②判例解説〉法学教室九二号一〇四頁、岩崎政明〈③判例評釈〉ジュリスト八三四号九九頁、今村成和〈④判例批評〉判例評論三一六号二三頁、石村耕治〈④判例評釈〉法と民主主義二〇八号三四頁、三木義一『現代税法の人権』二九二頁以下（勁草書房・一九九二）（初出一九八五）、藤原淳一郎〈⑤判例評釈〉自治研究六四巻三号一三七頁、高野幸大〈⑦判例評釈〉ジュリスト八八八号一一九九頁、同〈⑫判例解説〉租税法研究二一号二七三頁、米沢広一〈本判決判例批評〉ジュリスト一〇二三号二九頁、野中俊彦〈本判決判例解説〉ジュリスト平四年重要判例解説二八頁等、なお、合憲説に立つ学説としては、佐間忠雄「営業許可制の一考察～酒類販売免許制の場合～」ジュリスト八〇九号三八頁（一九八四）。

（3） 最高裁平成元年一二月一四日判決・刑集四三巻一三号八四一頁、判時一三三六号八三頁。租税立法の違憲審査基準に従うなど、本判決の手法に近いといえる。

（4） これら学説の概要については、前田徹生「経済的自由規制立法の違憲審査基準」佐藤功喜寿『現代憲法の理論と現実』一九七頁以下（青林書院・一九九三）参照。

（5） 三木・前掲書三〇〇頁。玉国・前掲論文一二三頁等もあわせて参照。

（6） 岩崎・前掲判例評釈九九頁、高野・判例評釈一二〇頁。佐藤功『ポケット註釈全書憲法上（新版）』三九〇頁（有斐閣・一九八三）は、積極的・社会経済政策的規制の中には社会的な弱者と無関係なものもあり、その例として酒類販売免許は酒税収入の確保を目的とする。佐藤幸治『憲法（新版）』四九二頁以下（青林書院・一九八九）、宝金敏明〈③判例解説〉法律のひろば三七巻一一号七八頁、浦野正幸〈④判例解説〉『昭五九年度行政関係判例解説』三四三頁（ぎょうせい・一九八六）もあわせて参照。

（7） 野中・前掲判例解説三〇頁、藤井俊夫〈本判決判例解説〉法学教室一五三号一一一頁。

（8） 小尾仁・本件判例解説・法律のひろば四六巻五号六五頁。なお、酒類製造免許の違憲審査基準との差異がいかにして生じるかも検討されなければならない。

（9） 芦部信喜『憲法』一六七頁以下（岩波書店・一九九三）、野中・前掲判例解説三〇頁、米沢・前掲判例批評三二頁参照。金子宏『租税法（四版）』九八頁注(1)（弘文堂・一九九二）は、租税法は国民になんら保障なくして財産的な負担を課すものであるから、財産権を規制する立法と違憲審査基準は同列に考えて差し支えないものと考えられるが、人権に関連する租税法規の違憲性を審査にあたっては「より厳格な審査基準」が用いられるべきであると述べる。平松毅「職業の自由」佐藤＝初宿編『人権の現代的諸相』二四二頁（有斐閣・一九九〇）は、消極目的・積極目的による規制以外にさらに第三のカテゴリーとして、「公益目的」による規制を設け、「明白性の原理」より厳しい審査基準により審査を行おうとする。目的二分論を批判する棟居・前掲書二三三頁以下の一元説によっても手段審査はこれらと同様の基準となる。同『憲法講義案Ⅰ』八六頁以下（信山社・一九九二）もあわせて参照。
(10) 小尾・前掲判例解説六三頁以下。
(11) 綿引万里子〈本件判例解説〉ジュリスト一〇三三号一〇四頁。
(12) 米沢・前掲判例批評三二頁参照。開山憲一〈本件判例解説〉民事研修四三三号三七頁以下は、明白性の原則により従来の行政見解をほぼ踏襲したと解する。
(13) 補足意見はこの点で規制目的二分論に疑問を呈しているものと考えられる（特に、園部逸夫「経済規制立法に関する違憲審査覚書」芦部信喜古稀『現代立憲主義の展開下』二〇四頁以下（有斐閣・一九九三）をあわせて参照）。
(14) 江橋崇「二重の基準論」芦部編『憲法訴訟二巻』一五七頁（有斐閣・一九八七）参照。
(15) 釜田・前掲判例評釈一〇五頁、米沢・前掲判例評釈三三頁。当該規制立法の目的、すなわち消極的目的と消極的目的をどのように区分するかについてはその困難性が指摘されており、両者に跨がるような目的の場合をどのようにするかが指摘されていた。佐藤功「薬事法違憲判決について」判時七七七号六頁（一九七五）等参照。
(16) 釜田・前掲判例評釈一〇五頁。
(17) 反対、浦野・前掲判例解説三四六頁等。
(18) その場合には違憲審査基準を論じるまでもなく、それ自体許されない目的による規制であるということになる。山内・前掲論文八九六頁、浦部・前掲論文九六頁、岩崎・前掲判例評釈九九頁、釜田・前掲判例評釈一〇五頁参照。
(19) 玉国・前掲論文一二三頁。本件多数意見もこの点を論じるが、小尾・前掲判例解説六六頁、野中・前掲判例解説三〇頁、永田秀樹〈本件判例解説〉法学セミナー四五九号一一二頁、綿引・前掲判例解説一〇五頁にみるように、この点の理解は分かれる。このことは、園部裁判官が指摘するように酒税法の規定と直接かかわらない。
(20) 藤井・前掲判例解説一一一頁。違憲審査基準において、目的の審査基準と手段の審査基準が必ずしもリンクする必然性はないことから、手段の審査基準においてもこの審査基準は十分とりうるものである。
(21) この点の詳細については、三木・前掲書三一二頁以下（初出一九八六）、同「疑惑深まる酒類販売免許制の合憲性」法学セミナー三七二号二四頁（一九八五）、同「酒税の転嫁と酒類販売免許制」法経研究三五巻三＝四号二五一頁（一九八七）参照。

(22) H・Aグラッサー「国内法による通商の制限」ジュリスト九二一号四九頁(一九八八)等もあわせて参照。

(23) 高橋・②判例解説・ジュリスト昭六三年重要判例解説三一頁参照。ただし、本件は本件処分の取消訴訟であることから、本件処分の適否とかかわりのない各号の違憲の主張は許さないと判示する。

(追 補)

本判決(最高裁平成四年十二月一五日判決)以後の下級審の裁判例は、本判決を踏襲しているといってよかろう。東京地裁平成五年九月二二日判決・判タ八七〇号一六七頁、東京高裁平成五年一一月一〇日判決・東高時報四四号七六頁、東京高裁平成六年一月二七日判決・訟月四一巻三号四七五頁、東京高裁平成六年一二月八日判決・判タ八六五号七〇頁、横浜地裁平成八年一二月二五日・判時一六一四号五一頁、判タ九五三号一四六頁、東京高裁平成一〇年五月二六日判決・判タ一〇〇九号一一九頁等参照。

本判決時の最高裁判決としては、最高裁平成一〇年三月二四日判決・判時一六五八号一八八頁がある。同最高裁平成一〇年判決では、酒類販売業免許制度を定めた酒税法九条一項及びその罰則規定である同法五六条一項一号の合憲性が争点となり、本件犯行当時(昭和五七年・五八年)の状況において、刑事事件として罰則規定を含む同制度の合憲性を初めて肯定したものである。本判決と同様の見解にたつものと思われる。その他、最高裁平成一〇年三月二六日判決・判時一六三九号三六頁(酒税法九条一項、一〇条一〇号につき平成元年が基準時となるものである。)、最高裁平成一〇年七月一六日判決・判時一六五二号五二頁(酒税法九条一項、一〇条一一号につき平成四年が基準となるものである。)が、いずれも合憲性を肯定している。最高裁平成一〇年七月三日判決・判時一六五二号四三頁は、酒税法一〇条一〇号の「経営の基礎が薄弱である」、同条一一号の「酒税の受給の均衡を維持する必要がある」という免許拒否要件は、拡大解釈してはならず、あくまでも右の立法目的に照らしてこれらの要件に該当することが具体的事実により客観的に根拠付けられる必要があるものと解すべきであると判示して、原審を破棄差し戻している。

酒類販売業免許制度に関する文献は多いが、とりあえず判例・学説の整理としては、亀田信男「酒販免許制の最高裁判決を批判する──一六の批評の検討から(ロー・ジャーナル憲法訴訟)法学セミナー四一巻四号一〇八頁(一九九六)が簡明である。三木義一「酒税法制度とその改革の方法」日税研論集二八号四二九頁等もあわせて参照。酒類販売業界の規制緩和に今後注目する必要があろう。

第一六章　地方公共団体の課税権の限界
――課税権の衝突と調整――

一　はじめに――問題の所在

日本国憲法九二条の地方自治保障規定は、財政自治の条項を欠いているものの、地方自治の本旨に従ってその事務処理をするためには、地方団体に課税権が不可欠であることから、「地方団体の課税権は、地方自治の不可欠の要素であり、地方団体の自治権の一環として憲法によって直接に地方団体に与えられている」として、地方団体には憲法のもと「自主財政主義」という原則、あるいは「自主財政権」が付与されている(1)。自主財政主義あるいは自主財政権のもとで、地方税法の存在については様々な評価が与えられているものの、この趣旨に沿ってできる限り地方団体の課税権の自主性が尊重されるべきであるという点においては、異論はなかろう(2)。地方団体の課税権は、現在のような地方税法のもとでの硬直的な課税権（課税立法）ではなく、独自の課税権が付与されることが望まれる。

事実、ここ数年盛上りをみせている「地方分権」の推進（「地方分権」化の強化）は、財政需要の増大を必然的に伴うことから、地方分権推進委員会は、地方税の財源を充実させるために、地方税法で上限を定めている市町村民税（個人）の制限税率を撤廃し、自治体の課税自主権を尊重するなどの勧告を行っている(3)。

そこで、地方分権のもとで地方団体にどの程度の自主課税権の付与が法的に可能かを議論する。本稿では、これまで行われてきたような地方団体の本質論（伝来権説、固有権説、新固有権説）、地方税法の性質論からの議論は行わない。この問題については、次の二つの視点(a)、(b)から論じることができる。

(a) 国との関係において課税権はいかなる制約を受けるか(自主財政権の「縦の問題」)。これは、換言すれば、憲法の次元で自主財政権がいかなる制約を受けるかといった問題であるといえよう。

(b) 地方団体間での課税権の制約はどのように考えられるか(自主財政権の「横の問題」)。これは、地方団体と地方団体との課税権をどのように調整するかといった問題でもあろう。適正な地方団体の課税権にもとづいて、適正な課税標準や税額が算出されなければならないが、地方団体間での所得等の課税客体の帰属(あるいは配分)や課税標準等の按分基準が議論の対象となろう。

地方団体の有する課税立法権(条例制定権)の範囲を明確にするこの二つの作業は、現行地方税法あるいは税条例の具体的な検証にもつながるものとなるであろう。

国と地方団体間あるいは地方団体間での課税権(さらにはその按分・配分)問題は、各国の地方自治制度が異なるため、他国との比較法研究は困難な領域である。

しかし、これらを憲法規範次元での問題としてとらえれば、[4]わが国の地方税法の解釈論、立法論に資するところがきわめて大きいといえよう。たとえば、アメリカ憲法のもとでの州の課税権の制約問題、さらには州際通商に係る所得等の州間での調整・按分問題は、まさにそのような次元のものであり、そこで展開されている見解や基準・公式等は、わが国の地方団体の課税問題を考えるうえで大きな示唆を与えるものであると思われる。[5]

そこで、本稿では、上記に述べたような視点から、まずアメリカでの議論を検討し、そのうえでわが国の地方団体の自主課税権が「縦の関係」「横の関係」において、いかなる法的な問題を抱えるかを検証することとする。

二　アメリカの州の課税権の限界

1　州の課税権に関する憲法上の制約

州の課税権（あるいは課税管轄権）を論ずるにあたっては、適正手続条項（デュー・プロセス条項）（修正一四条第一節）、通商条項（一条第八節第三項）、平等保護条項（修正一四条第一節）、差別禁止条項（修正一四条第二節）及び輸出輸入条項（一条第一〇節第二項）との抵触問題が考えられるが、(6) 複数の州での事業活動等（州際通商）に対して州税をはじめとする地方税（以下、州税とする。）を賦課するに際しては、通商条項及び適正手続条項との抵触がもっとも問題となり、わが国との関係においてもこの分析は有益であろう。

州際通商に関する州の課税権について、両条項による制約の本質はオーバーラップし、かつ密接な関係にある。後述するように、多くの事件で二つの条項による制約が問題になり、通商条項による制約と適正手続条項による制約とが明確に区別されている判決もあれば、混同されている判決もある。判決において、州による課税権に対する両者による制約を区別することが困難な場合もあるが、両者による制約の間には、類似性のみでなく、明確な相違点があるといえよう。

通商条項は、連邦に州間（あるいは外国等）との通商を規制する権限を付与している。州の通商規制、課税等が通商条項に触れると解することによって、国家経済（あるいは外国経済）における外国と連邦間、州間での通商の流れを保障している。(7)

一方、適正手続条項は、何人も法律の適正手続なくして財産を奪われないことを規定している。適正手続条項は、本質的には制約的、属地的な見解、あるいは連邦制度の構成単位としての州にふさわしい思想を含んでいると解されている。[8] 裁判所は、課税事実と課税する州との関係が、州の特別な強制的手段を遂行するにあたり、あまりにも希薄あるいは不十分であると思料するときには、州の課税権の行使を認めないであろう。

(1) 憲法上の「関連性」

① 適正手続条項の要求

〔1〕 非居住者に対する所得課税についての「州の課税管轄権」に関する司法テストは、一九二〇年の同じ日に下された二つの判決 —— Shaffer v. Carter (1920)[9] 及び Travis v. Yale & Towne Mfg. Co. (1920)[10] —— がルーツである。

Shaffer 判決において、連邦最高裁判所は、オクラホマ州でオイル・ガス事業を遂行している非居住者に対する課税がオクラホマ州の課税権の適切な行使であると判示した。特に、同裁判所は、次のように述べている。

「州が、州の統治に服している市民や居住者に対して一般的な所得税を賦課することができるように、州は、また州内の財産あるいは事業、そこで行使されている占有権から生じた所得について、同様な税を、この効果においてあまりに負担とならないように、課すことができるということは、原理上、明確である[11]」。

Shaffer 判決において、適正手続要件は、納税者の財産が州から利益を受けるあるいは保護されているという事実によって充足されていると述べている。[12]

Shaffer 判決は、また Yale & Towne Mfg. Co. 事件における納税者の主張にも配慮している。この事件で、納税者は、州がその州の境界内に存する非居住者の資産に課税することはできるが、州の境界内において行った事業から生じた所得については課税管轄権をもたないと主張した。裁判所はこのような主張に対して、以下のように述べて、この主張を退けている。

「この基本的な論争は、基本的な原則に言及することにより簡単に答えることができる。統治制度において、州は大きな統治権をもっている。そして連邦憲法の特別な規定によって制約を受けるが、州内のすべての人、財産、事業取引に対して統治権を行使している。一方で、州は州内のすべての人、財産、事業取引を保護し、結果的に政府費用を支出するために、州があらゆる合理的な課税による権限を認めている。確かに、州は、財産課税あるいは特別な消費課税に制約されない。……人々の活動は財産の利用及び運用からゲインを得るために費やされている……。州は、州の法律から財産、事業及び工業は保護と安全を得ており、そのような保護等がなければ生産及びゲインを生むような財産保有をすることはできないのであるが、政府はその維持のための所得税という形式でゲインの一部を得ることができないと考えることは基本的な原則とまったく矛盾する立場である」[13]。

この二つの判決は、州課税における「公平」基準を述べている。この基準は、課税する州と非居住者との間に十分な「接触（contact）」あるいは「関係（nexus）」が存する限り、そして課税が非居住者たる納税者に公正に関連している限り、その課税は支持されうるということを示しているといえる。

連邦最高裁判所によってたえず引用されているこの基準の内容は、Wisconsin v. J. C. Penny Co.（1940）[14]において、見い出すことができる。その事件で、フランクファター判事は、「このテストは、財産が、法の適正手続なしに、取得されるか否か、もしわかりやすくいいかえることができるとすると、州が行使する課税権限が、当該州により与えられる機会、ベネフィット（便益）、保護と財政的な関係にあるか否かである。簡潔であるが支配的な問題は、州が報復（見返り）を求めることができるような何かを与えているか否かである」[15]と述べて適正手続条項基準を示している。

〔2〕　また、International Shoe Co. v. Washington（1945）[16]は、注目すべき判決である。連邦最高裁判所は、適正手続条項が、非居住者に対する課税権の主張を支持するために「最低の抵触（minimum contacts）」を要求していると判示した。そして、同裁判所は、適正手続条項は、非居住者又は非居住法人が州との間に十分な接触をもっている

ことを要求し、そしてその十分な抵触は、州の管轄権にこのような居住者等を服せしめるときに、「公平な行為及び実質的正義といった伝統的な概念の侵害」（Milliken v. Meyer《1940》）[17]をもたらさないと述べて、「公平」テストを明確に採用している。[18]

なお、International Shoe 判決において、「非居住法人に課税管轄権を行使する権限」と「そのような者の納税義務を確定するため（訴訟手続上）裁判所の管轄権に服せしめるための州の権限」が問題となったが、最高裁は、課税管轄権を行使する権限は当該法人に対する納税義務確定のため訴訟を裁判所の管轄権に服せしめる場合よりも、大きな「抵触」は必要ないと判示している。現実的には、「法人の存在を確立する活動は、州の課税及び租税返還訴訟の管轄権に同じように服する」[19]と述べていることから、二つのタイプの管轄権に同じ基準を採用しているともいえよう。

〔3〕　その後の判決のなかで注目すべきものとしては、Mobil Oil Corp. v. Commissioner of Taxes of Vermont (1980)[20]をあげることができる。この事件では、「課税する州」と「まったく接触のない納税者から非居住法人」が受領した配当（按分所得のなかに含める。）に課税することは、適正手続条項に反して違憲であるか否かが争点となったが、裁判所は、「州が州際通商から生じた所得に課税をする場合、修正憲法一四条の適正手続条項は、次の二つの要件を課している。州際通商活動と課税する州との間における『最低の接触（minimum connection）』及び州に帰属させられる所得と当該企業の州際上の価値（interstate value）との間の『合理的な関連性（rational relationship）』[21]』であると、適正手続基準を述べて、納税者の主張を退けている。

また、州の課税には関係しないが、憲法上の関連性（nexus）に関係する二つの判決がある。World-Wide Volkswagen Corp. v. Woodson (1980)[22]と Burger King Corp. v. Rudzewicz (1984)[23]がそれである。

World-Wide Volkswagen Corp. 判決において、連邦最高裁判所は、自動車ディーラーと州との間の接触が、ニューヨークでの、ニューヨーク居住者（この居住者は後にオクラホマでの事故に関係していた。）に対する自動車の販売のみである場合には、オクラホマは非居住者である自動車ディーラーをして、その州の対人的な裁判管轄権に合憲的に服させることはできないと判示した。同裁判所は、オクラホマと自動車のニューヨーク・ディーラーとの間に「関連性のある状況」を見い出すことができなかった。同裁判所は、「関連性のある状況」のリストを示している。(24)

(1)　オクラホマでの集約的な販売
(2)　セールスマンによる直接的な、あるいはその州に及ぶことが合理的に考慮される広告を介しての、オクラホマでの販売の勧誘
(3)　オクラホマの居住者に恒常的に車を販売すること
(4)　直接的にあるいは間接的にオクラホマ市場に貢献していること

一方、Burger King Corp. 判決において、裁判所は、商売人の成果が他の州の居住者に対し意図的に影響を及ぼしている限りは、州内での物理的な接触の不存在が人的な管轄権を否定するという見解を否定することとなると述べたうえで、州内の法人と意図的に関係している非居住者は、適正手続条項を侵害することなく、州の裁判所の管轄に服すると判示した。(25)

②　通商条項の要求

〔1〕　通商条項が州の課税権を制限するという原則は、外国通商に対する州課税が問題となった Brown v. Maryland (1827)(26) ――この判決は輸出・輸入条項違反も判示している――において示された。しかし、これより数年前に、マーシャル判事は、Gibbons v. Ogden (1824)(27) において、州の権限よりも連邦の通商の権限が優越することを明確にした。(28) これらの判決は、州際通商への州課税に関して通商条項があらゆる場合に適用され、そのような課税は禁止されうると考えていた。

しかし、別のところで、マーシャル判事は、通商条項が州政府の指示により課税する州の権限を切り捨ててはいな

いと判断した。また、同判事は、州際通商に不可避的な影響を与える有効な規制——これは主たる地方政府の事項である——が存することを認めた。(29)

Brown v. Maryland の後に、州課税に関わる事件ではないが、Cooley v. Board of Wardens (1852)(30) は、次のような規制が可能な事項を二種類に分割し、州の規制権限を区別した。(31)

(1) 国家による統一的な規制が要求される、あるいは本質的に国家において行われるべき事項（これらに関しては連邦の権限は排他的である。）

(2) 多様な規制が本質的に許可又は採用されうる地方による事項（これらは州の権限と連邦の権限とが同時発生的・あるいは同一的であるといわれる。）

これから一五年後に、州課税の分野ではっきりとこのことが確認され、さらに、一八七三年に、Cooley 判決の原理は、州課税の分野で Case of State Freight Tax (1873)(32) において採用された。マサチューセッツ州は、州際通商における「州内への鉄道あるいは水運による貨物輸送」に対して一トン当たり一定利率で課税することを企てた。それは、ある州を通って行われる、あるいはある州から他の州への商売人あるいは運送人による運送は本質的には国家的であり、ひとつの統一的な制度や計画による規制によってのみ認められるために、連邦議会の排他的な管轄事項であるとして、この課税は否定された。課税する州から出発する貨物輸送は州際通商の地域的な局面であるとの原則は、この裁判内においてはまだ見い出されてはいなかった。Case of State Freight Tax 判決は、州間での通商を規制することは議会の不行使権限の侵害であるとして州の課税を無効とした最初のものである。

〔**2**〕 その後、ほとんどの裁判所は、州間通商への州課税に対する、最高裁判所の早期の「自由貿易ゾーン (free trade zone)」アプローチの発展をさせていくことになる。連邦最高裁判所は、Leloup v. Port of Mobile (1888)(33) において、「州は、いかなる形態においても、州際通商において州課税を行う権利を有していない。その理由とすると

ころは、それは、通商に対する負担であり、規制を課すことになる。それは唯一、議会のみがなしうることである」[34]と述べ、Robbins v. Shelby County Taxing District (1887)[35] において、「州際通商は課税されうることはありえない。たとえ同じ額の税額が州内通商に課せられており、またその州内でのみしか事業が行われていないとしても」[36]と述べている。

〔3〕 しかし、連邦最高裁判所は、あらゆる事業に適用される差別のない財産課税及びそのような財産課税に関係しているとみられる税は、一般的にはたとえ州際の事業を行うために用いられていても、そのような財産に課税することは支持されうると解していたし、そのコストに付加することにより州際通商に影響を与えることは十分に理解されているが、その効果は直接的というよりも間接的であると解されていたようである。[37]

また、州際通商、排他的な州際通商からの所得、州際通商からの総所得について直接的に州が課税することはできないとされる一方で、連邦最高裁判所は、①納税者が実質的にローカル事業に従事し、②課せられる税が州際の事業とローカルな事業との間で差別をしていない、③税はローカルな事業活動に合理的に関係する価値に制限をして、比例的に課せられているといった場合には、州際通商に多くの州税が課せられることを認めている。[38]

③ 通商条項による判断基準への移行及び通商条項における関連性の軽減

しかし、上記のような連邦最高裁判所の立場も次第に、特に一九〇〇年代後半において州の課税権を広く肯定する方向で進んでいく。

〔1〕 Northwestern States Portland and Cement Co. v. Minnesota (1959)[39] において、連邦最高裁判所は、州が憲法上、州際通商から排他的に生じた外国法人の所得について比例的なネット・インカム税を課することができると判示した。税を課すための関連性又は基本的管轄権は、要約すると適正手続問題として言及することができると述べている。また、同裁判所は、ローカル販売事務所の存在あるいは各々の州に恒久的に雇用者の存在を含む当該会社の

ローカル事業が存在しない場合には、適正手続要件を充足するために必要な最低の関係（コネクション）である明確なリンクを否定するほどローカルでの出来事に関係していなかったということは真実を歪めることになると簡単に述べている。[40]

Northwestern States 判決の直後に、Brown-Forman Distillers Corp. v. Collector of Revenue (1959)[41] において、最高裁判所は、州内に住所をもたない（non-domiciliary）会社（この会社が州と唯一関係しているのは、消費者に電話をしたときに消費者を助成するための消費者販売員と呼ばれる「宣伝マン《missionarymen》」の存在だけであった。）に対する課税を支持した。

〔2〕 当初、州により採用された法人のフランチャイズ税（法人事業免許税）は、ネット・インカムかキャピタルかは問わず、事業が得ている「プリビレッジ（特権）」に課税された。州際通商に従事している居住者たる納税者にこのような税を適用することは、憲法上の障害物——議会に裁量がない場合に、通商条項（通商条項は、州が州際通商に負担を課することを禁ずるものとして理解されている。）は、州が排他的に州際通商に遂行するプリビレッジに課税することを禁止しているという長い間の原則——によってブロックされていた。これは、州際通商に従事する特権は、州政府ではなく、連邦憲法によって与えられているので連邦政府にその課税権があるということを前提としている。「プリビレッジ・ドクトリン」として知られているこの原則は、課税の範囲が当該州内で事業を行うプリビレッジに限定されるという点にのみ目を向け、そして州際事業は州の課税から免除を受けるべきであるという立場を反映している。[42]

最近のプリビレッジ・ドクトリンの適用は、Spector Motor Service Inc. v. O'Conner (1951)[43] に見い出すことができる。この事件で、裁判所は、州際通商にのみ従事していた運送会社に適用された州のフランチャイズ税（ネット・インカムにより算定されている。）を攻撃した。

しかし、一九七七年に、Complete Auto Transit, Inc. v. Brady (1977)[44] において、連邦最高裁判所は、州が排他的な州際通商に従事するというプリビレッジに非差別的な税を課すことを禁じられていないと判断して、Spector判決を否定し、プリビレッジ・ドクトリンを放棄した。州内で、排他的な州際事業に従事していることからの利益に課税をすることが許されるとした、州際通商の州課税に対する「自由貿易ゾーン」アプローチの最後の残された条件を無効にした。裁判所は、これまで固執してきた原則を「四つの熊手テスト (four pronged test)」に取り替えた。このテストのもとで、州税は、それが次の四つの要件を充足するのであれば、憲法上のチェックをパスしたことになる。[45]

(1) 州税は課税する州と実質的な関連 (nexus) を有している活動に適用される。

(2) 州税が公平に按分されている。

(3) 州税が州際通商に対して差別をしていない。

(4) 州税が課税する州によって与えられたサービス (役務) に深く関係している。

Complete Auto Transit 判決は、プリビレッジ・ドクトリンを放棄することにより、通商条項は、州が州内で排他的な州際通商を行っている非居住者の特権に課税することを禁じていないと判示している。[46] Complete Auto Transit 判決は、課税する州との実質的関連性をもつ「活動」の存在になお言及しているが、Northwestern States 判決及び Complete Auto Transit 判決後の、通商条項を充足するに必要なほどの関連性は消滅しており、通商条約は、会社の州際活動から区別することができる (分離することのできる) ローカル事業活動を構成するに十分なローカル活動の認定を要求しなくなっている。Complete Auto Transit 判決を、International Shoe 判決 (1945) における判決に照らしてみると、通商条項を充足するために必要とされている「関連性 (nexus)」の程度は、もはや法人の州際活動から独立したあるいは切り離されたローカル事業の行為を構成するほど十分なローカル活動である必要はないと考えている。

このような判決後になお残されている問題は、通商条項の「実質的な関連性」要件が存続可能な独立したテストか否か、すなわち「関連性（nexus）」が適正手続のみに関係するものであるかということである。多くのコメンテイターは、司法上の問題が結局は適正手続条項の「最低の接触テスト（minimum contacts test）」にのみ依存するようになったと信じているようである。たとえば、アメリカの州・地方税法の権威者のひとりである Hellerstein 教授は、「裁判所が通商条項を再解釈し、そして州が州内の排他的な州際通商から生じた所得に課税することを禁じられていないと判示したときに、この司法上の問題は適正手続条項のみとなった[47]」と述べている。しかし、これらコメンテイターの理解が適正であるか否かはなお検討を要するとする意見もある。

④ Quill 判決の影響

〔1〕 Quill Corporation v. North Dakota (1992)[48] において、連邦最高裁判所は、上記②の〔2〕の問題に関して非常に広範囲な議論を展開した。同裁判所は、National Bellas Hess Inc. 判決（1967）を引用して、当該州内に物理的存在（physical presence）を有していない州外からの「郵便による注文にもとづく販売業者（メイル・オーダー・セラー）は、その州内に単に郵便カタログ及びアメリカの郵便又は共通な運送業者によってもたらされる注文に対する対応を行っているが、通商条項にもとづいて、なお租税を徴収されることはないとして保護されている」と判示した。

連邦最高裁判所は、Quill 判決で「ブライト・ライン（bright line）」テスト（物理的存在テスト）の適用を使用税（use tax, 売上税の補完税）の徴収について支持した。なお、Quill 事件において、当該法人は、ノースダコタ州において、ある程度の物理的な存在を有していたということに留意をしておく必要がある（ある程度の物理的な存在として、制限されたソフトウエアの免許を介して関連していた。後述2の⑶①〔2〕参照）。

Quill 判決において、納税者である Quill Corporation は、雑誌広告によって、アメリカの郵便を介して、カタログや広告を配達することにより、あるいは電話により、州内で注文を勧誘する非居住者（郵便注文による販売業者）であった。Quill Corporation は、課税する州と直接的で物理的な接触をもたないし、州内に代理人をおいて役務を遂行することもなかった。

「関連性（nexus）」のコンセプトは、歴史的には課税する州（課税州）と納税者の「物理的な接触」に焦点をあわせていた。すなわち、「経済的な存在（economic presence）」には焦点をあわせていなかったのである。ノースダコタは、州との経済的な接触を基準にして、Quill Corporation に使用税を付加することにより、物理的な存在要件を拡大することを求めていた。

第一審裁判所は、Quill Corporation の主張を認め、州の主張（経済的な見解をベースにした基準）を否定した。[49] しかし、ノースダコタ最高裁判所は、Complete Auto Transit Inc. における連邦最高裁判所をはじめとして、いくつかのその他の通商条項に関する最高裁判決が物理的な存在基準への形式的な収斂からの撤退を意味していると結論づけ、経済的な接触を含む、課税州との非居住納税者のオーバーオール・コンタクトに焦点にあわせたより柔軟なアプローチを支持した。[50] ノースダコタ最高裁判所は、次のように述べている。

「現代の社会と通商の実態からみるに、『関連性（nexus）』のコンセプトは州内における単なる物理的な存在よりも広範囲なものであり、『関連性』の有無の判定は州外の販売人と州とのあらゆる関係、州により与えられるあらゆるベネフィット及び機会を考慮して行われるべきである。さらに、それは物理的なベンチマークよりも経済的なリアリティに力点をおくべきであると判断する。[51]」

ノースダコタ最高裁判所は、適正手続条項及び通商条項のもとでの「関連性（nexus）」基準は同一であり、会社の「州の消費市場の経済的な発展」は「非居住者からの郵便注文による販売業者」に使用税の納税義務を負わせるに十分許容されるものであると結論づけた。

〔2〕　連邦最高裁判所は、通商条項及び適正手続条項により課せられている「関連性（nexus）」について、次のように言及している。(52)

〔適正手続条項〕ノースダコタ最高裁判所の判決に関して、連邦最高裁判所は、フレイズはよく似ているが、通商条項及び適正手続条項により課せられている「関連性（nexus）」要件が同一ではないと判示している。同裁判所は、一九六七年以来、適正手続はかなり進展していることに着目し、適正手続条項が州内での物理的な存在を要件としていないと判示した。National Bellas Hess 判決（一九六七）は、通商条項と適正手続条項の双方にもとづいて審理されたが、Quill 判決は、適正手続条項はもはや州内の物理的な存在を要求しないと判示する。さらに、同裁判所は、「仮に外国法人が経済的な市場のみのベネフィットを得ることが目標であり、当該法人の活動の規模がその法人を当該州の課税に服せしめるようなものであり、それが実質的な正義という伝統的な概念を侵害しない場合には(53)」、適正手続条項を充足するに十分な「関連性（nexus）」が存在すると述べている。

〔通商条項〕一方、同裁判所は、通商条項のもとで適用される適正なテストについてはノースダコタ最高裁判所判決の立場を否定した。同裁判所の見解においては、二つの基準が異なる憲法上の観点から根拠づけられていた。通商条項のもとで要求されている「実質的な関連性」要件は、適正手続条項を充足するに必要な「最低の接触」以上のものを要求していた。少なくとも州外の法人に対する使用税の納税義務に関しては、通商条項の「実質的な関連性」が課税州内における「ブライト・ライン（bright line）」、物理的な存在」要件を要求している。

〔3〕　Quill 判決は、州際通商に従事している法人に重要な影響を与えると考えられる。Quill 判決は使用税に関するものであるが、この問題について、州が同じ納税者に所得税（ネット・インカム・タックス）をあるいはフランチャ

イズ税を課する場合と実質的に憲法上の相違があるのであろうか。通商条項及び州際通商のもとでの「憲法上の関連性」についてのこの連邦最高裁判所の分析は使用税の納税義務にのみ制限されるのであろうか。

同裁判所は、適正手続条項が、法人のネット・インカムに州が課税するための障害としては機能しなくなったと判断しているようである。この判決で、同裁判所は、裁判管轄権との類似性を見い出し、裁判管轄権との文脈において、外国法人が裁判所の州内で経済的な市場を意図的に利用しているとすると、その法人はその州の裁判管轄権に服すると述べている。このような視点から、裁判所は、「現代の通商活動において、そのような勧誘はセールスマンではなくカタログにより行われているといえる。適正手続条項の要件は、課税する州に物理的な存在をもたない場合においても充足される(54)」と述べている。

その結果、この判決は使用税に関するものであるが、このような理由は、州により課税されるあらゆる税（当然にネット・インカム税を含む。）にも適用されると考えられる余地を残すこととなったといえる。州と何らかの経済的な接触があれば、それが単にアメリカの郵便あるいは通常の配送人の利用であったとしても、適正手続条項の「最低の接触」要件は充足していることとなるであろう。

このような理解が正しいとすると、課税する州内「経済的な存在」を有する法人等に対するネット・インカム課税の唯一の障害は、通商条項のもとでの「実質的な関連性」である。この「実質的な関連性」について、Quill 判決は何ら言及をしていない(55)。

〔4〕　多くのものは、今日、適正手続条項は、カタログを通じて購入した商品の配達にあたり、US郵便あるいは一般的な配送人を用いている「州外のメイル・オーダー・セーラー（通信販売人）」に源泉徴収義務を課すための障害とはなりえないということを承認している。かなりの州は、Quill 判決がネット・インカムをベースにした課税に関しても、ブライト・ラインとしての「物理的な存在」を要求していないと主張する傾向にあるといえる。州は、当然

に、注文の州際的な勧誘を介して、その州の市場を活用している事業に対して、所得課税やフランチャイズ課税を行うことも、このような主張の射程距離内にあると考えている。

しかしながら、州は、Quill 判決における通商条項に関する判示を、メイル・オーダー・セーラーとの文脈において、使用税の徴収義務にのみ制限するという解釈を採用している。

州は、このような立場をとる論拠として、次のような Quill 判決の一節を引用している。

「通商条項の審査においてはかなり柔軟なバランス分析（比較衡量分析）が今日採用されており……、当裁判所は、既に確立されているブライト・ライン・テストをすべて否定する見解を明らかにしてはいない。当裁判所においては、他のタイプの税を審理するときに、Bellas Hess 判決が売上税及び使用税において確立した『物理的な存在要件』の必要性を同じように明言していないが、このような沈黙は Bellas Hess 判決のルールをすべての税について否定するものではない（他の税に物理的な存在が必要とは考えない＝筆者）。……要は、Bellas Hess 判決に続く連邦最高裁判決において、あるいは他の税に関する連邦最高裁判決において、同裁判所は、ブライト・ライン・テスト（物理的な存在要件）を採用していないが、売上税及び使用税において確立した Bellas Hess 判決のルールを否定する必要はないと考えている。逆に、この領域におけるブライト・ライン・ルールの継続的な適用及び先例拘束力の原則は、Bellas Hess 判決がよき法としてなお効力を維持していることを示している(56)」。

州は、このような判決の一節が、使用税の徴収義務を負うメイル・オーダーの販売人のみが Bellas Hess 判決の射程距離にあるとする見解を導き出すと考えている。よって、州の立場において、物理的存在テストは、法人所得税（ネット・インカム・タックス）やフランチャイズ税には適用されないこととなる。州は、法人所得税やフランチャイズ税における「実質的な関連性」がいかなる内容を意味するかは述べていないが、州は、「経済的な存在」（州の市場の継続的、系統的、意図的な活用）が、通商条項における「実質的な関連性」要件を充足するに十分であるという立場を支持している。[57]

〔5〕　しかし、Complete Auto Transit 判決の「実質的な関連性」要件（基準）は、税の源泉徴収義務を正当化する場合はともかくも、納税者が直接に納税義務を負う場合に要求されているのであろうか。

歴史的にみて、裁判所は源泉徴収義務（間接税）よりも直接的に納税義務（直接税）を課す法人の方が、より高度な関連性が要求されていると解してきたといえよう。[58]だが、Quill 判決は、売上・使用税の徴収と直接税との区別を、再び行い、「ブライト・ライン、物理的な存在」を売上・使用税の源泉徴収に制限している。

Quill 判決のなかで、同裁判所は、その他の判決においては、現代の通商条項が「厳格な物理的な存在テストの形式的解釈（formalistic constructions of a stringent physical presesnt test）」よりも、むしろより柔軟なバランシング分析を好む傾向にあるということを示しているようであると述べている。[59]

裁判所は、また通商条項違反にならないとして課税を支持した先の判例がすべて、事実、課税をする州に物理的な存在が存していた事件であったため、裁判所は、その他の税に対して「ブライト・ライン、物理的な存在」要件がどこまで及ぶかについては必ずしも明らかにはしていないといえよう。

結局、Quill 判決は、その他の税にまで「ブライト・ライン、物理的な存在」要件を拡大適用することは認めておらず、通商条項と両立する「実質的な関連性」が使用税以外の他の税において存在するか否かを判断するための「バランス分析（比較衡量分析）」の可能性に途を開いているといえる。しかし、裁判所は、通商条項によって要求されている「関連性」が「最低の抵触」「州の市場の意図的な活用」以外のものであるということを明確にしているといえよう。そして、この点に関して、通商条項を充足するに十分な「実質的な関連性」が常に州内での物理的な存在に大なり小なり関わっているということを示しているようである。[60]

⑤ Quill 判決後の展開

Quill 判決後、その影響はどのように及んでいるであろうか。

Guardian Industries Co. v. Dept. of Treasury (1993)[61] において、ミシガン控訴裁判所は、「実質的な関連性」に関する Quill 判決の解釈に従って、ミシガンのシングル・ビジネス税を課すためには、「物理的な存在」が要求されていると判示した[62]。Orvis v. Co. Inc. v. Tax Appeal Tribunal of New York (1995)[63] において、州裁判所は、州内の市場への「系統的な」訪問が「わずかな存在 (slightest presence)」を超えるものであり、通商条項のもとで使用税の徴収義務を課すための「実質的な関連性」を有していると判示する。同裁判所は、州内訪問の回数、州内での販売事務所の規模、直接勧誘の程度等といった、要件の重みを重視する「適切な関連性」基準の解釈が Quill 判決で強調されたポリシー (先例拘束と「ブライト・ライン」テストによる安全地帯の維持) と矛盾すると解していた。また、同裁判所は、Quill 判決がユース・タックス (use tax) の徴収義務を課すための通商条項基準を「実質的な物理的存在(substantial physical presence)」まで拡大したとする下級裁判所の立場を否定している。

NADA Services Corp. 判決[64]において、州裁判所は「わずかな存在」基準を最初に適用し、時々、ニューヨークに従業員が旅行をしていた (三年間にわたり、二〇回) という事実は、関連性を確立するために十分なものではないと判断をし、納税者の主張を支持した。

2 「関連性」要件を充足するに十分な存在の判断

(1) 納税者の物理的な存在

〔1〕「関連性」としての物理的存在として肯定されているもののうち代表的なものは、以下のとおりである。

(1) 連邦最高裁判所は、「州内の事業の場所」は「関連性」を示すと判示する[65]。なお、事業の州内の場所が

「州際の販売」に関係していることは必要ではない。(66)

(2) 連邦最高裁判所は、「州内での雇用」は「関連性」を有していると判示する。(67)

(3) 裁判所の多くは、「州内での少額の財産の保有」でさえ「関連性」を示すのに十分であると判示している。(68)

① 裁判所は、財産が第三者により保有されている状況においても「関連性」を認めた。(69)

② リース業に従事している会社が、借主が州内に貸与財産をもたらした結果として、課税されうるか否かについては、判例は分れており、問題を残している。(70)

(4) 裁判所は、ときに、「最小の物理的存在」は、関連性をもたらさないと判示することがある。(71)

たとえば、Miller Brothers v. Maryland (1954)(72) は、隣州からの消費者に対してデパートが商品を販売すること（デパートが広告を行い、ときたま自分のトラックで商品を配達している場合）、隣州の居住者に対する販売行為に隣州の使用税の徴収を要求するにあたって、隣の州に十分なストアとの「関連性」を与えないと判示する。

(2) **アトリビュータブルな関連性——代理、アルタ・エゴ（分身）、ユニタリー関係**

① **代理関係**

連邦最高裁判所は、代理関係（principal/agent）が存在するときに「関連性」があると判示してきている。事実の認定にあたっては、州内の代理人が州外の会社の代理として州外の会社が州内で事業を遂行できるようにすることが重要である。

連邦最高裁判所は、州内での代理人（agent）が州外での本人（principal）との間に「関連性」を形成すると、長い間、判示されている。(73)

Tyler Pipe Industries Inc. v. Washington State Dep't of Revenue (1987)(74) において、州内に事業の場所（オ

フィス等）を有さず、また州内に従業員も雇用していなかったが、会社は、州内にセールス代理人（州外の販売者）がワシントンでの市場を確立し、維持するのを助ける活動に従事していた州内法人販売代理人を有していたとして、「関連性」を肯定したうえで、州外の売主に対するワシントンB&O課税を肯定した。

また、Consolidated Fuel Corp. v. Derector of Revenue, Mo. Admin. Hearing Comm. (1993)[75] において、ミズーリ州の行政聴聞委員会は、天然ガスの州外の供給者たる Consolidated Fuel Corp. は州内の独立的な契約者（コントラクター）たる Comet（この会社は Consolidated Fuel Corp. のために注文を求める。）にもとづいて、ミズーリ州での販売のための使用税の徴収について納税義務があると判示した。Consolidated Fuel Corp. とのミズーリ州における唯一の契約は、代理人である Comet を通して行われていた。同委員会は、Scripto 判決において示されたように、体系的に州内での独立した代理人を介して販売が促進される場合には、「関連性」は存すると判示する。Consolidated Fuel Corp. 判決は、Quill 判決以後、前述の Scripto 判決は望ましい前例ではないと論じていたが、同委員会は、Quill 判決が明確に Scripto ルールを承認していると述べていた。

なお、州裁判所は、通常、Scripto 判決と Tyler Pipe 判決によりながら、代理原則にもとづいて、「関連性（nexus）」を承認しているといえよう。[76]

② **アルタ・エゴ理論（分身理論）**

アルタ・エゴ理論のもとでは、「関連性（nexus）」は、別の主体（エンタティ）のアルタ・エゴ（分身）として活動をしている主体にもとづいて認められる。

ニューヨーク州租税委員会によれば、アルタ・エゴ理論は、州内で事業を行っている親会社（PC）にもとづいて、州外の子会社から使用税（use tax）を徴収するときに用いられていた。[77]

CIT Financial Services Consumer Discount Co. v. Director, Division of Taxation (1982)[78] において、州租税

裁判所は、関連会社の独立した法人主体がそのような法人のあらゆる事業の行為（事業活動）において維持されていない場合には、それぞれの法人は他の法人の代理人又はアルタ・エゴとしてみなされ、ある州におけるその法人の存在は別の法人の存在にとってかわるということに注意をすべきであると述べている。

一方、Consolidated Fuel Corp. v. Director of Revenue (1993)[79] において、ミズーリ州行政聴聞委員会は、たとえ完全に保有されている子会社が出版計画を管理し、雑貨店を訪問するための「点検担当者（checkers）」を雇用し、タブロイド版新聞出版物がきちんと陳列されているか否かを管理していたとしても、雑誌の出版社に使用税又は郵便講読料の徴収義務を課すことは認められないと判示した。当該委員会は、子会社のすべての株式を保有し、子会社と事務所を共有している事実があるとしても、G. P. グループは、そのような法人を支配していないと認定した。ここで配慮されたことは、G. P. グループにミズーリ州の使用税を免れようとする意図で子会社を管理しているという証拠が存しなかったということである。不当な目的が存しなかったので、当該委員会は、法人格を否認することを否定し、歳入庁長官の「子会社は G. P. グループのアルタ・エゴである」という主張を否定している。

③　ユニタリー関係

〔1〕　関連性に関するユニタリー理論のもとで、州外の関連者（社）は、ユニタリー・グループのメンバーであるという基準によってのみ、「関連性」を有していると認定されうる。[80]

Comptroller of the Treasury v. Armco Export Sales Corp. (1990)[81] において、州裁判所は、メリーランド州で活動している多国籍企業の DISC 子会社（メリーランド州には本店はない。）それ自体はメリーランド州と直接関連性はないが、メリーランド所得税法のもとで課税されると判示した。同裁判所は、DISC 子会社が一部を構成するユニタリー事業は公平な配分基準によりメリーランドの課税に DISC 所得を服させるに十分な「関連性」を有していることを強調した。この事件における裁判所の判示は、あたかも代理理論にもとづいているかのようにも解されうる

（ユニタリーの法人関係者は DISC 子会社のためにこの州で事業活動を行っていた。）。

また、裁判所は、①DISC 販売の paper/book entry 的性質と、②特別な連邦規定がないにもかかわらず、DISC 所得がメリーランドにおいて課税されている親会社所得の一部を構成するという事実を強調している。しかし、この判決において、同裁判所が、たびたび DISC とその親会社とのユニタリー関係について言及していることから、当該州内で事業活動を行っている法人とのユニタリー関係を除いては「課税州」と何ら関係を有しない州外の関連者の事件として考えられる余地を残している。

〔2〕 SFA Folio Collections Inc. v. Bannon（1991）[82] において、州裁判所は、ユニタリー理論を適用するという州の主張を却下し、Saks & Company の州外のメイル・オーダー子会社は、Saks & Company の別の子会社が Saks Fifth Avenue-Stamford Inc. が州内に存在しているにもかかわらず、コネチカット州の使用税を徴収されるべきではないと判示した。

これに対して、SFA Folio Collections Inc. v. Tax Commissioner（1994）[83] において、オハイオ租税不服審査庁は、カタログ子会社は姉妹会社の販売店及び従業員がその州内に存在することから実質的な関連性（nexus）はあると判示した。しかし、同審査庁は、州の規定の合憲性については言及しなかった[84]。

⑶ 納税者の「経済的な存在」

前述した National Bellas Hess 判決において、州外の販売者（seller）は、問題の州内に事業所をもたないし、州内での販売を勧誘するための個人をも有しないし、また州内での広告活動も行っていなかったが、販売者は州内の消費者に対して、州の外から、カタログ及びチラシを郵送することにより商品を広告し、州の外から郵便又は一般の配達人によって注文に応じていた。このような事実のもとで、連邦最高裁判所は、州外の販売者（seller）に使用税を課すことはできないと判示した[85]。

これに対して、Quill 判決（一九九二）において、州は、National Bellas Hess 判決が、技術的な進歩・発展と最近の適正手続条項及び通商条項に関する判決等によって時代遅れなものとなったと論じた。最近の連邦最高裁判決の流れにそって、ノース・ダコタは、「経済的な存在」あるいは州の市場の意図的な開発は、関連性を肯定するに十分であると主張した。しかし、前述したように同裁判所は、このような見解を退けている。(86)

① **Geoffrey 判決**

〔1〕 Geoffrey, Inc. v. South Carolina (1993)(87) は、Quill 判決において残されていた憲法上の問題——これは、以下のような二つの重要かつタイムリーな問題である——に関係する。

(1) 納税者は、「最低の抵触 (minimum contracts)」基準を充足しているか否か。

(2) 州内に物理的な存在をもたない納税者は、通商条項の「実質的な関連性」要件を充足するか否か。

この事件の事実は、以下のようである。

① Geoffrey は、デラウェア州に主たる事務所をおくデラウェア法人である。Toys R Us.（トイザラス）の商標権を保有し、管理するという特別の目的で、第二関連子会社として Toys R Us. Geoffrey を設立した。この会社は、Geoffrey とライセンス契約を締結し、ライセンス契約した商標権に係るおもちゃの総売上げの一パーセントの販売手数料を Geoffrey に支払うことを約した。このようなアレンジメント（関係）は、Geoffrey をロイヤリティ所得について非課税のデラウェア州に設立する一方で、Toys R Us. がロイヤリティの支払（経費）の控除を主張することによって、その州税の総納税額を軽減させるようになっていた。

② Toys R Us. は、このライセンス契約が発効してから後に、最初のサウスカロライナ店をオープンした。Toys R Us. は、総事業所得（ロイヤリティ支払は費用として控除してある。）の按分部分についてサウス

カロライナ所得税を納付していた。Geoffrey は、ロイヤリティ所得についてサウスカロライナに申告書を提出していないし税も納付していない。Geoffrey は、サウスカロライナ州に従業員、事務所、不動産又は動産をまったく有していない。

③ Commission（不服申立審査庁）は、当初、当該契約がエンタティ間での恣意的な所得の移転及び費用の移転をもたらしていると主張して、Toys R Us. のロイヤリティ控除を否認するよう求めた。しかし、後に、Commissionは、Geoffrey に対するロイヤリティ支払を認容した。Commissionは、Geoffrey が Toys R Us. のサウスカロライナ州での売上げに帰属するロイヤリティ所得（按分額）課税に服すると結論づけた。これに対して、Geoffrey は適正手続条項及び通商条項にもとづいてサウスカロライナ州での課税に服さないと主張して、還付を求めたが、Commissionにより棄却された。

〔2〕 第一審裁判所の判決は、Quill 判決が下される前に、適正手続条項と通商条項のもとでの「関連」基準は同じ基準であるとの前提のもとで下された。同裁判所は、州の市場の開拓及び州内での無形資産の存在が憲法上の関連要件を充足するに十分であると判示した。

サウスカロライナ最高裁判所は、まず、Quill 判決において、適正手続条項の「関連性」要件が、法人が課税州内に物理的な存在を有していなくとも州の経済的な市場での活動を支持しているとすると、充足されるということが確立されたと述べた。そして、同裁判所は、Geoffrey が当該州内でトレイドマーク（商標権）を使用させることにより州内で「意図的に Geoffrey の活動を指揮・監督している」ために、適正手続条項の要件を充足していると判示した。さらに、同裁判所は、Geoffrey が州内で、①「無形資産」――受取勘定（つまり、支払われるべきロイヤリティ料）及び②「トレイドマークの使用を認めるライセンス契約を締結することにより販売権」を有していたと判示し、Geoffrey がサウスカロライナ州の「経済的なフォーラム」で意図的な活動を直接に有していなかったという主張を棄却した。

そして、同裁判所は、「サウスカロライナ州での無形資産使用のためのライセンス契約によって、そしてその使用の対価として所得を受け取ることによって、Geoffrey は適正手続条項において要求されている『最低の抵触』を有していると判断する[88]」と判示した。

さらに、Geoffrey は、適正手続条項のもとでの「最低の抵触」が充足されていても、通商条項のもとでの「実質的な関連性」が欠けていると主張したが、州最高裁判所は、州内での「物理的な存在」が所得税の納税義務を課すためには必要であるという Geoffrey の主張を退けた。この主張に対して、同裁判所は、次のように述べている。

「所得について課税するためには、納税者が州内に有形又は物理的な存在を有する必要はないと解される。無形資産の存在のみで『関連性』を充足することとなる。この州内で無形資産使用のライセンス契約を締結し、それによる使用から所得を得ているのであるから、Geoffrey は、サウスカロライナに『実質的な関連性』を有する[89]」。

② **Geoffrey の適正手続条項問題――「経済的な市場の意図的な活用」又は「活動についての目的的な指図」要件**

サウスカロライナ最高裁判所が述べたように、連邦最高裁判所は、Quill 判決において州内での物理的存在は適正手続条項の「最低の抵触」という関連性要件を充足するために必要とされないと判示している[90]。

サウスカロライナ最高裁判所は、Geoffrey が Toys R Us. の商標権の使用を積極的に禁じていなかったという事実から、サウスカロライナ州内での Geoffrey による（活動への）「意図的な支持」があったと言及している。また、同裁判所は、Geoffrey と Toys R Us. が商標権のライセンス契約を締結したときに、Geoffrey がサウスカロライナ州内で商標権が使われることを意識していた、あるいは了知していたと述べている。

しかし、将来における商標権の単なる使用可能性が存在することによって、ライセンサーが州の管轄権に服するに

十分な関連性であるという結論を導くことは問題が残るであろう。(91)

③　Geoffrey 判決（通商条項）の直接税への影響

サウスカロライナ最高裁判所は、前述したように Quill 判決において触れられていなかった通商条項の問題──Quill 判決において確立された「ブライト・ライン、物理的な存在」要件は使用税の賦課には不可欠であったが、間接税以外の直接税に適用されるか否かという問題──を無視していた。

連邦最高裁判所はこの問題を明らかにしていないが、次の段階に至る一つのステップを踏み出したものということができるであろう。(92)

Geoffrey 判決を受けて、各州で様々な対応がなされているが、そのうちの主要なものをあげてみる。(93)

〔フロリダ〕Rule 12 C–1.011(p)の修正は、一九九四年一月一日に、あるいはこれ以後に始まる事業年度において、フロリダ州で無形資産（intangible personal property）の販売契約あるいは利用契約を締結することは、課税上の「関連性」を作り出すことになると述べている。たとえば、フロリダ州に存在する事業主体に商標権あるいは特許権を使用させるライセンス契約を締結することは、当該法人を法人所得税に服させることになる。

〔バージニア〕VR 630–3–302.1(1)の修正は、外国法人がバージニア州で用いている無形資産を根拠にして、外国法人にバージニア所得税を賦課する旨、次のように付加している。

「バージニア州内での物理的な活動の有無によって判断されない。バージニア州での経済的な存在がバージニア源泉所得を生み出す。次のようなバージニア州内で行われている事業活動であると一般的にみなすいくつかの活動要因（すべてではない）である。……3．バージニア州での市場の開発……パテント（特許権）、著作権、商標権、トレイド・ネイム、映像権、事業ノウハウ、ブック・プレイト、ライセンス又は類似の資産である無形資産からの所得は、そのような資産がバージニア州で使用されているのであれば、バージニア源泉所得である」。

〔テキサス〕Rule 34 TAC sec 3546の修正は、テキサス州での事業活動の定義のなかに、法人がテキサス州で無形資産の使用契約を締結することを加えている。

〔ノース・カロライナ〕Tarheel Tax Review の一九九四年一・二月版（これは歳入庁による行政上文書として発行されたものである。）は、Geoffrey 判決が既にノース・カロライナ法であると述べている。Rule T 17：05 C. 0102は、「関連性」が事業又は「(3)商標権、トレイド・ネイム、営業権、コンピューター・プログラム、著作権、パテント・プロセス、ライセンスを含む所得産出資産の保有、賃貸又は運用により生ずる」と述べている。

〔ウィスコンシン〕ウィスコンシンは既に明確な規則（WAC sec. 2.82 (4)(9)）を制定している。当該規則は、「ウィスコンシン州で使用するための無形財産権のライセンス」は関連性があるとみなすに十分なものであるとしている。しかし、今日まで、このサブセクションは独立的な課税管轄基準であるとは積極的に主張されていないというのが現実である。

〔アーカンソー〕Revenue Policy Statement 1995-2は、州外の持株会社がアーカンソー州での事業からロイヤリティ所得を受け取っていると、そのようなロイヤリティにアーカンソー所得税が賦課されることになると規定している。

④ **Multistate Tax Commission Draft Guidelines/Definition of Substantial Nexus**(94)

MTCは、一九九五年一月二五日に公表した草案のガイドラインにおいて、驚くべきフィクションを採用している。すなわち、州内での無形資産の存在は、「物理的な存在」であるとした。同様に、通常の運搬人としての資格で通常の運搬人からの購入ではなく、私的契約による「telecommunication linkage」（つまり、al-800番号又はその他の私的回線契約）の存在は、それ自体が「物理的な存在」を構成すると述べている。この注目すべき主張は、Quill 判決自体は、ノースダコタのソフトウエアの使用許可を受けて、そして消費者の使用のために1-800電話回線を提供していたという事実を無視しているといえよう。

三　Public Law 86-272

州の課税管轄権は憲法上の通商条項及び適正手続条項により課せられた制限、さらに連邦法（Public Law 86-272）により課せられた制限——三つの原則——に服している。

1　Public Law 86-272立法の背景と効果

〔**1**〕　Public Law 86-272[95]は、①Northwestern Portland Cement/Stock-ham Values における一九五九年連邦最高裁判決、さらには②ルイジアナ州での Brown-Forman 判決及び International Shoe 判決の裁量上訴（サーシオレイライ）の受理が認められなかったことに対応するために、この問題に関する議会の研究、そして恒久的な立法を行うに至るまでの一時的な「穴埋め手段」として問題に対応するために立法化された。しかし、ウイリス委員会（Willis Committee）は、一九六四年にその研究・調査を行ったが、Public Law 86-272にとってかわるための、新たに連邦法を立法することができなかった[96]。Public Law 86-272は、州外法人が有形資産を販売するにあたり、当該法人が課税する州内で勧誘及び配達を行った場合のネット・インカム課税の取扱いに各州間で差異が生ずることを防ぐためのガイドラインである。

〔**2**〕　Public Law 86-272の法的効果は、次のようなものである[97]。

(1)　Public Law 86-272の立法により、議会は州内の活動で一定の事実以下の活動であれば所得課税が課せられないという「活動のレベル（最低活動）」を設定することにより、州の課税権を制限することを求めていた。

(2)　Public Law 86-272は、原則として、州が、有形資産について、住所を有しない販売者に対して、ネット・インカム・ベースで課税することを禁止している。このPublic Law 86-272により保護される販売者の「課税をする州での事業活動」は、注文の受入れ又は拒絶を求めて州外に送られ、そして注文が行われたときに州外のある場所から配送される場合の「注文の勧誘（solicitation）」に限定されている。

(3)　有形資産の州際での一定の販売者（課税をする州内でこの販売者の契約は、販売代理人の存在に制限されており、その代理人は勧誘が受け入れられ、州外からの運送・配達により充足されるところの「注文の勧誘」以外、何も行わないことである。）に対して保護を与えているが、Public Law 86-272は、次のような行為又は法人については適用されず、州の所得課税からの保護を与えないとしている。

①　内国法人（課税する州の法律に準拠して設立された法人）

②　州内に事業の何らかの事務所あるいはその他の場所を有する法人

Public Law 86-272は、州外の販売者のために注文を勧誘する独立した契約者がこの州内に事務所を維持することは認められている。

③　課税をする州内で棚卸資産又はその他資産を保有する法人

④　有形資産の販売以外のあらゆること（たとえば無形資産の販売、金融資産の販売、資産のリース、役務の提供）を行うために州内で注文を勧誘する法人

⑤　売上税、総受取税、キャピタル（すなわち純価値）税の納税義務、あるいは使用税の源泉徴収（Public Law 86-272は、純所得により算出される税に対してのみ適用される。）

⑥　従業員又は独立した契約者（コントラクター）によるか否かはともかく、課税されない「勧誘」の範囲を超えて、活動を自己のために遂行している、あるいは遂行していた法人

(4)　Public Law 86-272 は連邦規定（federal statute）であるけれども、連邦裁判所は、原則として Anti Tax Injunction Act のため、その適用に関する事件を審理する権限を有しない。結果として、後述する Wisconsin Deparatment of Revenue v. William Wrigley Jr. Co.（1992）[98] に先立って、この規定は、様々な州の裁判所において排他的に解釈、適用されてきた。具体的には、(a)広範囲に「勧誘（solicitation）」を解釈する州の判決と、(b)狭義に「勧誘（solicitation）」を解釈する州の判決に二分することができる。[99]

(5)　訴訟において、居住している州（home state）が Public Law 86-272 を用いて、法人が他の州で「勧誘（solicitation）」の範囲内の活動を行い、その結果、当該他州において課税されないということを立証することによって、州の立場は影響を受けることがある。このような場合において、法人は自州の所得を配分するベネフィットを否定されるか、あるいは法人の所得のかなりの部分がその州のものとして、その州からその商品がその州の「スローバック・ルール（throwback rule）」の適用によって、配分されることになる。[100]

2　「勧誘」に関する Wrigley 判決とその後の発展

(1)　**Wisconsin Department of Revenue v. William Wrigley Jr. Co.（1992）**

〔1〕　Wrigley は、イリノイ州に居住するチューイングガムの製造会社である。同社は同州の居住販売団体を介してウィスコンシン州内でその商品を販売した。販売代理人の活動のうち、次のようなものが連邦最高裁判所によって審理の対象となった。

(1)　「代理人による在庫チェック（agency stock checks）」を介して小売業者にガムを供給すること（小売業者

の商品が少なくなると、代理人の所有している手持ちの在庫から供給され、その後に Wrigley はガムの請求書を送る。)

(2) ガム、ディスプレイ・ラック、宣伝用材料についてのウィスコンシン州での保管（貯蔵）

(3) そのような品物の保管のための場所の賃貸（販売代理人による賃貸）

(4) ガム販売のための陳列棚の無償支給（その陳列棚は小売業者がもっている在庫からのガム、あるいはたまには代理人からの供給によるガム《小売業者はすぐにそれについての請求権を受け取るが》充足される。)

(5) 販売代理人による品質の悪いガムの取替え

(6) 活力のある、有能なマネージャーの採用、訓練及び従業員の評価

(7) 特別に問題のある感情的なクレジット問題における有能なマネージャーの仲裁

〔2〕 Wrigley は、「勧誘（solicitation）」の広範囲な定義――「勧誘（solicitation）」の定義は、関連する事業の特性（業種）、そしてそのような事業が通常採用する販売方法に着目することにより「勧誘」の範囲は決まってくる。これを通常の機能アプローチ（customary functions approach）と呼ぶ――と「一定の、その他のマイナーな非勧誘活動」を許容する「最低基準（de-minimis standard）」の採用を主張した。

これに対して、州は、商品の注文作成に直接関わる販売活動に先行するもの（販売のための注文をもたらすために本当に不可欠な販売前活動）のみが「勧誘（solicitation）」に含まれるとして、「勧誘」の狭義の定義を主張した。

〔3〕 連邦最高裁判所は、当事者が主張していた双方の見解を否定した。その代わりに、「購入のために必要とされる完全に補助的な活動（『注文の勧誘』とは別に、独立的な事業活動に奉仕しないところの活動）と、会社が従事するのが当然であると考えるが州内の販売団体（業者）に配分することも選択しうる活動との間に[101]」一線を引いた。

(1) さらに、同裁判所は、非勧誘活動が全体的にみて、課税する州と重要な付加的な関係を達成していないとする

と、このような活動が「最低基準の例外」に該当することになると結論づけた。

(2) 同裁判所は、活力のある、有能な支配人（マネージャー）の採用、訓練及び従業員の評価、さらに販売関連会議のためのホテルと自宅の使用、特別に問題のある感情的なクレジットの処理における有能なマネージャーの仲裁は完全に勧誘に付属するものである。それゆえにそれらは保護される活動であると判示する。しかし、品質の悪いガムを置き換えること、代理人による在庫チェック（agency stock checks）を介して小売業者にガムを供給すること、その後にガムの請求書を送ることは、（相対的にではなく絶対的な視点でこの行為全体を分析すると）勧誘の「補助的な行為」ではなく、また「最低の非勧誘行為」でもないと判示する。

〔4〕 なお、Wrigley 判決は、以前存在していた以上の内容（ガイダンス）を納税者に与えているが、「勧誘（solicitation)」活動と「最低の非勧誘」活動に関する二つの基準は、解釈と（事実への）適用について結論を異にする余地を残しているといえよう。(102)

(2) Wrigley 判決後の発展

〔1〕 一九九三年一月に、多州（複数の州）租税委員会（MTC）の実行委員会（Executive Committee）は、Wrigley 判決に応えるための「ステイトメント」を採用した。(103)

(1) このステイトメントは、補足的な活動に関して、Wrigley 判決の定義を採用している――すなわち、それは、「注文の勧誘に関係せずに、販売者のための独立的な事業機能を遂行していないもの（活動）」である――。さらにステイトメントは、販売を促進しようとする活動は勧誘に対して補足的なものではない。なぜならば、前記の Wrigley 判決によると、Public Law 86-272 は、販売の要求を促進する（容易にする）活動を保護するのみであるといえるからである。

(2) ステイトメントは、課税する州ととるに足らない付加的な関係のみを作り出す活動であるとして、「最低活動

(de-minimis activities)」を定義している。仮に、このような活動が通常に、継続的に、会社の政策に従って行われているとすると、それらは最低であるとはみなされないであろう。

(3)　最低活動でない限り、次のような活動は、勧誘を超えると考えられる。

① 補修をする、あるいはメンテナンスをすること
② 売掛金や不履行債務の回収
③ 不良債権の調査
④ 取付け又は取付けの監督
⑤ 勧誘に関係しない者に対するトレーニング・コースの運営
⑥ あらゆる種類の技術的な援助の提供
⑦ 消費者の不満の取扱い（販売人が消費者に取り入る《機嫌をとる》ためにのみ直接的な不満を解消するというものでない限り）
⑧ 注文の承認あるいは受入れ
⑨ 財産の取戻し
⑩ 販売時の預金の保証
⑪ 壊れた商品や返品の収集と交換
⑫ 勧誘に関係のない人の雇用、訓練あるいは監督
⑬ 配達の情報の提供又は配達の手配
⑭ その年度において一か所で二週間を超えてサンプル・ルームを維持すること
⑮ 販売のためのサンプル（見本）の携帯

⑯　あらゆる補修店舗、部品デパートメント、購入している事務所、雇用事務所、倉庫、会議室、商品の貯蔵（ただし、販売人用のサンプルは除く。）、電話応答サービス、自動車店、あらゆる種類の不動産の所有、リース（賃貸）又は維持

⑰　財産のあらゆる者（独立した契約者を含む。）へ送付（委託）すること

⑱　会社により支払われ、そして会社又は代理人に形式的に帰属する「事業のあらゆる場所あるいは事務所」の維持

⑲　販売をするための代理人の在庫チェックを行うこと

⑳　その他、注文要求と補足的な関係にない出来事

(4)　次のような活動は、勧誘の範囲内にあるとみなされる。

①　あらゆる種類の広告により販売注文を勧誘すること

②　展示又は無料配付のためのサンプルの携帯

③　販売者への自動車の保有又は提供

④　主たる事務所への不満や質問の取次ぎ

⑤　宣伝的販売活動

⑥　棚卸商品のチェック（再注文のため。品質管理の目的ではない。）

⑦　二週間（一四日）以内でのサンプル・ルームの維持

⑧　州内に事務所をもたないとするならば、州内に居住する従業員による注文の勧誘

⑨　販売人の雇用、訓練又は評価

⑩　会社により支払われ、そして会社又は代理人に形式的に帰属しない「事務所」の（販売人によって行われ

る。）維持

⑪　販売人が消費者に取り入る（機嫌をとる）ためにのみ行われる消費者の不満の取扱い

(5)　一九九四年七月二四日に、次のような Phase II のガイドラインが公表された。[103]

①　ホーム・オフィス（本店又は本事務所）は、当該会社がその州内に継続的に事務所をもっており、州によって保護される活動内に事務所の使用が制限される限りにおいて、許容される。

②　勧誘に用いる事業設備及び自動車の存在は保護される。

③　会社のトラックによる配達（あるいは会社以外の配達人）は勧誘を超えるであろう。

④　州内での事業をするための単なる登録は、Public Law 86-272 の保護から除外されないであろう。

⑤　Joyce ルール[104]がユニタリー・グループのメンバーにとって「関連性」があるか否かを判断するときに適用される（それぞれの会社は、「関連性」の判定については各々別々に審理される。）。

⑥　一年の限られた期間に問題の活動をすると、すべての事業年度にわたって免税（非課税）が受けられなくなる。

〔2〕　なお、「補助的な活動」に関する主要な判例としては、次のようなものがあげられる。

(1)　Kelly-Springfield Tire Co. v. Bajorski (1993)[105] において、州裁判所は、クレジット・マネージャーによる顧客への訪問が Wrigley 判決の勧誘についての解釈の範囲を超えているとみなした。当事者は、クレジット・マネージャーが顧客を毎年訪問することと取り決めていたが、同裁判所は、州が Wrigley により認められた最低の活動を超える訪問であるとの立証責任を果たしているとは考えていなかった。さらに、同裁判所は、州内で事業活動を行うための資格が Public Law 86-272 の範囲外にあるとの州の主張を退けた。

(2)　Pomco Graphic Inc. v. Director (1993)[106] において、州裁判所は、納税者がカジノのライセンスを得る行為は「勧誘」を超えているという州の主張を却下した。州はカジノに印刷物を売却するためにライセンスを必要としたが、同裁判所は勧誘の範囲内であると判示した。また、裁判所は、①他の消費者へのプリント物の見本の開示及び検査、②提案された内容の詳細な検討及びプリント作業のレイアウト、③消費者への特別な見本の審査及び開示、④消費者のニーズに応えるための推奨方法の説明、⑤価格・品質・生産計画・配達についての議論などのような活動は、Wrigley 判決における「補助的（ancillary）」なものであると判示した。

(3) Gillette Company v. Michigan Dept. of Treasury (1993)[107] において、州裁判所は、ミシガン・シングル・ビジネス税（MSBT）が Public Law 86-272 が対象とする「ネット・インカム・タックス（所得税）」ではないので、Public Law 86-272 の規制は適用されないと判示した。

(4) Formal Ruling 95-04, Vermont Dept. of Taxas (April 26, 1995) において、役務は州外の顧客のためにバァモント州内で遂行されていた（役務は、マスター・テープと複写テープが双方顧客の資産のなかにあり、かつ保管されている場合、州外の顧客により提供されたマスター・テープの複写、注文の取得と注文の過程、テープの物理的な保存と運搬、さらに会計と収入の過程を含む。）が、このような役務は州外の顧客に対する代理人（の代表者）のもとに帰属させられ、そして Public Law 86-272 の活動を超えることになり、結果的に、バァモント会社の州内活動は、州外の顧客にとってのバァモント所得税に関する「関連性」を作り出すと述べている。

(5) Massachusetts Dept. of Revenue Directive 95-7 (7/12/95) は、マサチューセッツ州内の道路を利用してトラックで「たえず」商品を運んでいる会社は、実質的な関連をもっていると述べている。Directive 95-7 は、いかなる年度においても法人がマサチューセッツ州を横切って、マサチューセッツ州で集配、配達（あるいは集配と配達業務）をすることなく一二回を超える集配、配達、運送をしている場合には「関連性」が存在するとみなすと規定することによって、行為（sorts）の最低のセーフ・ハーバーを明らかにしている。同じ時間・場所で商品を集配・配達することは一回の行為であるとみなされる。

(6) Brown Group Retail Inc.（1996）[108]において、州内において、金融財務分析、リースとローンの調整、場所の選定及び店のデザインについて、消費者（顧客）を補助する二人の従業員の存在は、その州内に「関連性」を作り出すに十分であると判示する。

四　平等保護・州際差別

州の課税管轄権に対するその他の制約として、平等保護条項、通商条項あるいは輸入輸出条項が考えられる。

1　平等保護条項

平等保護条項は、「州はその管轄内にあるいかなる人に対しても法の平等な保護を拒んではならない」（修正一四条第二節）と規定している。この平等保護のコンセプトは、憲法上、州の、あるいは地方の課税権を制限する一方で、多くの納税者は、州税が平等保護を否定していると主張しているが、ほとんどの判決において課税が無効であると判示されたことはない。平等保護条項は、この規定のなかに存する弾力性・柔軟性が広範囲に許容されているため、州が課税において合理的な区別（差別）を行うことを禁じていない。[109] Carmichael v. Southern Coal & Coke Co.（1937）[110]において、ストーン判事は、州が課税の客体あるいは非課税を選択する自由を有しているということは、課税権の行使に当然に付着しているものであると述べている。

平等保護条項が最初に州の課税権の制限条項として用いられた事件は、Bell's G. R. Co. v. Pennsylvania (1890)[111] であるが、そこで裁判所は、州が適切で合理的なあらゆる方法で課税制度を調整することを禁じておらず、州が合理的な制限（制約）内で行っている限りは、州による課税は州の立法裁量の範囲内にあると判示した。さらに、裁判所は、平等保護条項が州の平等課税について厳格なルールを採用することを州に強いているものではないと判示した。その後もこのような州の課税権限の拡張は支持されており、一九五八年の Allied Stores of Ohio Inc. v. Bowers (1959)[112] も「区別は差別であるけれども、あらゆる事実からして平等保護条項を維持していると合理的にみなされる場合には、恣意的ではなく修正一四条の平等保護条項を侵害しない」と判示している。

Allied Stores 判決において、連邦最高裁判所は、課税が平等保護による制限を侵害しているか否かをみる前に「明確な恣意（palpably arbitrary）」あるいは「不公平（invidious）」があるか否かが検証されなければならないという見解を示している。

最近の事件である Commonwealth v. Marcadante pa. Comm. Ct., No. 100 C. D. 1996 (May 24. 1996)[113] において、納税者は、販売事業と役務提供事業との間において、事業に賦課する総受取税を区別するための合理的な理由が存しないと主張した。裁判所は、審査基準は異なる税負担を課せられる異なる分類（区別）のメンバーとして異なる納税者のグループを取り扱うことに正当性があるかどうかであると述べて、問屋・小売業者・レストラン・遊戯場に課された総受取税を無効であると判示した。なぜならば、この税はサービス事業については課せられておらず、差別が存するからである。

2　州間での差別

州の課税管轄権行使の結果、州間で生ずる差別も、通商条項（一条第八節）、平等保護条項（修正一四条第二節）、州への権限留保条項（修正一〇条）等と抵触することがありうる。
最近の注目すべき判例として、以下のようなものがあげられよう。

① **Fulton Corp. v. Faulkner** (1996)(114)

ノースカロライナは、居住者が所有している法人株式の時価に無形財産税を課した。課税標準からの控除割合は、ノースカロライナが課税している当該株式発行法人の所得の一部に等しくなっていた。納税者は、通商条項に反すると主張をした。ノースカロライナの法人所得税を支払わないが、ノースカロライナ州の資本市場の利用を享受している外国法人に対して課す補完税（compesatory tax）であると主張していた。

裁判所は、表面上差別にみえるが、しかし、仮にそれが州際通商によって既に生じている負担を州際通商に課すものであれば、それは維持されるべきである。

裁判所は、州際及び州内の税が賦課している対象が、Honeford v. Silas Mason Co. (1937)(115) において、税が補完的であるとみなすために要求されているような「実質的な相当物」であるとの証拠が存しないと判断した。税が納税者のまったく別のカテゴリーのもとに課せられており、二つの税の「経済的な特徴（incidence)」が同じであるとはいえなかった。

裁判所は、その税が表面的に州際通商を差別しており、有効な補完的な税であると考えることはできないとして、通商条項を侵害していると判示した。

② **General Motors Corp. v. Tracy** (1996)(116)

General Motors Corp. (GMC) は、まったく別の天然ガス会社（取引業者）から天然ガスを購入した。天然ガス会社は、オハイオ州以外の生産者からこれらを仕入れていた。天然ガスの購入は、その販売者が運送・配送施設を有し、かつ管理し、そしてオハイオ州の消費者に配達している場合には非課税とされていた。オハイオの課税当局はオハイオ州外から購入し、オハイオ州内で消費したとして、天然ガス税の購入に使用税を課した。GMCは、オハイオ州内で運送施設を有しない会社からの購入に使用税を課すのは通商条項を侵害すると主張した。

裁判所は、使用税は画一的に自己の施設をもたない独立した取引業者からの購入に課せられており、それはそのような取引業者が州内にいるか州外にいるかではないとして、通商条項に違反しないと判示した。また、裁判所は、GMCが天然ガスの購入者であり、州外のベンダーではないので、GMCがベンダーについての平等負担に係る問題の法規の合憲性を争う原告適格を有しないと判示した。

③ PGM Industries Inc. v. Commonwealth of Pennsylvania (1996)(117)

納税者は、ペンシルバニア州及びその他の州内の工場でグラスとペイントを製造していた。ペンシルバニアは、資本株式税について製造イグゼンプションを認めていた。三つの要因によるアポーションメントを計算するときに、製造イグゼンプションは、製造、調査研究等に帰属する(これらはすべてペンシルバニア州で行われている。)あらゆる資金、賃金、売上(販売)高についての分子を軽減して計算された。納税者は、ペンシルバニア州で行われている活動に対してのみ例外を認めるということは通商条項及び平等保護条項に違反すると主張した。

裁判所は、資本株式税を計算するこのような方法は通商条項に違反しないと判断した。裁判所は、動産に関する財産税に関する Fulton Corp. v. Faulkner (1996)(118) はこのケースの射程距離外にあると判断した。裁判所は、すべての納税者が州内に住所を有すると否にかかわらず、ペンシルバニア州での製造に携わる者の賃金について同じ控除を認めているという理由で、差別は存しないと判示した。

④ Erieview Cartage Inc. v. Department of Revenue (1996)(119)

Erieview は、オハイオ州を拠点とする州際トラック運送会社である。毎年、この会社は、イリノイ州内に商品の配達と集荷のために五〇〇回を超えるトラック運送と、さらにイリノイ州を通過するトラック運送(イリノイ州に停車しない。）を行っている。納税者は、イリノイ州とのその唯一のコンタクト（接触）は州際通商からのものであるために、イリノイ所得税を賦課するための要件を充足しないと主張した。

裁判所は、イリノイ州での停車を含む輸送と納税者が単に通過するだけの輸送を区別した。裁判所は、イリノイ州での停車を含む輸送はイリノイ州との「関連性」が存することは明らかであると判示した。一方、納税者が単に通過するだけの（すなわち州内に起点も終点ももたない。）輸送を行った場合、裁判所は、イリノイ州での輸送から所得を生み出していないし、そのような状況はイリノイ州税法§304(d)での課税客体を構成しないと判示した。さらに裁判所は、他の州を通って運行をしない、あるいは州際通商に従事していない企業は、彼らの本拠地である州（ホーム・ステイト）において課税されることから、このような状況下で原告へ賦課をすることは、事実、通商条項について不公平な負担を課することになると判示した。

3　輸入輸出条項

アメリカ合衆国憲法一条第一〇節第二項は、「いかなる州も、連邦議会の同意なくして、輸入品又は輸出品に賦課金又は関税を課すことはできない。ただし、州自ら検査を執行するのに絶対必要である場合は除く。輸入品又は輸出品に対して州が課した関税及び賦課金の純収入は、合衆国の国庫の用途に充当される。ここに述べたすべての州法は、連邦議会の修正と統制に服する」と規定している。この規定は、連邦政府に外国通商の排他的な権限を与える規定である。輸入輸出条項の目的は、歴史的には、外国の国境を越えて商品を他の州に移転する場合に、重要な港湾施設をもっている州が賦課する有害な特権税から、適当な港湾施設をもっていない州を保護するためであった。[120]

州の課税権限の制約条項として、この規定を解釈した最初の判決は、Brown v. Maryland（1827）[121]である。裁判所は、輸入輸出条項がメリーランド州法（外国商品の輸入者に対して、ライセンスの取得と、ライセンス税の賦課を求める。）によって税を賦課することを禁じていると判示した。この判決は、輸入に課税する際の厄介な問題を解決するための「オリジナル・パッケージ・ドクトリン（original package doctorine）」（輸入した物に手を加え、その特徴が変化するのであれば、州は課税することができるというマーシャル首席判事の意見）のルーツとして有名である。長年にわたって、裁判所は、輸入者が州により課税されうるか否かを判断するときに、このドクトリンを用いている。販売のために輸入され、保有されている商品について、「オリジナル・パッケージ・ドクトリン」が適用されている。マーシャル首席判事は、製造のために使用される商品の輸入については、その商品の梱包が解かれる、あるいはそれらが販売・使用されたときには、この条項の保護は失われると述べていた。よって、再販売による州への配分のために保有している商品に無差別の従価税を課すことはこの条項により禁じられているが、一方製造のための輸入品にそのような税を課すことは許容されていた。[122]

Michelin Tire Corp. v. Wages.（1976）[123]においては、「オリジナル・パッケージ・ドクトリン」が再検証された。この事件では、納税者はジョージア州に外国からタイヤとチューブを輸入し、その州で保管・貯蔵していた。このタイヤとチューブは納税者の倉庫に保有され、それらに従価財産税が賦課されていた。タイヤについては、大量に輸入された他の商品と混合され、販売のためにアレンジされていた。ここで、連邦最高裁判所は、一〇〇年以上判決により維持されてきた、上述の「再販売による州への配分のために保有している商品に無差別の従価税を課すことはこの条項により禁じられている」という立場を変え、輸入が課税されうるか否かという問題の解決のために異なるアプローチを用いた。裁判所は、この条項が禁じているのは輸入に対する賦課金あるいは関税のみであるとして、通常の税と賦課金・関税とを区別した。連邦最高裁判所は、この輸入タイヤがその特性を変えているか否かという問題には言及することなく、タイヤに対する課税を支持した。

一方、この「オリジナル・パッケージ・ドクトリン」は、一九七六年までは輸入に対する課税の適法性のテストのためにのみ用いられていた。輸出課税については用いられていなかった。輸出課税の適法性は、その輸出がその最終目的地に入ったか否かによって判断していた。Coe v. Errol (1886)[124] は、州際へ輸出される材木が川の枯渇により運搬できなくなったときに、別の州に材木が移転しない限りはこの条項の適用を受けず、その材木は財産税を賦課されうると判示した。いわゆる「ファイナル・ジャーニー・ドクトリン (final journey doctorine)」が確立された[125]。しかし、裁判所は、輸入輸出条項は資産が輸出されたときに輸出免税を与えられることを意味していたと解する傾向にあり、この物理的な移動を要求するこの「ファイナル・ジャーニー・ドクトリン」の要件も次第に緩和されているといえよう[126]。

五　各州のアロケイション・アポーションメント

1　所得配分原則（アロケイション・アポーションメント）

州は、原則として居住者が州内外で稼得した所得、非居住者が州内で稼得した所得及び州際通商から生じた所得で、州に帰属する範囲内のものに対して課税することができる。法人所得について課税する州において、複数の州にまたがって行われる事業に対する課税管轄は、所得配分原則（アロケイション・アポーションメント、allocation and apportionment）によって決定される。一九六九年に連邦法により一群の州に多州（複数の州）租税協定を制定させ、多州租税委員会（MTC）を作り、統一所得課税規則の制定を図った[127]。

純所得を課税標準とする法人課税を行っている州のほとんどが財産・賃金・収入の三要素によるアロケイション・アポーションメント方式（いわゆるマサチューセッツ方式）を採用しているが、課税所得統一配分法（UDIPA）を採用することによって、納税者は選択的に州の採用しているアロケイション・アポーションメント方式に代えて、課税所得統一配分法（三要素方式を用いて、売上高の帰属については仕向地主義を採用している。）を採用することができる。[128]上記のマサチューセッツ方式の利用は、一九三九年に国家租税協会（N. T. A.）により勧告されたものである。一九六四年にウイリス委員会は、総収入又は売上高という要素を放棄して財産及び支払賃金という二要素からなるアロケイション・アポーションメント方式の採用を勧告している。[129]

上記のマサチューセッツ方式の三要素はもともと商業・製造業に関して発達してきたものである。一九三九年に行われたN. T. A. K. の所得アロケイション・アポーションメントに関する委員会による「報告書」は、「三要素方式が商業・製造業に従事する納税者以外のものにとっては適しないものである」ことを認識していた。そこで特定産業に関しては特別のアロケイション・アポーションメント方式が発展させられていくこととなる。[130]

公平なアロケイション・アポーションメント方式については、憲法上、通商条項、適正手続条項、平等保護条項、州の権限留保条項（修正一〇条）違反との関係で重要であるが、この問題については既に研究成果があるので割愛することとする。[131]一般的には、州がどのようなアロケイション・アポーションメント方式を採用するかに関しては、州はかなり柔軟性を有しているということができよう。[132]

なお、この方式の適用及び運用は、納税者が通商条項及び適正手続条項違反を立証しない限り、覆ることはない。所得税（ネット・インカム・タックス）について、納税者がアロケイション・アポーションメント方式が公平でないと主張するためには「明確かつ説得力のある証拠（clear and cogent evident）」により課税による明らかな侵害があることを示さなければならない。しかし、所得税について、納税者が、あらゆる証拠から、方式の使用により課税を行う州内に帰属する所得が課税する州内で納税者によって取引された事業に適切に比例していないということを裁判所に確信を抱かせると、納税者はその立証に成功したことになるであろう。[133]

2　アロケイション・アポーションメント方式の実際

もっとも問題となる法人所得税に着目して、この方式の実際の適用をみていくことにする。

連邦段階での課税所得（連邦課税所得）に一定の調整（連邦課税所得への加算と連邦課税所得からの減算）を加えて（これは各州により異なる。）、州の課税所得を算定する。州が課税する事業所得金額の算定は、通常、三要素方式を用いて行われる。たとえば、もっとも典型的な方式は、1/3（州の財産／すべての財産）＋1/3（州の支払賃金／すべての支払賃金）＋1/3（州の売上げ／すべての売上げ）である。しかし、この方式（特に1/3割合について）は、州により相違が存する（たとえばジョージア州など）。

以下、事例として、ジョージア州のアロケイション・アポーションメント方式の内容をみてみることとする。

(1)　納税者たる法人

OCGA § 48-7-31 (a) は、納税義務者について、次のように規定をしている。

「この州内において財産を所有している、あるいは事業を遂行しているあらゆる法人が、法人税に服する。法人は、次の各号にかかわらず、経済的利益又はゲインのために何らかの取引活動をこの州内で行っている場合には、その州内で事業を行っているものとみなす。

(1)　法人が州内で事業を遂行する資格があるか否か。

(2)　法人が事業を遂行するために、主たる事業所又は事務所をおいているか否か。

(3)　あらゆる活動又は取引が州際又は外国との関係があるか否か。」

DOR Rule 560-7-7-03 (1) は、さらに「法人は、①当該法人が経済的な利益又はゲインをもたらす州内取引を行っているとき、又は②当該法人が経済的な利益又はゲインのために取引又は活動を州内で従事しているとき、州内で事業を遂行しているとみなされるであろう。法人は、この州内に、あらゆる事項に対する当該会社の代理人、セールスマン又はその他の代理人も有し、彼らが勧誘、デモンストレーション、注文の取得、商品の運送及び（あるいは）この州内の消費者からの受取りをもたらす場合には、州内活動に従事しているとみなされるであろう。しかし、法人は、単発的、一時的な活動に従事している場合で、そのような活動が他の場所で生産された所得産出活動あるいはほかのところで締結された取引に一致する場合には、州内での事業を遂行しているとはみなされないであろう」と規定している。

(2) 所得按分のための権利

憲法上、州の課税管轄権に服する「関連性」を有する非居住法人は、たとえ州内での活動が州際通商にのみ従事しているとしても、その所得について公平に配分されなければならない。必要なコロラリーは、別の州で課税に服する十分な「関連性」を有している居住法人が、居住する州内での所得について按分されることが認められなければならないということである。

① 制定法上の権利

OCGA § 48-7-31 (b) は、次のように規定している。

(1) 法人の事業所得が州内で所有する財産あるいは事業から生ずる場合には、すべての事業所得に課税が行われる。

(2) 法人の事業所得が州内で所有する財産からあるいは事業から一部生じ、州外で所有する財産からあるいは事業から一部生じた場合には、州内で所有する財産あるいは事業に合理的に帰属する事業所得の一部にのみ、この按分額はこの法典の本条(c)、(d)で規定された方法により決定され、課税が行われる。

② 投資所得の配分

OCGA § 48-7-31 (b) は、所得の三つのカテゴリーに関する按分に先立ってそれらの配分について、次のように規定をしている。

(1)　投資のために保有している社債から受領した利子、その他投資のために保有している無形財産から受領した所得。DOR Rule 560-7-7-03 (3) は、この規定は保有のためにのみ（solely）保有している資産からの所得に適用すると規定する。無形資産からの純投資所得は、その法人の本店がジョージア州にあるか、あるいはその無形資産がその州内で保有されている資産からの所得として、あるいは州内での事業の結果として取得された場合には、ジョージア州に配分されることになる。

(2)　投資のためにのみ保有しており、いかなる事業のためにも用いられていない不動産からの賃料。そのような投資所得に関係する費用はすべて投資所得から控除される。その州内に存する有形資産からの投資所得はこの州に配分される。

(3)　法人の営業・事業と関連して保有・所有・使用されておらず、また通常の事業において販売として保有していない無形資産あるいは有形資産の販売からの資産。このような売却資産が州内に存する不動産又は有形資産であるか、この州内に現実の住所又は事業所をもつ無形資産である場合には、そのようなゲインはジョージア州に配分される。その他の場合においては、ゲインはこの州には配分されない。

(3)　その他の所得の按分

OCGA § 48-7-31 (d) は、前記の三つの所得は独立して配分されるが、残りの純事業所得は、次のような按分方法により按分されると規定する。

①　三要素按分

(1)　OCGA § 48-7-31 (d) は、純事業所得について三要素按分を規定する。

(2)　制定法により三要素按分が適用される場合には、ジョージア州の財産及び活動に帰属する法人の純事業所得の部分は、総純事業所得に、①資産要素（二五パーセント）、②賃金要素（二五パーセント）、③総収入要素（五〇パーセント）の平均を乗ずることにより算出される。

(3) 資産要素は分数であり、その分子は課税期間内においてジョージア州で保有、賃貸、使用された納税者の不動産及び有形資産の平均価値であり、分母は課税期間内においてあらゆるところで保有、賃貸、使用された納税者の不動産及び有形資産の平均価値である。

① 保有資産は取得価格で評価される。納税者が賃貸する資産は年間純賃料の八倍で評価する。

② 財産の平均価値は当該課税期間の期首と期末の価格を平均化することにより決められる。しかし、課税庁が納税者の財産の平均値を適正に算定する必要があると考える場合には当該課税期間中の月別価値の平均を要求することができる。

③ 制定法上、無形資産は資産要素の分子にも分母にも含まれない。

② **賃金要素**

賃金要素は分数であり、その分子は課税期間内においてジョージア州で納税者が報酬として支払った総額であり、分母は課税期間内においてあらゆるところでの報酬としての総額である。

(1) 報酬は、賃金、給与、歩合給その他人的役務の対価として従業員に支払われるものを意味する。独立した契約者又は従業員として分類されないその他のあらゆる人への支払いは除かれる。提案レギュレイション（これはまだ施行されていない。）のもとで、役務を遂行する個人が賃金要素の計算に当たり支払いが給与として算入される従業員として取り扱われることになるか否かを判定するテストは、当事者間での呼び方ではなく、他の領域において用いられているコモン・ロー・テストである。

(2) 報酬は、①従業員の役務がすべてジョージア州内で遂行されている場合、②役務がジョージア州内と外で遂行されているが、ジョージア州以外で遂行された役務がジョージア州内で遂行された役務に付随している場合、③役務の一部がジョージア州で行われ、かつ、(a)事業運営（経営）の基礎又は役務が管理支配される場所がジョージア州にあり、あるいは(b)事業運営（経営）の基礎又は役務が管理支配される場所が役務が遂行されているジョージア州にないが、個人の住居がジョージア州にある場合、ジョージア州で支払われているとみなされる（そして、賃金要素の分子に算入される。）。このテストは、会社が保持することが求められている記録から分子を決めて、雇用者の解雇手当の支払額を決めるときに用いられているテストと一致している。

③ 総収入要素

総収入要素は分数であり、分子は当該課税期間中にジョージア州内で遂行した事業から受け取った総収入であり、分母は当該課税期間中にあらゆるところで遂行した事業から受け取った総収入である。

(1) 総収入要素について、受取りは、当該受取りがこの州内で消費者に運ばれた商品あるいは消費者にこの州内に配達された商品から生じた場合にのみ、ジョージア州での事業遂行から生じたものであるとみなされる。

(2) United States Steel Corp. v. Undercofler (1965)[134] は、総収入要素に反映される商品の目的地アプローチの適用は、ジョージア州内にある消費者へ運送させられた部分（しかし、販売がジョージア州外で交渉・締結された部分）に関して、州外の製造業者に適用されるものとして合憲であると判示した。

(3) Strickland v. Patcraft Mills Inc. (1983)[135] は、ジョージア州内で商品が消費者に配達された場合には分子に当該販売を含めるということは総収入規定の文言において支持されているにもかかわらず、総収入要素は、有形資産の販売者の総収入を按分するための「目的地」あるいは「市場の場所」アプローチを採用することを意図していたと判示した。よって、消費者が商品をジョージア州外に直ちに搬送するために、ジョージア州内の当該消費者に配達した場合には、この販売は総収入要素に係る分子に算入されない。このコロラリーは、直ちにジョージア州の消費者に搬送するために、ジョージア州外の消費者に商品を配達した場合には、この販売は総収入要素に係る分子に算入されることになる。

④　要素の不存在

三つの要素に服している法人が要素の一つを有しなくなったとき（ジョージア州の分子がゼロになるのではなく、分母がゼロになる。なぜならば、要素がまったく存在しないからである。）、その要素は消滅する。(136)

六　わが国における地方公共団体の課税権の限界

1　州の課税権の憲法上の制約とわが国への影響

〔1〕　アメリカ憲法のもとで州をはじめとする地方団体がいかなる範囲の課税権（課税管轄権）を有するかは、アメリカの「州課税法」の中心的な問題でありつづけてきた。適正手続条項と通商条項のもとでの「関連性」について、まず適正手続条項が要求している「最低の抵触」は、間接税、直接税を問わず、物理的な存在は必要ではなく、経済的な存在があれば充足されると解することができよう。これに対して、後者の通商条項のもとで要求されている「実質的な関連性」は、使用税（use tax）のような税目については、納税義務者が州内に「物理的な存在」、いわゆるブライト・ラインを要求している。純所得税やフランチャイズ税のような税目についても同様に「物理的な存在」が要求されているかは、州当局の立場は要求されていないと解する傾向にあるが、連邦最高裁判決において必ずしも明らかではない。また、代理、アルタ・エゴ、ユニタリー関係といった「アトリビュータルな関連性」も州の課税権の拡大をもたらすこととなる。

なお、アメリカ憲法の適正手続条項は、わが国においては財産権の保障（憲法二九条）、地方自治に関する憲法九二条、九四条にその根拠を求めることができるであろう。また、通商条項についても、わが国の憲法に直接、相当する条項はないものの、当然に事柄の性質上全国的に規律されるべき事項、あるいは地方団体の自治事務に属さないものについては、地方団体の条例制定権等が及ばないことは当然である（憲法九二条、九四条参照）。平等保護条項あるいは差別禁止条項等については、直接、憲法一四条に対応するといえる。

さらに、適正手続条項、通商条項あるいは平等保護条項のもとで、アロケイション・アポーションメントが適正に行われることが求められる。アロケイション・アポーションメント方式による正確な所得の地理的な配分が要求される。

〔2〕　適正手続条項、通商条項、平等保護条項あるいは差別禁止条項等にもとづく、州の課税権の憲法上の制約（「関連性」及び「アロケイション・アポーションメント基準（《方式》）」）は、地方分権推進の流れのなかで、地方団体の（独自の）課税権が拡大されていくならば、わが国でも起こりうる問題である。すなわち、立法政策上、地方団体の課税権の上限をどこまで拡大することができるかという問題である。「関連性」の内容については、アメリカでの判例の積重ね、あるいは Public Law 86-272 等により示されている具体的な基準は、わが国にとっても有益である。一方で、これらの条項に関するアメリカでの判例、関係法令等の示す基準は、わが国の現行地方税法自体の検証にあたっても（特に「アロケイション・アポーションメント基準（《方式》）」に関する問題）有益であろうし、現行地方税法のもとでの地方団体による差別課税等を検証する道具ともなりうるであろう。

2　納税者と地方団体との「関連性」

〔1〕　住民税は、都道府県及び市町村の重要な財源であるが、「地方団体がその住民その他その地方団体と密接な関係（傍点＝筆者）をもっている個人及び法人に対して広く課する租税であ（る）[137]」と解されており、現在の地方税法上、

両者はきわめて密接な関係を求められているといえよう。これは、まさにアメリカの「関連性」に関する問題である。たとえば、都道府県民税の所得割又は法人税割は実質、地方所得税であり、納税義務者を地方団体内に住所を有する個人あるいは事務所、事業所を有する法人に限定しているが、均等割は応益課税の視点から都道府県内に事務所、事業所又は家屋敷を有する個人で当該事務所、事業所又は家屋敷等を有する市町村内に住所を有しない者あるいは都道府県内に寮等を有する法人で当該都道府県内に事務所又は事業所を有しない者まで、納税義務者の範囲を拡大している。

ここでの「住所」は「各人の生活の本拠」であり、「事務所又は事業所」は、事業の必要から設けられた人的及び物的施設であって、そこで継続して事業が行われている場所である。(138)よって、「事務所又は事業所」は、人的施設及び物的設備（賃貸・所有を問わないことは当然である。）の双方が存し、事業が行われていなければならないが、本来の事業に直接、間接に関連して行われている付随的な事業であっても、社会通念上事業が行われていると考えられるものであれば足りると解される。(139)

このような解釈は、現行の地方税法の文言からして（文理解釈）、おおむね妥当なものであろう。しかし、憲法のもとではこのような厳格な「物理的な存在」としての関連性が必然的に要請されているものではないということに留意をしておく必要があろう。たとえば、地方団体において財産を所有している、あるいは事業を遂行しているあらゆる個人又は法人も、立法政策上は住民税に服すると解することも十分に可能である。

外国法人に対する都道府県民税の規定の適用については、その事業が行われる場所で政令で定めるものをもって、その事務所又は事業所とすることとされており、地方税法施行令四六条の四において、①支店・営業所等、②鉱山・採石場等、③左の①、②に準ずる場所、④一年以上継続する建設現場等、⑤代理人等をその範囲としている。これは国税の恒久的施設の定義と同じである（所法一六四条、法法一四一条等）。いわゆる代理といった「アトリビュータルな関連性」にまでその範囲を拡大している。これは、当該都道府県外に支店のある国内法人・居住者と外国法人・非居住者を差別しており、租税条約の無差別条項に違反する可能性が高い（あるいは、憲法の平等条項に違反するとの理解もできよう。）。地方税の課税権は、国際租税法における各国の課税管轄権の問題とオーバーラップするところがあり、恒久的施設の問題はその一端を垣間みることができる。わが国においても「アトリビュータルな関連性」にまで（アメリカにおけるアルタ・エゴ、ユニタリー事業まで）その関連性を拡大することができよう。

また、都道府県民税（利子割）について、都道府県のみが利子割を課すこととしているのは、利子等については、それを支払う金融機関の所在する市町村と、その支払を受ける個人の住所又は法人の事務所・事業所の所在する市町村とが一致することが少なくないため、都道府県の単位まで課税団体を拡大したものであろうが(140)、地方団体と金融機関との「関連性」にはなお検討すべき問題を残しているものと思われる（市町村との関連性と市町村への税収の配分問題、さらに地方消費税と同様に、納税義務者と税の帰属との相違をどのように解するかなどの問題を残している。）。

〔2〕　事業税（個人）は、物品販売業等の第一種事業、畜産業等の第二種事業及び医業等の第三種事業に対してその所得を課税標準として事業を行う事務所又は事業所所在の都道府県によって課税される（地税法七二条一項、五項、六項、七項、依命通達三―一）。事業税（法人）は、収入金額（電気供給業、ガス供給業及び倉庫業、鉄道事業及び軌道事業、銀行業・証券業及び保険業）及び所得・清算所得（その他の事業）を課税標準として、事業を行う法人であり、事業を行う事務所又は事業所所在の都道府県によって課税される（地税法七二条一項、二項、依命通達三―一）(141)。

ここでいう「事務所又は事業所」の定義は、上記の住民税のそれと同じであり、憲法次元においてこの「物理的な存在」を拡大することは同様に許容されているといえよう。

〔3〕　地方消費税（譲渡割）について、納税義務者は、課税資産の譲渡等を行った個人事業者及び法人であり、課税団体は、①個人事業者の住所地の都道府県、②国内に住所を有しない個人事業者については、居住地所在の都道府県、

③国内に住所又は居所を有しない個人事業者については、事務所又は事業所所在の都道府県、④法人の本店又は主たる事務所所在の都道府県、⑤外国法人の国内の事務所又は事業所所在の都道府県である（地税法七二条の七八第一項、二項、地税法施行令三五の五。ここでは貨物割は省略する。）。

地方消費税の課税根拠を、応益税であると解すると、税の負担者である消費者が必ずしもその税の帰属地に居住するとは限らないため、その税収による公共サービスを享受しえず、受益と負担のズレが生ずることとなる。[142] これは、最終消費地と税の帰属地との相違の問題として、地方消費税の導入にあたって大きな理論上の問題点となった。[143] 最終消費者の購入する財貨・サービスの価格形成にあたっては、各流通段階における各地方団体の一定の公共サービスが提供されているのであるから、特に事業者にとっての行政サービスは生産活動等に必要な資本財的なものが中心であるとすれば、その流通段階ごとに一定の地方消費税を各流通段階における地方団体にいくら配分させるかはともかくも帰属させること自体、問題はないであろう。[144] この点での憲法次元での「関連性」は必ずしもこのような厳格な「物理的な存在」に限定される必要はない。さらに、住民税、事業税と比較した場合に、その関連性は、より緩やかでも充足されるといえるであろう。[145]

〔4〕　わが国においてはアメリカの通商条項と同列の問題が直接論じられたことはないが、法定外普通税の許可要件にそのような趣旨をくみとることができる。法定外普通税の新設・変更等にあたっては自治大臣の許可を受けなければならない（地税法六六九条）が、次に掲げる事由が存するときには、その許可をすることができないと規定されている（地税法六七一条一項）。[146]

(1)　国税又は他の地方税と課税標準を同じくし、住民の負担が著しく荷重となること。

(2)　地方団体における物の物流に重大な障害を与えること。

(3)　(1)及び(2)に掲げるものを除くほか、国の経済政策に照らして適当でないこと。

このような要件が、地方団体の課税権の拡大に際して、憲法次元での制約となりうるか否かである。①地方税が課税する地方団体と実質的な関連（nexus）を有している活動に適用される、②収税が公平に按分されている、③地方税が地方団体間での経済活動に対して差別をしていない、④地方税が課税する地方団体によって与えられたサービス（役務）に深く関係している、といった状況のもとでは、物の物流に重大な障害を与える、あるいは国の経済政策に反するといった理由のみで、地方団体の課税権に制約を加えることは憲法上許されないのではなかろうかと思われる。よって、(2)の要件は、「重大な」という文言が付されているように、直接的な影響を与えないものは基本的には許容されると解すべきであるし、(3)の要件も国の経済政策を根本から覆すようなもの以外は許容されると解すべきであろう。

3　アロケイション及びアポーションメント

(1)　所得の帰属

都道府県民税、市町村民税、事業税等のように実質的に国税の所得金額、あるいは収入金額をベースとしているものについて、按分計算前の段階において、その課税標準から明らかに当該都道府県及び市町村に帰属しない所得あるいは収入は除外する必要があろう。そのうえで、アポーションメント方式等による按分あるいは清算を行うべきである。

(2)　事業税・住民税のアポーションメント

〔1〕　二以上の都道府県に事務所等を有する法人は、課税標準の総額を次の基準により按分して都道府県に分割し、その分割した額を課税標準として事業税額を算定し、関係都道府県にそれぞれ申告納付する（地税法七二条の四八、地税法施行令三五条の二、地税法規則六条の二、依命通達三―六二～六八）。

(1) 電気供給業は、課税標準の四分の三は発電所の用に供する固定資産の価額、四分の一は事業年度の末日現在の事務所、事業所の固定資産の価額（当分の間の特例について、地税法附則九の三）。
(2) ガス供給業及び倉庫業は、事業年度の末日現在の固定資産の価額
(3) 鉄道事業及び軌道事業は、事業年度の末日現在の軌道の延長キロメートル数
(4) 銀行業、証券業及び保険業は、課税標準の二分の一は事業年度の各月末日現在の事務所等の延数、二分の一は事業年度の末日現在の事務所等の従業者数
(5) (1)～(4)に掲げる事業以外の事業は、事業年度の末日現在の事務所等の従業者数（事務所の新設には特例がある。）。

ただし、次に掲げる事務所等については次の数値

① 資本の金額又は出資金額が一億円以上の法人で本社である事務所等は、当該従業員の数の二分の一に相当する数値

② 資本の金額又は出資金額が一億円以上の製造業を行う法人の工場である事務所等は、当該従業員の数にその数の二分の一に相当する数値を加えた数値

上記(5)の①、②は、本社の所在する都道府県に税収が偏るのを防ぎ、またオートメ化・ハイテク化が急速に進むなかで工場の所在する都道府県の税収の減少を防ぐための措置である。

従業者数をベースにした分割基準については、疑問が存する。アメリカの所得配分・按分原則（アロケイション・アポーションメント原則）、マサチューセッツ方式（純所得を課税標準とする法人課税を行っている州のほとんどが採用している財産・賃金・収入の三要素によるアロケイション・アポーションメント方式）などを念頭におきながら、分割基準の精緻化が推し進められるべきである。この作業は地方団体の課税権の拡大にあたって、検討されるべき重要問題である。

事業税（個人）について、二以上の都道府県において行う事業の課税標準は、主たる事務所又は事業所所在地の都道府県知事が課税標準とすべき所得金額の総額を決定し、その額を課税標準の算定期間の末日現在の関係都道府県内に所在する事務所等の従業者数（事務所の新設等があった場合には特例がある。）に按分して分割する。そして、関係都道府県知事に通知する（地税法七二条の五四、地税法規則六条の二第一項、依命通達三―六二、六三）。関係都道府県は、この分割通知に係る額にもとづいて課税する。

〔2〕　法人住民税（法人税割）については、法人は、二以上の都道府県あるいは市町村において事業を行う場合、主たる事務所又は事業所所在地の各都道府県・市町村に対して、住民税の納税義務を負う。この場合に、各都道府県に納付すべき金額は、課税標準である法人税額を課税標準の算定期間（事業年度）の末日現在の関係都道府県内に所在する事務所等の従業者数（事務所の新設等があった場合には特例がある。）に按分して分割し、その分割した額を課税標準として関係都道府県ごとに法人税割額を算定する（地税法五七条、依命通達二―四〇、四〇―三）。各市町村に対する住民税も同様の方法により按分計算を行う（地税法三二一条の一三）。

従業者数のみで配分する方法は、適切な按分方法としては疑問である。従業者数は業種業態により大きく異なるのが通常であり、従業者数以外の要素の加味、業種に着目した方式等の検討が早急に必要であろう。金子教授は「企業の急速なオートメ化・ハイテク化を考えると、従業者数を唯一の基準として按分するのは時代おくれであると考える」と指摘されている(147)。

〔3〕　地方消費税（譲渡割）の徴収方法は、国に消費税とあわせて申告納付等する（地税法附則九の四等）。その結果、「課税地と最終消費地」とのズレを解消するために、都道府県間で清算をする必要がある。各都道府県は、その区域内の税務署及び税関から払い込まれた地方消費税の合計額から国に支払った徴収取扱費を減額した金額を、自らを含む各都道府県ごとの消費に相当する額に応じて按分し、按分額を他の都道府県に支払うこととされている。都道府県

は、国から払い込まれた地方消費税相当額について、商業統計の小売年間販売額及びその他政令で定める消費に関連した基準によって、清算することとされている（地税法七二条の一一四、地税法附則九の一五）。「課税地と最終消費地」とのズレをどの程度、どのような方法で修正すべきかは、地方消費税に課せられた大きな課題である。(148)

七　おわりに

本稿では、憲法次元で、地方公共団体の自主財政権が、①国との関係でいかなる制約を受けるのか（いわゆる「自主財政権の縦の関係」）、②地方団体間でどのような制約を受けるのか（いわゆる「自主財政権の横の関係」）といった問題について、まず、アメリカの適正手続条項及び通商条項のもとでの制約である「関連性（nexus）」の内容についての判例・学説を分析するとともに、平等保護条項等のもとでの「公平なアロケイション・アポーションメント基準（方式）」の内容に考察を加えた。この結果を手がかりに、わが国の地方税法を評価するとするならば、以下の三点を指摘することができるであろう。

(1)　自治体課税権の行使の前提となる地方団体と納税者との「関連性」は「現行の地方税法」のもとでは厳格な「物理的な存在」に限定されているが、立法論的には納税者の範囲を拡大することが可能である。わが国においても「関連性」の内容が検討されなければならない。

(2)　国税の所得等をある程度ベースにする地方税の課税標準等の算定にあたっては、当該地方団体に全く帰属しない所得（課税客体）をまず除外する必要があろう。

(3)　地方税法（法人住民税法人税割、事業税等）上、複数事業所等の存する場合（地方団体間）の所得あるいは税額の按分基準が公平な基準たりえていないといえよう。

真の地方分権を進めるためには、応益原則のもとで、現行「地方税法の枠」内での不公平な取扱い（右検討課題のうち⑵、⑶）に対する修正が早急に必要であろうし、さらに憲法で付与された自治体財政権の範囲を踏まえた「地方税法の枠」そのものの見直し（同⑴）が議論される必要があろう。

（1）地方団体の課税権の根拠については、金子宏『租税法〔第六版〕』九二頁以下（弘文堂・一九九七）、北野弘久『新財政法学／自治体財政権』二三九頁以下（勁草書房・一九七七）、碓井光明『地方税の法理論と実際』六四頁以下（弘文堂・一九八六）等参照。

（2）金子・前掲書（1）九四頁参照。「地方税法」の性質を巡る学説については、碓井、前掲書（1）七〇頁以下参照。

（3）地方分権の推進に関する大綱方針（閣議決定・平成六年一二月二五日）。さらに、地方分権推進委員会（二次勧告）の動きについて、日本経済新聞、平成九年五月三一日が報じる。この地方分権推進委員会二次勧告における「地方税財源の充実」の詳細については、碓井光明「自治体財政と政府間関係」ジュリスト一一二七号七八頁以下（一九九八）参照。ジュリスト一一二七号は、「特集／地方分権・第四次勧告とその課題」のもとに関係論文を収める。北野弘久「地方分権と税財政制度の課題」法律のひろば四八巻一二号一六頁以下（一九九五）も併せて参照。地方税課税権の基本構造の歴史的な分析については、浅沼潤三郎「地方税課税権の基本構造」同志社法学二四一号七頁以下（一九九五）参照。

（4）憲法上、地方団体を国に代わる無条件の統治団体として、承認しているわけではないが、本稿では、とりあえず「憲法理論的には地方団体は固有の財政権をもっている」（北野、前掲書（1）二四四頁）を確認しておけば足りる（福家俊朗「自治体の課税権」北野弘久編『日本税法体系〔1〕』二一一頁以下（学陽書房・一九七八）参照）。鴨野幸雄「憲法学における『地方政府』論の可能性」金沢法学二九巻一号＝二号四二三頁以下（一九八七）もあわせて参照。本稿は、固有の財政権あるいは最大限尊重されるべき自主課税権（すなわち、地方団体固有の事務を処理するために付与されるべき自治体課税権）のもとでの制約とは何かを検討するものである。

（5）本稿では、州と地方団体ではなく、連邦と州との関係、すなわちアメリカ憲法のもとでの州の課税権に焦点をあわせる。なお、わが国の適用条項とアメリカ憲法の適用条項は必ずしも一致しない。たとえば、本稿で問題となるアメリカ憲法の適正手続条項は、州の権力に対する一般的な人権保障の根拠規定となっているように、その適用範囲を日本より広く解釈しなければならないといった必然性を有している。

(6) このような連邦次元での、州の課税権の制約を論じたものとしては、PAUL J. HARTMAN, FEDERAL LIMITATIONS ON STATE AND LOCAL TAXATION (1988), CHARLES A. TROST, FEDERAL LIMITATIONS ON STATE AND LOCAL TAXATION (1996 Supplement), M. D. GELFAND, STATE AND LOCAL GOVERNMENT DEBT FINANCING (1985); HELLERSTEIN, STATE TAXATION (1983) がある。前者は、もっとも詳細な分析を行っており、優れている。その他、ケースワークとしては、J. HELLERSTEIN & W. HELLERSTEIN, STATE AND LOCAL TAXATION (1978, 1985 Supplement) が、一般的な入門書としては、DAVID GELFAND & PETER W. SALSICH, JR., STATE AND LOCAL TAXATION AND FINANCE (1986) が有益である。

アメリカの各州の税制の詳細については、本庄貢『アメリカの州税』(財経詳報社・一九八六)、須田徹『アメリカの税法(改訂四版)』(中央経済社・一九九四) Special Report, *Who pays ? Distributional Analysis of the Tax Systems in All 50 States*, 11 STATE TAX NOTES 311 (1996) 等参照。

(7) アメリカ憲法の条項については、とりあえず、松井茂記『アメリカ憲法入門(第三版)』三〇三頁以下(有斐閣・一九九五)、塚本重頼・長内了『注解アメリカ憲法』(酒井書店・一九五五)参照。通商条項については、木南敦『通商条項と合衆国憲法』第四章・第五章(東京大学出版会・一九九五)、松井・同上書四七頁以下参照。

(8) HARTMAN, *supra* note 6 at 14. なお、適正手続条項については、田中英夫『デュー・プロセス』第七章以下(東京大学出版会・一九八七)、松井・前掲書(7)二四四頁以下参照。

(9) 252 U. S. 37 (1920).

(10) 252 U. S. 60 (1920).

(11) Shaffer v. Carter, 252 U. S. 52 (1920).

(12) *See id.* at 50.

(13) *Id.* at 60.

（14）311 U. S. 435（1940）.
（15）*Id.* at 444.
（16）327 U. S. 310（1945）.
（17）311 U. S. 457（1940）.
（18）International Shoe Co. v. Washington, 327 U. S. 316（1945）.
（19）*Id.* at 321.
（20）455 U. S. 425（1980）.
（21）*Id.* at 429.
（22）444 U. S. 286（1980）.
（23）471 U. S. 462（1984）.
（24）World-Wide Volkswagen Corp. v. Woodson, 444 U. S. 286, 292（1980）.
（25）この問題（アメリカの裁判管轄権）については、M. D. Green／小島武司・椎橋邦雄・大村正彦共訳『体系民事訴訟法』三二頁以下（信山社・一九九三）参照。
（26）25 U. S. 274, 6 L Ed 678（1827）.
（27）22 U. S. 1, 6 L Ed 23（1824）. M'Culloch v. Maryland, 17 U. S. 316, 430 L Ed 579（1819）も同旨である。
（28）Cibbons v. Ogden, 22 U. S. 1, 6 L Ed 23（1824）.
（29）Willson v. Black Bird Creek Marsh Co., 27 U. S. 1, 6 L Ed 23（1829）.
（30）53 U. S. 299, 13 L Ed 9963（1852）.
（31）*See* HARTMAN, *supra* note 6 at 56.
（32）82 U. S. 232, 21 L Ed 146（1873）.
（33）127 U. S. 640（1888）.
（34）*Id.* at 648.
（35）120 U. S. 489（1887）.

(36) *Id.* at 497.

(37) このような見解に立つ判例として，Pullman's Palace Car Co. v. Pennsylvania (1891)；Cleveland, Cincinnati, Chicago & St. Louis Ry. v. Backus, 154 U. S. 439 (1894)；Postal Telegraph Cable Co. v. Adams, 155 U. S. 688 (1985)；Stanford v. Poe, 165 U. S. 194 (1897) 参照。

(38) *See* Timothy J. Peaden Juriadiction and Nexus for Tax Purposes (1996・未公表) 1, 3.

このような見解に立つ代表的な判例としては，以下のものを挙げることができよう。

① United State Glue Co. v. Town of Oak Cleak, 247 U. S. 321 (1918).

連邦最高裁判所は，納税者は実質的にローカルな事業を行っている法人であり，州の課税権に服する，と認定して，そのような権利が一度確立されると，州際通商条項は絶対的にローカル事業にもとづく所得のみでなく，州際通商にもとづく所得に対しても課税権を認めることを禁じていないと判示した。*See also* Memphis Natural Gas Co. v. Beeler, 315 U. S. 649 (1942).

② Underwood Typewriter Co. v. Chamberlin, 254 U. S. 113 (1920).

連邦最高裁判所は，州の課税権は，問題の課税権を行使している州に，外国法人が主たる事業の場所と実質的なローカル事業活動を有しているのであれば，肯定しうると判示した。

③ Bass, Ratcliff & Gretton Ltd. v. State Tax Commission, 266 U. S. 321 (1918).

連邦最高裁判所は，州の課税権は，外国法人が問題の課税権を行使している州に，外国法人が法的なあるいは商業的な（事業の）場所を有していなくとも実質的なローカル事業を行い，事業販売を行っているのであれば課税しうるとして，当該課税を肯定している。また，同裁判所は，ローカル事業活動に対する課税に自由に課税しうる州が一度課税管轄権が確立されると，州際通商からの所得を含む，総合所得による税を賦課することができると判示した。*See also* Norfork & Western Ry v. North Carolina, 297 U. S. 682 (1936).

(39) 358 U. S. 450 (1959).

(40) この判決は，Wisconsin v. J. P. Penny Co., 311 U. S. 435, 455 (1940) を引用している。

(41) 101 So. 2d 70 (La. 1958), *cert. denied*, 359 U. S. 28 (1959). 同様な事件として，International Shoe Co. v.

Fontnot, 107 So. 2d 604 (La. 1958), *cert. denied*, 359 U. S. 984 (1959) がある。

(42) *See* HARTMAN, *supra* note 6 at 109. プリビレッジ・ドクトリン等について、邦文献としては、本庄・前掲書(6)四六頁以下がある。

(43) 340 U. S. 602 (1951). Complete Auto Transit, Inc. 判決の前には、オリジナル・パッケージ・ドクトリン (original package doctorine) が採用されており、州内での商品配達活動のみがその最終目的地の州によって課税されうると判示されていた。オリジナル・パッケージ・ドクトリンは通商条項にも関係しているが、輸入輸出条項のもとで発展させられてきたものであった。後述三の3、輸入輸出条項参照。

(44) 430 U. S. 274 (1977).

(45) Peaden, *supra* note 38 at 4.

(46) Complete Auto Transit, Inc., v. Brady, 430 U. S. 274 (1977). *See* HARTMAN, *supra* note 6 at 112, 192.

(47) J. HELLERSTEIN & W. HELLERSTEIN, *supra* note 6 at 361 (5th Ed.).

(48) 504 U. S. 298, 119 L Ed 2d 91, 112 S Ct 1904 (1992).

(49) *See* Quill Corporation v. North Dakota, 112 S Ct 1906 (1992).

(50) *See id.* at 1904.

(51) Quill Corporation v. North Dakota, 470 N. W. 2d 203, 218 (1992).

(52) *See* Quill Corporation v. North Dakota, 112 S Ct 1909-1916 (1992).

(53) *Id.* at 1910.

(54) *Id.* at 1916.

(55) Quill 判決の評釈については、多くの文献があるが、とりあえず、Rick J. Taylor, *Mail-Order Sellers' Partial Victory in Quill Produces Mixed Results*, 11 J. STATE TAX 4 (1992); Richard A. Hanson, *Defenders Take Note: Quill Court Made Its Case*, 11 STATE TAX NOTES 431 (1996); Michael J. McIntyre & Richard D. Pomp, *Quills Novelty Was Bifurcation of Tax Nexus*, 11 STATE TAX NOTES 588 (1996) を参照。

(56) Quill Corporation v. North Dakota, 112 S Ct 1914, 1916 (1992).

(57) John L. Coalson, *Constitutional Limitations on Jurisdiction to Tax and the Impact of Quill and Geoffrey*, 9 State Tax Notes 419, 422 (1995).

(58) たとえば、Felt & Tarrant Mfg. Co. v. Gallagher, 306 U. S. 62 (1939); National Geographic Society v. Board of Equalization, 430 U. S. 551, 560-561 (1977) 参照。

Tyler Pipe Industries Inc. v. Washington State Dept. of Revenue, 438 U. S. 232 (1987) において、連邦最高裁判所は、従業員ではなく、第三者たる、法的に独立した契約者である代表者（代理人）の州内活動にもとづいてワシントン商業工業税（ワシントンB&O税）を州際活動を行っている法人に課税することを肯定した。この Tyler Pipe 判決は、Scripto Inc. v. Carson, 362 U. S. 207 (1960) を引用して、「直接税の賦課に要求される関連性」と「徴収義務とに必要な関連性」とを区別しなかった。

(59) Peaden, *supra* note 38 at 6.

(60) Quill Corporation v. North Dakota, 112 S Ct 1904, 1914 (1992). *See* Coalson, *supra* note 57 at 108.

Quill 判決後の状況については、Rita Marie Cain, *Mail Order Taxation in Post-Quill Era*, 13 J. State Tax 48 (1995) ; James John Jurinski, *Taxing Mail Order Sales after Quill : Possible Solution*, 12 J. State Tax 53 (1993); Michael J. McIntyre & Richard D. Pomp, *State Taxation of Mail-Order Sales of Computers after Quill*, 11 State Tax Notes 177 (1996) 等参照。

(61) 198 Mich. App. 363, 499 N. W. 2d 349 (1993).

(62) また、Radio Common Carriers of New York Inc. v. State, 158 Misc. 2d 695, 601 N. Y. S. 2d 513 (N. Y. Sup. Ct. 1993) において、同裁判所は、ページ数表示登録 (paging device) への手数料に課税をする規定を無効にしたが、同裁判所は、「実質的な関連性」要件は単に電気信号が州を通過しただけであるので充足されていないと判示した。また、同裁判所は、Quill 判決を引用して、適正手続条項の「最低の抵触」基準を侵害していると判示した。

(63) June 14, 1995, rev'g 204 A. D. 2d 916, 612 N. Y. S. 2d 503 (3d Dep't 1994).

(64) No. 810592 (N. Y. Div. Tax App. Feb. 1, 1996).

(65) *See* Nelson v. Sears, Rosebuck & Co., 312 U. S. 359 (1941).

(66) *See* National Geographic Society v. Board of Equalization, 430 U. S. 551 (1977). 連邦最高裁判所は、納税者が行う州際販売に州内の事業所が全く関係していないとしても、売主の州内事業所の存在にもとづいて、利用税の課税管轄権は決せられると判示する。*See also* D. H. Holmes Co. v. McNamara, 486 U. S. 24 (1988).

(67) *See* General Trading Co. v. State Tax Commissioner (1944).

(68) *See* Olimpia Brewing Co. v. Department of Revenue, 511 P. 2d 837 (Or. 1973), *cert. denied*, 415 U. S. 976 (1974).

(69) *See* Chemed Corp. v. Illinois, 542 N. E. 2d 492 (Ill. App. Ct. 1989).

(70) Besser Co. v. State Tax Commissioner, 395 P. 2d 141 (N. M. 1964) において、州内の顧客に直接リースした州際法人の「関連性」は、総収入税を賦課するあたり存在すると判示されている。これに対して、Marx v. Trucking, Renting & Leasing Ass'n. Inc., 520 So. 2d 1333 (Miss. 1987) において、どこかほかに財産をリースした州際レッサーに関して、州内における財産の継続的な使用が単にレッシーの事業のためのみであった場合には、「関連性」は存在しないと判示された。

(71) その他、興味ある判決としては、以下のようなものがある。

① Cally Curtis Co. v. Groppo, 572 A. 2d 302 (Conn.), *cert. denied*, 498 U. S. 824 (1990) は、コネチカットの消費者と郵便によってのみコンタクトをとっている工業フィルム・ビデオテープの州外の生産者は、その会社がいくつかの工業フィルム・ビデオテープをその消費者に貸与し、ゆえにコネチカット州におかれた財産を所有していることになるが、この事実のもとでは、使用税の徴収のための「関連性」を有しないとする。三日間を超えない、この短い貸与期間を強調すると、コネチカット最高裁判所は、コネチカットにおける Cally Curtis のリースフィルムの存在が、上記の Miller Brothers における州外のデパート配達の期間的存在に類似しているということを認識していたが、このような販売に税を課すことを禁じている。

② Associated Electric & Gas Insurrance Services Ltd. v. Clark, 676 A. 2d 1357 (R. I. Sup. Ct. 1996) において、納税者はロード島にある四つの天然ガス会社から保険料を徴収したが、その州に物理的な存在を有しておらず、すべての保険契約をメールで行っていた。ロード島の総保険料税を賦課された納税者は、連邦憲法の適正手続条項で

あるとの主張を行った（納税者は保険事業を行っていたので通商条項は適用されないため）。同裁判所は、賦課されうると判示した。同裁判所は、Quill 判決にもとづいて、納税者がロード島での経済的な市場の利益を「意図的に活用していた」と認定した。

(72) 347 U. S. 340 (1954).

(73) *See* Scripto, Inc. v. Carson, 362 U. S. 207 (1960). 判例の動向については、Robert C. Bricker, *Agency and Affiliates Nexus for Sales and Use Tax*, 13 J. STATE TAX 61 (1995) 参照。

(74) 483 U. S. 232 (1987).

(75) April 29, 1993.

(76) 代理関係にもとづいて、「関連性」を認めたものとしては、Illinois Commercial Men'sc Ass'n v. State Board of Equalization, 671 P. 2d 349 (Cal. 1983) ; Reders Digest Ass'n Inc. v. Mahin, 244 N. E. 2d 458 (Ill.), *cert. denied*, 399 U. S. 919 (1970) ; Amway Corp. v. Director of Revenue, 794 S. W. 2d 666 (Mo. 1990) をはじめとして多くの裁判例がある。代理関係の存在を否定したものとしては、Pledger v. Troll Book Clubs Inc., 361 Ark. 195, 871 S. W. 2d 389 (1994) ; L. L. Bean v. Pennsylvania, 516 A. 2d 820 (Pa. Commow. Ct. 1986) 等がある。

(77) *See, e. g.*, Spencer Gifts Inc. New York Advisor Opinion No. S851028A (N. Y. State Tax Comm'n Sept. 18, 1986).

(78) 4 N. J. TAX 349 (N. J. Tax Ct. 1982).

(79) Case Nos. 91-002180RV ; 92-00318RV ; 92-000324RV, Feb. 4, 1993.

(80) ここでは紙幅の関係で詳細に言及することができないが、「ユニタリー事業」の定義に関する最近の代表的な判決としては、以下のものをあげることができる。

Exxon Corp. v. Department of Revenue, 447 U. S. 207, 65 L Ed 2d 66, 100 S Ct 2109 (1980) ; F. W. Woolworth Co. v. Taxation and Revenue Department of New Mexico, 458 U. S. 354 (1982) ; Container Corp. of America v. Franchise Tax Board, 463 U. S. 159 (1984) ; Allied-Signal Inc. v. Director Division of Taxation, 112 S Ct 2251 (1992) ; Barclays Bank PLC v. Franchise Tax Board of California, 512 U. S. 298 (1994), 129

L Ed 2d 244, 114 S Ct 2268, 62 LW 4552 (1994); Shaklee Corp. v. Dept. of Revenue, Ill. Cir. Ct. (Cook Cty.), Dkt. 93 L 50539 (Sept. 26, 1996)；A. B. Dick v. Illinois Department of Revenue, Ill. Cir. Ct., Sangamon Cty., Docket D (Jan. 5, 1996).

本庄，前掲書（6），九一頁以下，Rosalind A. Reiser, *Due Process Limitation on the Unitary Business Principle*, 7 J. State Tax 67 (1988) も併せて参照。

(81) 572 A. 2d 562 (Md. Ct. Spec. Appeals 1990).

(82) 585 A. 2d 666, (Conn.), *cert. denied*, 111 S Ct 2839 (1991).

(83) No. 91-K-295 (Jan. 28, 1994).

(84) なお，Current Inc. v. State Board of Equalization, 1994 WL 142395 (Cal. App. Apr. 22, 1994) において，ひとつのメール・オーダー・ハウスがその親会社の物理的な存在のために，使用税を徴収されるか否かが問題となった。事実からみると，それはいかなる目的においてもアルタ・エゴ又はその親会社の代理人ではない。裁判所は，関連者に「関連性（nexus)」の存在を肯定させる州の規定は，通商条項を侵害すると判示している。

(85) National Bellas Hess v. Department of Revenue, 386 U. S. 753.

See Michelle R. Koroghlanian & Catherine M. Roubik, *The Debate Over National Bellas Hess*, 11 J. State Tax 22 (1992).

(86) Quill Corporation v. North Dakota, 112 S Ct 1914 (1992). *See* David Cowling, *Nexus from Intangibles-Geoffrey*, 96 Stn 26 (1996)；Michael T. Fatale, *Geoffrey Sidesteps Quill : Constitutional Nexus, Intangible Property, and the State Taxation of Income*, 8 State Tax Notes 2125 (1995).

(87) 437 S. E. 2d 13 (S. C. 1993), *cert. denied*, 114 S Ct 550 (1993).

(88) 437 S. E. 2d 16.

(89) *Id.* at 18. 州最高裁判所は，Quill 判決において残されていた通商条項の問題（物理的な存在が「実質的な関連」要件を充足するために必要とされるか否か）を無視し，同裁判所は単に「無形財産の所在のみで，関連を認定するに十分である」と述べたにすぎなかった。同裁判所は，Complete Auto Transit, Inc. 判決における「実質的な関連性」がサウスカロライナ州における無形資産の存在により充足されており、そして売上税・使用税に関するQuill判決の「物理的な存在」が他の財に拡張されないということを判示している。無形資産の存在のみで所得税における「関連性」を充足することを明示している。*See* International Harvester Co. v. Wisconsin Dept. of Taxation, 322 U. S. 435, 88 L Ed 1373, 64 S Ct 1060（1944）.

（90） Quill Corporation v. North Dakota, 112 S Ct 1910-1911.

（91） Coalson, *supra* note 57 at 425.

しかし、当該裁判所は、州内に意図的に存在する無形資産について、同様に連邦最高裁判所の判決 ―― Schaffer v. Heitner, 433 U. S. 186（1977）において、同裁判所は、quasi in rem（対物的管轄権）の原則を放棄した（州内の財産の存在のみに依存した非居住者に対する人的管轄権）――を無視した。

この問題については、前述した二つの判決にまず、着目しておく必要があろう。World-Wide Volkswagen Corp. 判決において、連邦最高裁判所は州内での「将来の財産使用の可能性（forseeability）」は関連性を生み出すに十分であるという見解を否定している。また、Burger King Corporation 判決において、同様に同裁判所は、州外にいる一方の当事者との契約の異なる存在は、非居住者を他方の当事者のいる州の課税権に服させるに十分であるという見解を退けている。

さらに最近の注目すべき事件は、Asahi Mental Industory Corp. v. Supreme Court of California, 480 U. S. 102（1987）である。この事件で、カリフォルニア最高裁判所は、非居住者の生産が第三者の一方的な活動の結果として州にもちこまれた場合について判断をしている。Asahi において、日本の製造業者が台湾のタイヤ製造業者（この業者はアメリカをはじめとする世界中にタイヤを販売している。）にタイヤのバルブ類似品を売却した。Asahi の台湾消費者への販売の二〇パーセントはカリフォルニア州で行われていた。Asahi は、その製品を用いたタイヤがその州で売却されるであろうということを意識していた。そこで、カリフォルニア最高裁判所は、Asahi がカリフォルニアの管轄権に服する（このことは適正手続条項を侵害しない。）と判示した。

これに対して、連邦最高裁判所は、州の管轄権にこれら非居住者等を服せしめることは、「公平なプレイ及び実質的正義の伝統的な概念を侵害」すると述べて、前記の判決を放棄したが、第三者の一方的な行為によって州の市場にもたらされた資産について、最低の抵触テストとしての「目的的な活用」要件を適用するか否かが特に問題となり、裁判官の意見が分れた。

なお、河原田有一「アサヒ判決以降の対人管轄権訴訟に関する米国連邦裁判所の判決動向（上）」国際商事法務二五巻一一号一一九一頁（一九九七）参照。

(92) このような見解については、Coalson, *supra* note 57 at 108.

(93) 以下の各州等の反応については、Peaden, *supra* note 38 at 17-18 を参照している。

(94) *See* Peaden, *supra* note 38 at 18.

(95) 15 U. S. C. A. §§ 381-384.

(96) *See Hearings Before Select Committee on Small Business of United States Senate* (86th Cong. 1st Sess., April-May 1959) : *Hearings Before Committee on Finance Business of United States Senate, "State Taxation of Interstate Commerce"* (86th Cong. 1st Sess.) *on* S. J. *Res.* 113, S. 2213 *and* 2281 (July 1959) *and* S. *Rep. No.* 658.

なお、ウイリス委員会については、本庄、前掲書（6）七二頁参照。

(97) Public Law 86-272 の分析については、J. HELLERSTEIN & W. HELLERSTEIN, *supra* note 6 at 388-391 ; Peaden, *supra* note 38 at 18, 19.

(98) 505 U. S. 214 (1992).

(99) Peaden, *supra* note 38 at 21.

(100) 「スローバック・ルール（throwback rule）」とは、商品の発送地の州が目的地の州において販売に課税されないのであれば、その販売に課税をすることを認めるものである。しかし、それぞれの州は、各々の州の課税権を行使するので、州が特別の販売についていつ課税することができるかを判断することは困難である。このような問題を解決するために、一定の州はグループを作り、UDITPA を採用している。レギュレイションIV16(a)〔1〕〔B〕〔6〕。Appeal of Olga Co., CCH Tax Reports ¶ 400-898 (June 27, 1984) と Schwinn Sales West Inc., No. 88-SBE-014 (May 3, 1988) を比較。*See* Kevin J. Kock, *The Texas Throwback Rule-Can It Be Enforced?*, 9 J. STATE TAX 3 (1990).

(101) *See* Peaden, *supra* note 38 at 22.

(102) *Ibid.*

(103) このステイトメントについては，Marcus, *Nexus in the Nineties : The Multistate Tax Commission Responds to Wrigley*, 10 INTERSTATE TAX REPORT 1 (1994) を参照。

(104) 各々の会社が関連性について別々に判定される。*See* Peaden, *supra* note 38 at 25.

(105) 635 A. 2d 771 (Conn. 1993).

(106) 1993 WL 520594 (Sept. 1, 1993).

(107) 497 N. W. 2d 595 (Mich. Ct. App. 1993).

(108) No. Bo81329 (Cal. Ct. App. Apr. 22, 1996).

(109) HARTMAN, *supra* note 6 at 131, 132.

(110) 301 U. S. 495, 81 L Ed 1245, 57 S CT 868, 109 ALR 1327 (1937).

(111) 134 U. S. 232, 33 L Ed 892, 57 S Ct 533 (1890).

(112) 358 U. S. 522, 3 L Ed 2d 480, 79 S Ct 437, 9 Ohaio Ops 2d 321, 82 Ohaio L Abs 312 (1959). *See* HARTMAN, *supra* note 6 at 133-135.

(113) Pa. Comm. Ct., No. 100 C. D. 1996 (May 24, 1996).

(114) 116 S Ct 848 (1996).

(115) 300 U. S. 577 (1937).

(116) 73 Ohaio St 3d 29, 652 N. E. 2d 188 (1995), *cert. granted*, 116 S Ct 1349 (April 1, 1996).

(117) 1996 Pa. Commw. (Pa. Commw. Ct., No. 2355 C. D. 1987, June 19, 1996).

(118) 116 S Ct 848 (1996).

(119) Ill. App. Ct., 1st Dist., Dkt. 1-93-2565 (Apr. 24, 1996).

(120) *See* HARTMAN, *supra* note 6 at 189, 190.

(121) 25 U. S. 419, 6 L Ed 678 (1827).

(122) *See* HARTMAN, *supra* note 6 at 190–196.

(123) 423 U. S. 279, 46 L Ed 2d 495, 96 S Ct 535 (1976).

(124) 116 U. S. 517, 29 L Ed 715, 6 S Ct 475 (1886).

(125) *See* HARTMAN, *supra* note 6 at 205–214.

(126) 輸出に際しての一時的な目的地変更等については、Department of Revenue Washington v. Association of Washington Stevedoring Cos. 435 U. S. 734, 55 L Ed 682, 98 S Ct 1388 (1978) が、輸入に係る Michelin 判決とほぼ同じようなアプローチを用いている。

(127) 本庄・前掲書（6）五三頁以下参照。

(128) 詳細については、本庄・前掲書（6）五五頁以下参照。UDITPA については、本庄・前掲書（6）五七頁以下の邦訳参照。

(129) 各州の方式については、本庄・前掲書（6）五五頁以下、須田・前掲書（6）三六八頁以下参照。

(130) 本庄・前掲書（6）六八頁以下。

(131) この詳細な研究については、岡村忠生「ユニタリー・タックスの理論とその問題点(1)(2)」法学論叢一一八巻三号四八頁（一九八五）、一一九巻六号五七頁（一九八六）、本庄・前掲書（6）七〇頁以下がある。

最近の判決としては、Oklahoma Tax Commission v. Jefferson Lines Inc., 115 S Ct 1331 (1995)；The Gillette Co. v. Commissioner of Revenue, 1996 (Mass. App. Tax Bd., Dkt. Nos. 142723–142726, 148456–148461, Aug. 7, 1996)；E. I. du Point de Nemours & Co. v. State Tax Assessor, Maine Supreme Judicial Court, Law No. Ken-95-206 (Apr. 9, 1996)；Delta Air Line Inc. v. Director of Revenue, Mo. Sup. Ct., No. 77667 (Oct. 24, 1995)；United Parcel Service Co. v. Department of Revenue, 1996 (Wisc. Ct. of App., No. 95-2493, July 31, 1996)；NCR Corp. v. Commissioner of Revenue, Mass. App. Tax Bd., Dkt. Nos. 147997, 168150, 168151, 168152 (May 30, 1996)；Great Nothern Nekoosa Corp. v. State Tax Assessor, Maine Supreme Judicial Court, Law No. 2673 (Apr. 29, 1996)；Catapillar Inc. v. Commissioner, Main. Tax Ct., No. 6633 (Nov. 14, 1996)；Conoco Inc. and Intel Corp. v. New Mexico Tax & Rev. Dept., N. Mex. Sup. Ct., Dkt. Nos. 22995, 23045

(Nov. 25, 1996) を挙げることができる。

ここでは、州の所得課税とフランチャイズ課税に関して、法人の国外源泉所得をどのようにアロケイション・アポーションメントを行うかについて問題点のみを言及する。

まず、問題として、国外源泉所得に対する州税のアロケイション・アポーションメントについての理論的な基準が検討されなければならない。国外源泉所得に対する州課税は、連邦憲法の適正手続条項又は通商条項を侵害するおそれがある。連邦最高裁判所は、Container Corp. of America v. Franchise Tax Board, 463 U. S. 159 (1984) において、「連邦憲法の適正手続条項又は通商条項のもとでは、州は所得を課税ベースにした税を課すときに、その州外から得た価値について課税することはできない。だが、大なり小なり複数の州にまたがって行われている結合的な事業の場合においては、『価値 (value)』の正確な地理的な配分がしばしば絶対的な目的となる」と述べている。中田信正「米国州合算課税（ユニタリー・タックス）の合憲判決について」桃山学院大学経済経営論集二五巻四号一七九頁以下（一九八四）も併せて参照。

ワールドワイドのユニタリー課税を採用している州にとって、Container 判決は、海外の運営に関するアポーションメント要素及び配当控除のような会社間取引の排除は理論的にカリフォルニア州外で稼得した所得をカリフォルニアの課税から排除することになるであろうという立場をとった代表的なものである。同裁判所は、ワールドワイドの割合が所得のアポーションメントのための適切な方法とはほど遠いことは認識していたが、適用された基準は、アポーションメントの方式が事業の適切な比例割合とは大きくかけ離れているということではないということであった。Container 判決については、岡村、・前掲論文八五頁以下が詳しい。

ワールドワイドのユニタリー課税を採用しない州に対しても、同裁判所は、同様の論理を用いている。Kraft General Foods Inc. v. Iowa Department of Revenue and Finance, 112 S Ct 2365 (1992) において、同裁判所は、アイオワが、内国法人から受領した配当について配当受取控除を認め、一方、外国子会社からの会社間配当は課税する場合に、外国通商を差別したとして外国通商条項を侵害していると判示した。Tambrands Inc. v. Main State Tax Assessor, 595 A. 2d 1039 (Me. 1991) において、メイン最高裁判所は、外国配当を含めることを認めたものの、メイン州の租税査定官に対して Tambrand の事業活動を明確に反映するようにアポーションメント方式に付加的な要因を入れるように命じた。同裁判所は、「州内で事業をしている非居住法人の所得について課税する場合に、メインはメイン州内での事業活動に帰属する当該所得の割合に課税が制限される」と判示した。

なお、Conoco v. New Mexico Taxation and Revenue, No. 15, 372 (May 1, 1995) は、類似の結論に達している（ニューメキシコ控訴裁判所は、海外関連主体から受領した配当に対するニューメキシコ課税を分析し、同裁判所は、いわゆる「デトロイト方式」はニューメキシコが課税すべき所得の適切な算出手段であると判示した。）。同が、Conoco Inc. and Intel Corp. v. New Mexico Tax & Rev. Dept. において、ニューメキシコ最高裁判所は、海外関連主体から受領した配当をニューメキシコ州で課税する「デトロイト方式」は外国通商条項を侵害すると判示した。

所得の源泉区分に関する、内国歳入法典 § 861, Treas. Reg. § 1.861-8 (e)(6), 861-8 (g), example 25-33 をあわせて参照。

(132) シングル・ファクター方式とスリー・ファクター方式の適用が争点になった事件としては、たとえば、Schlumberger Technology Corporation v. Dubno, 202 Conn. 412, 512 A. 2d 569 (1987) をあげることができる。一九八一年以来、コネチカット方式は、多くの州が採用している UDITPA を採用しておらず、方式が大きく異なっていた。Schlumberger は、歳入局に対して、サービス所得に対してはシングル・ファクター方式、サービス所得以外のものについてはスリー・ファクター方式を適用することとしている「選択的アポーションメント方式」の適用申請をしたが、受け入れられなかった。Schlumberger は提訴に及んだが、そこではすべての所得の特質からシングル・ファクター方式の適用が認められるべきであると主張し、コネチカット高等裁判所はそれを支持した。しかし、コネチカット最高裁判所はこの判決を破棄し、スリー・ファクター方式の適用を支持し、シングル・ファクター方式の適用を求める法人は、あらゆる種類の有形資産の使用がその法人の所得発生にとって取るに足らないもの (inconsequential aspect) であることを証明しなければならないと判示した。この問題については、Richard W. Tomeo, *Apportionment of Corporation Income in Connecticut in the Aftermath of Schlumberger*, 6 J. STATE TAX 367 (1988) が詳しい。

(133) *See* HELLERSTEIN, STATE TAXATION § 9 : 6 (1983).

(134) 220 Ga. 553 (1965).

(135) 251 Ga. 43 (1983).

(136) *See* State v. Coca-Cola Bottling Co., 212 Ga. 630 (1956).

(137) 金子・前掲書（1）三二四頁。

たとえば、都道府県民税（個人）の納税義務者は、①都道府県内に住所を有する個人（個人の均等割額及び所得割額）、②都道府県内に事務所、事業所又は家屋敷を有する個人で当該事務所、事業所又は家屋敷を有する市町村内に住所を有しない者（個人の均等割額）である（地税法二四条一項、依命通達二―一―四）。これに対して、都道府県民税（法人）の納税義務者は、①都道府県内に事務所又は事業所を有する法人（法人の均等割額及び法人税割額）、②都道府県内に寮等を有する法人で当該都道府県内に事務所又や事業所を有しないもの（法人の均等割額）である（地税法二四条一項、依命通達二―一―四）。

なお、外国法人で日本国内に恒久的施設を有する場合は、その施設を事務所又は事業所として課税される（地税法二四条三項、地税法施行令七条の三の五）。なお、都道府県民税（利子割）の納税義務者は、利子等の支払い又はその取扱いをする者の営業所等で都道府県内に所在するものを通じて利子等の支払いを受ける者である（地税法二四条一項）。厳格な物理的な存在を要求している。

(138) これらの定義を巡ってはこれまでも様々な議論が展開されている。自治省税務局『住民税逐条解説』四七頁以下（地方財務協会・一九八六）。したがって、単なる材料置場、倉庫、車庫等で独立して設けられているものは該当しないと解されている。

(139) 自治省税務局・前掲書（138）四八頁。

(140) 金子・前掲書（1）三三〇頁。

(141) 事業税の課税根拠については、金子・前掲書（1）三三一頁、自治省府県税課編『事業税逐条解説』二三頁以下（地方財務協会・一九九五）等参照。

事業所又は事務所を設けないで行う事業（たとえば、行商、縁日の露天商等）については、その事業を行う者の住所又は居所のうち、その事業と最も関係の深いものをもって、その事務所又は事業所とみなす（地税法七二条三項、四項、地税法施行令一〇条の二、依命通達三―一―三）。

なお、日本国内に主たる事務所等を有しない個人の事業については、その国内に有する恒久的施設をもってその事務所又は事業所とみなして課税される（地税法七二条三項、四項、地税法施行令一〇の二）。一方、内国法人で外国に事務所又は事業所を有する場合には、外国の事業に帰属する所得又は収入金額は課税されない（地税法七二条の一五、地税法施行令二三、二三の二）。恒久的施設については、住民税と同様の問題を指摘できるであろう。

(142)　これに対して、たばこ税等、個別消費税といわれる税目は、流通過程のうち、最終卸売段階で行われる売渡し等の行為をとらえて課税するものであるが、最終的な税負担は消費者に転嫁することが予定されている税であることから、その課税はなるべく最終段階で行われることが望ましいということになるため、徴税技術等を配慮して、最終段階で課税することとされている。自治省市町村税課編『市町村税逐条解説』六八頁以下（地方財務協会・一九八九）参照。旧たばこ消費税であるが、小川是・前川尚美・緒方勇一郎『たばこ消費税法』一六六頁以下（ぎょうせい・一九八五）もあわせて参照。都道府県たばこ税の納税義務者は、卸売販売業者等であり、課税団体は、たばこ小売販売業者の営業所所在の都道府県等である（地税法七四条の二第一項）。課税客体は、卸売販売業者等が行う小売販売業者もしくは消費者等への売渡し又は消費等に係る製造たばこである（地税法七四条の二第一項、二項）。

特別地方消費税の納税義務者は、飲食店等における遊興、飲食、宿泊等の利用行為の行為者等であり、課税団体は、飲食店等における遊興、飲食、宿泊等の利用行為の行為所在地の都道府県である（地税法一一三条一項）。ゴルフ場利用税の納税義務者は、ゴルフ場の利用者であり、課税団体は、ゴルフ場所在の都道府県である（地税法七五条）。これらも利用行為の所在（あるいは徴収義務者の所在）と課税団体は一致するが、納税義務者の所在と課税団体は必ずしも一致しない。

(143)　この問題については、佐藤進・滝実編『地方消費税―その理論と仕組み』三四頁以下（地方財務協会・一九九五）（務台俊介「地方消費税の論理」）、七七頁以下（中村良広「地方消費税と応益税」）、一二〇頁以下（林宜嗣「地方税改革と消費課税」）、内野順雄「地方間接税改革の課題」橋本徹編著『地方税の理論と課題』一八五頁以下（税務経理協会・一九九五）等参照。

(144)　このような消費型付加価値税の導入は、事業税の外形標準課税導入の問題と関係するが、本稿では直接関係しない。この問題については、田近栄治・油井雄二「法人事業税の改革」税経通信五二巻一六号二五頁以下（一九九七）、地方財務協会『地方財政の基本的あり方に関する報告』八〇頁以下（一九八四）参照。

(145) 本稿では、道府県税のうち、不動産取得税、自動車取得税、軽油引取税については言及しない。なお、市町村税についても、いくつかのものは県税での議論と同じことがいえよう。

市町村民税（個人）の納税義務者は、都道府県民税と基本的には同様であり（地税法二九四条一項、依命通達二―二）、また、市町村民税（法人）の納税義務者、課税団体についても同様である（地税法二九四条、依命通達二―三四）。固定資産税の納税義務者は、固定資産の所有者であり、課税団体は、一般の固定資産については、当該固定資産所在の市町村である（地税法三四三条、依命通達三―一〇、三―一〇の三）。地方税法三八九条第一項の規定の適用を受ける固定資産については、都道府県知事又は自治大臣から価格等の配分を受けた市町村である（地税法三八九条一項）。大規模の償却資産については、一定の額を限度として市町村と都道府県が課税団体となる（地税法三四九条の四第一項、三四九条の五第一項、七四〇条）。鉱産税の納税義務者は鉱業者であり、課税団体は鉱物の採掘事業の作業場所在の市町村である（地税法五一九条、依命通達六―三―四）。事業所税の納税義務者は、事業所、事務所の用に供する家屋の建築主（新増設分）及び事業所、事務所において事業を行う者（既設分）であり、課税団体は、一定の指定都市等である（地税法七〇一条の三〇～七〇一条の三三）。課税客体は、事務所、事業所の用に供する家屋の新築又は増築、法人又は個人の行う事業である（地税法七〇一条の三二）。事業所税の課税標準と税率は、新増設分については、床面積一平方メートル当たり六、〇〇〇円、既設分一平方メートル当たり六〇〇円である（地税法七〇一条の四〇～七〇一条の四三、地税法附則三二条の三の二、三八条、三九条）。

(146) 法定外普通税の許可基準の詳細については、自治省市町村税課編・前掲書（142）二二六頁以下参照。

(147) 金子・前掲書（1）三三一頁参照。

(148) この問題は、占部裕典「地方消費税法の法的構造とその問題点―地方税としての付加価値税のあり方―」税法学五三九号二頁（一九九八）で改めて論ずる。これは、多段階の付加価値税を地方税とすることの是非、国境税調整のしくみ（仕向地原則か原産地原則か）のあり方、納税手続・徴収コストの削減方法、税源の適切な配分・帰属のための方法などと複雑に絡み合う問題である。前掲注（143）掲記の論文を参照。徴収手続等については、浦東久男「地方消費税の導入とその消費税法との関係」総合税制研究五号一頁以下（一九九七）が詳しい。

（追　補）

(1)　本章において、直接的には言及しなかったが、本論文の公表後、アメリカで州税に関して最も広く論じられているテーマは、「電子商取引と州の課税権」に関するものである。多くの論文が公表されているが、とりあえず、Kashi M. Way, State andLocal Tax on Internet Commerc : Developing a Neutral and Efficient Framework, 19 Va. Tax Rev. 115 (1999) が詳しい。

(2)　平成一一年の地方税法の改正による法定外目的税等の導入による問題については、碓井光明「法廷外税をめぐる諸問題（上）（下）」自治研究七七巻一号一七頁、同七七巻二号三頁（二〇〇一）が有益である。

第一七章　私立大学の設置等のための不動産取得等に対する非課税問題

――登録免許税法上の非課税規定を中心にして――

一　はじめに――問題の所在

最近は、ここ数年の一八歳人口の急増による大学の定員増の必要性、その後の一八歳人口減少にともなう「大学冬の時代」に対する危機感からの大学内容の充実、さらには地方経済浮揚のための地方公共団体による積極的な大学誘致により、大学の設立、学部・学科の増設ラッシュがみられる。(1)

それに伴い学校法人等による大学用地等の取得が大規模に行われ、(2)それらに係る厄介な税務問題もまた生じている。学校法人が、一般に敷地、校舎、運動場などのために不動産等の固定資産を取得し、教育用資産に供している場合には、それら固定資産を取得した場合の取得行為に係る不動産取得税及び特別土地保有税、登記等に係る登録免許税並びに取得後の所有に係る固定資産税、都市計画税及び特別土地保有税の課税関係が主として問題となるが、既存の学部等のために取得し（不動産取得税、特別土地保有税及び登録免許税について問題となる。）、さらに現実に直接保育又は教育の用に供する（固定資産税、都市計画税及び特別土地保有税について問題となる。）ならば、不動産取得税、登録免許税、固定資産税、都市計画税及び特別土地保有税については、概ね用途による非課税規定により課税関係は生じない。

しかし、学校法人が学部増設申請に伴って新学部のために校舎、運動場等の不動産取得を行った場合の課税関係については、学校法人側において学部新設の認可がおりていないため用途による非課税規定の適用を受けられるか否か

が問題になることがある。(3)

なお、学校法人が学部増設等の目的で不動産等を取得した場合の課税問題は、学校法人側のみでなく、譲渡人側においても寄付金処理等に関連して問題になることがあるが、(4) この点については機会を改めて述べることにし、本稿では直接には触れない。

二　不動産取得税、登録免許税、固定資産税等の非課税規定の内容

1　それぞれの税について、登録免許税、地方税法等における学校法人に係る用途による非課税規定をみることにする。(5)

〔不動産取得税〕　地方税法七三条の四第一項は、「学校法人又は私立学校法人第六十四条第四項の法人（以下本号において「学校法人等」という。）がその設置する学校において直接保育又は教育の用に供する不動産、……」（同項三号）として使用するために取得した場合等においては、当該不動産の取得に対しては、不動産取得税を課すことができない、と規定する。この非課税規定を受けた規定は、福岡県税条例等には存在しないが、課税庁は、当然に地方税法七三条の四の適用があるものと解している。(6)

〔登録免許税〕　登録免許税法四条二項は、「別表第三の第一欄に掲げる者が自己のために受けるそれぞれ同表の第三欄に掲げる登記等（同表の第四欄に大蔵省令で定める書類の添附があるものに限る旨の規定がある登記等にあっては、当該書類を添附して受けるものに限る。）については、登録免許税を課さない」と規定する。そこで、別表三〔非課税の登記等の表〕の第一欄の二の学校法人（私立学校法六四条四項〔専修学校、各種学校〕の規定により設立された法人を含む）は、「一　校舎、寄宿舎、図書館その他保育又は教育上直接必要な附属建物（以下「校舎等」という。）の所有権（賃借

権を含む。以下同じ。）の取得登記（権利の保存、設定、転貸又は権利の登記をいう。以下同じ。）」、「二　校舎等の敷地、運動場、実習用地その他の直接に保育又は教育の用に供する土地の権利（土地の所有権及び土地の上に存する権利をいう。以下同じ。）の取得登記」について、登録免許税法施行規則二条により当該登記に該当するものであることを証する私立学校法四条の規定する所轄庁の書類を添付するものに限っては登録免許税は課せられない、ということになる。

〔固定資産税〕　地方税法三四八条二項は、「学校法人又は私立学校法人第六十四条第四項の法人（以下本号において「学校法人等」という。）がその設置する学校において直接保育又は教育の用に供する固定資産……」（同項九号）に対しては、固定資産税を課すことはできない、と規定する。北九州市市税条例四四条は、地方税法三四八条二項九号の固定資産につき同条同項本文の規定の適用を受けようとする者がすべき申告について規定を置いている。たとえば、土地については、「(1)土地の所在、地番、地目および地籍ならびにその用途、(2)学校の設立、養成所の指定、図書館の設立、博物館の登録もしくは学術の研究を目的とする法人の登記の年月日または当該学校、養成所、図書館、博物館もしくは学術の研究を目的とする法人の用に供する土地の区域変更の年月日」、家屋については、「(3)家屋の所在、家屋番号、種類、構造および床面積ならびにその用途、(4)直接保育もしくは教育の用に供し始めた時期、直接寄宿舎の用に供し始めた時期、直接図書館の用に供し始めた時期または直接学術の研究の用に供し始めた時期」を記載した申告書を提出しなければならないとする。

〔都市計画税〕　地方税法七〇二条の二第二項は、同法三四八条二項から第四項まで又は三五一条の規定により固定資産税を課すことができない土地又は家屋に対しては、市町村は都市計画税を課すことができない旨、規定する（北九州市市税条例第八節参照）。よって、学校法人に係る都市計画税の用途による非課税の範囲は固定資産税の非課税の範囲と同一である。

〔特別土地保有税〕　地方税法五八六条二項は、同法三四八条二項の規定の適用がある土地（ただし、五号等に掲げる一定のものを除く。）（同項二八号）、及び土地でその取得が同法七三条の四第一項又は七三条の五の規定の適用がある取得に該当するもの（ただし、五号等に掲げる一定のものを除く。）（同項二九号）に対しては、市町村は特別土地保有税を課すことができない旨、規定する（北九州市市税条例第八節参照）。よって、学校法人に係る特別土地保有税の用途による非課税規定の適用は、土地（の所有）については固定資産税と、土地の取得については不動産取得税の非課税の範囲と同一である。

2 以上の規定のもとで、学校法人が不動産を学部等の増設のため取得・登記した場合、その取得（時）においては不動産取得税及び特別土地保有税（取得分）並びに登記時においては登録免許税の課税関係、さらに取得（登記）後においては固定資産税、都市計画税及び特別土地保有税（保有分）が問題となる。なお、福岡県税条例のように不動産取得税の用途による非課税規定が存在しない場合の課税関係については後述するように問題を抱えているが、ここではとりあえず、地方税法の非課税規定を念頭において考察することにする。

これらの税の非課税規定（本件のような課税除外規定は、人的課税除外と物的課税除外が結びつけられたものである。）を比較した場合、不動産取得税、固定資産税、都市計画税及び特別土地保有税における非課税規定適用のための用途は、不動産（の取得）又は固定資産（の保有）については「設置する学校において直接保育又は教育の用に供する」ためであるのに対し、登録免許税のそれは、やや具体的に用途を列挙するも、土地（の権利の取得登記）については、「校舎等の敷地、……その他の直接に保育又は教育の用に供する」ためであり（傍線部筆者注）、そのかぎりで前者と後者は非課税規定適用のための用途についての表現は同一であると考えてよい。登録免許税法における建物（の所有権の取得登記）については、「校舎、……その他保育又は教育上直接必要な附属建物」であり、上記土地に係る用途の表現とやや異なるところがある（「その他」となっていることから校舎、図書館等と当該附属建物は並列の関係にある。）が、これには特別な意味はなく、上記とその趣旨は同じであると考えて差し支えないであろう。よって、以下、「直接

（に）保育又は教育の用に供する……」という文言に着目して、その問題点を検討する。

ただし、不動産取得税、固定資産税、都市計画税及び特別土地保有税に比べて、後者の登録免許税については、その適用を受けるためには、その使途・用途を証するための所轄庁（たとえば、大学の学部増設の場合には文部大臣）の証明書が必要とされている（登録免許税法施行規則二条）ため、その限りで用途の認定において後者の方が手続的には厳しい。

国税たる登録免許税と、地方税たる不動産取得税（都道府県税）、固定資産税、都市計画税及び特別土地保有税（以上、市町村税）において、用途の非課税規定の文言は「直接（に）保育又は教育の用に供する」として同一であるが、法的になんらリンク（連鎖）していない。

そこで、「直接（に）保育又は教育の用に供する」という文言の解釈が問題になるとともに[7]、これら登録免許税、不動産取得税、固定資産税、都市計画税及び特別土地保有税間での理論的かつ法的な整合性が問われる[8]。

なお、都市計画税は固定資産税に、土地の取得に対する特別土地保有税は不動産取得税に、土地の保有に対する特別土地保有税は固定資産税に、課税客体を同じくし（ただし、その目的や性格は異なるが）、それら税目に係る議論は不動産取得税及び固定資産税の議論と多くの点でパラレルに解することができるので、本稿では都市計画税及び特別土地保有税についての詳論は行わないものとする。

三　「直接（に）保育又は教育の用に供する」という文言の解釈

1　「直接（に）保育又は教育の用に供する」という文言の解釈については、①学校法人が当該学校の校舎等の敷地、運動場、実習用地、校舎、図書館その他附属敷設等に供する目的（で土地を取得、土地の権利を取得登記又は土地を保有すること）を意味すると解し、この目的で取得する以上、この要件に合致するとする見解（形式説、目的説、主観説。以下、「主観説」という。）、②近い将来確実に当該学校の敷地、校舎、図書館その他附属施設等に供されることが明確であることを要するとする見解（蓋然性説、確実使用説、客観説。以下、「客観説」という。）、③いつでも当該学校の敷地、校舎、図書館その他附属施設等が直接（に）保育又は教育の用に供することできる状態になっていることを要するとする見解（使用可能説。以下、「使用可能説」という。）、④賦課期日、又は法定申告期限において現に当該学校の校舎等の敷地、運動場、実習用地、校舎、図書館その他附属施設等として使用されていることを要するとする見解（実質説、使用説。以下、「使用説」という。）に大きく分けて考えることができよう。

具体的に、学部の設置（増設）の場合を取ってみると、「直接（に）保育又は教育の用に供する」とは、①土地、家屋その他の固定資産等が「直接（に）保育又は教育の用に供する」目的で取得された時点、②学部設置の申請を行った時点、③一次審査に合格した時点、④敷地の整備、校舎の建設が始まった時点、⑤学部認可がおりた時点、⑥学部学生の募集が開始された時点、⑦校舎が完成した時点、⑧学生が現実に教育用施設として利用を開始した時点、等様々な解釈が成り立つ。学校法人による学部の設置に係る認可までが数年の年度（二年）に及ぶことから（大学の設置等の認可の申請手続等に関する規制一条三項、六項参照）、どのような解釈をとるかで租税負担にかなり差がでてくる。なお、この点については、租税の分類（性質）論（登録免許税、不動産取得税は流通税であり、固定資産税は財産税である。）から画一的な結論が導かれるものではなく、各税目毎にそれぞれの課税物件に応じて個別に検討を要するということに注意をすべきである。(9)

2　以下、登録免許税、不動産取得税、固定資産税等について、個別に検討を加えていく。

上記の解釈のうち、登録免許税の非課税規定に係る校舎等の所有権及び土地の権利の取得登記は、税額の確定あるいは納期限時（登記の時）に現実にその土地、建物を敷地、校舎として使用していること（現に賃貸していたものを購入した場合などがそれに該当しよう。）はまれであり、理論的にも不動産等の取得及びこれに伴う登記は一定の目的のための先行行為であることから、使用説はとりえない。しかし、学校法人は投資の目的で不動産を取得することもあり、また、いわゆる教育用資産として取得したものが後日そのまま放置される、あるいは非教育的事業に使用される場合もありうることから、その非課税規定の趣旨からは、近い将来一定の確実性をもって「直接に保育又は教育の用に供する」土地、家屋の権利取得に係る登記ということにならざるをえないのであろう。主観説によると、学校法人による土地譲渡に係る所得を収益事業に係るものとして課税された場合に登録免許税は用途による非課税規定により課税されなかったという結果を招来させる可能性が大である。また、主観説は、「直接に保育又は教育の用に供する」という要件の立証に大きな問題を伴う。客観説を妥当としよう。

しかし、その場合でもどの程度の確実性を要するかという問題が残るであろう。たとえば、既存学部のための敷地の取得に伴う登記と、新学部の設置のための取得に伴う登記では、その確実性の度合（程度）に差が存するであろうか。確実性が問われる点は、前者は学校法人が登記をした土地を教育用資産として使うか否かであるが、後者については、この点とさらに学部の設置が認可されるか否か、という点にあり、「直接に保育又は教育の用に供する」確実性は前者の方が高いといえるであろう。

そこで、登録免許税についてはこの判断を所轄庁（文部大臣）の判断に委ねていることから、次に校舎等の所有権及び「直接に保育又は教育の用に供する」土地の権利の取得登記のその所轄庁の判断基準が問題となる。登録免許税法上、既存学部のための校舎増築、運動場の拡大のための不動産の取得及び既存学部の移転に伴う土地取得と新設学部のための土地取得では、その取扱いに差が生じるか否か、などが問題となろう。

また、不動産取得税は、その課税客体が「不動産の取得」であるがゆえに、売買による土地の取得などの場合には、原則として所有権の取得は登記時か、それより前であるために、「直接保育又は教育の用に供する」不動産の解釈は登録免許税と同様（あるいは緩やか）に一見してなりそうである。すると、上記登録免許税同様、厄介な問題が生じる。

これに対して、固定資産税は、地方税法レベルにおいては不動産取得税、登録免許税同様に「直接保育又は教育の用に供する」固定資産につき、同じ解釈上の問題が存する余地がある。ただし、北九州市市税条例は使用説（あるいは使用可能説）に立ち、現実に常態として当該学校の敷地、校舎その他附属施設等として「供用している」ことを要すると解して、条例化しているようでもある。(10)

四　学部増設に伴う非課税規定の実務上の取扱い

以上の「直接（に）保育又は教育の用に供する」という文言の解釈論を踏まえたうえで、学部増設の際の、それも学部増設申請時前に不動産が取得された場合の課税関係を念頭におきつつ、これらの税目について「直接（に）保育又は教育の用に供する」か否かという課税庁における判断基準、実務上の取扱いをみていくことにする。

〔不動産取得税〕　不動産を取得した者は、その取得の事実その他不動産取得税の賦課徴収に関する一定事項を当該不動産取得の日から六〇日以内に申告（あるいは報告）しなければならない（地税法七三条の一八、福岡県税条例二〇条の二八）ので、学校法人がそれにより取得等の事実を申告すると、課税庁は非課税規定にいう用途に該当するか否か調査等を行い、それが用途からみて非課税ということになれば納税通知書の送付を行なわず、結果として課税されない（なお、申告が行われない場合でも、課税庁は法務局あるいは登記においてその事実を確認している。こちらからの把握が実務の原則といえるかもしれないが）。

その際の取得不動産が「直接保育又は教育の用に供する」か否かの判断は、みだりに非課税規定を拡張解釈しないようにとの依命通達（地方税法及び同法施行に関する取扱いについての依命通達（道府県税関係）三の二）はあるものの、多くの県では具体的な判断基準はないものと推測される。一般的には、当該法人の予算、事業計画書、議事録、財産目録、寄附行為、定款等により判断するほか、非課税規定に該当する旨の関係機関の証明書を参考にして判断することになるようである。(11) ある県では「直接保育又は教育の用に供する」目的で取得しても、その利用が遅れる場合等については、実務上、課税留保として取り扱う―たとえば、学部増設申請については認可申請がおりるまで課税を留保し、認可がおりなければその時点で課税するということになろうか―こともありうるが、ある県では不動産の取得時に非課税とすることも十分ありえよう。そこで、現実の取扱いについては各県でバラツキがあるものと推測されるが、少なくとも客観説によっているという点では異論はなかろう。ただし、客観説によってもその程度は必ずしも明確ではないので、納税者は事前に課税庁と折衝し、課税関係について合意に達しておく必要があるということになろう。

なお、大学の移転に伴う敷地の取得については、行政実例（昭三四・一二・八自丁府発一二七　自治庁府県税課長から京都府総務部長あて回答）をみる限り、用途非課税規定の適用がありそうである。

〔登録免許税〕　登録免許税法における非課税登記か否かの判断は、文部大臣の添付書類の有無によって形式的に判断することになる。そこで、学校法人が取得した不動産が「直接に保育又は教育の用に供する」ものであることを証する文部大臣の書類の交付基準が問題となる。この交付基準、審査基準について、文部省は公表していない。

しかし、学部増設の認可申請にあたり、学校法人が不動産を取得し、登記した場合については、文部省はその申請に至る行政指導で、学部申請時に「直接に保育又は教育の用に供する」として取得しても、学部が果たして認可され、設置されるかは未だ流動的であるので、この証明書類を交付することはできないものとしている。(12) 文部省（あるいは大蔵省）は結果的には客観説に立ちながらも、認可前の不動産の取得については「直接に保育又は教育の用に供する」という確実性に欠けると解していると考えてよかろう。

大学の学部増設の認可にあたっては、大学設置基準（文部省令）により、一定の校地面積、校舎面積が要求され[13]（大学設置基準三八条、同附則二条以下参照）、その申請時に①校地等の概要を記載した書類、②校舎その他の建物の概要を記載した書類等を添えなければならない（大学の設置等の認可の申請手続等に関する規則一条）。さらに、これらの書類には、校地等の登記簿謄本等その権利関係を明らかにする書類を添付することを要求している（大学の設置等の認可申請に係る書類の様式及び提出部数（文部省告示）様式第五号及び当該様式の（注）七参照）。そして、文部省は「登記簿謄本等その権利関係を明らかにする書類」の行政解釈として、登記簿謄本を要求しており、権利書ではこの要件を充たさないと解しているようである。その結果、文部省の見解を前提とするかぎり、学部増設にあたって取得した不動産については登録免許税の課税は避けられないことになる。

しかし、大学の移転、既存学部の移転に伴う用地取得、又は既存の運動場等の拡大に伴う用地取得については、上記の見解を前提とするかぎり、登録免許税の非課税規定の適用は受けられそうである。そうすると、学部増設等にあたっては、既存学部の敷地等として先に取得し（非課税）、後日新設学部のために転用することにより（これらの手続きについては、学校教育法施行規則二条一項二号、五条参照）、登録免許税の課税を免れることが可能となろう。

〔固定資産税〕　固定資産税の非課税規定の適用を受けようとするものは、前述したように土地、家屋については、直接保育もしくは教育の用に供し始めた時期等を記載した申告書を課税庁に申告しなければならない（北九州市市税条例四四条参照）。そこで、「直接保育又は教育の用に供する」という用途の非課税要件の判断基準に対する実務上の取扱いであるが、北九州市などにおいては、少なくとも賦課期日に直接保育もしくは教育の用にいつでも供しうる状況（現況）になっていることをさすものと解している。使用可能説あるいはきわめて緩やかな使用説に立つものと思われる。賦課期日が一月一日である（地税法三九五条）のに対し、授業の開始が四月一日であることも考慮している。[14]

行政実例（昭三四・五・一九自丁固発三六　自治庁固定資産税管理官から福岡県総務部長あて回答、昭三〇・一二・八自

丁市発一三五　自治庁市町村税課長から善通寺市長あて回答）は、その施設が建設途上にあって将来の保育又は教育に供されるものであっても、またその固定資産が直接保育又は教育の用に供されることなく、遊休の状態にあるものも非課税規定の適用を受けられないとする。

五　学部設置等における登録免許税の非課税規定適用上の問題点

1　不動産取得税、登録免許税、特別土地保有税（取得分）、固定資産税、都市計画税及び特別土地保有税（保有分）における「直接（に）保育又は教育の用に供する」という解釈レベルにおいて、前三者が客観説、後三者が使用説（この点使用可能説に近づけた解釈も可能であろう。）によると、通常、それら税目の課税物件が時系列的に生じるので、連鎖的に課税関係を考える必要があろう。

しかし、不動産取得税、登録免許税については、課税物件、用途による非課税規定の実務上の解釈、あるいは実務上の運営により、不動産取得税は非課税（又は課税免除）、登録免許税は課税されるという場合が生じる。すなわち、登録免許税について、前述したように本件のような場合には文部省は学部設置の認可をもってその判断基準としていることから、その結果既存の学部のための不動産に係る登記は非課税、学部増設のための不動産に係る登記は課税されることとなる。不動産取得税と登録免許税とでは課税客体を異にするが、これら流通税における用途による非課税規定の趣旨が公益上の理由である以上、学部増設等に伴う土地等の所有権の取得と登記が同時に行なわれる場合には、結果的にはリンクすべきものであろう。ただし、その際に、「直接（に）保育又は教育の用に供する」をあまり厳格に解することは、その用途による非課税規定の趣旨を没却してしまうことになりかねない。特に前二者の場合に使用説（あるいは使用可能説）をとるとほとんどの場合にその適用を受けることができなくなり、確実に教育用資産として使用が予定されている場合にも課税されうる。また、「直接（に）保育又は教育の用に供する」とは「直接（に）保育又は教育の用に供する目的」と解することは、用途による非課税規定の趣旨からして広きに失する。[15]「直接（に）保育又は教育の用に供する」とは、そのときの客観的状況からして取得後すみやかに保育又は教育の用に使用することが高度の蓋然性をもって予測しうる場合と解してよかろう（前述三、1参照）。そこで、学部の設置にあたり取得した土地等の権利の取得に、登録免許税が課せられるか否かが問題となる。

2　学部の設置申請は、開設年度の前前年度の七月三一日までになされる（これを「一次申請」という。）が、文部大臣は当該設置に特別の必要性がないとき又は当該学部の設置計画が適当でないと認められるときには、開設年度の前前年度の三月三一日までに設置を許可しない旨を決定し、その旨を速やかに通知し（これを受けないことをもって設置の認可と解することはできない。この通知を受けないものは一定の書類を提出する必要がある。これを「二次申請」という。）、最終的には開設年度の前年度三月三一日までに学部の設置を認可するか否かを決定し、速やかにその旨を通知しなければならない（大学の設置等の認可の申請手続等に関する規則一条参照）。学部の設置に係る申請書の提出にあたっては現実にかなりのものが受理されず、受理されたものの九割が最終的に認可されるといわれている。

不動産を取得し、学部の設置申請を行った段階では、当該不動産が非課税の対象となる用途に用いられるのか、あるいは用いられないのか、どちらつかずの状態のようにみえるが、①学校法人が「直接に保育又は教育の用に供する」意図、目的で当該不動産を取得していることが学部の設置に係る申請書の提出により推定できること、②実務上、学部の設置申請が受理されれば設置認可の確率がかなり高いこと、③学部の設置認可を受ければ、当該不動産は「直接に保育又は教育の用に供する」ために確実に使用されること、などから、どちらつかずの、白紙の状態ではなく、近い将来、直接に保育又は教育の用に供せられる確率が高い状態である。なお、仮にどちらつかずの白紙の状態であるとしても、それは「直接に保育又は教育の用に供さない」状態とも、「直接に保育又は教育の用に供する」状態ともいえないのであるから、前者の状態とみなして課税するのは問題である。

既存の大学等の校舎、敷地、運動場等として使用するために取得し（そして使用し）、後日学部の設置にあたり、新学部の予定敷地等に転用し、設置の認可を受ける場合（この場合既存学部の敷地等の取得、登記に係る不動産取得税、登録免許税は課せられない。所轄庁もこのような登記については証明書類を発行する。）と既存学部の敷地が大学設置基準をかつかつ充たす程度であるがために、新たに用地を取得して学部の設置申請に及んだ場合とで、結果に違いが生じるのは、用途による非課税規定の趣旨（公益上の理由）から不合理である。また、学部の設置の認可がおりれば双方とも法的に同様な拘束力のもとで（大学設置基準三八条、附則二、三、四条）教育用資産として供用されることになる。よって、結果的に設置の認可を受けたものについては用途による非課税規定の適用を認めることなどを考慮すると、大学設置基準を充たすための新学部増設に伴う不動産の取得、登記についても用途による非課税規定を結果的に適用しても差し支えないものと思われる。学校法人が既存学部のためになす校舎、運動用地等の取得、学部増設のためになす校舎、運動用地等の取得については不動産取得税、登録免許税においてほぼ同一の基準で考えて差し支えないものと思われる。

3　学校法人が学部の設置認可申請にあたり、大学設置基準における校地基準の要件を充たすために土地等の所有権を取得、登記するにあたり、登録免許税法上の用途による非課税規定の適用が受けられない場合には、学校法人は、①文部大臣の「直接に保育又は教育の用に供する」か否かの判断、すなわち証明書類を発行しないという確認行為に対する国税通則法七五条一項五号による不服申立て、行政訴訟の提起、②登録免許税を納付せずに登記申請を行い、その結果行われる登記官の認定・通知行為に対する国税通則法七五条一項五号による不服申立て、行政訴訟の提起、あるいは登記の申請却下に対する不服申立て、行政訴訟の提起（申告価額が登記機関の調査したところと異なる場合には、登記機関が適正な価額を認定し（登録免許税法一六条一項）、これを申請人に通知し、この通知に従った納付がなされない場合には登記申請が却下される。）、③過誤納金の還付通知の請求を行い（登録免許税法三一条）、その却下通知に対する不服申立て、行政訴訟の提起、④申告価額が過大であったとして国税通則法七五条一項五号による不服申立て、行政訴訟の提起（ただし、その場合、前記登録免許税法二六条一項から、登記申請人の登録免許税に係る課税標準、税額が適正であり、他の要件も充足しているとした登記官の黙示の認定行為を処分として捉えることが前提となる。）、をすることにより争うことが考えられる。

登録免許税に係る納税義務は自動確定方式（国通法一五条三項六号）によるため、納税義務者又は課税庁の特別の行為を要しないため、その争訟手段はかねてより様々な問題が提起されているところであるが、特に上記の②（ただし、登記官の認定・通知行為のみ）、④については、その「処分性」の有無について学説が分かれている。[16] また、②④を肯定すると、その公定力により不可争力が発生し、あとで還付通知の請求も制限され（それに伴いその請求却下を争うこともできなくなる。）、かえって納税者に不利に機能することから③のみを認めればよいとする見解もある。[17] しかし、自動確定方式をとるといいながらも、登録免許税法をみる限り、登記機関は、登記等の申請書に記載された当該登記等に係る登録免許税の課税標準の金額、登録免許税の額等が国税に関する法律の規定に従っていないとき等は、登記機関の認定した登録免許税の課税標準の金額、登録免許税の額等を登記等を受けるものに通知するものとしていることから、そこに登記機関による認定行為の存在を肯定することができ、④の場合には「黙示の認定行為」を、②の場合には「明示の認定行為」を対象として不服申立て、行政訴訟の提起が可能であると思われる（大阪地裁昭和四八年一二月三日判決・判時七三六号三七頁参照）。また、これら認定・通知行為に係る不可争力は、還付請求を制限する効力まではないことから、登記申請人が不服申立期間を経過した後でも当然③により争うことが可能であると思われる。①～④により争うことは可能であると思われる。

4　しかし、登録免許税法上の用途による非課税規定は、前述したような客観説により運用されるべきであり、今後そのような方向での運用が望まれる。ただし、学部設置の認可を得て、土地、建物を教育用資産に供した場合に、結果的に非課税とするにあたっては、登録免許税法の解釈と設置の認可に係るあるいはそれに付随する技術的な問題との関連で、その手続きには、複雑な問題が伴う。

手続きとしては、①学部の設置に伴い、土地の権利を取得するものは、証明書類を発行し、非課税とする、あるいは学部の設置を申請するものは、申請が受理されない、または認可が得られない場合には既存学部の資産として供することを条件に、文部省が証明書類（その際の証明書類は学部の設置認可の際には校舎、敷地等に使われるという内容で足りる。）を発行し、非課税とする、②学部の設置申請における書類提出時に、不動産については登記簿謄本までを要求せず、売買契約書で足りるとして結果的に登録免許税を課さない、ということが考えられる。しかし、②のように敷地、校舎に係る不動産につき対抗要件まで要しないということになれば、学校法人の資産状況（大学等の設置の認可に係る一つの判断材料でもあろう。大学の設置等の認可の申請手続等に関する規則二条一項九項に係る大学の設置等の認可申請に係る書類の様式及び提出部数・様式第七号参照）に対する不安定要因を抱えることになり、かつ大学の設置そのものを認可後不可能にするなど、様々な弊害が生じるおそれがある。そこで文部省が学部の設置申請の時にそのような登記を要求する点については合理性があるといえる。よって、①のような手続的運用が望ましいと考えられる。

ただし、①による運用を採用したとしても、学部の設置認可がおりなかった場合の課税関係をどのように解するかについては、なお問題が残る。流通税たる登録免許税の課税関係を登記のときに「すべてか無か」として、客観説にたち学校法人に納税義務を負わせないと解することも可能ではあるが、学部の設置認可がおりず、かつその資産が既存学部のために直接に教育の用に供されない場合には、課税庁がその時点でさかのぼって徴収を行うことができると解する方が、非課税規定の趣旨からして合理的であろう（登録免許法二六条、二八条、二九条参照。ただし、非課税が理論上、このような解釈になじむのか検討の余地がある。なお、不動産取得税の実務上の取扱いはこのような取扱いを行っているようである。)。また、その際に延滞税を課すか否かも併せて検討する必要がある(国税通則法六〇条一項三号参照)。

どちらにしろ、これらの問題については、非課税の方向で文部省と大蔵省が早急に協議することが必要であろう。

なお、学部設置の認可申請にあたっての不動産取得については文部省が当該証明書類を出さないという見解を尊重し、学校法人は登記時に登録免許税を納付し、後日学部の設置の認可がおりた時点で、いわゆる過誤納金として処理を行い、納付税額の還付を受ける(登録免許税法三一条)、ということも考えられなくはない。しかし、客観説に立つかぎり文部省は当該証明書を出さざるをえないことから、このような処理手続きには問題があり、かつ、後日登記機関が過大に登録免許税を納付して登記等を受けた旨、所轄税務署長に通知(登録免許税法三一条一項)しない場合、登記等を受けた者は、登記機関に当該通知をすべき旨の請求をすることができるが、この請求期間は登記等を受けた日から一年を経過する日までであること(登録免許税法三一条二項)から、学部設置の認可に二年を要する本件のような場合には、過誤納金の還付に係る規定は十分に機能しないと考えられる。また、前述のように現実に申請の九〇%が認可されるということであれば、このような場合がむしろ例外的場面に属し、税務行政上弊害が大きいと考えられる。

立法論的には、「直接に保育又は教育の用に供する目的で取得した校舎、学校用地等については三年以内に直接に保育又は教育の用に供した場合には、登録免許税に係る納税義務を免除する」と規定することも一考であろう。少なくとも大蔵省が、「直接に保育又は教育の用に供する」という文言の解釈を明確にし、その基準にもとづき、所轄庁(文部省等)が関連法規、事実等を斟酌し、証明書類を発行するという手続きが望ましい。

5　なお、国法レベルでの登録免許税に係る用途による非課税規定の趣旨たる公益性の判断の一つの参考となりうるのは学校法人の設立、学校の設置、学部の設置等に係る寄付金の税制上の取扱いである(所法七八条、所令二一三、二一四条、法法三七条三項、法令七五、七六条参照)。①大蔵大臣から指定寄付金の承認を受けた寄付金、あるいは②試験研究法人等に対する寄付金については、一般寄付金とは異なった取扱いが認められている。[18]

寄付金指定の対象となる法人の設立のための寄付金の要件について、所得税法施行令二一五条は、「法第七八条第二項第二号（寄付金控除）に政令で定める寄付金は、同号に規定する法人の設立に関する許可又は認可があることが確実であると認められる場合においてされる寄付金をいう」と規定する（法人については、法人税法三七条三項二号、法人税法施行令七五、七六条参照）。これは将来学校法人の設立が確実なものに対する寄付金についてのみ認められるものである（旧所得税法施行規則六条の三一項二号、旧法人税法施行規則八条、旧所得税法施行規則三二条、旧法人税法施行規則一条の一三参照）が、設立確実とする証明をあらかじめ行うことは困難であるので大蔵省と文部省が協議のうえ、一定の手続きのもとで寄付金指定の対象とすることにしている（昭和三九・一一・一八文管振一八九参照）。また、これに関連して、既存の学校法人が学校等その設置に所轄庁の認可を要するものを新たに設置する場合の当該寄付金についても、一定の手続きのもとで旧法人税法施行規則八条に規定する寄付金指定の対象とすることにしていた（上記通達参照）。さらに、今日では、既存の学校法人が学校等その設置（学部の設置を含む。）に所轄庁の認可を要するものを新たに設置する場合における当該設置のための寄付金についても日本私学振興財団を通じて募集することが一定の簡略化された要件、手続きのもとでできるようになっている（昭和四〇年四月三〇日大蔵省告示第一五四号・第二号の二、昭和六二・三・一六文高行一一〇）。このように、学校法人の設立、学校の設置及び学部の設置等に係る寄付金についても公益上の理由から税法上特別の配慮を加えている。(19)

また、所得税法七八条二項三号は試験研究法人等に対する寄付金を、「……その他特別の法律により設立された法人のうち、教育又は科学の振興、文化の向上、社会福祉への貢献その他公益の増進に著しく寄与するものとして政令で定めるものに対する当該法人の主たる目的である業務に関連する寄付金……」とし、この規定を受けた所得税法施行令二一七条一項三号は「私立学校法（昭和二四年法律第二七〇号）第三条（定義）に規定する学校法人で学校の設置を主たる目的とするもの」を掲げている（法人については、法人税法三七条三項三号、法人税法施行令七七条三号参照）。

学校の設置に係る寄付金についても公益上の理由から税法上特別な配慮を加えている。[20]

これら学校法人の設立に関する許可又は認可があることが確実なものに対する寄付金、学校法人に対する寄付金、認可を必要とする学校等の設置のための寄付金についての、税法上の特別措置等とのバランスからも本件のような登録免許税等については結果的に非課税扱いとすべきであろう。[21]

なお、最近の私立大学における財政危機、あるいはそれに伴う私立大学学生の授業料負担の増大化、私学補助金の削減のなかで、現行の登録免許税の取扱いは、このような状況を助長するといえよう。[22]

六　不動産取得税、固定資産税等における非課税規定の問題点

1　前述したように、不動産取得税における「直接保育又は教育の用に供する」という解釈及びその判断基準については、課税庁において必ずしも確立しておらず、その結果、実務上の運営においても、学部増設のために不動産を取得した場合には各都道府県でその取扱いが必ずしも一致しないものと推測される。[23]そこには広範な課税庁の裁量が存在しているものと思われる。また、福岡県税条例のように非課税規定を明文化していない場合に（ほとんどの自治体がこのような条例であるが）、地方税法上非課税であることを理由に地方税法の当該条項により非課税措置がとれるのかという点についても、必ずしも条例に規定する必要はない（任意的条例事項）とする見解が有力である（前述二、1注(2)参照）が、問題が残る。

固定資産税、都市計画税等のそれについては、使用可能説、さらには使用説により現実に教育用資産として供していない限り、課せられるという見解が自治省、地方公共団体において採用されているものとみられる。その結果、使用説によると、学部増設に伴う固定資産は、その建設された校舎を使って学生募集のための活動に入らない限り

（あるいは新学部の学期が開始し、教室を使用しない限り）、固定資産税、都市計画税等を課税されるということになるが、使用可能説によった場合とで現実に地方公共団体の実務上いかなる相違が生じているのかは明らかではない。

2　なお、不動産取得税、固定資産税、都市計画税等における非課税規定に関する条例には、前記の「直接保育又は教育の用に供する」というレベルでの解釈を離れて、いくつかの問題がある。

地方公共団体は、地方税法六条一項の「地方団体は、公益上その他の事由に因り課税を不適当とする場合においては、課税をしないことができる」という規定（福岡県税条例八条は「公益上その他の事由に因り、知事が課税を不適当と認めたものに対しては、県税を課さないことができる」と規定する。）に拠り、さらに個別に規定をおけば不動産取得税を課さないことも可能である。[24]また、北九州市市税条例六〇条は、このような一般的な課税免除規定とは別に、地方税法三六七条を受けて、固定資産税については一定の場合に固定資産税につき市長が必要と認めるものについては、固定資産税を免除すると規定し、固定資産税を課さないという処理の可能性を残している（地方税法七〇二条の七（都市計画税）、六〇五条の二（特別土地保有税）、七三条の三一（不動産取得税）の減免規定も併せて参照）。このような場合、固定資産税、都市計画税等は用途の非課税規定の適用を受けないとしたうえで、「公益上その他の事由に因り」現実的な処理（課税免除―実質は非課税である）を行なうことも可能であると考えられよう。

しかし、上記のような場合には、①地方税法で規定した非課税規定に合致しない場合に、地方税法六条を受けた具体的な条例上の規定を根拠に課税を免除（実質は非課税）又は不均一課税することができるか否か、さらにその際に②用途による非課税規定の趣旨たる公益上の理由と地方税法六条の「公益上その他の事由」をどのように関連づけるのかなど、検討すべき問題が残ろう。[25]地方税条例主義（課税要件条例主義、課税要件明確主義、合法性の原則等）により、地方税法六条を根拠に地方税法の非課税規定の趣旨を拡大して解釈することはできないが、個々の地方公共団体の公益性にもとづき条例による個別、具体的な規定をもって地方税法の非課税規定を拡大することは可能であるように思われる。[26] 地方税法に規定されている非課税規定を地方公共団体独自の（公益性）判断で緩和することは可能であろうが、その要件は具体的に列挙される必要がある。

なお、これらの問題に係る公益性の判断において、大学誘致が町おこしにつながると解する今日、条例による企業誘致に伴う租税優遇策とのバランスも配慮する必要があろう。経済的波及効果（雇用、消費等の拡大等）、租税波及効果（学校法人は営利事業にのみ、内国法人よりも低税率で課せられるので、法人税、法人住民税、事業税、事業所税への波及効果は企業の方が大といえるか？）においてどちらが公益に資することになるであろうか。[27]

七　おわりに――むすびにかえて

本稿では、学校法人が大学の学部増設等（設置認可申請）にあたり、校舎等の敷地、運動場、実験用地その他の直接に保育又は教育の用に供する土地（の権利）、校舎、図書館その他附属施設等（の所有権等）を取得し、さらに取得登記あるいは保有した場合に、不動産取得税、登録免許税、固定資産税、都市計画税及び特別土地保有税における用途による非課税規定の適用が受けられるか否かについて検討した（検討にあたっては、それら税目における「直接（に）保育又は教育の用に供する……」という文言の解釈が重要な問題となる。）。その際に、登録免許税法上、学校法人の大学学部増設等のための不動産取得等について、非課税規定の適用を一切認めないとする文部省、大蔵省の解釈及びその手続的取扱いには特に問題があると思われる。

その規定の立法趣旨、各税の課税物件の特質からして、「直接に保育又は教育の用に供する……」とは、取得登記のときの客観的状況から取得後すみやかに保育又は教育の用に使用することが高度の蓋然性をもって予測しうる場合と解してよいものと思われる。その結果、学校法人の大学学部増設等のため（大学設置基準〔校地基準〕を充たすため）の不動産取得等については、客観的にみて認可がおりれば教育用資産に供されることは確実であるので、①学部等の設置申請に伴い、土地の権利を取得するものは、文部省が教育用資産に供する旨の証明書類を発行し、非課税とするか、あるいは②学部等の設置を申請するものは、申請が受理されない、あるいは認可が得られない場合には既存学部の資産として供することを条件に、文部省が証明書類（その際の証明書類は学部の設置認可の際には校舎、敷地等に使われるという内容が足りる。）を発行し、非課税とすることが望ましい（ただし、学部の設置認可がおりず、既存学部のために当該資産を直接に教育の用に供さない場合には、結果的には課税庁がその時点で遡って徴収を行うことができると解すべきであろう。）。そこで、この問題については、文部省と大蔵省が今後早急に協議を行い、その解釈及び取扱いを非課税規定適用の方向で再検討する必要があるものと思われる。

ただし、その前提において、学校法人の適正な財務運営、経済努力が期待されていることはもちろんである。

なお、不動産取得、固定資産税、都市計画税及び特別土地保有税についても、今後、教育用資産に関する非課税規定の実務上の運営について明確な基準を設けることが要求されるとともに、地方税法六条を根拠とした「公益上その他の事由……」による個別非課税条例等の制定を含む私立大学の誘致に対する地方公共団体の授助・優遇措置の範囲（土地供与、資金援助等）を明確にする必要に迫られるであろう。

（1）　このような状況については、「特集　都市と大学・研究機関」都市問題研究三九巻九号（一九八七）参照。申請どおり認可されれば、昭和六三年度二六校（大学、短大）、昭和六四年度二一校（同）が新設される。また、昭和六三年度には二七の大学、短大が学部、学科の増設を予定している。昭和六二年八月八日付朝日新聞等、さらには、昭和六三年八月一〇日付日本経済新聞等参照。

（2）　ここ数年の特徴は、大学の設置等が都市の活性化を導くということで、地元自治体から、土地、建物などの提供を受ける公私協力方式で新増設するケースが増えているということである。たとえば、宮城県の石巻専修大は石巻市の援助が土地代などを含めて五〇億円に及ぶという。前掲昭和六二年八月八日付朝日新聞参照。その他、「加熱する大学誘致合戦―土地無償・補助金も出します」昭和六一年一二月一八日付朝日新聞(夕)、「学園都市の夢―ブームの米大学誘致」昭和六二年一〇月一〇日付日本経済新聞、「米大学誘致効果もリスクも」昭和六二年一一月一五日付日本経済新聞、「大学誘致急ぐ自治体」昭和六三年七月三日付朝日新聞、「大学誘致、目的意識持って」昭和六三年九月一〇日付日本経済新聞等も併せて参照。

(3) 学校(学校教育法一条参照)の設置廃止は、監督庁の認可を必要とするが、これには大学の学部、大学院及び大学院の研究科並びに短大の学科の設置廃止も含む(学校教育法四条)。本稿を論じるにあたっては大学の設置と大学の学部、大学院及び大学院の研究科並びに短大の学科の設置を区別して論じる。学部増設に係る議論は、大学院又は大学院の研究科、短期大学の学科の設置に係る議論とすべてパラレルに考えてよかろう。本稿では学部増設に焦点をあわせて論じる。

(4) 不動産の譲渡人(法人・個人)が、教育という公益事業に供するために、あるいは大学誘致のインセンティブとして、通常の売買価額よりも低額又は無償で学校用地あるいは校舎等の施設を提供する場合が往々してありうるが、そのような場合の譲渡人側の寄付金処理(所法七八条、法法三七条)、及び個人の学校法人に対する財産の贈与・遺贈の非課税(措法四〇条一項後段)が問題になる。その他付随的問題として、学部認可申請が得られず、転売した場合の譲渡益の課税問題等が考えられる。

なお、学部の設置に伴う寄付金の税法上の取扱いについては、本稿の五、5参照。

(5) 地方税法は、それ自体課税の根拠法とはならず、地方税の賦課・徴収は住民の代表機関たる地方議会の制定した条例にもとづいて(地方税条例主義)行われなければならない(憲法九四条、地税法三条参照)。地方税法は、自主財政主義ないし地方条例主義のもとでの、準則法であると解するのが一般的である。金子宏『租税法(二版)』九二頁(弘文堂・一九八八)、清永敬次『新版　税法』二〇、二九頁以下(ミネルヴァ書房・一九八八)参照。

本稿では、主として筆者の大学の所在地との関連から、不動産取得税については福岡県税条例を、固定資産税、都市計画税及び特別土地保有税については北九州市市税条例を、各々参考にする。

(6) 福岡県税務課の見解であるが、このような見解は実務上広く採用されている。滝野欣彌『地方税法総則入門』五四以下（ぎょうせい・一九七七）参照。その他、たとえば山口県税条例、兵庫県税条例等もこのような規定をおいていない。

（7）このような「……の用に供する」文言は、登録免許税法の別表第三、不動産取得税（地税法七三条の三）、固定資産税（地税法三四八条）、都市計画税（地方税法七〇二条の二により地方税法三四八条二項から四項等を適用している。）等において、本稿の学校法人に係るもの以外についても様々な場合に用いられている。

ただし、たとえば地方税法七三条の一四〔不動産取得税の課税標準の特例〕八項において「……公共事業の用に供するため……」あるいは「公共事業の用に供されることが確実であると認められる者……」、地方税法七三条の二七〔外国人留学生の寄宿の取得に対して課する不動産取得税の納税者の免除等〕二項「寄宿舎の用に供したときは、……」という文言も存在する。

（8）登録免許税、不動産取得税は、いわゆる権利の取得・移転をはじめ取引に関する各種の事実的ないし法律的行為を対象にして課される租税で、財政学上の流通税に属する。固定資産税、特別土地保有税は、いわゆる財産の所有という事実に着目して課せられる租税で、財政学上の財産税に属する。よって、税法上もそれらの課税物件（課税客体）が異なるため、一般的には二重課税等の問題は生じないと解されている。しかし、この点については疑問がなくもない。

なお、不動産取得税の課税客体は、不動産の取得であり（地税法七三条の二第一項、福岡県税条例二〇条の二三第一項）、課税標準は、不動産を取得した時における不動産の価格であり（地税法七三条の一三第一項、福岡県税条例二〇条の二四第一項）、税率は、一〇〇分の四である（地税法七三条の一五、福岡県税条例二〇条の二五）。その場合の不動産の価格は、固定資産台帳に固定資産の価格が登録されている不動産については、当該価格により当該不動産に係る不動産取得税の課税標準となるべき価格を決定する（地税法七三条の二一第一項等参照）など、課税標準は概ね固定資産税の課税標準と同一となる（福岡県税条例二〇条の二四、二〇条の三〇参照）。

登録免許税の課税標準は、不動産の売買に伴う所有権の移転の登記、地上権・賃借権等の設定・移転等の登記については、不動産の価格であり、税率は、前者については一〇〇分の五、後者については一〇〇分の二・五である（登録免許税法九条、別表第一）。

固定資産税の課税客体は、固定資産（の所有という事実）であり（地税法三四二条、北九州市市税条例四二条）、課税標準は、当該土地、家屋の価格の基準年度に係る賦課期日における価格で土地課税台帳等に登録されたものであり（地税法三四九条、北九州市市税条例四九条）、税率は、一〇〇分の一・四である（地方税法三五〇条―ただし、上限一〇〇分の二・一までと規定する。北九州市市税条例五〇条）。その際に申告するものは、原則として不動産等を取得して直接保育又は教育の用に供している学校法人であるが、不動産等を直接保育又は教育の用に供している学校法人に無料で使用させているものも申告可能である（北九州市市税条例四四条参照）。不動産等を有料で用途による非課税規定の適用を受ける学校法人に貸与している場合には、その所有者に固定資産税が課せられる（地税法三四八条二項本文但書、北九州市市税条例四九条）。

都市計画税の課税標準は、都市計画法五条の規定により都市計画区域として指定されたもののうち市街化区域に所在する土地及び家屋の価格であり（地税法七〇二条、北九州市市税条例一一五条）、税率は一〇〇分の〇・三を超えることはできない（地税法七〇二条の三、北九州市市税条例一一六参照）。都市計画税の賦課徴収は、固定資産の賦課徴収の例によるものとし、原則として固定資産税の賦課徴収に併せて賦課徴収する（地税法七〇二条の七、北九州市市税条例一一九条）。

特別土地保有税の課税標準は、原則として土地の取得価額であり（地税法五九三条、北九州市市税条例一〇六条の三）、税率は①土地に対して課する特別土地保有税（保有分）にあっては一〇〇分の一・四、②土地の取得に対して課する特別土地保有税（取得分）にあっては一〇〇分の三と定められている（地税法五九四条、北九州市市税条例一〇六条の四）。固定資産税相当額、不動産取得税相当額の控除については、地方税法五九六条、北九州市市税条例一〇六条の六参照。

(9) 固定資産税については、住職並らびにその家族が寺院の堂宇及び境内地の管理にあたるために庫裡に起居する場合に、その庫裡が地方税法三四八条二項二号（旧法。現行地税法三四八条二項三号）にいう、「宗教法人が専らその本来の用に供する宗教法人法三条に規定する境内建物及び境内地」に該当するとした東京地裁昭和三二年二月二八日判決（行裁例集八巻二号二八三頁）、各種学校は、直接教育の用に供している土地等につき、非課税規定の適用を受けることができないとした東京地裁昭和四〇年五月二六日判決（行裁例集一六巻六号一〇三三頁）が参考となる。これら判決は「専らその本来の用に供する」とは現実に「使用している」ことを前提としている。その他仙台地裁昭和三三年一一月二四日判決（行裁例集九巻一一号二四三二頁）が参考となる。不動産取得、登録免許税、固定資産税、都市計画税及び特別土地保有税において、「直接（に）保育又は教育の用に供する」が争われた判例は、これまでに公刊されたもののなかにはみあたらない。

(10) 前述したように（三、1）、北九州市市税条例四四条四号は、申告書に「直接保育もしくは教育の用に供し始めた時期、直接寄宿舎の用に供し始めた時期、直接図書館の用に供し始めた時期、直接博物館の用に供し始めた時期または直接学術の研究の用に供し始めた時期」の記載を求めているが、これは家屋、償却資産（同条六号）についてのみである。しかし、その敷地については、その「直接保育若しくは教育の用に供する」とはそのうわものたる校舎とその判断については一体性を有するものと考えられる。そして、うわものの存しない運動場のようなものについても、その解釈は同様に考えられよう。ただし、「供し始めた時期」という文言についてもなお、一義的な基準は導かれない。

(11) 不動産税実務研究会編著『ＤＨＣ不動産税務釈義』五一八頁（第一法規・加除式）。福岡県税務課からの回答もこのようなものであった。なお、前川尚美他編著『地方税（各論Ⅰ）』四〇一頁（山中昭栄執筆）（ぎょうせい・一九七八）は、「学校法人等を設立する場合には、寄附行為について文部大臣又は都道府県知事の認可を必要とし、その要件として、私立学校等に必要な施設及び経営に必要な財産がなければならないこととされている。したがって、当該法人を設立する場合には、一応、設立代表者の名義で不動産を取得し、認可があった後、代表者から当該法人へ所有権を移転することとなる。この場合は、法律上当該代表者の不動産の取得に対して不動産取得税を課さざるを得ないわけであるが、私立学校法による手続上やむを得ず行う取得であるという事情を考慮して減免措置を講ずることは差し支えないと解されている。」とする。本稿のケースと異なるが、このような取扱いは参考に値する。

(12) 文部省高等教育局学校法人調査課の見解である。この判断について、国税庁は一切関与しない。

(13) 大学の校地基準については、高等教育局大学課、技術教育課「大学設置基準、短期大学設置基準の一部改正について～校地基準の緩和～」大学資料九六号一頁以下（一九八七）参照。

(14) 北九州市税務部税制課、固定資産税課の見解である。運動場に供するためであれば、整地等をすべて終え、いつでも体育等に使用できる状態になっていることが必要である。校舎等については、建物が完成し、施設等の設置も終え、いつでも授業ができる状態になっていることが必要である。しかし、その状態でいつまでも使用しないという場合には用途による非課税に該当しない。

(15) 地方税においては、非課税措置の他、非課税規定と類似の効果をもつ免除措置、非課税措置を講ずるほどではないがほぼこれと同様の政策目的等により税負担を軽減する効果をもつ課税標準の特例、減免措置、徴収猶予制度とのバランスを考慮しておく必要がある。たとえば、免除規定の文言で免除措置を受けられるものが、当該文言より広義な文言の解釈において免除措置と類似の用途に供しているにもかかわらず非課税規定の適用を受けられないとすると問題である。本稿の二、不動産取得税、登録免許税、固定資産税等の非課税規定の内容注(7)参照。

(16) 金子・前掲書三七八頁注(2)は、②〜④のうち、②④において登記官の明示又は黙示の認定を確定処分として構成することは困難であるとする。首藤重幸「流通税の諸問題」租税法研究一六号五八頁(一九八八)は、登記官の認定・通知行為が明示的になされた場合に、そこに「処分」の存在を認める。その他の学説については、首藤・前掲論文五八頁以下等参照。

(17) 金子・前掲書三七九頁。首藤・前掲論文六二頁は反対。

(18) 指定寄付金として大蔵大臣の承認を受けた学校法人に対してなされた寄付金、いわゆる指定寄付金については、①個人は、所得控除額〜(寄付金の額〔所得の二五%を限度とする〕)―一万円＝所得控除額〜を所得金額から控除することができる(所法七八条、所令二一三、二一四条)、②法人は、寄付金の全額を損金に算入することができる(法法三七条三項、法税法施行令七五、七六条)。試験研究法人等(学校法人)に対してなされた寄付金については、①個人は、指定寄付金と同様の取扱をうける(所法七八条、所令二一五条)、②法人は、一般の寄付金の損金算入限度額のほかさらに同額で別枠で損金に算入することができる(法法三七条、法令七七条、法規二四条)。このような寄付金の取扱については、渡辺淑夫「寄附金の税務」税務事例二〇巻一二号六六頁以下(一九八七)等参照。

(19) 昭和二五・七・五大蔵省告示五一〇号の三号(学校法人)、四号(試験研究法人)の解釈において、藤掛一雄『寄附金に関する税務』一九三頁以下(財政経済弘報社・一九六一)は、「すでに学校教育法第一条に規定する学校を設置している学校法人が、新たに未設置の学校又は学部を設置する場合、……たとえ募金の目的が新設予定の学校又は学部の土地の購入、校舎の建築等に要する資金の募金であっても、その大学又は学部等が果たして設置されるものかどうかの保証がないので、これらに対する承認は、原則として文部大臣の諮問機関である大学設置審議会等の設置認可があるまでは承知しないとされているということである」としている。いみじくも、今日の登録免許税の非課税規定の適用を認めない理由とその理由は同じである。高等教育局私学行政課「学校法人に対する寄附金に係る手続きの簡素化について」大学資料一〇五号九頁以下（一九八八）も併せて参照。

(20) 学校法人に対する寄付金の税法上の問題については、新井隆一『公益法人課税学校法人税制』六九頁以下（成文堂・一九八六）の「学校法人への寄付と税制の課題」参照。

(21) 寄付金に係る税法上のこのような特別な取扱いと登録免許税の非課税規定は、双方とも公益上の理由を根拠とするが、これらは極めて政策的なものである。たとえば、「直接に保育又は教育の用に供する」資産の取得等に係る契約書における印紙税について、印紙税法はそもそも物的非課税規定をおいていない。

(22) 臨時教育審議会（第二次答申・一九八六・四・二三）は、「学校法人に対する寄付金等の民間資金等の導入等を容易にするため、および私学経営の自立・自助による安定・充実に資するため、税制上の措置の活用、手続の簡素化等を含め、きめ細かな方策を検討することが必要である」（第四部）と提言している。昨今の私学経営の財政状況については、昭和六三年六月二六日付日本経済新聞等参照。

(23) 不動産実務研究会・前掲書五一八頁は、「このような（用途による非課税）一定の用途に供されるものであるかどうかは、不動産を取得した時において認定されるものである。どのような方法により認定するかは、個々具体的な場合によって異なるが、一般的には、当該法人の予算、事業計画書、議事録、財産目録、寄附行為、定款等によって判断するほか、取得の申告書には非課税規定に該当する旨の関係機関の証明書を添付することになっているのでこれを参考にして決められるものである。」とする。本稿の四参照。

(24) 地方税法六条は、国が規定する非課税規定以外に地方公共団体の独自の判断により公益上の理由等により免除（実質、非課税）とすることを認めているものと解されるが、そのような場合、地方税法六条、あるいは条例による一般的な規定を根拠に、課税を免除することは、地方税条例主義、課税要件明確主義から許されず、条例による個別具体的な免除規定によらなければならないと解される。碓井光明『地方税条例（条例研究叢書九巻）』七九頁以下（学陽書房・一九七九）等参照。

地方税法六条にいう「公益上その他の事由……」はきわめて曖昧な不明確な概念であり、公権力の恣意や濫用をまねく恐れがあり、条例においてこのような一般（包括）的免除規定をそのままおくことは許されず、このような不確定概念を用いた場合には、その規定は無効であると解すべきである。金子・前掲書七五頁以下。

(25) 非課税規定と免除規定の問題点については、碓井光明『地方税の法理論と実際』（第三章地方税法の非課税規定と免除規定）九九頁以下（弘文堂・一九八六）参照。

(26) 碓井・前掲書（25）一一七頁は、地方税法六条の有無に関わらず、地方公共団体独自の判断で免除規定を設けることが可能であるとする。碓井・前掲書（24）八一頁以下もあわせて参照。

(27) 「企業ももうなかなか地方に来ない。せめて大学で地域に活力を」（前掲昭和六三年七月三日付朝日新聞参照）という自治体は相当数に上る。企業誘致政策を大学等誘致政策へと切り換える自治体も多い。

（追　補）

今日の大学を取り巻く環境は、本書の論文を公表した当時と大きく異なっている。また、いわゆる大学設置基準等も、その後、緩和の傾向にあった。

なお、本章五3については、谷口勢津夫「登録免許税の法的構造と権利救済—納税義務の自動確定に関する一考察」〔新井隆一先生古希記念〕『行政法と租税法の仮題と展望』二四七頁（成文堂・二〇〇〇）が有益である。

第一八章　地方消費税の法的構造とその問題点

――地方税としての付加価値税のあり方――

一　はじめに

今日、地域の実情に則した行財政システムを確立すべきであるとする地方分権の推進が大きな政策課題となっているが、それにともなって地方税源の充実も不可欠の検討課題となっている。特に平成九年四月一日から、消費税率の引き上げと歩調をあわせて、地方分権の推進、地域福祉充実等のために、消費譲与税に代えて、都道府県の普通税として地方消費税が施行されている。一方、「平成一〇年度の税制改正に関する答申」（平成九年一二月政府税制調査会）は、地方の法人課税については、平成一〇年度において、事業税の外形標準課税の課題を中心に総合的な検討を進めることが必要であるとし、具体的には「事業税が外形基準により課税されることとなれば、事業税の性格が明確になるとともに、税収の安定性を備えた地方税体系が構築されるなど、地方分権の推進に資するものと考えられます。また、これに伴い、法人課税の表面税率（調整後）の引下げや赤字法人に対する課税の適正化にもつながるものと考えます。この場合において、具体的な外形標準については、利潤、給与、利子及び地代等を加算した所得型付加価値など、引き続き幅広く検討することが必要と考えます(1)」と述べている。この答申から伺うことができるように、当面の最大の課題は、事業税の外形標準課税と地方税としての付加価値税（地方消費税）を巡る議論であろう。地方税の課税の原則を踏まえた地方税システムの構築と密接にかかわる緊急の課題であるといえよう(2)。

地方税としての付加価値税のあり方、さらにこれと密接に理論的に関係する事業税の外形標準課税を巡る議論は、地方財政学の主要なテーマの一つであったが、法的な視点からの検討がこれまで欠落していた(3)。本稿では、現行地方消費税の法的構造に再検討を加え、その問題点を指摘するとともに、今後のあるべき付加価値税の課税システム、さらには上記答申で指摘されている事業税の外形標準課税との関連性、国税としての消費税と地方税としての地方消費税の協調性等の問題を論じる。

そこでまず、はじめに、付加価値税と事業税の関係を沿革的に考察したうえで、消費型付加価値税及び所得型付加価値税を前提に、地方税としての付加価値税について理論的考察を加える。ここでは、国税としての消費税との整合性・関連性等が行政上の便宜という視点からも重要な論点となろう。そして次に、現行地方消費税の法的構造を具体的に検討し、その問題点を指摘する。

なお、わが国が現在問われている地方税としての付加価値税（共同税を除く。）は、連邦制国家のもとにおける州税であるが、カナダ、アメリカなどに先例としてみることができる。日本国憲法のもとで許容されうる「最大限の課税権」（これが理想であるが）を付与した場合を念頭におくと、連邦制度における州課税の法的問題の検証はわが国にとってきわめて示唆に富むものである(4)。なかでも、企業課税、事業税の外形標準課税の問題においては、アメリカにおける州税としての付加価値税、特にミシガン州の付加価値税の検証は有益であろう。本稿でもそのような制度からの示唆に留意しながら議論をすすめる。

本稿における具体的な問題点は、以下のとおりである。

(1) 付加価値税（あるいは地方消費税）と事業税は沿革的に（あるいは理論的に）どのように関係してきたか。

(2) 事業税の外形標準課税の問題と付加価値税とは理論的にどのようにかかわるか（課税標準としての付加価値の算定はどのように行われるべきであるか）。

(3) 地方消費税はどのような沿革をたどり、理論的にはどのような性格を有しているか。

(4) 地方消費税の創設にあたり、いかなる理論的な問題が存したか。

① 最終消費地と税の帰属地との一致をどのように確保するか。具体的には、地方税としての付加価値税（多段階付加価値税）は成立するか、また税をどのように配分（アロケイション・アポーションメント）するか。

② 地方消費税と消費税（国税）との関係をどのように考え、どのような課税システムを構築すべきであるか（この前提には、地方消費税の課税根拠をどのように解するかといった問題も含まれる。）。

③ 付加価値税を地方団体が採用する場合にどのような法的な制約があるか。納税義務者、課税標準、都道府県間での清算システム（アロケイション・アポーションメント）、消費税（国税）との賦課徴収等の関連性が検討されよう。

④ 地方消費税と国境税調整との関係はどのように解されるか。

(5) 事業税の沿革と現状からみて、事業税はどのような性格の税であるか。

(6) 現行事業税は、法制度上、どのような欠陥を抱えているか。

(7) 地方税として望ましい付加価値税とはどのようなものであるのか。

二　付加価値税と事業税の関係

わが国の地方税としての付加価値税の採用は、長い間、事業税との関係が意識されてきたことから、事業税と併せて沿革をたどることが有益である。事業税は、沿革的には明治一一年に府県税として制定された営業税（定額課税）に端を発している。明治二九年に国税（営業税）となり、売上金額・建物賃貸価格・従業者数などを課税標準とした。

大正一五年に営業収益税に代わり、課税標準が純収益とされ（地方にはこの間、営業附加税が存した。）、昭和二二年に地方税に移管された。(5)

しかし、昭和二四年五月のシャウプ勧告は、①地方税収入を拡充し、地方税制の自主性を強化して地方自治の根基を養うこと、②地方税制を根本的に改革して、国民の地方税負担の合理化及び均衡化を確保すること、③地方公共団体に無制限の課税権を付与することといった、地方税基本方針にもとづいて、法人所得についての地方課税は認めず、付加価値税の賦課を勧告した。(6)「都道府県が企業にある種の税を課すことは正当である。というのは事業及び労働者が、その地方に存在するために、必要となってくる都道府県施策の経費支払を事業とその顧客が援助することは当然だからである」(7)と考えられた。シャウプ勧告にもとづく地方税法案（昭和二五年）において、①付加価値税の課税標準は、事業の総売上額（収入合計金額）から、特定の支出金額を差し引いた残額であるとされ（いわゆる控除法）、特定支出金額は、土地、家屋、家屋以外の償却可能固定資産、商品、製品、原材料・補助材料・消耗品の購入代金と、所得を課税標準とするもの以外の租税公課の支払い等に伴う支出金額の合計である、②事業が複数都道府県にまたがる場合について五〇パーセントずつ、それぞれの都道府県の支払金額と販売高によりなされる、③申告納付であり、標準税率は四パーセント（制限税率八パーセント）であったが、審議未了・廃案となった。その後の昭和二五年九月の第二次シャウプ勧告は、付加価値税を売上税であるとして、その性格付けを明確にするとともに、加算法（後述三、1参照）による付加価値の算定を認めるなど、かなりの変更を加えた。また、課税標準の配分は、原則として給与額（製造業、電気供給業、ガス供給事業等にあたっては固定資産の価額及び給与額）によって都道府県に配分して税額を算定し、それぞれの道府県に納付するとされた。この付加価値税に係る法案は法律となったが実施をみることなく、昭和二九年に廃止となった。(8)シャウプ勧告にもとづく付加価値税は、税収面では事業税の代替と考えられたが、この勧告で示された付加価値税は、営業税的性格と売上税的性格という二面性をもつものであったといえよう。(9)売上税としての性格づけとその課税標準の道府県への按分は、今日の地方消費税との議論と比較して興味深いものがある。

なお、附加価値税法の実施延期の間、暫定的に事業税と特別所得税が存続され、付加価値税の廃止とともに現行の事業税となった。その後も度々事業税の外形標準化と付加価値税の関係は、税制改正の検討課題となってきた。

昭和三九年一二月の「今後におけるわが国の社会、経済の進展に即応する基本的な租税制度のあり方」（長期答申）において、政府税制調査会は、①地方団体の経費の分担（応益課税）と②事業活動への負担（外形課税）を主張して、現行事業税の所得課税標準は不明確であるとしている。すなわち、事業税は、法人税または所得税の付加税的な色彩をもち、課税の重複等の問題があることを指摘し、「事業税の課税標準については、事業の規模ないし活動量あるいは収益活動を通じて実現される担税力を表す何らかの所得金額以外の基準を求めて、これを課税標準とすることが適当である」[(10)]と述べた。また、昭和四三年七月の「長期税制のあり方についての答申」（長期答申）においても、政府税制調査会は、「事業の収益活動による担税力」を示すものとして付加価値標準を支持し、各事業年度の所得金額及び加算法による付加価値額とする仮案を提出している。

なお、昭和四六年八月「長期税制のあり方についての答申」（長期答申）では、事業税問題を指摘したうえで、事業税導入の課税標準改善の問題は、事業の規模ないし活動量を的確に把握するものとして、課税標準の改善の問題であるとして、EC諸国の消費税とは税の性格を異にするもので両者は競合するものではないが、この問題については、なお検討を要することとしていた。この答申では、これまでの事業税と付加価値税との一元化問題は影をひそめたが、昭和五〇年代に入ると、このような両税が性格を異にするとの「答申」も消えていったように思える。しかし、後述する「一般消費税構想」後、また一部を地方団体へ地方税とは別の方法で配分する構想が示されるとともに、外形標準化された事業税とそれを併存させる余地をなお留保していた。

政府税制調査会は、昭和五二年一〇月の「今後の税制のあり方についての答申」（中間答申）において、「一般消費税」の導入を提唱し、その導入は事業税の外形標準化問題との関係で検討が必要であるとしていたが、昭和五三年四月の「税制改革についての中間答申」においては、新消費税の導入にあたって、その一部を地方財源として配分することが適当であるとの見方が強かったが、地方の間接税とすることは制度の簡素化の要請、納税者の事務負担等の問題から適当ではないとの意見が多かったとしている。その後、昭和五三年一二月の年次答申「昭和五四年度の税制改正に関する答申」では、「新税のうち、地方団体へ配分される額の一部を新たに設ける地方消費税（都道府県、仮称）とし、その課税標準は、一般消費税の税額とする」(11)と述べるに至った（ここではじめて、「地方消費税」が具体的に登場することになった）。

わが国においては、事業税の外形標準課税と付加価値税との関係をどのように考えるのか、外形標準あるいは付加価値をどのように算定するのかといった問題の指摘はともかくも、地方自治の視点からの具体的な検討は必ずしもなされてこなかったといえる。その間に、国税としての消費税導入との関係において、政策的にこの問題が意識されるようになってきたのである。(12)その後、消費税の導入をみるが、地方消費税は創設されず、消費税の税収の二割が消費譲与税として、また残りの二四パーセントが地方交付税の原資とされることとなり、地方個別消費税の整理統合が行われ、国税としての消費税法の導入のための地方財源の数字給が行われた。

1　「地方消費税」構想と存在した問題

平成五年一一月の「今後の税制のあり方についての答申」において、政府税制調査会は、「地方税が、我が国地方自治の基盤であることを強調して」、「地方自治の進展を図るため、また、地方税における直間比率是正のために、現行消費譲与税を地方独立税としての地方消費税に組み換えるべきではないかとの意見が出されたが、これに対しては、地方の直間比率の是正も重要だが、税制の簡素化を重視すれば、地方財源の確保は地方譲与税でも差し支えないのではないか、国税・地方税のあり方は、一般に税目によって別けて考えるのが望ましく、地方消費税は、税の帰属地と消費地との関係や国境税調整の問題、納税コストの観点から困難ではないか等の意見が多く出された」[13]として、今後の検討課題とした。

また、平成六年六月の「税制改革についての答申」において、政府税制調査会は、次のように述べる。

「第五　地方税源の充実

(1)　……都道府県は、法人所得課税に偏った不安定な税収構造となっており、今般の景気後退によって都道府県財政は大きな影響を被っている。地方の税制改革を進めていく上では、この不安定な構造を是正することも併せ望まれている。

(2)　具体的に地方税源の充実を図る上では、地方の基幹税目である個人住民税や固定資産税の充実が図られるが、中長期的にはその充実を目指す必要はあるにしても、当面は困難な状況にあると考えられる。したがって、所得課税から消費課税へと税体系がシフトしていく中にあっては、地方においても、既存の個別間接税の見直しにとどまらず消費課税の抜本的充実策について検討する必要がある。その際、地方税が本来もつ地域性ということを考慮すると、地方の消費課税としては、理論的には小売売上税が最も馴染むものであり、諸外国においても、アメリカ、カナダ等に例があるが、国の消費税が現存する下で、これまでの税制調査会答申においても執行上の困難性が指摘されてきていることを考え併せると、現実的には困難であるとの意見が多かった。

また、国の消費税の二割が消費譲与税として、地方に譲与されているが、消費譲与税と地方団体との関係が切断されており、地方責任の原則、地方分権の視点から不適切であることから地方税として取り組むべきものとの指摘もあったが、これに対して消費譲与税は、定められた基準に従って、都道府県、市町村に税収が配分されており、一般財源として十分機能しているとの指摘もあった。……

2 「地方消費税」構想

(1) これに関連して、地方団体側が実現を求めている「地方消費税」構想は、現行の消費譲与税を道府県税に組み入れ、地方に一般的な消費税を導入して、不安定な都道府県の税収構造を是正しようとするものである。この構想についてはワーキング・グループにおいて、多岐にわたる論点について検討を行った。……

ワーキング・グループの検討結果を踏まえて、当調査会において、更に総合的な見地から本件の検討を深めた。……可及的速やかに結論を得るべく審議を行うこととしたい」[14]と述べ、地方消費税の実現に取りかかった。

地方税源問題ワーキング・グループ（座長貝塚啓明）の「地方税源問題についての検討結果」（平成六年五月二七日）及び「地方税源問題ワーキング・グループの論点メモ」は、地方消費税の理論的検討を行ううえで有益であるが、そこでは、①地方財源充実の必要性、②地方財源充実確保の必要性（法人所得課税の偏りの是正、地方消費税の必要性（なぜ地方譲与税では問題があるのか、これでもよいのではないか））、③地方財源充実確保のための選択肢（理論上は小売売上税が妥当ではないか、さらには「地方消費税」の合理的な配分のメカニズムはどのようにするのか、「地方消費税」は企業課税か消費課税かなど）が討議されている。

特に、重要な理論的問題として、①地方消費税の配分・分割基準について、付加価値額に代わる客観的で簡明な指標として従業員数を適当とするという見解と消費課税の性格に照らした配分基準（民間最終消費支出と人口）を適当とする見解の対立からみられた、また②「国境税調整」についても、国際取引における中立性の要請からこれを不可欠とする意見が大きかったが、「地方消費税」のような応益的な考え方からはこれを理論的に根拠づけることは無理との意見もあったとされている。

さらに、政府税制調査会は、平成六年一二月「平成七年度の税制改正に関する答申」の「第一章　税制改革関連法の成立」において、改革答申では税の帰属地と消費地が不一致であるなどの理由で、結論に至ることができなかったが、今般創設されることとなった地方消費税については、現実的な解決策として地方消費税の税収を消費基準にもとづいて各都道府県間で清算することにしたものであり、地方分権を推進し、地域福祉を充実するための地方税源充実の具体的方策として、以下の租税理論のうえからも評価できるものであると述べたうえで、地方税としての付加価値税である「消費型付加価値は、事業者を納税義務者とし、最終消費者を実質的な負担者として予定するものである。域内事業者の付加価値と域内消費者の最終消費との課税ベースを一致させるためには、課税権者はその境界において移入課税、移出免税の調整を行うことが不可欠となり、国際的にも各国の付加価値税では同様の措置が採られている。したがって、多段階累積排除型の付加価値税を各都道府県の消費税の仕組み、上記租税理論との整合性を保つためには、国の国境税調整と同様の県境税調整を行う必要がある。しかしながら、県境に税関を相当する機関をもたない我が国の地方制度の下で、県境税調整を行うことは現実的には極めて困難であるといわざるを得ない。

今般創設させられることとなった地方消費税において採られた消費基準による清算システムは、この県境税調整に代替する現実的な解決策として位置づけることが可能である。各都道府県における最終消費額を直接把握し、これに応じた清算を行えば、消費者の負担額に応じた税収の帰属を図ることが可能となる。地方消費税の消費基準による清算は、実務的には統計上の制約はあろうが、現実的な選択肢であると考える」(15)と述べる。

平成六年一二月二日公布の「地方税法等の一部を改正する法律」により創設された地方消費税は、国税としての消費税に従属した付加価値税を出発点とし、税の帰属地と消費地との不一致の解消にその論議の中心があったといっても過言ではない。

2　地方消費税導入のつまずき

このような地方消費税の導入は、いかなる評価を一般的に与えることができるのであろうか。シャウプ勧告においては、地方税を付加価値税とすることのメリットとして、①国と地方の垂直的財政関係（縦の関係）において、純益を課税標準として累積的に圧迫することを緩和すること、②賦課徴税方法をいっそう簡素化し、原則として国税の賦課徴収の結果に依存しないようにすること（国税への依存をなくし、「地方自治」の強化を目的）が強調されていた。[16] この視点からみると、①の問題はなお先送りされているし（事業税との関係）、②も課税標準を消費税法にもとづく税額によっていることから、徴税の簡便性の点からは皮肉にも最もすぐれているものの、地方公共団体の課税権が強化されたとは到底いい難いであろう。

付加価値税を地方税とする場合に、付加価値税を事業税に代えるべきかについては、付加価値税を収益税の一種たる事業税（事業税の代替税として付加価値税の企業課税的な側面）とみるか、それとも流通税の一種たる売上税とみるかが重要であろう。この点は、シャウプ勧告においても必ずしも十分に検討されたものとはいえなかったが、事業税の外形標準課税の議論を先送りにし、先に国税としての「消費税の枠ありき」としてその枠内で地方消費税の立法化が検討されてきており、さらに広い範囲での付加価値税の選択肢が理論的に検討されるべきであったと思われる。「税の帰属地と消費地との一致」を論ずる前に、多くの検討課題が存在していたといえよう。

法的な視点からみれば、地方消費税（事業税との関係を含めて）は、「応益課税の原則（としての税負担の公平）」（日本国憲法一四条、九二条、二九条をその根拠にする。）、「税収の安定性」（この原則は、日本国憲法九二条から導き出すことができる。）といった「地方税の課税の原則」から検討される必要があろう。地方消費税は後者の要件を充足する（事業税は充足しない）ものの、前者の要件については、シャウプ勧告の付加価値税が実施されないまま廃止され、その代替税として実施されてきた事業税が、法人税・所得税とおおむね同じ所得を課税標準とすることから、地方消費税（付加価値税）が事業税との関連性を留保したまま、課税の便宜性等を強調するあまり、いかなる公益サービス（公的欲求）をいかなるものが受け取るのかといった課税の根拠を明確にすることなく、消費税完全依存型の地方税を導入したことは問題であろう。

なお、地方財政という観点からみれば、消費譲与税から地方消費税への変化は、隠された地方税である「地方譲与税型消費税」から姿をみせた地方税である「地方消費税」への変化と評価することが可能である(17)。「納税者及びこの間接税を実質的負担する消費者に対し、負担増に関して理解を求めるため、地方税創設をおもてに出して納得させようとの、心理的効果をねらった看板の付け替えではないかとの批判が今後出されるかもしれない(18)」との指摘もある。

三　地方税における付加価値税の理論

ここでは、付加価値税のしくみとその特徴を論じる。特に、付加価値税を地方公共団体が採用する場合の不可欠の制約、地方公共団体間での整合性、歳入配分といった問題を検討する。そのうえで、地方税としての付加価値税についての選択肢を提示する。

1　付加価値税の定義としくみ

付加価値税は、原材料・商品を購入し、小売りに先立ってそれら商品に価値を付加したあらゆるエンティティによって支払われた税である(19)。税は、事業の運営を通してもたらされた商品及び役務（サービス）の価値の増加に課税される。企業は、他の企業から商品や原材料を購入し、労働、資本の使用及び企業努力によりそれらの商品に価値を付加する。付加価値税において、労働力及び企業の貢献により生み出された価値は、労働力に対する賃金・報酬に係るコスト及び企業会計上の利得により測定されることになる。資本の価値は、利子、減価償却及び賃料といった費用により測定される。商品の製造にかかわる企業は、各々の企業がその商品に価値を付加する限りにおいて課税される。

この付加価値の計算は、控除方式（subtraction method）か加算方式（addition method）によって行われることになる。控除法において、あらゆる事業の付加価値は、総売上額から商品及び役務について支払った額（これには前の売主が税を負担している。）を控除した差額に相当する。加算法において、付加価値は最終製造価値に寄与した三つの要素（労働、資本、利得）の加算にもとづく。[20]これらの額は、結果的には一致するはずである。

控除方式と加算方式双方において、税率は会社の付加価値からなる課税ベースに直接適用される。控除方式のもとで、付加価値は、販売から購入された投入量を控除することにより計算される。課税ベースは、資本資産の購入額を直ちに控除するか、あるいは資産の残存価値を超える償却控除のみを認めるかにより、それは消費又は所得に相当することになる。加算方式は、支払いと利益ファクターとの合計額に相当する。付加価値について消費による測定は、投資商品を直ちに費用化することがネットの利益の計算時に認められるならば可能であるが、その点、加算方式は本質的に、所得型の付加価値税（ＩＶＡＴ）の遂行にのみ適しているといえる。

シャウプ勧告は、付加価値を「利益と利子、賃貸料および給与支払いの合計額」であり、換言すると「それは他の企業からの資本設備、土地、建物等の事業からの購入の金額を全収入金額から差し引いたものになる。その残額は、原料等、他の企業から購入したものの価値に、その企業の附加したところの価値を示している。[21]」と説明しており、控除法を提唱していた。一方で、前述した「平成一〇年税調答申」は、事業税として加算法による所得型付加価値税に言及している。

クレジット（税額控除）方式（credit method）において、企業は、現実に付加価値を計算して、それに税率を適用する必要はない。むしろ、その企業の総売上に制定法上の税率をかけて、総負担額を計算する。そして、ネットの税負担額を計算するために、その総負担額から購入時に企業が支払った税額を控除する。所得タイプの付加価値税は、その資産が償却される場合のみ、控除が支払った税額について認められる。消費型の付加価値税（ＣＶＡＴ）は、そ

の資産が購入されたときに直ちにこれらの税額の控除を認める。(22)

税率が統一される場合には、消費者に到達した生産品（商品）に課せられた税の総額は、クレジット方式による付加価値税、控除方式による付加価値税、そして加算方式のもとでの所得型の付加価値税においては同じになる。税率が異なれば、結果は異なる。はじめに小売段階において商品に課せられる税率が異なるとすると（たとえば、極端なケースにおいては非課税）、加算方式又は控除方式のアプローチのもとでは、小売段階の税のみが課税を免れることになろう。これに対して、クレジット方式のもとでは、商品のあらゆる小売りでの価値が非課税となるであろう。この点は、クレジット方式の批判的な特徴である。クレジット方式はあらゆる段階で全段階での税を控除するので、最終の消費者・輸出者の国内販売のために適用された税率は、早期の段階に適用された税率にかかわらず、販売時には総計的な税負担を強いることになる。(23) わが国の消費税法はこのようなシステムを採用している。

前述したように、資本支出及び減価償却の取扱いは、付加価値の計算及び採用されるべき付加価値税のタイプに影響を与える。消費型の付加価値税においては、購入の年度に、企業がその年度に購入した資本的設備のすべての取得価額（購入費用）を控除する。設備により付加された価値は、設備が使用され続けてたとしても後の年度の課税のベースに影響を及ぼさない。

付加価値税の別のタイプは、所得型の付加価値税として構築される。このタイプの付加価値税においては、設備投資の年度において取得価額（原価）のための控除は存しない。現在の法人税法で認められているような方法での減価償却費の控除が認められるのみである。なお、もう一つタイプの付加価値税は、ＧＮＰにもとづいている。(24) ＧＮＰ型の付加価値税においては、減価償却控除、資本的費用といった控除は認められない。消費型の付加価値税や所得型の付加価値税と違って、この付加価値税は課税ベースにおいて、前記二つの控除が否定されることから、労働よりも機械設備等を差別（不利益な取扱い）することになる。このような所得型及び消費型の付加価値税は、控除方式又は加算方式により、そして後述する仕向地主義又は原産地主義により、算定されうる。

地方消費税の導入にあたって、このような課税標準及びその算定方法についての議論は十分ではなく、「消費譲与税」「消費税」が先にありきであったといえよう。

2　仕向地主義と原産地主義の優劣

複数の課税管轄地において、商品が製造、販売された場合に、付加価値税をどこで課税するか、すなわち、製造された国で課税されるか、あるいは消費された国で課税されるか決定しなければならない。

ヨーロッパでは輸入の段階で課税され、輸出の段階で還付されるが、これは一般に国境税調整（border tax adjustments：BTA）と呼ばれている。国境税調整は、世界市場における国際的競争力を考える上で重要であるが、ここでは以下述べるように、都道府県税としての付加価値税と国家財政主義の議論において（アメリカにおいても地方税としての付加価値税と財政連邦主義の議論において）特に重要である。国境税調整は、生産物に課せられる税を消費に課せられる税に転嫁するという、簡単な役割を果たしている。[25]

この役割を正しく理解するために、原産地主義（origin principle）と仕向地主義（destination principle）という選択的な手法について、輸入と輸出に関して控除方式を適用した場合に、どちらの方法が選択されるべきかを検討するのが有益であろう。ある国が国内での売上げと同様に、輸出販売に付加価値税を適用するとすると、それは国境内で生じたあらゆる生産物に課税することになる。同様に、内国法人が付加価値を計算するときに売上げからの内国購入のみでなく、輸入にも控除を適用すると、その国内において生じた売上げにすべて課税することになる。これは原産地主義と呼ばれており、この原則は課税国における生産をベースとしている。これは、課税国間において財政的な境界を要求しないという管理・運営上の利益を有する。[26]

しかし、ヨーロッパをはじめ多くの国々は、仕向地主義を採用している。重要なことは、これらの国が内国の供給者からの購入に対してのみ、販売からの控除を認めることにより、この取扱いを遂行することができたということである。控除方式のもとでの仕向地主義は、付加価値の計算において外国人に対する販売を当然に非課税とする。

このアプローチは付加価値にマイナスの数字をもたらし、輸出事業について還付をもたらすが、この結果は、人為的に作り出されたものであるともいえる。事実、これは、クレジット方式によってもたらされる結果と大差はない。クレジット方式のもとでは、ゼロ税率が輸出に適用されることから、輸出業者はゼロ税率の適用を受け、購入について支払った税額を控除することができる。そして、控除額が国内販売における納税義務を上回ると還付を受けることができる。この税は輸入にも適用されるが、輸入品について先に支払われた税額について控除は認められない（あらゆる国が仕向地主義を採用していると、外国税は輸入には課せられないことになる。）。この結果は、クレジット方式のもとでの原産地主義課税の結果と比較されている。輸出は、国内販売と同じように課税され、税額控除は輸入について先に課税された税額について認められることになる。この方式は、税率が輸入と輸出国で相違がある場合には、後述するように厄介な問題を生むこととなる。

仕向地主義のもとで、輸出における付加価値税の還付、輸入におけるその賦課は、前述したように国境税調整と呼ばれている。国境税調整は、輸出について税の国際市場での免税（フリー）を認め、そして輸入に国内の生産品と同じ税率で課税することを認める。実質的には、すべての国が仕向地主義を採用しており、それを実施するために必要な国境税調整は、「関税及び貿易に関する一般協定（GATT）」により許容されている。[27]特に、「財政上の国境（fiscal frontiers）」は、国境税調整の管理のために要求されている。「財政上の国境」は、仕向地主義で課税をする国にもたらされた商品について税を徴収するために、そしてそのような国からのゼロ税率あるいは非課税輸出を証明するために必要とされている。原産地主義を採用すると、国内売上げと輸出売上げとの区別は存しないし、また輸入による購入と国内の供給者からの購入との区別は存在しない。

小売売上税は、仕向地主義と密接な関連性があるということに注意すべきである。[28] 課税は、小売市場に商品が入る前の取引について、小売段階で生ずるのであるから、輸出について還付する税はなく、また輸入について税を賦課する必要はない。主たる問題は、消費者に対して国境を越えて行われる直接的な小売りについて生ずる。仕向地で課税するには、輸出販売は非課税とされ、税は消費者が居住している国で徴収されなければならない。アメリカにおいて、使用税（use tax）はこのような課税を意図しているが、使用税は、州間での「財政上の国境」が存在しないために大変不完全なものとなっている。[29]

なお、付加価値税は小売売上税よりも利便である。これは、資本的資産及びその他の事業への投下資産を非課税にすることが簡単であるということである。この相違は、国際課税の領域（あるいは地方団体間の領域）において生ずる。小売売上税は表面的には消費ベースの課税であるけれども、輸出価格（そして輸入と競合する地方団体内での商品価格）は、国境税調整により簡単に計算することができない資本財や中間財に賦課された小売売上税の一定額（浸食額）を含んでいる余地がある。[30]

一方、加算方式は、仕向地主義に適していない。基本的な加算的アプローチをかなり修正することによってのみ、輸入について税を課し、輸出について税を還付することができる。これに対して、原産地主義は加算方式と調和を保つことができるといえよう。

しかし、この場合にでも問題は生ずる。前述したように、加算方式のアプローチによる課税ベースは、あらゆる支払要素と利得要素を合計することにより決定される。管轄地間でのサービスと商品流れの可能性が認められるときに、原産地主義は「課税管轄地内で生じた」ものに課税されることから、地方団体及び国の法人所得課税のもとで、課税管轄地相互間での所得の配分という問題が生ずるであろう。地方団体間での法人所得課税と同じような配分公式が採用されるべきか、あるいはアメリカの連邦法で認められている特別な会計方式あるいはその他の国で認められている方法が用いられるべきであろう。(31)

さらに、このような場合には、親会社への配当、利率、関連会社間で用いられている譲渡価額が特に厄介な問題である。課税することのできる関連会社の判断基準としての「関連性」が問題となろう。要するに、付加価値税を遂行するための加算方式は、本質的には地方公共団体の段階での所得課税と類似しており、課税管轄相互間での取引が関係している場合には所得課税と共通の問題を抱えることになるのである。

3　付加価値税と法人税（あるいは法人事業税）との間の相違

付加価値税と法人所得税（あるいは法人事業税、法人住民税）との間にはいくつかの相違がある。付加価値税の課税ベースは、法人所得（ネット・インカム）のように変動しないので、付加価値税は法人税よりも安定しているといえる（財源の安定化）。付加価値税は、事業がその生産物に付加した価値をベースにしているために、付加価値税は法人税に比較してより大きな一つの事業活動すべてを単位とする。事業が利益を伴わないときにおいても税を負担することになろう。付加価値税は、①事業形態を区別しない、②資金のタイプによって差別されない、③生産手段を区別しないために、法人税よりも、より中立的であるといえる。

このことは、現在、事業税の欠陥として、以下のようなことが指摘されていることを考えあわせても、付加価値税は、地方税の課税原則に一般的には沿った、相応しい税であるといえよう。

(1)　税源が所得ないし純益であること。
(2)　事業税の非課税規定に問題があること。
(3)　二都道府県以上にまたがる事業の課税標準の分割が恣意的であること。

(4) 負担の配分が公平といえず、税率の組み方にも問題があること。
(5) 税収の安定性に欠けること（景気に強く左右されること）[32]。

四 地方税としての付加価値税の構造

以上のような議論から、付加価値税としてはどのような選択肢が存するであろうか。

中央政府や連邦政府が付加価値税を導入するのであれば、原産地主義よりも仕向地主義を採用すると一般的には推測される。わが国においても国税としての消費税は、このような法的構造を用いている。すなわち、税は、わが国からの輸出にあたり還付され、輸入の際に課税されることになる。しかし、同じようなアプローチが都道府県の付加価値税に関する都道府県の間での販売（売上げ）に適用されると解する余地は理論的に存するのであろうか。かつて、アメリカにおいて連邦段階で付加価値税（仕向地主義）を採用するとした場合に、州の付加価値税のシステムはいかにあるべきかが検討されたことがある。そこでは、「州が仕向地主義を前提にした付加価値税を採用することは、まずありえない。州の間での財政上の境界の制度を想像することはできない。むしろ、州の間では原産地主義が採用されるべきであるようにみえる[33]」と有力に論じられた経緯がある。このような結論は、アメリカにおいて、広く支持されているように思われる[34]。これと同じ結論は、一九六三年のノイマルク報告（Neumark Report）により主張されている[35]。そこでは、財政上の境界は、ヨーロッパにおいて新しく設立されたＥＥＣのメンバー国を分離するようになるために認められないと論じ、仮に、非メンバー国との取引において消費地主義（仕向地主義）が原則であるとしても、ここでは原産地主義が採用されるべきであると論じた。このアプローチは、「制限された原産地主義（restricted origin principle）」と呼ばれる[36]。ノイマルク委員会（Neumark Commission）は、すべてのメンバー国は同じ税率で原産地課税を行うことが理想であると結論づけた。同委員会は、そのほか、経済活動の地理的な配分が税率のもっとも低い国に有利なように歪められると論じた[37]。

ノイマルク報告は既に日本でも紹介されているので、ここではアメリカでの議論をみることとする。この議論は、わが国の地方税としての付加価値税システムの選択にあたり一つの示唆を与えるであろう。

1　選択肢の検討

前述したように、課税国間相互に取引が存在する場合に、加算的アプローチ（加算方式）は、必然的に原産地主義を伴うが、法人所得課税においても類似の状況のもとで生ずる管理・運営（行政）上の多くの問題がまず生ずる。事業者が州相互間での税率の相違に反応する限り、この問題は、様々な州で採用されている税率の乖離をさらに増大させることになる[38]。しかし、この問題は、たとえ税率が同じであっても、ある一定の会社から徴収されるべき歳入の合計額は州相互間での所得（付加価値）の配分（division）と関係がないために、この問題は消滅しないであろう[39]。事業者が州相互間での課税ベースの配分について相違がないとしても、州はそれについて相違することになろう。州際間での所得と売上げの帰属について、所得の帰属の方が売上げの帰属以上に議論となるであろう。

次に、運営（行政）上の問題は、州（あるいは地方団体）がクレジット方式を採用した場合に生ずる[40]。これは連邦（国）がクレジット方式を採用した場合にはもっと大きくなる。A州が付加価値税を一〇パーセントで、B州が五パーセントで課す。A州からB州に一〇〇ドルの価値の商品を運び、さらに加工のうえB州で二〇〇ドルで販売する。原産地主義において、A州は一〇ドル徴収し、B州は五ドル徴収することができる。控除方法のときにも、この結論に到達することに問題はなかろう。付加価値税は二つの国において評価され、各々の税率が適用される。

しかし、ここでクレジット方式が適用されると大きな問題が生ずる。A州は一〇〇ドルに一〇パーセントの税率を乗じて、一〇ドルを徴収する。B州は、二〇〇ドルの五パーセントで一〇ドルを徴収し、控除により相殺される。極端な場合には、B州により認められるクレジットは、現実にはそれに対する総税額を上回ることになる。(41) B州からA州に取引の流れが生ずる場合にもまた同じような問題が生ずる。付加価値が、前述したように二つの州の間で分割されるならば、B州はその州内の付加価値に五ドルの税を課し、A州は二〇ドルの税を課し、B州に支払われた五ドルの税を控除することにより、一五ドルの税を受け取る。原産地主義は侵害されることになる。(42) シャウプが述べているように、「輸入は……、クレジット方式が用いられると原産地主義にとって困難な問題が生ずる(43)」ことになるのである。

また、州際間での取引について原産地主義を推進するために、納税義務の算定にあたり控除方式を採用したとしても、国際的な取引について正確な国境税調整を行うときに問題が生ずる。州レベルで付加価値税の統一税率が適用されると、輸出時還付及び輸入時課税は、簡単に連邦政府によって外国取引に適用されることになる。しかし、税率の不統一、原産地州課税における問題を検討する必要があろう。(44) アメリカにおいて、連邦政府により付加価値税が導入されるならば、国際取引に適用される付加価値課税、還付は、その段階を通じて内国生産（輸出商品又は輸入商品と競合する商品）に適用される平均税率で計算されるべきである。各々州は、その境界内での生産物に適用される税率を設定すると考えられるので、この平均税率は生産物が通過する州相互間での付加価値の配分に依存することになろう。それを、正確に計算することは不可能といえよう。

一方、様々な州が国境税調整措置を適用したとすると、これらの州は立法上連邦政府に留保されている活動に関係することになろう。憲法上の問題は、個々の州が海外からの輸入（これは他の州からの輸入ではない。）に国境税調整措置を適用するか否かである。結局、ある州が採用する国境税調整措置は、海外取引について輸入負担金（及び輸出補助金）のように運用される。(45) もちろん各州がそれぞれ異なる税率を用いると、これはまた問題となろう。さらに、税率が統一されないと、海外からの輸入はより低い税率の州を通じて歪められることになるであろう。(46)取引の作為的な歪みをもたらすほかに、これはGATTに対する当事者であるアメリカの取引パートナーからの批判を招くことになるであろう。(47)

2　トライアンギュラー取引

州際取引について原産地主義が採用されているが、国際取引について仕向地主義が採用されている州において、「制限された原産地主義」は、すべての州が統一税率を採用していたとしても、問題がある。仮にM州が海外からのネット・インポーターであり、N州がネット・イクスポーターである場合に、取引において国際的なアンバランスはM州からN州への取引の州際的取引の流れにより相殺されているとして、結果を考えてみよう。

仮にそれぞれのネット・バランスが一〇〇（億ドル）であり、統一の税率が一〇パーセントであるとすると、M州は一〇の付加的な輸入税を受け取ることになる。そして、結局、N州は輸入について等しい税額を還付するようになるであろう。

海外からの輸入をしている州が、結局、ネットの外国販売を有する州につけこむようになることから、この結果は、不公平のようである。この問題の本質を明らかにするために、二つの州の総生産財が（M州からN州へ、そしてN州から海外へ）輸出されており、そして各々の総消費財は（海外からM州へ、M州からN州へ）輸入されているといった状況を考慮するのが有益である。(48)

二つの州の相互取引のアンバランスがある限り、M州による輸入への国境税調整の適用（輸入税の取得。しかし、N州によるこの適用はない。）及び、N州による輸出に係る国境税調整の適用（還付。しかし、これはM州によるこの適用はない。）は、事実、搾取（exploitation）を伴うことになる。(49)

「制限的な原産地主義」を評価するための他の方法は、原産地及び仕向地主義との間の選択にあたり、根拠にされるべき原則を考慮することである。多くの売上税のように、付加価値税は担税力をほとんど考慮することができないし、水平的な公平を確保するためにもほとんど用いることができない。

しかし、この両者の選択にあたっては、すくなくとも応益主義（benefit principle）にもとづくことができる。この原則によると、課税ベースとしての消費と生産の選択は、公的な部門（セクター）により与えられる商品・サービスの本質に依存すべきである。(50)

仮に、公的なサービス活動が主として生産活動を補助しているのであれば（おそらく、コストを引き下げる効果をもたらしている。）、原産地主義による付加価値税は正当化されるであろう。簡単な例は、警察や消防（類似のサービスの私的供給を不必要にさせる。）であろう。一方、公的（パブリック）サービスが主として、家庭において享受されているのであれば、それは消費地主義（仕向地主義）による税が適正であるといえよう。火事に対する保護はまさに消費地ベースでの税を正当化する。このような例における二つのサービスが共有的な供給であることから技術的に区分することが困難であるという理由で、ベネフィットが消費に関係する場合には仕向地主義であり、生産にかかわる場合は原産地主義であるという原則を曖昧にすることは許されない。(51)

ここで「制限的な原産地主義」がこのような方法で評価されると、「制限的な原産地主義」の矛盾が明らかとなるであろう。上述したような応益主義による課税と矛盾しないという原則のもとでは、ある特定の州において消費される商品が別の州から入ってくるとすると、公的なサービスは製造に関係していると考えられる。また、ある特定の州において消費される商品が外国から輸入されてきたとすると、公的サービスは消費者に利益を与えていると考えられる。逆に、その州で製造された商品がこの国から出されると、公的サービスは消費に関係しているように取り扱われる。仮に、そのような商品が別の州で売却されると、応益が生産に関しているかのようにみなされて課税される。これらの見解はこじつけに近いようなものであるといえよう。なお、州において、製造及び消費された商品については問題はなかろう。(52)

このような方法で公的サービスの本質を余りに強調することは内部的な矛盾をもたらすことになろう。特に、上述したトライアンギュラー取引の例におけるM州とN州における公的サービスは、消費に関係するサービス（国際的な取引の仕向地課税による示唆）と製造に関係するサービス（州際間での取引による原産地主義による示唆）であるということを暗示しているということになろう。(53)

「制限的な原産地主義」と「トライアンギュラー取引の流れ」からもたらされた租税収入の不公平でかつ不合理な州際配分に対して、いくつかの可能な解決方法が考えられる。

まず、州は、州際取引に適用されるのと同様に、国際取引に関して原産地主義を適用することが可能である。しかし、州は消費よりもむしろ製造課税に相当するところのこのようなアプローチを採用することは避ける傾向にある。(54)事実、行政上の問題を別にすれば、州が州際取引に関しても原産地主義を採用することは好ましくない。海外からネットの輸入剰余金をもつ州は、ネットの輸出サイドにおいて還付金が与えられようと与えられまいと、結果的には輸入税を課すことを期待することができるからである。よって、理論的な問題は、これによっても全く解決されないといえよう。(55)

その結果、受け入れられるべき解決方法は、州の付加価値税にとっての国際的な国境税調整が連邦政府により行われることであると考えられる。おそらくM州に流れた商品に賦課された連邦の純ネットの付加価値的な輸入税は、N州からのネットの輸出に係る還付金を融通するように用いられることになろう。(56)

たとえ、国家の外国取引のバランスがとれていたとしても、輸入税及び輸出還付金は一般的に、すべての州が同じ税率のときにのみ等しくなる。この結論は、州が等しい税率を採用すべきであるという上述した結論を補強することになる。[57]

3 付加価値税の法的構造とその長短

これまでの議論は、次のように整理することができる。

地方公共団体（あるいはアメリカにおける議論については州）が仕向地主義の間接税を採用する場合に、地方公共団体は付加価値税よりも小売売上税を採用することが望ましい[58]。他の地方公共団体での消費のために、小売段階で売却された商品に賦課徴収することを考えると、小売売上税の管理・運営（行政）上の問題

適切な間接税の決定

地方公共団体間取引の取扱い	税率	
	統一	不統一
① 仕向地主義	地域的には中立＊1	
(a) 付加価値税 (b) 小売売上税	財政的な境界が求められる＊2,3 望ましい解決策＊3〜仕向地主義である	
② 原産地主義＊3	地域的に中立 望ましい税率構造＊1	経済活動の場所を歪める＊2
(a) 加算方式 (b) 控除方式	所得の地方公共団体間配分の問題＊2 国の付加価値税はクレジット方式を使用する傾向	
	——	国際的な取引における国境税調整が困難
(c) クレジット方式	望ましい方式	地方公共団体間取引について問題がある
1 国際取引における地方団体の国境税調整	トライアンギュラー取引が問題を引き起こす	——
2 国際取引における国の国境税調整	望ましい解決策は原産地主義	——

＊1 公的サービスの利益についての地理的なパターンを無視する。
＊2 国の付加価値税は仕向地主義を採用すると仮定される。よって、地方公共団体による原産地主義の採用は「制限された原産地主義」を意味している。
＊3 地方公共団体間の小売売上げに使用税を課すときの問題は、あらゆる地方公共団体間の売上げに付加価値税を用いるときの問題よりも小さい。

（出典） Muclure, *State and Federal Relationship in the Taxation of Value Added,* 95 J. Corp. L. 135 (1980) 参照。

を引き起こす。しかし、このような問題は仕向地主義の付加価値税及びそれに伴う「財政上の国境」のもとで生ずる問題に比べれば小さな問題であるといえよう。小売売上課税は、各州の税率の極端な相違は隣の地方公共団体との間に問題を引き起こすけれども、必ずしも統一的な税率を要求しないであろう。(59)

地方公共団体が付加価値税を採用する場合には、「財政上の境界」を回避するために原産地課税を採用することを求めるであろう（もちろん、原産地主義と小売りでの課税は基本的には矛盾している。）。しかし、原産地主義による課税は統一的な税率が適用される場合に限って、場所の選択に関しては、中立的であるといえる。(60)

さらに、地方公共団体間取引において、不統一の税率は、クレジット制度が導入されたときには問題が生ずる。原則的には、加算方式及び控除方式はこの問題を回避することができる。しかし、それは双方とも、地方公共団体の税率が不統一のとき、地方公共団体の境界税調整を行うことが困難である。中央政府がクレジット方式を採用する場合には、地方公共団体が控除方式又は加算方式を採用することは地方公共団体の納税者にとってかなり複雑で面倒なこととなるので、その場合には控除方式又は加算方式の採用はそれほど地方公共団体にとって望ましいものといえなくなるであろう。(61)

そのうえ、加算方式は、地方公共団体間あるいは多国籍企業について所得課税で引き起こされる問題に遭遇する。地方公共団体の税率が統一されていても、トライアンギュラー取引は、地方公共団体が国際的な取引について国境税調整を与えると、制限された原産地主義のもとで問題を引き起こす。結局、付加価値税について、地方公共団体にとって望ましい課税方法は、地方公共団体間で税率の統一された控除方式を用いた原産地主義的付加価値税の採用であると思われる。(62) 中央政府は、国際取引における地方公共団体課税について、国境税調整をすることになろう。

4　付加価値税における地方政府と中央政府の関係

地方公共団体間（アメリカにおいては州際間）で税率の統一された控除方式を用いた原産地主義的付加価値税という最良の方法は、遂行にかなりの困難が伴う。付加価値税を一方的に課す地方公共団体は通常、原産地主義にもとづく付加価値税を課し、控除方式か加算方式のどちらかを使って税を徴収することになろう（後述ミシガンのSBT参照）。この方法は、中央政府がクレジット方式を採用すると仮定すると、コンプライアンス及び税務行政上からは不幸な事態となるであろう。[63]また、アメリカなどにおいては、すべての州が徴収にあたりすべて同じ方法を採用するということはありえないであろう。さらに、加算方法を採用した州がすべて、特に多くの州で事業を行っている企業の利益を州際間での配分する場合にすべて同じ方法を採用するとは限らない。過去一五年間における州における所得のハーモナイゼーションについての経緯からもこのことは推測できよう。

結局、各州は自州の税率を設定するときに他州で採用されている税率を考慮するかもしれないが、税率が統一されるという保障は必ずしも存しない。すべての州が付加価値税を採用するということも期待できないのであるから、このことは真実であろう。このためには、アメリカにおいては、連邦政府が強力に付加価値税の州税率を統一するよう働きかけることが必要になる。[64]この点、日本における地方税の賦課は、地方税法（枠法）による制約があることから、状況はかなり異なり、税率の統一は容易であろう。

アメリカにおいては、将来、課税ベースの統一、徴収方法、税率は、連邦政府が連邦付加価値税を採用して、そのうえに「ペギーバック方式（peggyback method）」による州付加価値税の徴収を認めれば促進される（多くの州は現在地方の小売税をこのような方法で集めているが）と解されている[65]（以下、このような方式による付加価値税を「ペギーバック型地方付加価値税」という。）。まさにこのような状況はわが国の地方消費税に相当するものである。

しかし一方で、このようなアプローチには批判も多い。税務行政の簡素化及びコンプライアンスの軽減を導くが、それは総合的な解決を導かないといわれている。まず、ペギーバック方式による州税は商品についての仕向地主義にもとづくことができるが、州際間で財政上の境界（フィスカル・フロンティア）が必要になるという危険性のもとでのみ採用することができる。確かに、アメリカにおいて、州際間で仕向地主義による統一は難しく、そのような税は簡単には運営されないであろう。よって、原産地主義にもとづく「ペギーバック方式」が望ましいといえよう。(66)しかし、前述したのと同じ理由によって、このようなアプローチは、税率が統一された場合にのみ機能するものとなるであろう。(67)

さらに、連邦政府の強制的及び財政的なインセンティブがなければ、すべての州がこの種のペギーバック税を課すとは考えられないであろう。いくつかの州は、特に課税のために豊富な源泉を抱えている州は、付加価値税を課すための財政的な必要性を感じない。ある州は、他の州に類似した仕向地主義による小売売上税を維持することを望むかもしれないし、ある州は他の州と同じ原産地主義による税を課さないことにより、競争的な便益を得ることができると考えるであろう。原産地主義による付加価値税を採用した州は、特にペギーバック税からもたらされる税収以上の税収を上げたいと望むならば、一方的にそのような行為をすることを望むであろう。ある州は付加価値税は逆進的であるので、課税ベースを修正することを望むかもしれないのである。アメリカでは、ここで議論されているような問題から、ペギーバック方式が機能しないという結論を引きだすであろうと解される。(68)このようなアプローチが統一的な課税を提供しない場合には、連邦付加価値税のもとでの仕向地主義課税をとる「ペギーバック方式」のもとで、内国取引の原産地主義の取扱いを調和させることは難しい。(69)アメリカにおいては、いくつかの州による原産地ベースの使用、ペギーバック方式の付加価値税の使用は、課税をする州から課税をしない州に対してなされた売上げが課税対象となることから、課税する州内での事業者あるいはそのような税を採用しない州の消費者には人気がないということになる。(70)しかし、わが国のおいては、この点での問題は生じないといえよう。

州による付加価値税の採用は、連邦政府が州政府に支払われた類似の税について付加価値税額から税額控除（クレジット）することを認めるというのであれば、刺激されるであろう。しかし、連邦政府による立法がこの控除以上のことを認めなければ、付加価値を計算するために州によって用いられる様々な方法は矛盾し、行政上の問題を招来することになるであろう。たとえば、連邦政府が消費型付加価値税を課すために税額控除方式を用いているが、いくつかの州では、(a)加算方式又は控除方式あるいは(b)所得ベースを用いていると仮定しよう（あるいは、様々な州が食品又は家屋の種目を優遇するために非課税又はゼロ税率を採用していると仮定しよう。）。するとさらに、税率の統一は期待できなくなるであろう。(71)

特に、税額控除が課税ベース、税率、徴収方法について連邦税法に密接に近似している州税のみに用いられるとするならば、税額控除及び「ペギーバック方式」の結合は、実質的に統一的な税率を強調することができるであろう。しかし、このようなアプローチは、連邦課税から歳入を経済的に共有（シェアー）することになる。いわゆる「共同税」に近いものとなる。(72)そこで、これが実現し、直接的にかつ簡潔的に、歳入配分を共有することができるのであれば、州が独立した付加価値税を持つという作業を困難なジェスチャー・ゲームを通じて行うことは、あまり価値のあることではないとの主張も展開されることになろう。(73)

わが国においては、このような統一性について可能性があることから、この選択肢は、きわめて示唆に富むといえる。原産地で課税される地方公共団体（あるいは州）の付加価値税のための理想的な結果に達成する方法（もっとも直截的な方法）は、連邦の付加価値税を地方公共団体（あるいは州）の付加価値税として配分する（共有する）ことが中央政府にとって簡単であろう。もちろん、歳入の配分（共有）は、州の原産地主義による付加価値にもとづくことになろう。(74)

このようなアプローチは、地方公共団体の財政自立性、課税自治権（autonomy）に対する侵害をもたらすことになろう。[75]それ以上に地方公共団体間による税収の分割が、原産地である州の不確定な付加価値の計算に依存することとなるおそれがあり、このようなシステムの導入にあたっては、かなりの妥協が求められることになるであろう。

5　付加価値税と小売売上税

アメリカでは州段階で広く小売売上税が導入されている。わが国においても、たばこ消費税等、間接税において意識的に多段階消費税の活用は避けられてきた。

地方政府段階での小売売上税と付加価値税の選択は、基本的には仕向地主義で課税される小売売上税か原産地主義による付加価値税かということである。付加価値税は原産地主義により課税される。小売売上税は、必然的に仕向地主義で課税される。なお、地方政府による仕向地主義の付加価値税の採用は、行政上の問題が障害となる。[76]

一方、中央政府は付加価値税か小売売上税を採用することができる。この国又は連邦レベルにおいて、どちらを選択するかは、売上税の二つのテクニックのもとで、キャピタル・ゲインをどのように取り扱うかということと付加価値税の自己執行力に依存する。しかしさらに、地方政府の課税との関係は、中央政府の選択に際して重要な役割を果たすことになろう。小売売上税に対する納税者の親密度（アメリカにおいて、多くの州はこの税に慣れ親しんでいる。）及び相対的な簡素性は、中央政府が付加価値税よりもそれを選択する方が望ましいという主張をもたらす。[77]それは、さらに中央政府の小売売上税のうえに「ペギーバック地方税」を採用することを容易にする。ペギーバック型地方小売売上税は、ペギーバック型地方付加価値税が税率の統一を要求するにもかかわらず、税率の統一を必要としない。[78]事実、ペギーバック型地方付加価値税における状況との大きな相違は、あらゆる地方公共団体が中央政府の徴収プログラムに参加する必要がないということである。むしろ中央政府により課せられる地方と中央政府の混合税率（累積税率）は、売上げに係る仕向地の地方公共団体に依存することになろう。事業者は登録され、無税で購入することになるであろうから、地方公共団体間での最終的な消費者に対する販売についてのみ、複数税率の使用が避けられないであろう。(79)

これに対して、ペギーバック型仕向地主義的付加価値税は、原則的には異なる税率をあらゆる地方公共団体間の販売に適用することになる。

異なる税率の適用は売上げの仕向地によるが、小さな会社にとってはいくつかの問題をもたらす。しかし、複数税率により影響を受ける売上げの多くは、それらを取り扱うに十分な規模をもった会社による売上げである。よって、このアプローチは、アメリカの各州が現在用いている使用税（使用税は州の小売売上税の非常に厄介な問題の一つである。）よりはかなり勝っている。(80)メイル・オーダー・サービスの取扱いは、課税対象となるか争いのあるようなそれら売上げを自動的に課税売上げとして取り扱うこのアプローチのもとで、現在、脱税を誘発するとともに租税訴訟多発の原因となっている。(81)

ただし、ペギーバック方式は、中央政府と地方政府との間でのかなりの同一性が求められる。この点で、地方公共団体の自主課税権は後退する。しかし、共通の課税ベースへの移行が地方公共団体の課税ベースの合理化を押し進めるのであれば、それは不利益というよりも利益があるといえよう。(82)

五　地方消費税の法的構造と問題点

地方消費税を創設するにあたって、地方消費税の性格が理論上、争点となった。特に、消費税の納税義務者である「生産から中間流通過程にある事業者」は、最終消費地の地方団体に存在するとは限らないために、地方公共団体は域外消費者にも負担を求めることができるか否かが問題となった。

前述したように、地方付加価値税の段階で税率を統一することが可能であれば、最終的に商品の価格は等しくなり、競争上の不利益は生じない。地方公共団体にとって望ましい付加価値税は、地方公共団体間で税率の統一された控除方式を用いた原産地課税方式であるといえる。応益課税の原則から付加価値税を考察すると、それらを企業がまず事実上負担すべきこととなる。公的サービスによっては、消費者に負担させることが望ましいものもあるが、おそらくそれは付加価値税ではなく、小売売上税の創設で対処すべきものとなろう。結論的には、いわゆる「制限された原産地主義」が創設されるべきである。地方税の自主課税権を強化することもなる。

さらに、事業税の課税標準を付加価値に置き換えることにより、前述の付加価値税にとって代わることが可能となる。地方税としての付加価値税は原則として、付加価値税の企業課税的な側面を有せざるをえないものであろう。

しかし、現行地方消費税は消費税と密接不可分に仕組まれていたことから、消費税の性格と整合的にあるべきであるとの意見も強く、結局は消費税の性格とそのまま受け継ぎ、消費税の納税義務者をその納税義務者とし、消費税額をそのまま課税標準とし、さらに「県境税調整」を行う代わりに、一定の清算システムを用いることとした(83)。地方消費税は、国税たる消費税法に完全依存した仕向地主義に立つ「ペギーバック方式による付加価値税」であり、消費譲与税が地方消費税に看板を書き換えたに過ぎないものである。事業税の外形標準課税（所得型付加価値税の採用）の検討と併せて、理論的にも、地方税の課税原則（応益原則）からも、その法的構造は再検討される必要があろう(84)。

1　納税義務者等

地方消費税は、事業者の行った課税資産の譲渡等については、当該事業者に対して、当該事務所等の所在地の都道府県（事務所等が二以上ある場合については、その主たる事務所等の所在地の都道府県）が譲渡割として、課税貨物については、当該課税貨物を保税地域から引き取るものに対して、当該保税地域所在の都道府県が貨物割りとして、課することとしている（地税法七二条の七八）。

この納税義務者の範囲は納税者の便宜、及び消費税の性質を考えてのことと解されているが、[85] 地方団体の課税権の強化、及び地方税の課税原則からすれば、さらに広範囲な者にも課税権を行使することが検討されてもよかったであろう。地方公共団体の提供した行政サービスがその分の負担を事業者が免れていることによる商品価格の低下というメカニズムを通じて域外消費者にまで恩恵が届いているとする視点からの課税は十分に可能であろう。[86] なお、仮に地方税を企業課税的な視点から考慮しなくとも、現行地方消費税のもとにおいても「事業者」、「納税義務者」の定義は、十分に拡大することが法的に可能であることをここで併せて指摘しておきたい。[87]

仕向地主義ではなく、原産地主義を採用する（地方消費税の性格を変えることになるが）「ペギーバック型地方付加価値税」において、当該地方公共団体に事務所等が存しない事業者についても、課税管轄権を及ぼすことが検討されるべきであったし、当該地方公共団体から公共サービスを被っている域外企業に対してまで納税義務者の範囲を拡大すべきであったと考えられる。

また、「ペギーバック型地方付加価値税」を採用するのであれば、地方税においても多段階消費税としてパラレルに法的構成する必要があったか、すなわち租税の転嫁は国税段階で担保されていることから、小売売上税として法的に構成することも十分に可能であった。この方式であれば、理論的に「県境税調整」の問題は生じないといえる。

課税上の便宜とのかねあいも配慮されるべき要素ではあるが、地方財政権の強化という視点からは、「課税客体の範囲（課税資産の譲渡等）」の拡大も法的に十分可能であることから、今後検討課題となろう（アメリカのメイル・オーダー・セール等の議論参照[88]）。

なお、地方消費税の課税団体は都道府県である。これは課税団体が市町村になると、消費型付加価値税である地方消費税の性質上、支障が生ずると考えられたからである。また、都道府県は法人所得課税に偏った税収構造であり、財源としての不安定さから都道府県に安定財源を付与することが必要であると考えられたことによる(89)。これが、国税としての消費税（多段階一般消費税あるいは仕向地主義）に依存する限り、納税義務者同様やむを得ない取扱いであると評することもできようが、地方税としての付加価値税の望ましいあり方から、市町村の自主課税権は再検討される必要があることをここでは指摘しておきたい。まさに、都道府県の付加価値税と市町村の付加価値税がアメリカの州と地方団体間でのように完全依存型の「ペギーバック型地方付加価値税」を採用すべきであったといえよう。

2　課税標準

国内取引については、課税資産の譲渡等に係る消費税額から仕入れ等に係る消費税額を控除した後の消費税額（譲渡割）を、輸入取引については、課税貨物に係る消費税額（貨物割）を課税標準とする（地税法七二条の七七）。税率は二五パーセント（消費税率換算で一パーセント）とする（地税法七二条の八三）。このような制度は、税額を課税標準とすることで、制度のしくみが簡明になるというメリットがあり、納税者においても簡単に地方消費税額が算定できるので申告上も簡便であるとされている(90)。

しかし、課税標準を消費税額とすることで、地方公共団体の課税管轄権の範囲はきわめて制限されたものとなり、具体的な実務のうえで、たとえば課税資産の譲渡等の判断において、消費税の判断と地方消費税の判断に相違がある場合、国税の判断が優先することとなろうが、都道府県の課税権からは問題であるといえよう(91)。

現行地方消費税のもとにおいても、課税標準及び課税標準の算定方式は消費税法と同様の方式によるべきであり、譲渡割、貨物割を課税標準とすべきではない。

3　都道府県間の清算

都道府県は、当該都道府県に納付された譲渡割額及び国から払い込まれた貨物割の納付額の合計額から徴収取扱費として国に支払った金額を減額した額について、他の都道府県に対して、各都道府県ごとの消費に相当する額に応じて按分し、それぞれ支払うこととしている。この支払いに係る額は関係都道府県間でそれぞれ相殺することとしている。なお、ここで各都道府県ごとの消費に相当する額とは、各都道府県ごとに、指定統計である商業統計の最近の小売年間販売額と消費に関する指標を基準として算定したその他の消費に相当する額とを合算して得た額をいうものとされている（地税法七二条の一一四参照）

このような清算システムは、各流通段階の各都道府県でいったん課税した地方消費税に帰属させるためのものである。このような清算システムを導入することにより、地方消費税導入の最大の理論的問題とされた、「最終消費地と税の帰属地との不一致」という問題を解消し、現行消費税の租税理論上の立場と地方消費税の租税理論上の立場との整合性を図ったものである。[92]

地方消費税は納税の便宜等を考慮して、国の消費税と同様に多段階の消費型付加価値税を採用することとしたが、地方税である地方消費税は、一つの取引について各都道府県が課税主体（団体）となりうるために、最終消費地に転嫁され負担された地方消費税は必ずしも最終消費者所在の都道府県に帰属しないということになる。

これをどのように評価するかについては、以下の二つの見解が対峙していた。[93]

① このような不一致は消費税の本質から問題であり、回避されるべきである。

② 最終消費者の購入する財貨・サービスの価格形成にあたっては、各流通段階における価値に地方公共団体の行政サービスが寄与しているので、このことにもとづいてそれぞれの地方団体に税を帰属させることは合理的である。

この点について、前述のワーキング・グループの見解も分かれており、さらにアロケイション・アポーションメントについても民間最終消費支出等の指標によるべきとする意見、従業員数によるべきであるとする意見、民間最終消費支出等の指標によるべきとすると事実上、地方譲与税とかわらないとする意見など、が存した。[94]その後に、新たに発足したプロジェクト・チームにより、現行の清算システムが構築されたが、このような制度について、「地方消費税は、多段階の消費税のシステムに乗りながらも、実質的に小売売上税を導入したのと類似の結果をもたらすとも考えることができ、さらにいえば、この考え方自体は、EUにおいて一九九七年度以降のEU域内の付加価値税の課税システムを原産地国課税に移行し、併せてクリアリング・ハウス（清算制度）を創設するという考え方に近いものと考えることが可能である」[95]と解している。

多段階一般消費税としての現行消費税が消費者に完全に転嫁されるとの前提のもとで、消費税へ完全依存型の地方消費税を採用する場合の清算システムとしては、清算基準はおおむね合理的であると評することができるであろう。現行消費税法のもとで、地方消費税の清算基準が民間最終消費支出等の指標で（いわゆる消費要素のみで）合理的か否かはなお検討すべきであろう。この清算基準は、平成六年一二月の「平成七年度の税制改正に関する答申」（税制調査会）において、「多段階累積排除型の付加価値税を各都道府県の消費税と仕組み、上記租税理論との整合性を保つためには、国の国境税調整と同様の県境税調整を行う必要がある」としたうえで、「地方消費税において採られた消費基準による清算システムは、この県境税調整に代替する現実的な解決策として位置づけることが可能である」とされていた。しかし、このような清算システムの導入は、「自治省と大蔵省との間で理論上の激しい応酬がなされ、成案の段階にいたっても両者の間に歩み寄りはみられなかったが、国の消費税との理論的整合性を図るものとして、自治省においてEUの付加価値税の将来のあり方について提案されている考え方に依拠できないものかという考え方が急浮上してきた」ことによる。[96]完全消費者転嫁型の地方消費税（＝小売売上税）との理解のもとに、売上額（消費基準）によったと簡潔に考えることができる。国の消費税との理論的整合性をこれによってどのように図ったのか明確ではなく、清算額はかなり「めのこ勘定」的なものであるという批判は免れないように思われる。

課税の前提となる法的な関連性（nexus）の有無、それを前提とした公平なアロケイション・アポーションメント公式が確立されるべきである。アロケイション・アポーションメント公式における各要素をどのようなものとし、要素の割合をどのように構成するかは、今後重要な検討課題となるであろう。特に、付加価値税を企業課税的に構成する場合には、これは厄介な問題となろう。後述、六2のTrinova 判決等参照。

4　市町村への交付

都道府県は、前述の3による清算後の金額の二分の一の額を各市町村の人口で、他の二分の一の額を各市町村の従業員数で按分して交付するものとしている（地税法七二条の一一五参照）。市町村は個人住民税の減税及び消費譲与税の廃止により、税源として減収になる地方団体もあり、この交付基準の再検討も必要となろう[97]。また、前述したように、市町村においては行政能率の視点等から都道府県への徴収委託という都道府県付加価値税税依存型の付加価値税を創設することが望まれるが、市町村レベルでの課税自主権を不当に制約することのないよう、配慮が必要である。

5　賦課徴収等

譲渡割について、その徴収は申告納付の方法による（地税法七二条の八六）。賦課徴収方法は当分の間、国が消費税の賦課徴収の例により、消費税の賦課徴収と併せて行い、申告納付は都道府県知事にではなく、税務署長に対して行うこととなる（地税法附則九条の四、九条の五、九条の六）。貨物割については、その賦課徴収は、国が消費税の賦課徴収の例により、消費税の賦課徴収と併せて行う（地税法七二条の一〇〇）。申告書は税関長に対して提出することになる（地税法七二条の一〇一）。

このような国税への完全依存型地方消費税においては、当分の間、本則による賦課徴収等が進められることになるが、それが単に形式的な地方団体への課税権の付与という建前論から進められるのであれば、税務行政の効率化からさして意味をもたない。(98)

六　ミシガン州のシングル・ビジネス・タックス（SBT）

付加価値税（VAT）はヨーロッパをはじめとして広く導入されているが、アメリカにおいては最初ミシガン州において採用された（ミシガン州は、州内の事業活動に課税するために付加価値税の修正形態を採用した最初の州として有名である。ミシガン州で事業を行うあらゆる会社を納税義務者とする付加価値税を採用している。）(99)。ミシガン州のミシガン・シングル・ビジネス税（Single Business Tax：SBT）は、平成一〇年の税制改正に関する答申で示された加算方式による所得型付加価値税の検討の必要性及び事業税の外形標準課税の検討にとって有益であろう。

1　ミシガン州付加価値税の立法経緯とそのしくみ

SBTは、当時事業に課せられていたいくつかの税に代わるものとして、一九七六年一月一日から施行されている。(100)一九七六年前において、ミシガン州で販売・製造に従事している法人は、資本及び剰余金によって算定されるフランチャイズ税、連邦課税所得に一定の調整を加えて算出される所得税、無形資産に課される財産税、棚卸資産に課されるアドバローラム税（財産従価税 advalorem property tax）に服していた。

ミシガン州がこのようなSBTに変更した理由はいくつかある。その一つは、資本集約型の会社、非常に利益が上がっている会社、さらには広範囲に事業を遂行している会社においては税負担が軽減されていると信じられていたことによる。同時に、労働集約的な会社は税負担が増大していると考えられていた。よって、ミシガン州での「資本の使用」によるコストは、他の競争的な工業を中心とした州よりも相対的に低くなるであろうと考えられていた（しかし、ミシガン州においては資本と労働のコストが依然として高かった。）。[101]

このような理由により採用されたSBTは純然たる付加価値税（VAT）ではなく、むしろ付加価値税の修正形態であるといえる。さまざまな非課税、租税特別措置等をおいていた。SBTは消費タイプのベースを用い、納税者の課税ベースを計算するために加算方法を用いていた。

ミシガン州内外で事業を行っている納税者は、次の三つの段階を経て、課税標準、税額等が計算されることになる。[102]

総課税ベースは、加算法によって算定された付加価値である。労働コスト、減価償却、利子及び利益の合算（課税ベースを構成する各々の項目は事業により消費されている場所、すなわち州に関係することなく、統一的な基準で計算する。）。シャウプ勧告の付加価値税が資本財の購入時に購入費を全額控除し、支払利子・配当は付加価値を構成したのに対して、ミシガン州のSBTは減価償却費の控除を採用し、支払利子・配当は課税を免れた。ミシガン州に帰属する課税ベースを算定するために、納税者は三つの割合の平均を課税ベースに乗ずる。

① 総報酬に対するミシガン州での報酬
② 総財産に対するミシガン州での財産
③ 総売上に対するミシガン州での売上げ

なお、納税額は、二、三五％の単一の税率を調整配分課税ベースに乗じて算定される。

すなわち、以下の手順で算定される。[103]

(1) 総課税ベースの算定

事業所得(a)

給与支払額(b)
純利子（支払利子－受取利子）(c)
減価償却費(d)
(a)＋(b)＋(c)＋(d)＝総課税ベース(e)(gross tax base)

(2)　純課税ベース(adjusted gross tax base)
資本財の購入費の一定割合(f)
一九七六年一月一日前の購入資産に係る減価償却費(g)
(e)－(f)－(g)＝純課税ベース

(3)　分割基準の適用
純課税ベースのうちミシガンに帰属する部分が三要素方式（マサチューセッツ方式）により算定される。

配分前の総課税ベースの計算は、連邦課税所得（それがマイナスであろうとプラスであろうと）にもとづいてまず行われる。いくつかの調整が配分に至る前に、事業所得に対して行われる。その調整は、利益からなるベースを労働と資本の使用を測定するベースに変えることである。

最初の調整では、州の支払いからの所得、たとえば連邦課税所得から排除されているミシガン州以外の州からの非課税公債等、を加算することが求められる。付加された後の金額は、連邦法で控除が認められない額まで減じられる。内国歳入法典二六五条において非課税となる所得をもたらす利子などを控除する。同様に、事前の配分段階において、連邦課税所得金額からいくつかの控除がなされる。配分前の総課税ベースの算定の後に、複数の州の納税者はミシガン州に帰属する課税ベースの割合を算定しなければならない。この算定の公式は、重要な問題である。三要素配分公式はミシガンで課税される事業活動と他の州で課税される事業活動とを区別する。ミシガンは、ミシガン州で事業を

〔ミシガンのＳＢＴの計算例〕

（事実）

連邦課税所得	（$）400,000
リース支払い	45,000
事務備品	10,000
特許権の償却	2,000
減価償却	
1976年前に取得した有形資産	100,000
1976年に取得した非ミシガン不動産	10,000
1976年に取得した不動産・動産	48,000
(取得原価	480,000)
賃金（給与）	7,100,000
賃金税	350,000
フリンジ・ベネフィット	90,000
州及び地方団体の所得税	44,000
利子支払い	42,000
利子所得	60,000
支払配当	120,000
ミシガン及び連邦申告の際の純事業損失の繰越額	10,000
1976年に取得した有形動産の販売からの売上収入	7,000
（$2000ゲインで売却）	
総売上	11,000,000

（計算）

連邦課税所得の算定	400,000	
〔加算〕		
報酬給与	7,100,000	
賃金税	350,000	
フリンジ・ベネフィット	90,000	7,540,000
減価償却		
1976年１月１日後に取得したミシガン有形資産		
(非ミシガン不動産を除く）の100%	48,000	
その他の償却の72%	79,200	127,200
州と地方団体の所得税	44,000	
利子支払い	42,000	
純事業損失の繰越額	10,000	

〔減算〕

利子所得	(60,000)
課税ベース（タックス・ベース）	8,103,200

(1)　ミシガンの課税ベースの算定

ミシガンに限定された活動―ミシガンに100%配分される

(2)　ミシガンの「調整課税ベース」の算定

〔減算〕	
資本取得控除	(480,000)
ミシガンの納税申告において未使用の純事業損失	(10,000)
非課税	0
〔加算〕	
前に控除された有形資産の販売からの売上	
(ゲインを控除)	5,000
ミシガンの「調整課税ベース」	7,618,200

(3)　選択的な調整

A　ミシガンの「調整課税ベース」は，①報酬制限か又は②総受取限度額制限の有利な方によって控除されうる。

①報酬制限

(a) $$\frac{7,540,000〔報酬〕}{8,103,200〔課税ベース〕+30,800〔償却除外額〕}=92.7\%$$

(b) (92.7%－65%)×ミシガン調整課税ベース
(27.7%×＄7,618,200＝＄2,110,200)

(c)ミシガン調整課税ベース	7,618,200
(－)報酬限度額控除	2,110,200
	5,508,000
②総受取限度額	＄11,000,000×50%＝5,500,000

(4)　税額の算定

課税対象となるミシガン調整課税ベース	5,500,000
2.35%を乗じた税額	129,300

（表一）

	課税ベース（$）	課税ベースの割合	配分課税ベース（$）
アメリカ課税所得	42,466,114	19	3,809,932
〔加算〕			
報酬	226,356,271	102	20,308,006
減価償却	23,262,909	11	2,087,087
配当・利子・ロイヤルティ	22,908,950	10	2,055,322
（支払）			
その他	549,526		49,302
（小計）	230,611,542	104	20,688,776
〔減算〕			
配当・利子・ロイヤルティ	(9,846,223)	(4)	(851,076)
（受取）	221,125,319	100	19,838,700
（合計）			
〔アポーションメント〕			
賃金要素	.2328（%）		
資産要素	.0930		
売上要素	26.5892		
アベレイジ要素	8.9717		
配分課税ベース	19,838,700（221,125,319×8.9717%）		

遂行しているあらゆるパーソン及びエンティティに対して課税する。ミシガン州外及び内であるいは他の課税団体のもとで事業を行っている納税者及びその他の課税主体においてそのような事業を行っている納税者は、その課税ベースの一部をミシガンに配分しなければならない(104)。

2 Trinova Corporation v. Michigan Department of Treasury

Trinova Corporation v. Michigan Department of Treasury（1989）(105) は、ミシガン州の消費型付加価値税の合憲性を争った判決として注目すべきものであった。Trinova 判決における連邦最高裁判所の多数意見は、ミシガン州の内外において事業をする会社に適用されるミシガン付加価値税は、たとえ、当該会社が連邦課税上は損失を抱えているにもかかわらず、ミシガン州で実質的な税負担を課せられたとしても、アメリカ憲法の通商条項及び適正手続条項

(表二)

課税ベース（$）		221,125,319
〔控除〕		
報酬	226,356,271	
減価償却	23,262,909	249,619,180
(合計)		(28,493,861)
アポーショメント	8.971	(2,556,384)
〔加算〕		
ミシガンでの報酬		511,774
ミシガンでの減価償却		2,152
アロケイション・アポーションメント課税ベース		(2,042,458)

を侵害しないと述べている。さらに、同判決は、地理的配分の会計原則ルールの例外として、州課税に関する所得のアポーションメントが合憲であると判示しているといえよう。Trinova 判決は、付加価値税の課税ベースを平等にすることがいかに複雑で、困難であるかを示している。地方税としての付加価値税の法的問題を考察するうえで有益である。

(1) 事実の概要とミシガン最高裁判所判決の基準

ミシガン財務局は、ミシガン州SBTとして、表一の税額を賦課徴収した(106)。

これに対して、トリノバ（Trinova）は、Jones & Laughlin Steel Corp. v. Department of Treasury（ミシガン控訴裁判所は、その実質にもとづいて課税することをこの判決において肯定していた。）にもとづいて、減価償却、報酬を含めることなく、配分課税ベースを計算することを求めた。トリノバは、表二のような配分を求めていた(107)。

ミシガン請求裁判所は、トリノバの修正された配分公式を肯定し、還付を命じた(108)。これに対して、ミシガン控訴裁判所は、前記の判決を放棄し、Jones & Laughlin Steel Corp. 判決にもとづくことを否定し、ミシガン州シングル・ビジネス税法（Mich. Comp. Laws §208. 69）のもとで還付が請求できるのは、三要素配分公式の適用が納税者に全体として不公平な結果をもたらしたときであると述べた(109)。

ミシガン最高裁判所は、どちらの判決も SBTA §208. 69 をあらゆる税において認められている公平規定であると解したが、双方の判決は誤りを侵していると判示した。[110] 当該最高裁判所は、同規定による配分規定がユニタリー企業に対する課税を違憲とする場合に適用されるサーキット・ブレイカーであると述べた。ミシガン最高裁判所は、そのような配分規定が、適正手続条項及び州際条項のもとで、公平でなければならないと述べている Contatner Corp. of America v. Franchise Tax Bd. (1983)[111] における連邦最高裁の列挙した基準にもとづいて、その法律のもとで用いられている配分規定の合憲性を検証した。

ミシガン最高裁判所は、Container 判決における二つの公平の要件を検証した。最初の要件、すなわち、配分公式が「内部的に調和しているか」どうかであるが、同裁判所は、あらゆる課税管轄地が同じ公式を採用したときに、課税されている納税者の事業活動が一〇〇パーセント以下にならなければならないと述べた。そして、内部的な調和（一貫性）の要件は、法の配分規定があらゆる州がその法律を採用したときに重複課税をもたらさないので満たしていると判断をした。第二の公平の要件は、その配分公式が外部的な一貫性をもっていることであるが、その要件のもとで、公式で用いる要素の選択は、「どのように事業活動が生まれるかを示す合理的な事業の意義を反映していなければならない[112]」と述べた。

同裁判所は、「配分公式は州に帰属した事業活動が州内で取引の行われた事業に対する適正な配分の外にある、あるいは総合的に歪んだ結果をもたらすということを明確でかつ説得力のある証拠（clear and cogent evidence）により納税者が立証した場合にのみ外部的な矛盾があるとして非難される[113]」と述べた。同裁判所は、トリノバの事業活動に適用される配分公式が総合的に歪んだ結果をもたらすかどうかを検証するときに、それは正確な地理的な帰属にもとづいた場合のトリノバの事業活動について一定の事業部分を配慮していないと考えられるがしかし、むしろその法のもとで要求されているように全体として配分されたトリノバの事業活動を検証することになろうと判示した。トリノバは、ミシガン州に帰属するすべての事業活動が州間で事業に対する適正な配分の外にある、あるいは総合的に歪んだ結果をもたらしているということを立証することができなかったと判示した。

トリノバは、ミシガン最高裁判所において主張が退けられた後、アメリカ連邦最高裁判所に対して、サーシオレイライ（裁量上告）を求めた。

(2)　アメリカ連邦最高裁判所

連邦最高裁判所における主たる争点は、ミシガン州SBTの三要素配分公式が連邦憲法の適正手続条項又は州際条項に違反するか否かであった。同裁判所は、Complete Auto Transit, Inc. v. Brady (1977)[114]において列挙されたテストにもとづいて、「税が課税州と実質的な関連性をもった活動に適用されている、公平に配分されている、州際間での商取引を差別していない、そして州によって提供されたサービスにかなり公平に関係している限りにおいて州際条項のもとで税を付加することができる[115]」と述べた。同裁判所は、また Complete 判決テストは、州際活動と最低関連性があること、そして企業の州内の価値と州に帰属した所得との間の合理的な関連性が要求されていると述べた。トリノバは、ミシガン州SBTが二つの Complete 判決の要件を満たしていないと論じた。さらに、ミシガン州SBTは、トリノバに適用される課税ベースが公平に配分されておらず、そして税は州際間での通商に対して差別をしていると主張した。

〔配分の必要性〕

連邦最高裁判所は、最初、ミシガン州のSBTが一定の正確さにより一つの場所に配分されたベースに課税する税であるか（そのような場合にはアポーションメントは必要ない。）否かを検討した。「当初、所得の配分に係る合理性とは、複数の州の事業によって稼得された所得の地理的な源泉を一致させるための問題であった[116]」。トリノバは、付加価値とが給与と減価償却費のかなりの部分で構成されており、それらは、地理的な源泉に配分される要素であるので、ミシガン州SBT算定のための課税ベースの配分については正当性が存しないと主張した。しかし、同裁判所は、トリノバの主張を退け、トリノバのようなユニタリー事業においては、給与、減価償却費及び利益は互いに影響することなく、調整される独立的な変数であり、そして付加価値算定のこれらの要素は、複雑に互いに関連する変数であると判断した。

同裁判所は、所得を生む場所の地理的要素の決定を妨げるような要因、すなわち機能的な統合、集中的な経営・管理、経済的な規模といったような要因は、正確な付加価値の発生場所を決定することを不可能にさせるようなものであることから、ミシガン財務局は三要件による配分公式のもとでSBTを賦課することができると判示した。

〔裁判所の公平テスト〕

同裁判所は、ミシガン州SBTの配分が課税ベースを正確に派生した場所に配付させられないために必要であると判示した後に、同裁判所はミシガン州内のトリノバに係る付加価値の配分公式が公平であるか否かを判断した。同裁判所は、公平な配分のテストはContainer判決における所得配分テストである「内部的・外部的な一貫性である」(internal／external consistency)[117]と判示した。

トリノバは、配分要素の内部的な一貫性については主張をしなかった。しかし、外部的な一貫性のテストについては、問題があると主張した。同裁判所は、トリノバが「州に帰属させられる課税ベースの大きさ」と「あらゆる付加価値の形成過程に対するミシガン州内での事業活動との帰属」との間に「合理的な関係」がないということに「明確で説得力のある証拠」を提出しているか否かという点のみを争点とした。[118]同裁判所は、ミシガン州SBTの配分公式は三つの要素（給与、資産、売上げ）をもっており、一定の水準（ベンチマーク）に達しているということに留意していた。

トリノバは、ミシガン州SBTの配分公式のもとで、売上要素を含むことには正当性がないと主張した。その主張を前提にして、トリノバは、減価償却費と給与・報酬が付加価値税ベースの一一三パーセントを構成するので、売上げは、ミシガン州SBTベースがミシガン州でどのように得られたかということについて、「合理的なセンス」(reasonable sense) を反映していないと主張した。トリノバはさらに、ミシガン州SBTの配分公式から販売要素を排除することを主張するために、この配分公式へこの要素（売上げ）を含めることはミシガン州外で得た付加価値にミシガン州が課税するという結果をもたらすと主張した。そして、トリノバは、生産物の最も大きな付加価値は労働と工場がおかれているオハイオ州で発生したと主張した。さらにミシガン州SBTの配分公式には販売要素が含まれているために、そしてトリノバがミシガン州で行った実質的な販売のために、トリノバの付加価値（主としてオハイオ州が賦課している。）の大部分が不適切にミシガン州に配分されていると述べた。結局、トリノバは、ミシガン州はミシガン州の事業以外の部分に課税をしており、それは大きく歪められた結果を生みだしていると主張した。トリノバは、その配分されたミシガン州での報酬が現実の報酬の三九倍ほど超えている、そして、その配分された同州での減価償却費は現実のミシガン州での減価償却費の九七〇倍を超えていると主張した。トリノバは、「これらの数字は、複数の州にまたがる会社の課税ベースを配分する際の『あらゆる方法における実質的な誤りの限度』を大きく超えている」[119]と論じた。

連邦最高裁判所は、売上要素の配分公式からの完全な排除は認めず、市場での需要の大きさとしての売上げは企業の付加価値の額に対して重要な影響を与えると結論付けた。ミシガン州の配分公式は売上要素を考慮することによって歪められていないと判示した。トリノバの主張を肯定することは、これまで所得配分について同じ公式を是認した連邦最高裁判決を否定することになる。

所得税の配分公式との関連において、配分公式が公平であるという裁判所の判断、付加価値を比較する要素が地理的な確証にもとづく必要はないという裁判所の判断は、ミシガン州SBTの配分公式がその州外で得られた付加価値に課税をするというトリノバの主張を棄却することになった。また、同裁判所は、ミシガン州SBTの配分公式によってミシガン州が歪んだ結果を導いているというトリノバの主張については「明白かつ説得力ある証明」がなされていないと判示した。

〔通商条項〕

トリノバは、最後に、ミシガン州SBTが州外の事業を差別しており、通商条項違反に該当するミシガン州SBTの賦課は無効とされるべきであると主張した。通商条項は一般に、州際間で事業を行っている者がミシガン州に住所地をおいている者よりも州際事業に係る税負担を重くすることを禁じている。[120] この議論にあたり、トリノバは、ミシガン州SBTがミシガン州法人所得税にとって代わるときに、ミシガン州SBTの導入はミシガン州のキャピタルに課す税負担を軽減することを意図していたと主張した。資本集中型企業の負担減少はミシガンでのより大きな資本投資を促進し、州の経済成長を刺激することが期待されていた。

しかし、ミシガン州SBTは、ミシガン州で商品を販売する「ミシガン州外におかれた非資本集約的企業」の税負担を増大させた。トリノバは、財産、労働配分要素をもっている州外の輸入者における本質的に大きな売上要素（現実にはローカルの輸出者に比較して、課税ベースを増大させている。）を平均化することは不適切であると主張した。

しかし、同裁判所は、差別のための故意の意図的な立法もなく、トリノバはミシガン州SBTが違憲であるというための別の基準を提示することができず、さらにミシガン州SBTが州内の事業と州外の事業の取扱いについて差別をしているという立証も尽くしていないと判示して、トリノバの主張を退けた。

ミシガン州SBTが右のような差別しているというトリノバの主張について、「ミシガン州SBTはミシガン州内での事業投資を促進するために立法化されたものであるので、州は州際商業や工業の成長や発展を促進するための租税システムを構築することは自由である」[121] と判示した。

さらに、同裁判所は、ミシガン州SBTの立法趣旨に関する証拠は歳入の実質的な増大と結びついた有益的な動機を示していると判示した。

［Steaven 判事の反対意見］

Steaven 判事と Blackman 判事は反対意見を書いたが、反対意見のなかで、Steaven 判事は、ミシガン州SBTの配分を肯定するときには地理的な配慮をすべしという一般的なルールにもかかわらず、裁判所は所得配分の合憲性を支持する最高裁判決の立場を拡大していると述べた。Steaven 判事は、ミシガンのSBTの二つの要件（資産と給与）は、ユニタリー事業の所得要素と違って、正確な地理的な同一性に服すべきであり、ここでの配分方式はこれを保障していないと述べた。[122]

Steaven 判事は、「ミシガン州外での生産物について、トリノバの要素価値は、究極的にはそれが売却されるまでは決められないし、売れた生産物の市場価値あるいは収益が現実に考慮されるまでは正確に結論付けることができない」[123]との多数意見の判断に誤りがあると判示した。Steaven 判事は、付加価値税が強調する合理性は、価値が十分に生産の中間段階において実現をされ、そして生産の中間段階における付加価値の額は労働サービスのために支払われた資金であり、また費やされた資本価額であると述べる。[124] Steaven 判事は、さらに労働と資本は、これらの正確な原価を計測することにより地理的かつ量的に正確に配分されうると述べた。そこで、Steaven 判事は、ミシガン州の配分公式は不完全であり、ミシガン州外の活動における州外の事業に課税をすることとなり、違憲であると判断していた。[125]

(3)　付加価値税の問題点と長所

所得税と違って、ミシガン州で採用されている付加価値税はミシガン州の税収入を安定させる。会社の付加価値に帰属する要素（賃金、利益、給与、資本、利子）は、所得税に帰属する唯一の要素（利益）よりも変動が少なく安定している。付加価値税は納税者の支払能力（担税力）を配慮すること（これは所得税レベルにおいては基礎となっている。）はできないが、それは州の支出に密接に対応している。この税は、労働と資本の単位当たりの原価コストのみを増大させるので、さらなる売上げが利益を生まなくなる段階でのその効果は売上税による影響より小さいが、所得税による影響より大きいといえる。[126]

付加価値税は所得税と違って小さな会社には少々萎縮的な効果を与えるが、その理由は会社が商品や役務に付加した価値にもとづいているからである（税を支払う会社の能力にもとづいてではない。）。[127]広義の意味でいえば、付加価値税の課税ベースは商品の販売及び役務から総受取収入から他の会社から得た仕入れ（生産物）の控除からなる。先に議論したように、賃金ベースは利益のみでなく、賃金、資本、利子から構成される。最初にほとんど利益が生じない、設立間もない小さな会社も実質的に給与、資本、利子コストは必要とする。それは利益を上回ることになるといえるであろう。ミシガン州付加価値税を課せられる会社は、会社の損失（ロス）が賃金、利子、資本を生じた会社の利益を超えることになろう。その結果、そのような会社はそのような利益がないにも関わらず税負担を負うことになる。しかし一方、標準的な所得課税のスキームのもとでは、そのような会社はおそらく租税（所得課税による税）を負担しない。

ミシガン州の消費型付加価値税のもとでは、会社はそのような資産を取得した年度にその資産の取得価格を控除することを認められるが、会社は結果的にその後毎年の減価償却費に課税されることになろう。設立当初から二～三年に資本的支出を必要とする設立間のない会社にとって、この償却費は会社設立から数年内に支払う付加価値税を減少させるであろう。[128]

ミシガン州付加価値税が消費型の税であるという事実は、設立間もない小さな会社に積極的な効果（影響）を与えるのみでなく、資本投資が大きな利益を生む会社によって行われるということから経済上も影響を与えることになる。[129]また、ミシガン州の採用した付加価値税は、会社がより効率的な運営を行うことを促進する。たとえば、付加価値税のもとで、非効率的な運営を行っている会社は、付加価値ベースに付加される賃金、賃料、利子に係るコストの増大と利益の減少をもたらすのであるから、このような税を回避することができないであろう。しかし、所得課税においては、会社の非効率的な運営は税負担を逆に小さくする（経費等の増大）。

しかし、このような付加価値税は、トリノバのように、大きな売上要素（コンポウオネント）をもつ会社に打撃を与えるおそれがある。そのような会社は販売（売上）から大きな利益を得ているが、ここでの実質的な給与支払いは会社費用のかなりの部分を占めている（たとえば、トリノバは、一九八〇年に＄42,466,114の損失をもち、その年の支払給与総額は＄226,356,271に相当する。）。

(4)　付加価値税の課税ベースに適用される三要素配分公式

前述したように、付加価値の構成要素は、利子、利益、賃金、減価償却費である。ミシガン州SBTの平均的な構成は、課税ベースの七六・七パーセントを構成する賃金、減価償却費、利子その他の付加価値（これらは課税ベースの二三・三パーセントを構成する。）、課税ベースの五・七パーセントを構成する事業所得、課税ベースの五・七パーセントを構成するその他の支出である。[130] トリノバでの問題は、トリノバがミシガン州で収める付加価値税の算定に配分公式が適用されうるか否か、特にオハイオ州に配分されうる三要素基準を採用すべきか否かについてであった。連邦最高裁判所は、①ミシガン州外でのトリノバの生産活動による付加価値は、究極的な生産がなされるまで、生産が命じられた（注文された生産）が考慮されるまで正確に決めることができないので、地理的な配慮は不要である、また、②「ミシガン州SBTは、三つの独立した、別々の税ではなく、トリノバは、二つの要素が一つの州にあるとして（第三の要素はない）として付加価値の地理的な源泉の同一性（相当性）を主張することができない。正確にいえば、ユニタリー事業のそれは、給与、減価償却費、利益が互いに言及することなく調整される独立した変数ではない[131]」と判断した。

付加価値税ではなく、所得税に関して主として生ずる「州に配分すべき課税ベース」の決定に係る配分公式についての原則的なルールは、ユニタリー州際事業の場合において、州は、一定の状況のもとで、より柔軟な配分のために地理的な配慮から乖離することができる。連邦最高裁判所は、州が配分公式の使用を認めるときに、課税する州と課税される活動との合理的な関連性の要件の機能的な意義は、（課税の合理性を配分公式に付与する。）地理的な同一性及びその額を正確に計測できない場合に価値の共有及び交換を許容していると述べている。(132)

しかし、報酬や賃金は、地理的な確証に服するといえよう。よって、ミシガン州内で事業を行っている会社がミシガン州で支払う付加価値税を算定するときの要素になるべきではないといえる。地理的要素に服する項目を配分するために、ミシガン州が三要素配分公式を用いることを認めることにより、ミシガン州の付加価値税は、アメリカ憲法の適正手続条項及び通商条項のもとでの「最低の繋がりをもたず、かつ合理的な関連要件」をもたないといえる。(133)

販売（売上）は、減価償却費、報酬がミシガン州での課税ベースに帰属する付加価値に関連をもたないので、財産、売上、給与という三要素基準はミシガン州での課税ベースがどのように生じたかを反映していない。販売要素は配分公式に含まれているので、たとえ課税ベースのかなりの部分が、ほかの州で生じて、かつ地理的に他の州に配分されるべき価値付加的な活動から生じているとしても、会社の課税ベースの実質的な部分はミシガン州に配分される。このようにして、ミシガン州の付加価値税はミシガン州との最小的な関係、関連性の欠けた州際活動に課税されることになるのである。

(5) ミシガン関連基準

ミシガン州は、州際市場で事業活動をしている企業で、ミシガン州に本拠をおく企業の税負担を軽減し、ミシガン州内で販売を行うがミシガン州外に本拠地をおく企業の税負担を増大させるために、最近ミシガン州ＳＢＴＡを修正した。ミシガンのＳＢＴのアロケイション・アポーションメント割合（現在、賃金要素二五パーセント、資産要素二五パーセント、売上割合五〇パーセント）を一九九六年一二月三一日後に開始する事業年度について、賃金要素一〇パーセント、資産要素一〇パーセント、売上割合八〇パーセントとすることとした。一九八八年一二月三一日後に開始する事業年度について、アポーションメントのウエイトは、賃金要素五パーセント、資産要素五パーセント、売上割合九〇パーセントになっていた。(134)

ミシガンのSBTの資本財取得控除は、一九八六年一二月三一日後に開始する事業年度について修正されている。ミシガン州に所在する資産についてのみ資本財取得控除を認めることにした。さらに、ミシガン州に所在する資産は、アポーションメントによって軽減されることになる。

ミシガン州内で販売を行っている非居住者たる法人について、この規定の適用は一九九七年まで延期されている。

現在のミシガン州の「関連性」基準は、居住者たる従業者が関連性について「一応の証拠」を構成すると規定している。その結果、資産、賃金を有さずに代理人及び州外の従業員を介してミシガン州内で販売活動をしている州外法人は、PL86-272で定義されている「勧誘」を超えない限り、ミシガン州SBTを回避することができるであろう。(135)

なお、ミシガン州SBTAは、歳入局が納税者が一定の要件を充足する場合のみ連結申告を要求できるとしている。要件とは、納税者が関係会社であり、実質的に会社内取引を行った場合である。(136) ミシガン州外法人は、ミシガン州内に関係法人を設立することにより、この州外法人の課税ベースをミシガン州で申告する必要はなくなる。

(6) Trinova 判決の影響

ミシガン州SBTに係る Trinova 判決は、わが国でこれまで軽視されてきた以下の法的な諸問題を提起することになる。

① 地方公共団体と納税者との関連性基準（付加価値税における企業税的な構成と売上税的構成による関連性の相違を含む。）

② アロケイション・アポーションメント公式における構成要素、要素割合等。

③ ①及び②の問題に係る違憲の判断基準

すでに事業税、都道府県民税の法人税割等におけるアロケイション・アポーションメント公式については疑問が呈されているが、付加価値税についても今後同様に問題について検討される必要があろう。

七 おわりに

本来、事業税の抱える問題と密接不可分の関係にあった地方税としての付加価値税が消費税改革等に伴い完全依存型地方消費税（ペギーバック型地方付加価値税）として導入された。その導入にあたっては「理論的な論争」があったものの「先に消費税ありき」との制約から「仕向地主義のもとでの清算システム」により主要な問題の解決が図られた。地方団体の自主課税の視点からは、「大山騒動ねずみ一匹」の感がある。応益課税の原則、安全性の原則、分担分任の原則及び地域の原則といった視点（公共サービスを受けるのはだれか、どのような公共サービスを受けるのか、公共サービスの提供者たる地方公共団体と納税者との関連性はどの程度あるのか等）から、地方付加価値税の法的構造そのものが十分に議論が尽くされる必要があった。特に応益原則、税収の安定性等の原則は憲法上の要請にもとづくものであり、地方付加価値税の構築においてもこれらの原則からの要請を忘れることはできない。

地方消費税（付加価値税）が事業税との関連性を留保したまま、消費税完全依存型の地方消費税（ペギーバック型付加価値税）として導入されたことは「課税の便宜性」の視点からはともかくも、地方税としての付加価値税としては理論的にも法的にも望ましいものではない。地方税においては、応益原則のもとで、事業税に代えて平成一〇年の答申で検討課題とされている加算方式による付加価値税あるいは控除方式による付加価値税を導入し、事業税の課税標準の見直しを図るべきであろう。地方消費税との関係もその際に併せて再検討されるべきである。

地方付加価値税は、原産地主義のもとで再構築され、事業税（課税標準は付加価値）と地方付加価値税の一本化が検討されてしかるべきであろう。いわゆる「制限された原産地主義」を前提にした法的構造が採用されるべきである。なお、ミシガン州ＳＢＴはわが国の付加価値税、事業税を再構築するにあたり、最大の選択肢の一つでありうると考えられるが、そこで示された課題はわが国の地方税が今後避けて通ることのできない重要な問題を数多く含んでいることに留意しておくべきであろう。

(1)　税制調査会「平成一〇年度の税制改正に関する答申」六頁（平成九年一二月）

(2)　本稿では、地方税の体系が応益課税の原則、安定性の原則等のもとで再構成されるべきであるし、これらの原則が法的に強調されるべきであることを強調する。応益課税の原則は応能原則とともに憲法上の公平の原則である。地方税の課税原則については、丸山高満「地方税の課税の原理（上）（中）」自治研究五九巻九号三頁以下、同五九巻一〇号三頁以下（一九八三）、今西芳治『現代企業課税論』一七二頁以下（中央経済社・一九八三）、恒松制治『地方財政論』一〇〇頁以下（良書普及会・一九七三）等参照。

(3)　多くの「地方財政」の教科書等がこの問題に言及してきた。問題の概要については、とりあえず佐藤進『付加価値税論』第六章（税務経理協会・一九七三）、和田八束「地方税における企業課税」西野嘉一郎・宇田川璋仁編著『現代企業課税論』一五三頁（東洋経済新報社・一九七七）、恒松・前掲書一七四頁以下等を参照。

(4)　この問題については、占部裕典「地方公共団体の課税権の限界～課税権の衝突と調整～」総合税制研究六号一二九頁以下（一九九八）参照。

(5)　事業税の沿革については、前川尚美他『地方税』（各論Ⅰ）二四三頁以下（ぎょうせい・一九七八）、自治省府県課税『事業税詳解』一頁以下（地方財務協会・一九九五）等参照。

(6)　シャウプ勧告による付加価値税の問題点について、佐藤・前掲書第五章参照。また、付加価値税を含めたシャウプ勧告の内容、評価については、金子宏『租税法（六版）』六一頁以下（弘文堂・一九九八）参照。
（7）シャウプ使節団『日本税制報告書（一九四九年九月）』二巻二〇一頁。佐藤進『地方財政・税制論』五七頁（税務経理協会・一九七四）等も参照。
（8）シャウプ勧告にもとづく法案については、鈴木俊一「新地方税制の概要」財政経済弘報二〇三号一頁（一九五〇）、その修正・実施延期の措置等については、鎌田要人「地方税法案修正要綱概説」財政経済弘報一九七号一頁（一九五〇）参照。
（9）佐藤・前掲書（『付加価値税論』）三頁以下、今西・前掲書一八六頁以下、古川浩太郎「地方消費税に関する考察」レファレンス五三九号四二頁以下（一九九五）等参照。
（10）政府税制調査会「『今後におけるわが国の社会、経済の進展に即応する基本的な租税制度のあり方』についての答申」（一九六四年一二月）二八二頁。加算法による付加価値税については、同二三九頁参照。
（11）政府税制調査会「昭和五四年度の税制改正に関する答申」（一九七八年一二月）別紙「一般消費税大綱」一五頁。
（12）古川・前掲論文四六頁以下参照。
（13）税制調査会「今後の税制のあり方についての答申」（一九九〇年一一月）第一4②。
（14）税制調査会「税制改正についての答申」（一九九一年六月）第五2。
（15）税制調査会「平成七年度の税制改正に関する答申」（一九九一年一二月）第一4（注）。
（16）シャウプ勧告（一九四九年九月）一巻二四頁、三巻（付録A）A九頁参照。
（17）浦東久男「地方財政・地方消費税の課題」法律時報六七巻三号二四頁（一九九五）参照。
（18）浦東・前掲論文二四頁。
（19）付加価値税については、多くの文献があるが、本稿では、全般的に、佐藤・前掲書（『付加価値税論』）、塩崎潤『財政学(1)』三六一頁以下（有斐閣・一九七三）、木下和夫『財政理論(1)』第二〇章（内野順雄）（有斐閣・一九六一）等を参照としている。外国文献としては、主として、ALAN A. TAIT, VALUE ADDED TAX (1988) ; HENRY J. AARON, THE VALUE ADDED TAX : LESSONS FROM EUROPE 1, 2 (H Aaron ed 1981) ; Soup, *Theory and Background of the Value Added-Tax, Proceedings of the Forth : Eighth Annual Conference on Taxation of the Nat'l Tax Ass'n7*

(1955) を参照としている。地方税としての付加価値税の視点からは、特に、佐藤・前掲書（『地方財政・税制論』)、今西・前掲書第七章、大内忠昭『地方税における企業課税』二二五頁以下（第一法規・一九八四)、佐藤進・滝実『地方消費税―その理論と仕組み―』(地方財務協会・一九九五)(本書は「地方税」所収の論文を登載する。特に、務台俊介「地方消費税の論理」、神野直彦「地方消費税を考える」等参照）等参照。

(20) 加算方式、控除方式、クレジット方式（税額控除方式）については、塩崎・前掲書三七〇頁、佐藤・前掲書（『付加価値税』）一一頁以下が詳しい。本稿では、特に、Note, *Value-Added Taxation : Its Concepts and Effects*, 39 U. CIN. L. REV. 331 (1970) ; Muclure, *State and Federal Relations in the Taxation of Value Added*, 6 J CORP. L 127 (1980) を参照している。付加価値税の理論的な説明は、Muclure 論文によっている。

(21) シャウプ勧告（一九四九年九月）二巻二〇二頁。また、鈴木・前掲論文四頁以下参照。

(22) Muclure, *supra* note 20 at 128. 所得型、消費型、GNP型の各付加価値税について、塩崎・前掲書（『財政学(1)』）三六一頁、佐藤・前掲書（『付加価値税』）四頁以下参照。

(23) *Ibid.* このような課税標準による付加価値税の分類については、塩崎・前掲書（『財政学(1)』）三六〇頁以下参照。

(24) このような問題の詳細については、塩崎・前掲書（『財政学(1)』）三七一頁以下が詳しい。

(25) Muclure, *supra* note 20 at 128, 129. 仕向地主義と原産地主義については、佐藤・前掲書（『付加価値税』）八頁以下、塩崎・前掲書（『財政学(1)』）三七八頁以下等参照。

(26) この問題について、注(25)掲記の文献及び水野忠恒『消費税の制度と理論』一七二頁以下（弘文堂・一九八九）が詳しく論ずる。

(27) GATTと消費税の国境税調整の問題については、水野・前掲書一七七頁以下、占部裕典「海外取引にかかる優遇税制の問題点」水野忠恒編著『国際課税の理論と課税』第八章（税務経理協会・一九九五）参照。

(28) アメリカの小売売上税について、Muclure, *supra* note 20 at 129. 塩崎・前掲書（『財政学(1)』）三五〇頁以下、小野・前掲書一六四頁以下、石村耕治「アメリカの州売上税法の研究（上）（下）」朝日法学論集二号五五頁、三号一頁（一九九〇）参照。

(29) この問題は、塩崎・前掲書（『財政学(1)』）三五八頁以下参照。

(30) この問題については、Muclure, *supra* note 20 at 130.

(31) 占部・前掲論文（『総合税制研究』）Ⅳ1の所得配分原則（アロケイション・アポーションメント）の内容参照。

(32) 今西芳治『現代企業課税論』一九〇頁以下（中央経済社・一九八三）、田近栄治・油井雄二「法人事業税の改革」税経通信五二巻一六号二五頁（一九九七）、牛嶋正「事業税改革の必要性とその方向」税経通信四四巻一二号一四頁（一九八九）、牛嶋正「法人事業税のグループ一括課税の方向」税経通信四五巻一二号二頁（一九九〇）、牛嶋正「事業税の適正課税と外形標準課税」税経通信四六巻三号二頁（一九九一）、西野萬理「法人事業税はいかにあるべきか」税務弘報三八巻一三号六頁（一九九〇）、一河秀洋「事業税の外形標準化への課題」税五〇巻一〇号四頁（一九九五）等において、問題点の指摘は広くなされている。

(33) Muclure, *supra* note 20 at 131.

(34) *Ibid.*

(35) ノイマルク報告については、務台・前掲論文（『地方消費税の論理』）四四頁以下。*See* REPORT OF THE FISCAL AND FINANCIAL COMMITTEE (1963).

(36) Muclure, *supra* note 20 at 131.

(37) *Id.* at 131 n. 14.

(38) *Ibid.*

(39) *Ibid.*

(40) *Ibid.*

(41) *Ibid.*

(42) この事例については、*Id.* at 132.

(43) C. SHOUP, PUBLIC FINANCE 263 (1969).

(44) Muclure, *supra* note 20 at 132.

(45) *Ibid.*

(46) *Ibid.*

(47) Muclure, *supra* note 20 at 133.
(48) この事例については、*Ibid.*
(49) *Ibid.*
(50) 課税のための担税力と応益原則との関係は、木下和夫監修『マスグレイブ財税学II』第一一章（有斐閣・一九八四）参照。公平の原則には、応能原則と応益原則の二つの考え方がある。どちらも日本国憲法一四条で保障されているが、前者のみが強調される傾向にある。応能原則は、所得や消費で測った担税力に応じて課税するものである。これに対して、応益原則は、納税者が行政サービスから受ける便益の大きさに応じて税負担を配分する考え方である。応能原則は、基本的には所得課税に当てはまり、応益原則は消費課税に当てはまる。後者において、生存権的な趣旨から担税力を無視した課税は許されないのは当然である。
(51) Muclure, *supra* note 20 at 133.
(52) *Id.* at 134.
(53) *Ibid.*
(54) *Ibid.*
(55) *Ibid.*
(56) *Ibid.*
(57) *Ibid.*
(58) 小売売上税については、塩崎・前掲書（『財政学(1)』）三五〇頁以下等参照。Muclure, *supra* note 20 at 135.
(59) *Ibid.*
(60) *Ibid.* これは、公的サービスによる利益（応益）について配慮していない。
(61) Muclure, *supra* note 20 at 135-36.
(62) *Id.* at 136.
(63) *Ibid.*
(64) *Ibid.* なお、アメリカにおいても、州に一定の統一的なガイドラインを示すことは可能である。たとえば、そのために連邦段階で Public Law を公布することも可能である。

(65) 州と市等の地方団体において、ペギーバック方式が採用されている。市等の地方団体の三分の二は一般売上税を採用しており、さらに三パーセントまでの付加税として州税に上乗せ徴収されている。木下和夫監修『マスグレイブ財税学II』五三三（有斐閣・一九八四）参照。

(66) 税率が統一される場合には、取引に課税するために、財政上の境界は必要とされないであろう。そのような境界は、どこの州がペギーバック方式の付加価値税から税を受領するかを決定するためにのみ必要とされることになる。Mucl-ure, *supra* note 20 at 136 n. 27.

(67) *Id.* at 136.

(68) *Id.* at 136, 137.

(69) *Id.* at 137.

(70) *Ibid.*

(71) *Ibid.*

(72) 共同税について、大内忠昭『地方税における企業課税』二五五頁以下（第一法規・一九八四）。

(73) Muclure, *supra* note 20 at 137.

(74) *Ibid.*

(75) リンドルムは、アメリカへ付加価値税の導入を主張する中心人物の一人であるが、各州や地方で不統一な小売売上税を廃止して、その代替税として、連邦付加価値税の半分を各地域の小売売上高に応じて配分するならば、納税の簡素化、地域の税収の増加などの利点があると主張していた。これに対して、パプケやデューは連邦府からの財政自立性を奪い、税収の伸縮性に制約が課せられるなどの理由で、このような制度に反対している。今西・前掲書一九七頁以下。わが国の地方譲与税から地方消費税への転換はこのような議論の実験室でもある。

(76) Muclure, *supra* note 20 at 138. 付加価値税と小売売上税とのより詳細な比較は、塩崎・前掲書（『財政学(1)』）三五一頁以下参照。

(77) Muclure, *supra* note 20 at 138.

(78)　*Id.* at 138.
(79)　*Ibid.*
(80)　*Ibid.*
(81)　この問題については、占部・前掲論文（総合税制研究）Ⅰ1(1)④の「Quill 判決の影響」参照。
(82)　Muclure, *supra* note 20 at 139.
(83)　地方消費税の解説について、地方消費税研究会編『逐条解説　地方消費税』（ぎょうせい・一九九八）が有益である。その他、務台俊介「個人住民税の軽減と地方消費税の創設等」時の法令一四九九号六頁（一九九五）、古川浩太郎「地方消費税に関する考察」レファレンス五三九号三一頁（一九九五）、細野光弘「地方税制の改正の概要について〜地方消費税創設を中心として〜」税経通信九四年一二月号二〇四頁（一九九四）、関博之「地方税法等の一部を改正する法律について」地方財政九四年一二月号一一頁（一九九四）等参照。
(84)　戸谷裕之「事業税改革と地方消費税構想」橋本徹編著『地方税の理論と課題』一三三頁（税務経理協会・一九九五）。
(85)　細野・前掲解説二〇九頁等。
(86)　地方消費税研究会編・前掲書八頁、務台・前掲論文（『地方消費税の論理』）三五頁以下等参照。
(87)　占部・前掲論文（総合税制研究）Ⅰ1の「州の課税権に関する憲法上の制約」参照。
(88)　メイル・オーダー・セーラー等について、占部・前掲論文（総合税制研究）Ⅰ2「『関連性』要件を充足するに十分な存在の判断」参照。
(89)　細野・前掲解説二〇九頁。
(90)　細野・前掲論文二〇九頁。
(91)　実質的には一つの税である国税と地方消費税に係るその他の問題について、浦東・前掲論文二三頁参照。
(92)　細野・前掲解説二一〇頁。
(93)　細野・前掲解説二〇六頁〜二〇八頁、二〇九頁、二一〇頁。現行地方消費税のもとでも、このような不一致を是正する必要はないとする見解も有力であった。務台・前掲論文（『地方消費税の論理』）三五頁以下等参照。佐藤＝滝編著・前掲書（『地方消費税―その理論と仕組み―』）所収の水野忠恒「地方消費税論議の再検討」、中村良広「地方消費税と応益税」、伊藤弘文「仕向地原則と原産地原則～地方消費税との関わりで～」がこの対立を検討する。

(94) 細野・前掲解説二〇六頁～二〇八頁、二〇九頁、二一〇頁。詳細は、地方税ワーキング・グループの付属資料「論点メモ」4「地方消費税」の意義とその検討事項参照。

(95) 務台・前掲解説(83)一六頁。早川勝「ＥＣ域内市場の統合と付加価値税清算制度」産大法学二二巻三・四号一八四頁（一九八九年）も参照。

(96) 地方消費税研究会編・前掲書六頁。

(97) 細野・前掲解説二〇六頁～二〇八頁参照。

(98) 地方消費税と消費税との法的関連性については、浦東久男「地方消費税の導入とその消費税法との関係」『総合税制研究』五号一頁（一九九七）参照。

(99) 広くわが国に紹介されているが、その制度の詳細な法的研究はなされたことがほとんどない。大内・前掲書二二五頁以下がもっとも詳しい。ドイツの営業税（協同税）についても詳細な紹介がなされている。水野・前掲書五〇頁以下、今西・前掲書一七七頁以下等参照。最近のアメリカの付加価値税については、オリバー・オルドマン＝アラン・シェンク「米国の事業活動税」税務弘報四三巻八号一〇五頁（一九九五）参照。

(100) ミシガンのＳＢＴＡの立法経緯等については、大内・前掲書二二七頁以下、Klein, Advisory Commission on Intergovermental Relations, The Single Business Tax : A Different Approach to State Business Taxation 22 (1978) ; Kashichke, *Computation of the Michigan Single Business Tax : Theory and Mechanics*, 22 Wayne L. Rev. 1068 (1976).

(101) *See* Haughey, *The Economic Logic of the Single Business Tax*, 22 Wayne L. Rev. 1017 (1976) ; Klein, *supra* note 20 at 22.

(102) *See* Mich. Comp. Laws ch. 208, Single Business Act.

(103) 大内・前掲書二三七頁。

(104) 大内・前掲書二三七頁。

Trinova 判決以後のミシガン州SBTに関するいくつかの判決は、以下の点で重要である。

(1)　関連（ネクサス）基準

The Gillette Co. v. Michigan Drot. of Treasury, 198 Mich. App. 303 (1993) は、ミシガン州で事業をしている納税者に大きなインパクトを与えた。この判決における争点は、納税者がミシガン州で課税されうるか否かを決める適正な基準にあった。州控訴裁判所は、Public Law 86-272 は、納税者がミシガン州で課税されるか否かを決める適正な基準ではないと判示した。代わりに、州裁判所は、Gillette の活動は Public Law 86-272 により保護されているけれども、Gillette がミシガン州で課税されると結論づけるためには、アメリカ憲法の適正手続条項及び通商条項のもとでの憲法上の原則が適用されなければならないと判示した。

ここでの憲法上の原則の詳細は、占部・前掲論文（総合税制研究）Ⅰ以下に詳しい。適正手続条項のもとで、州と納税者、財産、取引との間の「明確なリンク」、一定の最小の関連性がなければならない。一般的に、通商条項による制限の方が、適正手続条項による制限より厳しいといえる。

(2)　スローバック基準（throwback rule）

Howmet Corp. v. Revenue Div. of Mich. Dept. of Treasury and the State of Mich., DKT No. 87-11161-CM (1993) と Guardian Indus. Corp. v. State of Mich. Dept. of Treasury, Revenue Div. 198 Mich. App. 363 (1993) は、ミシガン州及びその他の州で事業活動をしている納税者がSBTの売上要素を計算するときに、いつ、他の州で課税されるのかというのが争点であった。各々の事件で、納税者は他州（仕向地の州）で課税されるときに、ミシガン州が原産地であり、州外の消費者に配当された売上を排除した。納税者は、仕向地での勧誘活動がそのような州での事業活動を構成するのに十分であり、そのような州で事業特権税を課すことを正当化させると論じた。

ミシガン州は、仕向地の州における納税者の活動に適用される適正な基準は Public Law 86-272 であると論じた。州裁判所は、SBT、すなわちネット・インカムに対して排他的な課税が行われていない税に Pablic Law 86-272 は適用されないと述べた。州裁判所は、仕向地の州における課税にこの基準は適用されないと考えていたので、問題は、いかなる基準が適用されるかということであった。

Guardian 判決は、仕向地の州における実質的な関連性を指示するために、仕向地の州内に物理的な存在が必要であると判示する Quill 判決で示された関連基準に配慮していた。Wrigley 判決も併せて参照。

(3) 報酬の戻し加算（add-back）

SBTA § 208.9 は、SBTにおける課税ベースを算定するために、連邦課税所得を計算するときに控除された報酬を納税者に「戻し加算」することを求めている。問題の「報酬」についての制定法上の定義規定は、以下のように述べている。

「年金、退職金あるいは利益配分プランへの支払い、及び従業員が受益者である保険への支払い（これには健康、財産、無保障の受益プランへの支払いを含む）……」

課税ベースに対するこの調整の効果は、従業員ベネフィット・プランへの保険料に一部課税することになる。Thiokol Corp., Morton Int'l, Inc. v. Department Treasury, State of Mich., 987 F 2d 376 (6th Cir. 1993) 参照。Thiokol Corporation 等は、報酬を納税者に「戻し加算」することが連邦法により無効とされるという理由で、還付、差止め及び宣言的救済を求めて、ミシガン州を提訴した。地方裁判所は、租税差止禁止法及び修正一一条が連邦裁判所での訴訟遂行を禁じていると判断して、この事件を審理することを拒んだ。第六控訴裁判所は、修正一一条にもとづいて Thiokol Corporation 等の還付請求を拒絶することを肯定したが、差止め及び宣言的救済については地裁に差し戻した。裁判所が今日まで言及している問題は、事物管轄権及び裁判地（venue）の問題に限定されている。

(105) 59 USLW 4097 (US Feb. 19. 1991), *aff'g* 433 Mich. 141 NW 2d 428 (1989). *See* Jones & Laughlin STeal Corp. v. Department of Treasury, 145 Mich. App. 405, 377 NW 2d 397 (1985).

(106) Brief for Petitioner, at 15.

(107) Trinova Corp. v. Department of Treas. 433 Mich. 141, 148, 445 NW 2d 428 (1989).

(108) Trinova Corp. v. Department of Treas. 86-10430-CM (Mich. Ct. Cl. May 5, 1987).

(109) Trinova Corp. v. Department of Treas. 166 Mich. App. 656, 421 NW 2d 258 (1988).

(110) Trinova Corp. v. Department of Treas., 59 USLW 4097 (US Feb. 19, 1991), *aff'g* 433 Mich. 141 NW 2d 428 (1989).

(111) 463 US 159 (1983). Cotainer Corp. of America v. Franchise Tax Bd. 463 US 159, 169 (1983) は、次のよ

うに、二つのコンポウネント・テストを述べている。「第一の要件、アポーションメント公式における公平の要素は、いわゆる内部的な一貫性と呼ばれるものである。すなわち、あらゆる課税管轄権を有する州がそれを適用した場合に、ユニタリー事業所得のすべて（課税されうる所得）の額を超えることのないものでなければならない。第二の要件、これは大変難しいものであるが、いわゆる外部一貫性と呼ばれるものである。アポーションメント公式における要素は、所得をどのように派生させたかを示す合理的なものでなければならない」。

(112) 433 Mich. at 159, 445 NW 2d at 436. Cotainer Corp. of America v. Franchise Tax Bd., 463 US 159, 170 (1983) を引用している。

(113) 433 Mich. at 162, 445 NW 2d at 436. *See also* Moorman Mfg. Co. v. Bair, 437 US 267, 272 (1978).

(114) 430 US 274 (1983). Complete 判決の詳細については、占部・前掲論文（「総合税制研究六」）Ⅰ１⑴③の「通商条項における判断基準への移行及び通商条項における関連性の軽減」参照。

(115) Trinova Corp. v. Department of Treas., 59 USLW 4097 at 4101. *See* Complete Auto Transit. Inc., v. Brady, 430 US 274 at 279 (1977).

(116) Trinova Corp. v. Department of Treas., 59 USLW 4097 at 4101.

(117) *Id.* at 4103.

(118) *Ibid.* 裁判所は、Moorman Mfg. Co. v. Bair, 437 US 267 (1978) を引用して、州に帰属している所得が事実、適切な按分の外にあり、その結果大きく歪められた結果をもたらしていることを「明確でかつ説得力のある証拠」で立証しなければならないと述べた。

(119) Brief for Petitioner, at 35.

(120) Brief for Petitioner, at 31, 32.

(121) Trinova Corp. v. Department of Treas., 59 USLW 4097 at 4104.

(122) *Id.* at 4104.

(123) *Id.* at 4106.

(124) *Ibid.*

(125) *Id.* at 4106-4107.
(126) Linda S Weindruch & David M. Repp, *Supreme Court Rules on Constitutionality of State Value Added Tax*, 10 JST 1, 17 (1991).
(127) *Ibid.*
(128) *See* MICH. COMP. LAWS §§208. 23 (a), 208. 23 (c).
(129) *See* Weindruch & Repp, *supra* note 126 at 18, 19.
(130) *See* Brief for Petitioner, at 12.
(131) Trinova Corp. v. Department of Treas., 59 USLW 4097 at 4101.
(132) Cotainer Corp. of America v. Franchise Tax Bd., 463 US 159 at 167.
(133) 占部・前掲論文（総合税制研究）I 1(1)の「憲法上の『関連性』」参照。
(134) Edward S. Kisscorni, *Michigan Reforms the Single Business Tax to Export More of the Tax Bueden*, 12 JST 1, 2-4 (1995).

配分公式の改正と合憲性について、配分公式に反対する人は、付加価値税について売上の比重がきわめて高いので違憲であると主張する。立案者は、連邦最高裁がSBTの配分公式は合憲であると判示しており（Trinova 判決）、最高裁判所がシングル要素の配分も肯定している（Moorman Manufacturing Co v. Bair, 437 US 267 (1978)）と主張している。ジョージア大学のヘレンシュタイン教授は、ミシガン下院租税政策委員会において、付加価値税のシングル要素配分公式の合憲性について、ミシガンで以下のような証言を行った。

「最高裁判所は、州が州の間でのユニタリー課税ベースを配分するための公式をデザインする及び運営するときに、州にかなりの裁量を与えているけれども、最高裁判所は、配分公式が本質的に、あるいは内在的に任意ではないと主張した。つまり、最高裁判所は所得税について判断しているが、所得がどのようにして生まれたかという合理的な意味を反映していなければならない。同じことは、州が配分公式によって州に帰属させることを求めるユニタリー課税ベースにまで拡大されうる。配分される課税ベースと配分のために使われる要素とは合理的にフィットしていなければならない。この基本的な原則と矛盾した配分公式は、憲法上の精査をくぐりぬけることができない」。

最高裁判所は、ユニタリー課税ベースを州間で配分する公式の作成について、州にかなりの裁量を与えているが、最高裁判所は一方でアポーションメント公式は州に内在する、固有の裁量ではないと述べている。これは、裁判所が所得税との関係において述べているように、アポーションメント公式において用いられている要素は納税者がどのように発生したかを示すものでなければならないという意味である。配分された所得とそれを配当するために用いる要素との間に合理的な適応性がなければ、その公式は憲法上の精査に耐えることができない。

このような判決において、ミシガン州SBTはこの基本的な原則を侵害する。なぜならば、それはどのように課税ベースが生まれたかを合理的に示していないからである。ミシガン州SBTは、かなりの部分が報酬割合（七五パーセント超である。）で、そして限られた範囲内で、減価償却費、利子及び連邦課税所得割合（六パーセント未満）で構成されている。納税者の生産に係る市場を反映するシングル要素はミシガンのSBTの一番大きい割合部分、すなわち納税者の生産の価値に付加する賃金及び資産を考慮していない。結果的には、支払報酬、消費された資本のほぼすべてからなるベースを配分するシングル要素公式は、もしそれが不合理でないならば裁量の範囲内のものである。企業の売上げ（販売）の場所と賃金と資産（これは販売の地理的な場所に排他的に関係することによって後者の物理的な配分を保障することになろう。）との合理的な関係が存しない。

(135) Public Law 86-272 については、James G. Hunt, *Missionary Sales Activity, Sales Promotion & Public Law No. 86-272*, 12 JST 69 (1994); John D. Schauss, *Michigan SBT: Can It Aboid the Reach of Public Law No 86-272?*, 13 JST 1 (1994); Edward S. Kisscorni, *Michigan Reforms the Single Business Tax to Export Mare of the Tax Burden*, 12 JST 9 (1995).

Public Law 86-272 は、州は当該州との唯一の関係が当該州外から搬送される有形動産の売上げ（販売）に係る注文を勧誘することであるときには、州は当該事業に課税をすることはできないという。州の多くは、当該州に所得を配分するための三要素公式を使用している。Public Law 86-272 は、最低のガイドラインを提供している。それぞれの州は、州が含む基本的にはそれぞれの分数の分子にトータルのいくらまでを含めるかの権利をもっているために、州の様々な配分公式のもとで、一定の項目についてオーバーラップ等が生ずる。所得配分に係る衝突（軋轢）が不可避的に、潜在している。連邦政府は、州間の所得配分の公平基準を画一的に決めることを拒んでいる。

多くの州で用いられている三要素のうち、売上要素が最も問題である。多国籍課税協定（ＭＴＣ）に参加する傾向にあり、課税のための所得分割法（これは、Uniform Division of Income Tax Pourposes Act：UDITPA）に示された規則に従っている。ＭＴＣは、ＵＤＩＴＰＡのルールを受け入れる州の集まりによる協定である。

(136) *See* Thomas DeLong, *The Michigan Single Business Tax : Changing Before Our Eyes*, 12 JST 47 (1993).

第一九章　固定資産税における非課税要件
――地方税法三四八条二項ただし書にいう「固定資産を有料で借り受けた」の意義――

〔損害賠償請求事件、最高裁平五(行ツ)一五号、平6・12・20三小法廷判決、破棄自判、判時一五二〇号四八頁、民集四八巻八号一六七六頁〕

一　事　実

東村山市は市民の利用に供するテニスコート、少年野球場及びゲートボール場を設けるために、同市内に所在する複数の土地二万七千平方メートル（以下、「本件各土地」という。）を市内の各体育施設用地として、その所有者らから提供を受けることを企図した。そこで、東村山市は、本件各土地の提供を受けるにあたり、その固定資産税を非課税とすること、またこれらの所有者に対して報償費の名目で三・三平方メートル当たり月額五〇円の金員を支払う旨を提案して協力を求め、この提案にもとづいて本件各土地を借り入れた。

なお、本件各土地を建物所有以外に使用する場合の取引上の賃料額は通常三・三平方メートル当たり月額五〇〇円ないし一、三七三円であり、また同地に課せられる固定資産税額は三・三平方メートル当たり月額一〇〇円ないし二〇〇円であった。

そこで、東村山市長Y（被告、控訴人、上告人）が本件各土地に対する昭和六〇年度の固定資産税（以下、「本件固定資産税」という。）をその所有者らに賦課しなかった（以下、「本件非課税措置」という。）ところ、東村山市の住民X

（原告、被控訴人、被上告人）は同市が本件各土地に固定資産税を賦課しなかったことは違法であって、各固定資産税の賦課期日の徒過により東村山市は損害を被ったとして、地方自治法二四二条の二第一項四号にもとづき、Yに対して右固定資産税相当額の支払いを求めて本件住民訴訟を提起した。

本事案について、Xは数次にわたり住民訴訟を提起しているが、本最高裁判決はいわゆる第二次訴訟の上告審判決である。当初、Xは、①東村山市税条例（以下、「市条例」という。）は、地方税法三四八条二項ただし書「固定資産を有料で借り受けた者がこれを次に掲げる固定資産として使用する場合においては、当該固定資産の所有者に課することができる。」と規定していることを受けて、市条例四〇条の六は、「固定資産税を有料で借り受けたものがこれを法第三四八条二項各号に掲げる固定資産として使用する場合においては、当該固定資産税の所有者らに対し固定資産税を課する。」としていることから、右記のような使用料を支払っている状況のもとでは本件土地を有料で借り受けていたというべきもので、本件各土地に対する昭和六三年度固定資産税を賦課しないこと（昭和六三年度に係る怠る事実）は、市条例四〇条の六に違反する違法な財務会計上の行為であり、その結果、②東村山市はその賦課すべき固定資産税の合計額と同額の損害を受けたとして、地方自治法二四二条の二第一項四号にもとづき、Yに対して右損害額及び遅延損害金の支払いを求めて住民訴訟を提起した（第一次訴訟）。これに対して、東京地裁平成三年三月二七日、行裁例集四二巻三号五六頁（棄却・確定、判時一三九四号五三頁、行裁例集四二巻三号五六頁、判タ七七〇号一八二頁、判例自治八六号四五頁）は、市条例四〇条の六のもとで、固定資産税額に満たない報償費のみを受領していたに過ぎないとしても各所有者に対する市長の非課税措置は違法であるが、市長は現時点でも賦課決定の期限を徒過しておらず、賦課徴収することができるのであるから、固定資産税に相当する損害が発生したとはいえない旨判示して、原告の請求を棄却している。

そこで、Xは、この判決の判旨に従い、賦課徴収権が時効により消滅するに至った昭和六〇年度分の固定資産税について改めて、Yに対して固定資産税相当額の支払いを求めて本件住民訴訟を提起した（第二次訴訟）。一審東京地裁平成四年三月一九日判決（認容・控訴、判タ七九一号一三七頁、判例自治九八号二〇頁）は、市長の非課税措置は違法であり、また本件固定資産税を賦課しなかったことが違法であると認識しなかったことに過失があるとし、Yに対して固定資産税相当額の損害賠償を命じている。二審東京高裁平成四年一〇年七日判決（控訴棄却・上告、判タ八〇三号二二〇頁）は、一審判決とおおむね同じ理由により、Yに対して損害賠償を命じている。

また、Xは、昭和六一年度分の固定資産税についても、Yに対して固定資産税相当額の支払いを求めて住民訴訟を提起した（第三次訴訟）。一審東京地裁平成四年一二月一七日判決（認容・控訴、判例自治一一四号五〇頁）は、Yが固定資産税を賦課しないことは違法であり、Yの過失及び損害を認めて請求を認容したが、これに反して、二審東京高裁平成五年五月三一日判決（原判決取消、請求棄却・上告、判タ八五一号一八八頁）は、固定資産税を賦課しないことは違法であり、市長には過失があるとしたものの、東村山市の受けた利益をも考慮すると損害は認められないとして、原判決を取消し、請求を棄却した。

さらに、Xは、昭和六二年度分の固定資産税について、Yに対して固定資産税相当額の支払いを求めて住民訴訟を提起した（第四次訴訟）。東京地裁平成六年七月一九日判決（棄却・控訴、判例自治一三二号四五頁）は、Yが市条例四〇条の六のもとで、固定資産税を賦課しないことは違法であるが、東村山市は固定資産税相当額を上回る本件各土地の使用利益を得ているのであるから、損害は認められないとして、請求を棄却した。

当事者X、Y双方の主張、反論は第一次訴訟から第四次訴訟を通じてほぼ同様であるが、本件（第二次訴訟）において、Yは、①地方税法三四八条二項ただし書及び市条例四〇条の六における「固定資産を有料で借り受けた」とは、固定資産をその固定資産に課すべき固定資産税の額より高額で借り受けた場合のみを指すと解すべきである、②「有料」は民法上の「有償」と同義に解すべきであるとすると、本件のような低額の報償費は使用貸借と解される（無償契約）、③損害の算定から本件利益を控除すべきであるが、いかなる利益を斟酌すべきかは「損益相殺」の制度を参考に、最終的には「損害の公平な分担」という見地から決せられるべきである、④地方公共団体の損失から差し引かれる利益は、不法行為等と当該利益との間に相当因果関係があれば足り（本件はこの関係の充足）、当該行為又は怠る事実と利益が法律上対価関係にあることなどは必要ではない等、主張して、上告に及んでいる。

二　判　旨

破棄自判。

1　「固定資産を有料で借り受けた」の意義

地方税法三四八条二項ただし書は、「『固定資産を有料で借り受けた』とは、通常の取引上固定資産の貸借の対価に相当する額に至らないとしても、その固定資産の使用に対する代償として金員が支払われているときには、これに当たるものというべきである。また、市税条例四〇条の六にいう『固定資産を有料で借り受けた』も、これと同趣旨であると解すべきである。」。

「報償金の金額は、一律に三・三平方メートル当たり月額五〇円であり、これは、本件各土地を賃借した場合の賃料の一〇分の一以下であるけれども、面積に応じて報償費が支払われていること、……使用目的からみて本件各土地の所在場所等によってその利用価値に大きな差があるとは考えられないことからすると、報償費は土地使用の代償であって、同市が本件各土地を報償費を支払って借り受けたことは『固定資産を有料で借り受けた』場合に当たると解すべきである。」よって、上告人は、法律上、固定資産税を課すべき義務を負っており、本件非課税措置は違法である。

2　損害の発生について

「地方自治法二四二条の二第一項四号に基づく住民訴訟において住民が代位行使する損害賠償請求権は、民法その他の私法上の損害賠償請求権と異なるところはないというべきであるから、損害の有無、その額については、損益相殺が問題になる場合はこれを行った上で確定すべきものであ〔り〕、……損益相殺の可否については、両者の間に相当因果関係があると認められる限りは、これを行うことができる。」。

「本件非課税措置は違法というべきであり、同市は、これにより右税額相当の損害を受けたものというべきである。しかしながら、同市は、同時に、本来ならば支払わなければならない土地使用の対価の支払を免れたものであり、右対価の額から右報償費を差し引いた額相当の利益を得ていることも明らかである。そして、上告人が本件非課税措置を採らずに固定資産税を賦課した場合には、それでもなお、本件各土地の所有者らが本件のような低額の金員を代償として土地の使用を許諾したはずであるという事情は認定されていないので、……原審認定事実によれば、同市があくまでも本件各土地の借受けを希望するときは、土地使用の対価として、近隣の相場に従った額又はそれに近い額の賃料を支払う必要が生じたことは、見やすいところであ〔る〕」。

「したがって、上告人が本件非課税措置を採ったことによる同市の損害と、右措置を取らなかった場合に必要とされる本件各土地の使用の対価の支払をすることを免れたという同市が得た前記の差引利益とは、対価関係があり、また、相当因果関係があるというべきであるから、両者は損益相殺の対象となるものというべきである。そうであれば、後者の額は前者の額を下回るものではないから、同市においては、結局、上告人が本件非課税措置を採ったことによる損害はなかったということになる。」。

三　評　釈

結論賛成。しかし、判旨に一部疑問がある。

1　本件の争点

本件上告審の争点は、本件非課税措置（賦課徴収を怠る事実）の違法性の有無と損害の有無の二点であるが、前者については、①具体的には、地方税法三四八条二項ただし書及び市条例四〇条の六における「固定資産を有料で借り受けた」とはいかなる場合をさすのか（本件のような低額の報酬費（使用料）がここでいう「有料」に該当するか）、後者については、②損害額の算定にあたり損益相殺の対象となる利益は、当該怠る事実と法律上の対価関係（法的対価性）にあり、かつ相当因果関係にあることが必要とされるか、である（②は第二次訴訟以後争点となる。）。なお、同様に第一次から第四次訴訟に係る下級審においては、①②のほか、③「有料」に該当するとしてもなおYは賦課についての裁量を有するか、④地方税法三四八条二項におけるYの右裁量はともかく、Yは地方税法六条一項にもとづき公益上の目的から非課税とすることができるか、⑤Yの過失の有無及び過失の発生時（第二次訴訟以後の争点）なども争点とされていた（第三次訴訟以後、Yは禁反言の法理により遡って賦課徴収することができないといえるか、地方自治法二四二条の二第一項四号の訴えにつき、住民が仮執行宣言の申立てをすることができるかなどの問題も存する。）。①の解釈等を巡っては、行政実務上も必ずしも明解な見解がなく、各自治体の取扱いにも相違があったところであり、また②の損益相殺を巡る議論もこれまで十分になされていなかったところであり、本最高裁判決はこれら問題に初めて判断を示したものである。

2　固定資産税を賦課しないことの違法性

地方税法三四三条は、固定資産の所在地の市町村長は当該固定資産税の所有者に対して固定資産税を課する旨規定しているが、地方税法三四八条二項は、一定の用途（非課税用途）等に該当する固定資産に対して固定資産税を課することができないとしている。(1) 地方税法三四八条二項ただし書は、「固定資産を有料で借り受けた者がこれを次に掲げる固定資産として使用する場合においては、当該固定資産の所有者として課することができる。」と規定する。これに対して、市税条例四〇条の六はこれを受けて、「その所有者に対し、固定資産税を課する。」と規定している。

(1)「固定資産を有料で借り受けた」とは

地方税法三四八条二項ただし書の「有料」（市条例四〇条の六の「有料」についても同様）の意義については、三つの見解の対立が考えられる。一つは、「有料」を民法上の有償契約の「有償」と同義に解す見解である（以下、「有償説」という。）。このような見解は、「有料」の意義を民法上の「有償」の借用概念として理解しようとするものである。(2) 一つは、「有料」とは、固定資産の貸借契約において、貸主から借主へ、その貸借に牽連性を有する一定の金員が支払われれば足りるとする見解である（以下、「非有償説」という。）。いま一つは、固定資産税額を下回るような金員の支払いは地方税法三四八条二項ただし書の「有料」に該当しないとする見解である（以下、「固定資産税額基準説」という。）。

第一の見解は、通常の賃料又は使用料との対価性を要求する。そのような理解のもとでは、たとえば、本件の事案のような賃料では使用貸借契約に過ぎないということになろう。これに対して、第二、第三の見解は、必ずしもそれとの対価性を要求しない。有償説は、「市条例四〇条の六にいう『有料で借り受けた』とは、固定資産を有償契約に基づいて借り受けたことを意味し、本件のような報償費の支払い〔本件各土地の周辺の賃料水準と比較してきわめて低額—筆者注〕では、本件各土地の賃借契約に有償性はない」とするYの一貫した主張に代表されるものであり、固定資産税額基準説をも包摂する見解である（固定資産税額基準説に類する見解は、学校法人へ教育用施設として貸与し、固定資産税等の合計三割程度の金員しか受領していない土地についての東京都練馬税務所長による固定資産税の課税処分の無効確認訴訟における、原告側の主張にみることができる。原告は、「有料」とは固定資産の提供に対する対価（地代）をいうものと解すべく、本件のような金額では地代ということは出来ず、この要件を充足しないが、仮に地代であるとしても、通常、地代は租税公課の二倍を下回らないことに照らせば、本件税額が本件金員の二分の一を上回る部分の本件各賦課決定は無効である等、主張している。東京地裁平成三年一〇月一六日判決、棄却・控訴、判タ八〇三号二一四頁、判例自治九七号五九頁。後に控訴取下げ）。

行政実務においても本件事件当時、「有料」の意義は明確ではなく、各地方公共団体においても統一的な見解はなかったものと思われる（東京地裁平成三年一〇月一六日判決における被告、東京都側の主張と本件Xの主張は同一であり、原告と本件Yの主張が同一という奇妙な結果になっている。これは、当時の取扱いが不明確であったことの証左の一つであろう。）。

しかし、東京地裁平成三年三月二七日判決（第一次訴訟）が、「この『有料』とは、固定資産の貸借契約において、借主が貸主に対しその貸借に牽連性を有する一定の金員を支払う旨の合意をし、その合意に基づいて契約上の債務としてその金員が支払われれば足り、その金員の額がその貸借に見合うものとはいい得ないときであっても、有料と解することに妨げはない」と判示し、金員が「社会通念上無視しうる程度に少額である場合を除き」と付言した非有償説も含めて（本件一審判決、東京地裁平成三年一〇月一六日判決等参照）、以後下級審判決がそれを支持したことにより、判例の上では一応決着がついたようにみえる。非有償説は、「有料」の意義を租税法（地方税法）が独自に用いている固有概念と解しているといえよう（「有料」という文言は他の法令等にみることができるが、むしろ法令ごとに独自の意義を与えられており、ここで自動的に借用できるものではあるまい。）。

このような見解の根拠は、本最高裁判決においては必ずしも明確ではないが、第二次訴訟の下級審判決においては、固定資産税の賦課について民法上の賃貸契約と使用貸借契約におけるごとき相違を考慮する必要はなく、また地方税法三四八条二項ただし書が「有償」ではなく、「有料」という用語を用いていること（東京地裁平成三年三月二七日判決、東京地裁平成三年一〇月一六日判決等も同旨）、さらに、固定資産税の性格（財産税説。その収益の多寡にかかわらず固定資産の価格を課税標準とすることを挙げている。）もそのような見解の根拠となっている。東京地裁平成三年一〇月一六日判決が「『有料で』との文言は、財務や経営等の利益の提供について金員の支払を必要とすることを意味するにとどまり、当該金員の額が当該利益の提供と対価性を有することまでを意味するとは考えられない。……固定資産税及び都市計画税は……財産税の一種であると解され（法三四八条二項ただし書の適用される場合においてもこれと別異に解すべき理由があるとはいえない。）、当該土地等にかかる収益の有無や多寡はその課税と直接関連するものではない。」と既に明確に判示している。

しかし、本件の「有料」の意義は、文理解釈から当然に最高裁の立場が支持されるということにも抵抗があり、「有料」の意義は、租税法規の明文からは必ずしも明確ではないといわざるを得ない。「有料」は、むしろ固有概念であるとして、その趣旨・目的等に照らして、租税法独自の見地（租税公平主義、租税法律主義（課税要件明確主義）、固定資産税非課税規定の目的等）から再検討する必要があるといえよう。このような解釈は税法の厳格解釈のもとでも許容されうる。(3)

まず、地方税法三四八条二項ただし書は、次のような趣旨から置かれていると解することができる。すなわち、「所有者が、固定資産税が非課税となるようなことを知って、無料で提供する場合と、全く一般の賃貸借関係と異ならず、その使用者が有料で借り受けて非課税となるべき用途に供している場合とではおのずから異なってくる。前者の場合には、所有者は当該資産から生ずべき一般的な利益を享受していないということができるのであるが、後者のように、有料で貸し付けている場合にあっては、借受人がたとえ非課税となるべき用途に供していても、それは所有者は当該資産から一般的な利益を享受しうる状況であると判断されるわけである。このように有料で使用されている状態のものについては、固定資産税において非課税とすることは無意味であると考えるべきであ〔り〕」、そこで、このような不合理を生ぜしめないためである。(4) この趣旨は、さらに換言すると、「所有者が有料で固定資産を貸し付けている場合には、その固定資産がどんな用途に供されていようと、所有者において一定の収入を得ているのであるから、所有者に納税義務を課することとしても所有者の負担能力について特別の配慮を考える必要がないと認められたからであろう。(5)」と解されよう。

そこで、このような立法趣旨に立つと、固定資産税の納付額をかなり下回るような犠牲的精神に立つ範囲での金員の授受は当然のこと、支払われた金員の対価性は「有料」の意義にあたり十分に配慮されるべきものであると解されうる。よって、少なくとも年間の賃貸料の総額が固定資産税額を下回るような場合において、賃貸料以上の固定資産税を取ることは、法律の趣旨から問題があるといえよう。この点で、「有料」の解釈に固定資産税とのバランスを考慮にいれることは、この法律の趣旨からして合理的な解釈であるといえよう。上告理由は、正鵠を得ているものと解されうる。

なお、その際に、賃貸料の額まで固定資産税を賦課することはできるか否かについては、別途検討が必要である(後述参照)。

さらに、本最高裁判決をはじめ、下級審判決は「右報償費の額が本件各土地の固定資産税額を相当に下回っており、また、通常の賃料を大幅に下回っているとしても」(東京地裁平成三年三月二七日判決等)、「有料」で借り受けていると解するに妨げはないとしているが、この点も検討が必要であろう。本件における程度の低額の金員においても固定資産税が賦課されるべきであるとすると、その適用範囲はきわめて限られた場合のみということになり、条例の今日のような規定ぶり（すなわち、「固定資産税を課する」）のもとでの実際の運用は、固定資産税の賦課についてオール・オア・ナッシングの適用となろう。

また、非有償説は、担税力の問題を固定資産税は財産税説（固定資産の所有自体に担税力を認める。）であると解し（判例については、最高裁昭和四七年一月二五日判決・民集二六巻一号一頁等参照）、地方税法三四八条二項ただし書の解釈においてもその理で押し通そうとするものであるが、地方税法三四八条二項という政策的な見地から認められる固定資産税の物的非課税規定の例外たる「有料」使用の場合にまで同様にその理を持ち込めるかは疑問であろう。すなわち、本件のような政策的な非課税の場合に固定資産税の性質論を持ち出すことは次元の異なる主張であるといえよう。財産税説という論拠は、それほど説得力のあるものとは考えられない。これは財政学上の用語であり、法解釈にどの程度影響を及ぼすか疑問である。

確かに、判例においては、固定資産税の性質とその収益性の関係について、たとえば名古屋高裁昭和五三年四月六日判決（行裁例集二九巻四号四九七頁）は、固定資産税は財産税であることから、市街化調整区域にある賃貸農地につき、いわゆる「宅地並み課税」をしたことにより、固定資産税・都市計画税の合計額が統制小作料の額を超えることとなっても違法ではないと判示するものも存する（神戸地裁昭和六二年三月九日判決・判例自治三八号一三頁等も同旨）。しかし、これらの判決の是非はともかくも財産税であることを仮に首肯しうるとしても、前述したように、本件は地方税法三四八条二項で政策目的等の観点から一度非課税とされたものが再度課税されうる場合であり、このような判決の射程距離にはないといわざるを得ない。

なお、仮に、固定資産税の性質を配慮するにしても財産税か収益税かという点については議論もあり、収益税説に近づけて理解すれば、このような一刀両断的な割り切りには当然批判が生じよう(7)。

上述したような理解を前提にすると、地方税法三四八条二項ただし書にいう「有料」とは、基本的には有償説に立って理解されるべきであるということになろう。ただし、ここでいう賃料又は使用料の額は相当の幅があると考えて差し支えないものと解される。年間の賃料等の総額が、固定資産税を下回るような場合については「有料」に該当しないといえよう。(8) その結果、固定資産税基準説が合理的な解釈であると解されよう。しかし、「有料」と解される場合においても、賃料をすべて固定資産税として賦課しうると解することは、問題が残るであろう。地方税法三四八条二項ただし書により固定資産税の賦課を受ける納税者間での公平（憲法一四条）、地方税法三四八条二項による非課税措置を受ける納税者と同項ただし書により固定資産税の賦課を受ける納税者間の公平を考えると、地方公共団体はその条例の制定にあたり、固定資産税の軽減税率措置を併せ考慮することが要請されているということになろう。

(2) その他の問題

① 地方税法三四八条二項ただし書に係る裁量

「有料」使用であるとしても、なお課税庁に非課税としうる裁量があるか否かについては、東京地裁平成三年三月二七日判決において既に判示するところであるが、本件一審判決、二審判決も同様に、地方税法三四八条二項ただし書は、「有料」使用の場合には固定資産税を「課することができる」と規定している（同項の非課税措置については、固定資産税を「課することができない」と規定している。）ことから、課税庁の裁量を認めたうえで、市条例四〇条の六は、「……固定資産税を課する」と規定していることから「有料」の場合には課税庁に裁量がないと判示している。Yは、地方税法三四八条二項ただし書に裁量が存することから、それを受けた市条例四〇条の六のような規定ぶりにかかわらず裁量を有すると主張するが、この問題は地方税法三条の地方税条例主義の議論と無縁ではない。本件一審判決、二審判決は、ともにここでの裁量は、地方公共団体が条例制定にあたり固定資産税を賦課するか否かの裁量であると解し、さらに、このような非課税措置規定の例外たる規定は必ず条例で規定する必要があるものであり（必要的条例事項）、また条例で地方税法三四八条二項ただし書を羈束行為として引っ張り込む規定をおいた以上、市条例四〇条の六が直接に課税根拠になるとする。これら判決は、同項ただし書が必要的条例事項であると判示する点に意義が存するといえよう。(9) 地方税法と条例との関係についても地方税法（枠法）を税条例の準拠法と解する通説的な理解のもとでは、本件一審判決、二審判決のような見解は支持されうるものと解される。

なお、地方税法三四八条二項ただし書にいう「所有者に課することができる」とは、地方公共団体の条例制定にあたり、固定資産税の通常税率によるオール・オア・ナッシングの課税のみに限定した条例制定の裁量を認めているのか否かについては議論が存しよう。たとえば、東京地裁平成三年三月二七日判決は、上述したような軽減税率課税について、地方税法三四八二項ただし書を論拠に、地方公共団体が条例において賃料に応じた固定資産税額の軽減税率による賦課が可能であるとする解釈に立つものであると解されるが、同項ただし書が二者択一課税（非課税か通常の税率による賦課）を予定していると解する立場からは、地方税法六条二項にその根拠を求めるべきであるとする反論もありえよう。しかし、どちらによろうとも結論に相違はない。そこで、仮に、地方税法上、このような対応が課税庁に要求されているとするならば、非有償説、固定資産税基準説に立とうとも結論において有償説と近似することになり、両説の対立はそれほど際立ったものにはならないとも考えられるが、しかし今日そのような解釈を地方税法三四八条二項ただし書又は地方税法の総則規定等のもとで採用することは困難であろうと思われる。

②　地方税法六条一項の公益等による課税免除

地方税法六条一項は、公益等の理由による課税免除（実質的には非課税）を規定するが、条例のなかに本規定を個別具体的に引っ張り込むことを要するか否かについて、同条一項の規定にもとづき課税免除を行うには、各地方団体が公益等の事由により課税を不適当と判断する場合に、その独自の判断により、課税権を自己規制して、一定の範囲のものに対しては課税しないことができることを認めているものであり、この課税免除を行うことは、その地方税の賦課徴収に独自の定めをすることになるので、地方税法三条一項から、条例の定めを必ず必要とする。(10) よって、東京地裁平成三年三月二七日判決、本件一審判決、二審判決のように、地方税法六条一項にもとづいて市税条例がその旨を規定していないのであるから、地方税法六条一項を直接根拠にして「公益上の理由」で非課税とすることは許されないと解することは妥当である。この点、本条例にセービング・クローズ（「この条例に定めるもののほか、地方税法の定めるところによる」という趣旨の規定）が存在していたとしても同様であることはもちろんである。

3　損害の発生の有無

固定資産税の賦課決定をすることのできる期間（除斥期間）が終了してしまわない限り（地税法一七条の五第三項、一一条の四第一項、三六二条一項、市条例四八条一項など）、損害が発生しないと解すること（本事案に係る東京地裁平成四年三月一九日判決、昭和平成四年一二月一七日判決、その他長野地裁平成二年一〇月二五日判決・行裁例集四一巻一〇号一六五二頁、東京地裁平成三年三月二七日判決等参照）について、異論は存しないところであるが、本件第二次訴訟の一連の判決は、違法行為又は怠る事実による損害と地方公共団体が得た利益と損益相殺（本件では、固定資産税を賦課しなかったことによる損害と通常の賃料相当額を支払わなかったことによる利益との損益相殺）の可否を巡って新たな問題を提起した。(11)

この問題を巡る議論は、おおむね次の四説に分けて整理することができるであろう。①地方自治法二四二条の二の損害賠償請求権を民法その他の私法上の損害賠償請求権と同様の性質のもと考え（私法同視説）、その結果、損益相殺は当然に肯定され、その基準は相当因果関係であるとする見解（相当因果関係説）、②前説同様、私法同視説に立ちながら、その結果損益相殺は当然に肯定されるが、その基準は法的対価性（あるいは事実的対価性）及び相当因果関係であるとする見解（対価性・相当因果関係説）、③地方自治法二四二条の二の損害賠償請求権を住民訴訟における違法行為の匡正機能に力点をおいて理解し（違法是正説）、その損害賠償請求権は民法その他の私法上の損害賠償請求権と同視することはできず、損益相殺もきわめて厳格な基準（たとえば、法的対価性及び相当因果関係）のもとで許容されるとする見解、④地方自治法二四二条の二においては、当該違法な財務会計行為に相当する金額が損害であるとする見解（違法既損害説）である。[12]

(1)　損益相殺されるべき利益とは

民法は、損益相殺について特に規定をおいていないが、これは損害額の算定にあたって当然予定されていることであり、民法七〇九条の「損害」とは損益相殺をしたあとの真の損害を指していると解されている。[13]

地方自治法二四二条の二第一項四号（以下、「住民訴訟四号請求」という。）の損害賠償請求に関して、損害額の算定にあたり、本最高裁判決は住民訴訟四号請求の損害賠償請求権も民法その他の私法上の損害賠償請求権と異なるところはないことから、損益相殺を行った上で損害の有無、損害額を確定すべきであると判示する（最高裁昭和五〇年五月二七日判決・判時七八〇号三六頁参照。このような立場をとる下級審判決としては、東京高裁平成五年五月三一日判決（第三次訴訟）、東京地裁平成六年七月一九日判決（第四次訴訟）、水戸地裁昭和四八年八月二三日判決・行裁例集二四巻八・九号八二八頁等がある。）。住民訴訟四号請求は、地方公共団体のもつ実態的損害賠償請求権を原告住民が客観的に代位行使しうるのみであることから、住民訴訟四号請求は私法上の損害賠償請求権の一般原則に服することとなり、[14]よって「住民訴訟であるからといって特別な考え方、算定方法を持ち込む余地はなく、一般の民事紛争と同じであるべきである。」[15]と解されよう。本最高裁判決をはじめとするこのような見解は、今日広く支持されているといえる。[16]よって、違法是正説を立論の根底におくことはできない。

損益相殺されるべき利益を画する基準については、住民訴訟四号請求において、その基準を怠る事実（あるいはその結果生じた損害）との「相当因果関係」に求める見解と、怠る事実との「対価性」及び「相当因果関係」という二要件に求める見解とに分かれている。[17]

本件の一審判決は、「固定資産税の賦課徴収自体に関する法律関係とその賦課徴収があること又はないことを事実上対価関係に立たせる法律関係又は事実関係とは法律上もまた経済点関係からも相互に関連を有していない別個独立のものであり」、固定資産税の賦課徴収をしないことを原因として事実地方公共団体に何らかの財産的利益がもたらされる結果となったとしても、その利益の価額相当額が右賦課徴収をしていることによって生じた損害を補塡するものではないと判示している（第三次訴訟の東京地裁平成四年一二月一七日判決も同旨である。）。①固定資産税は、特定の使途のためにのみ用いることはできず、収入に組込まれた以上は一般財源として、歳入又は歳出の財源となり、議会のコントロールのもとにある（地方自治法二二三条、二三二条の二等）、②固定資産税と地方団体に対する金銭債権は、原則として相殺することができない（地税法二〇条の九）、地方税条例主義のもとで課税要件を充足する場合には課税をしなければならず、このことは公平な課税の観点からも要求されている等をその理由として挙げている。

本件の二審判決は、この点について「損害額の算定にあたっては、地方公共団体の得た利益も斟酌すべきであるが、右利益は当該行為又は怠る事実と法律上対価関係にあり、かつ相当因果関係にあることを必要とすべく、右のような関係にない事実上の利益はこれを斟酌すべきものではない。……本件では……東村山市に通常の賃料額から報償費を差し引いた額相当の利益を得ていることは明らかであるが、右利益の取得は事実上のものに過ぎないし、また対価関係に立たせるべきものでもなく、相当因果関係もないというべきであるから、これを斟酌すべきではない。」と判示する。

一審判決・二審判決は、損害額の算定にあたり、対価性・相当因果関係をその基準とし、地方公共団体の利益を否定する点では一致している（ただし、対価性の意義を必ずしも同じくするものではないと考えられる。二審判決は、対価性を「法律的対価性」に限定していると解される。）。ただし、このような判決についてはその、違法是正説にもとづいてその損益相殺の範囲を限定しているとの解説もみられるところであるが(18)、これらの判例を私法同視説に立脚し、租税賦課徴収についてはその特殊性（租税法律主義等）から特に損益相殺の判断を厳しく解しているとも理解されうる余地を残しているといえよう。

下級審のこのような基準については、おそらく最近の民法学説等の影響を受けたものと思われる。損益相殺されるべき利益を画する基準は加害行為との「相当因果関係」に求められてきているが、[19]近年、「利益が加害と因果関係にあり、かつ損失を直接に（被害者の処分行為を必要とせずに）補塡する目的をもつこと、すなわち損失と問題の利益との間に『法的同質性』があることをあげられ、その判断に際しては損害賠償法の目的・当事者間の公平の見地から行うべきものとされる」との主張が有力に展開されている。[20]当該利益が事実上当該損害の補塡ないしその肩代わりをするという目的ないし機能をもつとか、両者が実質的にみて、対価と対価との関係、同一の地位に由来する利益と負担との関係などに相当するいわゆる、両者間に「法的同質性」とでもいうべき関係が存することが求められている。[21]当該利益発生の経緯や当該利益を基礎づける規範の目的・機能から、当該利益が当該損害に対していかなる実質的・機能的関係にあるかを確かめ、然るのち、不法行為制度の目的・機能に照らして、当該損害から上のごとき関係にある利益を控除するのが公平である、と考えられている。[22]「相当因果関係」の有用性を巡って今後議論は続くものと思われる。

なお、本件の場合、上述するような「法的同質性」を基準とする場合においても、東村山市が固定資産税を課さないことを約すことによって、本件各土地の使用を許諾したことが十分に窺えることから、この見解に立ったとしても両基準を充足しているものと考えられるであろう。

これに対して、第三次訴訟の東京高裁平成五年五月三一日判決は、損失と利益が相当因果関係にある限り損益相殺が認められるとし、固定資産税相当額の損失と正常な賃料相当額を免れたことによる利益は経済的な対価関係にあることは明確であり、相当因果関係があるといってよい（直接の因果関係があるといってもよい）と判示し、また第四次訴訟の東京地裁平成六年七月一九日判決も、それは財務会計上の違法な行為又は怠る事実と相当因果関係にあり、衡平の理念に照らし損害から控除すべき性質のものと認められる限り、当該利益を市の損害から控除すべきものであると判示し、損益相殺を肯定している（なお、損益相殺することが、地方税法二〇条の九の相殺に当たらないことはいうまでもないし、また租税法律主義に反するものではないと判示する。）。これらの判決は、私法上の損害賠償請求に係る通説・判例と同旨であり、Yの上告理由もこれらの見解と同旨である。

このように下級審の判断は、その基準、その適用結果において相違があり、判断が分かれていたが、一応本最高裁判決は、これまでと同様、住民訴訟においても「相当因果関係」をその判断基準として、怠る事実（あるいはそれによる損害）と利益と間に因果関係を肯定している。本最高裁判決の損益相当に係る判示は、住民訴訟四号請求の目的及び同号における損害賠償請求権の性質を上述ように理解する立場からは、妥当な結論であるといえよう。本最高裁判決は、さらに積極的に、「（東村山市の損害と差引利益とは――筆者注）対価関係があり、また、相当因果関係があるというべきである」と判示し、対価関係の有無についても言及しており、安易な損害の認定に対する警鐘ともとれる。

なお、本最高裁判決には直接言及されていないが、一審判決、二審判決において対価性否定の根拠となっている地方税法二〇条の九の相殺禁止条項、あるいは租税法律主義といった租税法特有の法理の存在は、損害論の次元においては問題にならないと解されることから、住民訴訟四号請求に特殊な機能をもたせない限り、私法同視説のもとでは妥当な見解であると解されよう。

しかし、私法上、損害賠償の範囲に係る決定基準については、相当因果関係説に代わる学説が提示されており、また相当因果関係が損益相当にどの程度有用な基準として機能しうるのか疑問が残ろう。[23] 今後、住民訴訟四号請求においても、その事実類型の積み重ねが必要であろう。

(2) その他の問題（過失の有無）

一審判決は、Yは、固定資産税の課税年度が異なるものの、請求の趣旨、争点をほぼ同じくする別件訴訟において怠る事実を違法であるとする判決が存することから、平成三年三月頃には本件固定資産税を賦課しないことが違法であることを認識できたと判示している。二審判決は、原告市議は議会本会議において固定資産税の賦課を求め、さらに平成元年八月に当該非課税措置は許されないとする監査委員の勧告があったことから、過失があった時点を平成元年八月と改めており、一審判決の過失の発生時期を修正している。しかし、本件の過失の有無の判断は、自治省当局においても「固定資産を有料で借り受けた」の解釈は明確ではなく、統一的な解釈は当時なく、また前述したように固定資産税基準説ととれる解説も存在しうることからして、平成元年八月に過失が存したと判断することにもなお、十分な検討が必要であろう。

（1）固定資産税の非課税制度については、石島・碓井・木村・山田共著『固定資産税の現状と納税者の視点——現行制度の問題点を探る』第五以下（碓井光明執筆）（六法出版社・一九八八）参照。
（2）借用概念については、金子宏『租税法（第四版）』一一一頁以下（弘文堂・一九九〇）、清永敬次『新版税法（全訂）』四〇頁以下（ミネルヴァ書房・一九九一）等参照。
（3）金子・前掲書一一二頁参照。
（4）風間四郎「固定資産税の逐条研究⑧」税一三巻一〇号七二頁以下（一九五八）参照。
（5）前川尚美・杉原正純『地方税—各論II』七二頁以下（ぎょうせい・一九七七）。
（6）風間四郎「固定資産税の非課税規定とその運用」税一〇巻五号二九頁（一九五八）参照。
（7）自治省当局の見解は、収益的財産税説であるといわれる。前川＝杉原・前掲書九頁参照。この議論については、碓井光明『地方税条例（条約研究叢書九）』一四二頁以下及び一五六頁注②掲載文献参照。金子・前掲書一三頁、三六二頁以下、北野弘久「固定資産税の現代的問題」日本土地法学会編『都市計画法・固定資産税の再検討』一八五頁（一九七五）等も併せて参照。

（8）占部裕典「東京地裁平成三年一〇月一六日判決（判例解説）」判例自治一一一号九九頁、同「地方税法三四八条二項ただし書における「有料」の意義及び同項ただし書における課税庁の裁量について（判例批評）」シュトイエル三七一号一頁。なお、このような立場に近い見解として、加藤幸嗣「東京高裁平成五年五月三一日判決（判例解説）」ジュリスト一〇三六号九八頁がある。

（9）地方税法における非課税規定はそれ自体、任意的条例事項とする見解が有力である（滝野欣爾『地方税法総則入門』五三頁以下（ぎょうせい・一九七七）。

（10）滝野・前掲書五五頁以下、碓井・前掲書七九頁以下、石島＝碓井＝木村＝山田・前掲書一六九頁以下（碓井光明執筆）参照。地方税法三四八条二項参照。

（11）損益概念に関する先駆的研究として、植村栄治「住民訴訟に関する一考察」成蹊法学一六号一六一頁以下（一九八〇）、棟居快行「住民訴訟における『損害』の概念」神戸法学年報一号一頁（一九八五）参照。

（12）①と④の分類については、棟居・前掲論文一四頁、一五頁参照。

（13）加藤一郎『不法行為（増補版）』二四五頁（有斐閣・一九七五）、四宮和夫『事務管理・不当利得・不法行為（下巻）』（青林書院・一九八五）も「不法行為に関連して被害者がなんらかの利益を得た場合には、損害賠償額の決定に際し、それを被害額から控除しなければならない（これを損益相殺）」という。わが国の学説の推移については、松浦以津子「損益相殺」星野英一編集代表『（民法講座六）事務管理・不当利得・不法行為（下巻）』六八一頁（有斐閣・一九八五）参照。

（14）棟居・前掲論文一二頁以下参照。

（15）三好達「住民訴訟の諸問題」鈴木忠一・三ケ月章監修『新・実務民事訴訟講座九』三三六頁（日本評論社・一九八三）。

（16）棟居・前掲論文一四頁以下、関哲夫『住民訴訟論』一一頁（勁草書房・一九八六）、大和勇美「住民訴訟の諸問題」鈴木忠一・三ケ月章監修『実務民事訴訟法講座九』四九頁以下（日本評論社・一九七〇）、一方住民訴訟の目的を財務会計活動の客観的適正化の実現とする見解の代表としては、成田頼明「住民訴訟（納税者訴訟）」田中二郎・原龍

之助・柳瀬良幹編『行政法講座第三巻』二〇三頁（有斐閣・一九六五）参照。

(17) なお、棟居教授は、対価以外の利得の控除を狭義の損益相殺と呼んで、その類型を区別している。狭義の損益相殺を当該公金の運用益の控除、違法な財務会計行為のもたらす派生的利得の控除に分類する棟居・前掲論文四三頁、四四頁。また、同教授の示される「有用性」（東京地裁昭和五九年九月一八日判決・行裁例集三五巻九号一三六六頁）の射程距離をどのように解するかなどもなお、今後損害論の検討課題となろう。

(18) 判例自治一三二号四五頁コメント参照。

(19) 加藤・前掲書二四五頁、我妻栄『事務管理不当利得不法行為』二〇四頁（日本評論社・一九四〇）。

(20) 四宮・前掲書六〇二頁。沢井裕「損益相殺㈠㈡㈢」法学論集八巻三号二六〇頁、八巻五号四七二頁、九巻一号七〇頁（一九五八）も参照。

(21) 四宮・前掲書六〇二頁。

(22) 四宮・前掲書六〇二頁参照。

(23) 損害論を巡る議論については、とりあえず森島昭夫『不法行為法講義』三〇五頁以下（有斐閣・一九八七）参照。

（追　補）

本稿の公表後、本判決の評釈、解説として、千葉勝美〈本件判決・判例解説〉法曹時報四八巻一一号一三〇頁（一九九六）（ジュリスト一〇六六号二二二頁（一九九五）も同旨）、山代義雄〈本件判決・判例評釈〉民商法雑誌一一三巻一号一二七頁（一九九五）、佐久間健吉〈本件判決・判例解説〉判タ臨時増刊九一三号二九八頁（一九九六）、木村琢磨〈本件判決・判例評釈〉自治研究六八巻九号一二一頁（一九九二）、桜井敬子〈本件判決・判例評釈〉ジュリスト一〇三〇号一五二頁（一九九三）、木ノ下一郎〈本件判決・判例評釈〉税（五〇巻三号）一五六頁（一九九五）等がある。千葉・前掲判例解説は、本判決を全面的に支持をするものの、山城・前掲判例批評は若干の疑問を提示し、「本問は、『有料』を私法上の『有償』の借用概念とするか否かということを超えて、実務上必要となる有料概念の法政策的な意味を把握し、どこにボーダーラインを引くかということの検討が重要である」と述べるが、本稿においては、立法者がそもそも予定したボーダーラインを明らかにしたうえで、解釈上可能な基準を示したものである。

第二〇章　特別土地保有税の免除要件

――地方税法六〇三条の二第一項一号所定の「恒久的な利用に供される」建物等の基準として地方税法施行令五四条の四七第一項一号及び二号に定める基準に適合するか否かの認定方法――

〔特別土地保有税免除否認処分取消請求控訴事件、広島高裁昭六三(行コ)六号、平元・10・17判決、控訴棄却(確定)、行裁例集四〇巻一〇号一四四六頁、判時一三五三号四八頁、判タ七二九号一〇一頁〕

一　事　実

控訴人X社は、自動車等の販売・修理会社であるが、西営業所及び中古車センターを開設する必要上、昭和五四年九月一〇日に、訴外Aが所有する土地三四〇四・五平方メートル（以下、「本件土地」という。）及びその上に存する社屋、工場、作業場等の建物（昭和三八年一〇月建築。床面積合計約二〇〇〇平方メートル。以下、「本件建物」という。）を買い受け、同年一二月二四日所有権移転登記を経由し、同年同月二五日引き渡しを受けた。Xは、本件建物の一部を取り崩して建物を建築する方法と、全面的に取り崩して建物を建て直す方法とを検討したが、昭和五五年一月一〇日頃本件建物を全部収去する方針を決定し、同年一月一六日から本件建物の解体工事に着手し、同年二月二〇日頃これを完了した。そして、控訴人は本件土地の東側約二〇〇〇平方メートルの部分をアスファルト舗装し、同年三月一〇日過ぎからとりあえず右部分で中古車センターの営業を行い、さらには同年五月には本件土地の西側部分において営業所及び修理工場の建築に着手し、同年九月二三日これを完成させたうえ、同年一〇月一日ここに営業所を開設した。Xは、右土地を購入したことにより、従前の土地と併せると、昭和五五年一月一日の基準日において特別土地保有税の免税点を超えることとなったため、地方税法六〇三条の二第一項により被控訴人Y区長に特別土地保有税の納税義務の免除の認定の申請を行ったが、Yは、右申請に対して拒否処分を行った。

本件訴訟は、右拒否処分の取消しを求めたものであるが、最高裁の破棄・差戻判決（最高裁昭和六三年四月二一日判決・裁判集民一五四号三五頁）を受けたものである。

二　判旨

「市町村長が……〔地方税法六〇三条の二第一項一号所定の『恒久的な利用に供される』建物等の基準を定める地方税法施行令五四条の四七第一項一号及び二号〕の基準に適合するかどうかを認定するにあたっては、基準日現在の事実（現況）に基づいてその認定を行うべきであるが、基準日の前後における事実であっても、それが基準日現在の事実（現況）を推認させる補助的な事実であれば、その限度でこれを斟酌することができるし、また、斟酌することを必要とする。とりわけ、二号の基準に適合するかどうかは、基準日現在の事実（現況）のみではこれを判断することが困難であるから、この場合には、所有者の利用意思、当該建物等の具体的な利用状況等基準日の前後における事実を総合的に考慮して認定しなければならないというべきである。」

本件建物が一号の基準に適合することは明確であるが、「……認定事実によれば、昭和五五年一月一日の基準日において、本件建物の取壊しが予定されており、控訴人は、本件建物を利用する意思はなく、実際にも利用しておらず、その前後においても、本件建物の利用に必要不可欠な上水道、電話、電気も使用されておらず、基準日の約半月後には本件建物の解体工事に着手し、その後これを完了しているのであるから、本件建物は二号の基準に適合しないものといわなければならない。」

三　評　釈

1　特別土地保有税の免除要件規定

①　特別土地保有税は、土地の投機的取得の抑制、土地の供給及び有効利用の促進を図るために、昭和四八年度に国税の土地譲渡益重課制度とともに創設されたものである。当初の特別土地保有税は新たな土地の所有、保有に対して一律に広く課税するものであったが、その後の社会情勢の変化に伴い、昭和五三年度においてある程度の未利用地税的な考え方を採り入れ、課税の適正合理化を図るために納税義務の免除制度が導入された(1)。

地方税法六〇三条の二第一項は、①事務所、店舗その他の建物又は構築物で、その構造、利用状況等が恒久的な利用に供される建物又は構築物に係る基準として政令で定める基準に適合するものの敷地の用に供する土地で、かつ②土地利用計画適合性の要件を充たすとして市町村が認定した場合には、市町村は当該土地に係る特別土地保有税に係る納税義務を免除するものと規定している。①の具体的基準として、地方税法施行例五四条の四七第一項は、さらに「その構造及び工法からみて仮設のものでないこと」（一号、以下「一号要件」という。）、「その利用が相当の期間にわたると認められること」（二号、以下「二号要件」という。）と規定している。この認定は特別土地保有税（保有分）を申告納付すべき日の属する年の一月一日（基準日）の現状において行われる（地税法六〇三条の二第七項、五八六条四項）。

②　本件においては、二号要件の充足の有無が最大の争点であるが、二号要件の認定にあたっては一号要件との関係において、①一号要件を充足すれば機械的に二号要件を充足するとする見解、②一号要件と二号要件は、当該土地が相当の期間にわたって真実・有効に利用されているかどうかを判断するためのものであるために、当該土地の利用

の実態が相当の期間にわたって「仮装」のものでないことを、所有者の意思等を含めて総合的に判断すべきである（申告納付期限の五月三一日までの観察期間をもって免除認定の基準日の現在の状況を総合的に判断する。この判断では当該土地を遊休化させる意思の有無が焦点となる。）とする見解、さらには③一号要件の認定と二号要件の認定を別々に切り離し、「建物等」の認定とは別に改めて二号要件の充足を積極的に認定すべきであるとする見解がある。(2) ただし、一号要件の「建物」等、二号要件の「その利用」、「相当の期間」をどのように解するかにより各説においても結論に相違は生じるものと思われる。

特別土地保有税の免除制度の導入に係る立法趣旨・目的からすると、①②説のような見解も成り立ちうる余地はあるが、租税法律主義のもとで免除規定の文言を尊重する限り、一号と二号の関連については、③説のような解釈を妥当としよう。前掲差戻前上告審、本控訴審判決は③説によっている。

一号要件の建物については、現実に存在していなければならず、立て替えのために取り壊している現状においては基準日以後に新築されたとしてもこの要件を充たさないものといえる。ただし、新築途中のものであっても建物の外観を備えるに至っているものについてはこの要件に該当すると解して差し支えないものと思われる（実務も、現実に基準日に上物が完成している必要はないとして一号要件を緩和しているが、(3) 基準日に存在する建物があくまでもその判断の対象となる点で、本控訴審判決と同様である。このような場合には一号要件においても基準日前後の補助事実が重要となる）。そして、このような一号要件を充たす建物等について、その利用状況等の検証が行われることになる。

2　基準日の意義と「その利用が相当の期間にわたる」の認定基準

①　本件において、控訴人が取得した建物の一号要件充足については基準日現在異論のないところではあるが、ここでは、二号要件をみたすか否か、すなわち「その利用が相当の長期にわたる」とは具体的にいかなる状態をさすの

か、さらにはその認定における基準日の意義とその認定においていかなる事実まで斟酌できるかが問題となる。

差戻前の控訴審広島高裁昭和六〇年七月一〇日判決（行裁例集三六巻七・八号一一二四頁）は、「免除の要件の該当性については、画一的、客観的に行われるべきであり、また法六〇三条の二第五項において準用する法五八六条四項によって、免除の要件の有無を所定の基準日における現況によって判定する旨定められていることからすれば、法六〇三条の二第一項一号による免除については、建物又は構築物の構造、利用状況等が所定の基準に適合するか否かを基準日における外形的事実から客観的に判定されるべきものと解するのが相当である。換言すれば、本来基準日における事実以外の事実は斟酌できないものというべく、ただ基準日の前後の状況によって基準日における外形的事実を解釈する際に参考となる補助的事実であるものについては、それを考慮することが許されるに過ぎないものというべきである。」として、本件建物は、基準日において、恒久的な構造を有し、なお相当期間利用に供し得たものであり、また控訴人が本件土地建物を所有するまでは旧所有者により利用されていたものであるから、基準日の半月後に本件建物の取壊し工事が着工されたとしても、基準日当時本件建物が利用されていないことが外形的に明らかであったとは認められないとして、免除要件の充足を認めている。(4)

これらに対して最高裁は、これらの要件の認定方法について、本判決が依拠している免除要件の認定方法を明示して、原判決には地方税法六〇三条の二第一項二号の解釈適用を誤りひいては理由不備を侵した違法があるとして、原審に差し戻している。(5)

実務においては、「その利用」とは、個別具体的な用途を指すのではなく、建物又は構築物自体の利用をいうのであって、「『相当の期間』とは当該建物又は構築物に係る通常の利用期間をいうものであるが、その利用が相当の期間にわたるか否かの認定にあたっては、所有者の利用意思、所有者による建物又は構築物の具体的な利用状況等を総合的に勘案して判定すべきものである」と解されている（個通昭和五三年自固三八・昭和五八年自固二二最終修正）。前掲最高裁判決も前掲上告審の認定方法に沿い、具体的な事実認定を行っている。

なお、基準日を中心にいつまでの期間の補助事実を勘案すればよいかについてはこれまで十分議論がなされてきてはいないが、この点につき、本判決は、「基準日現在の現況の把握に必要な期間であれば足りる」というべきであり、申告納付期限（五月三一日）まで（地税法五九九条一項一号）の土地の利用状況を斟酌しなければならない理由はないと判示する。基準日の課税技術的な意義から基準日を中心とする一定の期間に限定する見解もありえようが、控訴人主張の見解からはそのようなことはともかく、③説にたち、二号要件の意図を明確にするためにはその期限までの状況は斟酌することができるものと思われる(6)。

「その利用」が「相当の期間」にわたるか否かの認定にあたっては、前掲最高裁判決のいうように基準日前後の事実を（利用意思は重要な要素となる。）総合的に勘案して判断することが要求されようが、その場合、基準日現在その利用に全く供していないが「一時的な利用の停止」に該当するような場合、あるいは所有者が利用意思を持ち何らかの具体的な行為を有している場合などには、二号要件を充足しているものと解してよいものと思われる(7)。そこで、本件のような場合には、基準日現在利用に供していなかったのであるから、「一時的な利用の停止」等に該当するか否かが検討されなければならないであろう。建物を新築する意図のもとに建物を取得し、基準日経過後に取り壊したような場合には免除の対象とはならないが、基準日現在は使用する目的で取得し、客観的にだれもがいつでも利用できるというような維持管理を行っていたが、後日新築に方針が変更されたような場合にはこの要件を充たしうる余地があろう。しかし、本判決の事実認定のもとでは基準日の前後において利用の意思が全くうかがわれず、かつ利用したという事実もないのであるから、「一時的な利用の停止」もなく、本件建物は、本判決のいうように二号の基準に適合しないものといわなければならないであろう。

さらに、新建物が本件建物と同一的価値のある建物であることから、新築建物の利用状況をも考慮すべきであるとする主張（控訴人）もありうるが、新築建物をもって基準日に存在した建物とみなすことは文理解釈上無理であろう。(8) また、本件の場合、その利用を増改築により一時的に停止されている場合と同様に判断することも無理であろう。前述したように、あくまでも基準日現在に存在する建物について判定されることとなる。

② なお、コンクリート（あるいはアスファルト）舗装部分が地方税法六〇三の二第一項一号に規定する構築物として、また同舗装部分が同項二号に規定する特定施設として、本件土地の免除認定にあたり考慮されうるか否かという点も争点となったが、本判決は、本件コンクリート舗装部分は本件建物の付属部分であり、また面積割合からも、ここでいう構築物、特定施設に該当せず、また仮に特定施設に該当するとしても基準日現在使用されておらず、本件土地は免除の対象にならないと判示している。(9)

（1）宮田勝美・税経通信三三号七号（改正税法詳解特集号）一九九頁等参照。

（2）学説等については、占部裕典「特別土地保有税の免除要件」判例自治五七号九三頁（一九八九）参照。②説については、特に差戻前第一審・広島地裁昭和五八年二月二三日判決（行裁例集三六巻七・八号一一三五頁）の判例評釈である北野弘久・法と民主主義一八三号三八頁、同『税法解釈の個別的研究Ⅲ』二〇六頁（学陽書房・一九八七）参照。

（3）基準日現在建物が近い将来確実に新築され、確実に長期の期間利用に供されるものまでもこの免除制度の射程距離内にあるかにつき、実務は、「納税義務の免除の認定の基準日は、……基準日現在の一時的な現況のみによって免除の認定をすべきものではなく、当該基準日を中心とする一定の期間における土地の利用状況を勘案して行うべきものである。従って、基準日現在において既に建設に着手されており、かつ、その後の行為の進捗状況からみて恒久的な建物、施設等の用に供されることが確実であると認められる土地は、免除対象として差し支えない」（個通昭和五三年自固三八・昭和五八年自固二二最終修正）と解している。不動産税実務研究会編・DHC不動産税務釈義（第一法規・加除式）、猿渡知之「特別土地保有税の免除制度に係る基準日の意義について」地方税昭和六三年六月号一〇七頁等参照。

（4）判例評釈としては、岩尾隆・税理二九巻一二号一四七頁がある。

(5) 判例評釈としては、北野弘久・税理三二巻六号一八三頁、石島弘・判時一二九一号一九四頁、同・民商法雑誌九九巻四号一二六頁、岩崎政明・ジュリスト九三二号一〇八頁、吉良実・判タ七〇六号三二六頁がある。判例解説としては、増井和男・ジュリスト九一八号七二頁がある。

(6) この問題については、岩崎・前掲判例評釈一一〇頁参照。取得分に係る特別土地保有税であるが、神戸地裁昭和五九年一〇月二一日判決・判タ五四九号二五三頁もあわせて参照。

(7) 例えば、同業者から店舗に利用すべく取得した建物が基準日現在改装中であったが、改装後すみやかにその利用に供している場合、現に利用されていないが利用再開に備えて、必要な維持管理が行われている場合等があげられよう。猿渡・前掲論文一〇八頁〜一〇九頁参照。

(8) 基準日現在取得者が当該建物の取り崩し、新築計画を有していた場合については、新築後の状況(新建築の利用状況)をも考慮し、その間の利用の停止を「一時的な利用の停止」の射程距離にあるとして、あるいは「その利用」を広義に解して、二号要件を充足するとする見解も十分に説得力のあるものといえようが、これについては建物の同一性をもとに「建物等」と解するためには新旧建物との間に関連性が必要であるとする見解、さらには二号要件の「その利用」の「その」が基準日現在存在する建物等をさすという厳格な文理解釈のもとでは、取り崩された後はその利用を考慮する必要はなくなることから、増改築等でなければ建物の同一性を認定することは困難であるとする見解に立つ者からの反論が考えられる。岩尾・前掲判例批評一五〇頁〜一五一頁参照。

このような、見解に対して、特別土地保有税の免除制度の趣旨に照らした免除要件の目的論的解釈から「その土地の利用」に着目し、「賦課期日現在に存在していた建物と物理的に同一である必要はなく、効用的に同一性の建物であれば足りる」として、取得時に既に取り崩し、新築する意思があったとしても土地の有効利用が継続し(従前よりもさらに有効な土地利用がある。)、二号要件の充足するとする見解も強力に展開されているところである。北野・前掲判例評釈参照。

(9) この点の問題については、岩崎・前掲判例評釈一一〇頁参照。

(追補)

本判決以後、同様に免除の要件が争点となった判決は、次のようなものである。
(1) 京都地裁平成二年九月二六日判決（未登載）
(2) 大阪高裁平成三年三月二七日判決・判例自治九〇号四三頁（(1)の控訴審）
(3) 大阪地裁平成四年三月十八日判決・判例自治一〇〇号三三頁
(4) 札幌地裁平成三年三月一五日判決（未登載）
(5) 札幌高裁平成四年三月二四日判決・判タ八〇三号八一頁、地方自治九七号六三頁（(4)の控訴審）
(6) 前橋地裁平成四年九月八日判決・判例自治一〇四号一五頁
(7) 東京地裁平成五年六月二九日判決・行裁例集四四巻六・七号五二四頁
(8) 東京高裁平成六年三月一六日判決・行裁例集四五巻三号二五一頁（(7)の控訴審）
(9) 浦和地裁平成六年九月二六日判決・行裁例集四五巻八・九号一八〇五号頁、判例自治一三九号二八頁
(10) 横浜地裁平成六年一一月二八日判決・判例自治一三九号三〇頁
(11) 浦和地裁平成六年一一月二八日判決・判タ八九七号九一頁
(12) 東京地裁平成七年一月二三日判決・判例自治一三九号三三頁
(13) 横浜地裁平成七年三月二七日判決・判例自治一四一号二二頁
(14) 神戸地裁平成七年三月二七日判決・判例自治一四一号二五頁
(15) 東京地裁平成七年八月三一日判決・判例自治一五一号三八頁
(16) 東京地裁平成八年一月二四日判決・判例自治一四九号三三頁
(17) 横浜地裁平成八年二月二八日判決・判例自治一五一号五〇頁
(18) 東京地裁平成九年二月二八日判決・判例自治一六八号五八頁
(19) 東京地裁平成九年九月二九日判決・判例自治一七六号三一頁
(20) 東京地裁平成九年一二月二六日判決・判例自治一八〇号四五頁
(21) 東京地裁平成一〇年二月二三日判決・判例自治一七八号三六頁
(22) 東京地裁平成一〇年三月二七日判決・判例自治一八二号三六頁

(23) 大分地裁平成一〇年七月一三日判決・判例自治一八七号二二頁

これらのうち、納税者の主張が認められたものは、(7)(8)(19)各判決である。

(8)判決は、「地方税法六〇三条の二第一項二号にいう特定施設が土地自体の利用を主たる目的とするものではなく、建物又は構築物を主たる構成要素（本体部分）とし、土地を従たる構成要素（付属部分）とするものである場合には、付属部分である土地は、本体部分である建物等と地理的、機能的に一体となってその効用を補完するものであるから、特別土地保有税の免除の要件である恒久性の要件は、本体部分である建物等がこれを充足していれば、特段の事情のない限り、これと一体の関係にある付属部分である土地を含めた特定施設全体について充足するものであって、付属部分である土地が別個独立に前記要件を備えることを要しない」として、後者が前者と別個独立に特別土地保有税免除の恒久性の要件を具備しないとしてされた特別土地保有税納税義務を免除しない旨の処分を、取り消した。

(19)判決は、「当該土地が法六〇三条の二第一号の免除対象の土地に該当するか否かは、同号、同条七項、五八六条四項の規定に従い、基準日現在における当該土地の現況により客観的に判断すべきものである。しかし、右のような納税義務免除制度の趣旨に照らし、かつ、法六〇三条の二第一項一号は『……の敷地の用に供する土地』と規定し、『……の敷地の用に供している土地』とは規定していないのであって、その規定の文言上は、基準日現在において当該土地上に恒久的な利用に供される建物又は構築物が現存することが納税義務免除の絶対的な要件になっているとは解することができないことを考えると、基準日現在において、当該土地上に同号の基準に適合する建物又は構築物が現存しない場合であっても、基準日現在において既に右基準に適合する恒久的な建物又は構築物の建築工事の着手があり、かつ、その後の工事の進捗状況からみて、当該土地が右建物又は構築物の敷地の用に供されることが確実であると認められる土地は、同号の免除対象の土地に該当すると解するのが相当である」と判示した。

第二一章　不動産取得税の課税標準と特別の事情

――不動産取得税の課税標準となるべき価格を決定するにつき、当該土地の固定資産課税台帳の登録価格により難い「特別の事情」――

〔不動産取得税課税決定処分取消請求事件、東京地裁平成九年(行ウ)二〇四号平10・10・30判決、棄却(確定)、判例自治一八八号三一頁〕

一　事　実

原告Xは、平成八年一月二二日に、訴外Aより家屋とその敷地である土地に係る一定の持分（以下、「本件土地持分」という。）を五五〇〇万円で取得した。被告Yは、平成八年二月一六日付で、本件土地の取得について、地方税法七三条の一三第一項及び七三条の二一第一項にもとづき、固定資産税課税台帳への登録価格一一億一六四六万六四〇〇円に土地の持分割合を乗じて、課税標準額二億五四二二万九八一七円と決定したうえで地法附則一一条の五第一項の特例を適用して、右価格の二分の一である課税標準額一億七一一万四〇〇〇円、納付すべき税額四一〇万八五〇〇円とする不動産取得税の賦課決定（以下、「本件賦課決定」という。）と家屋の取得について、課税標準額八二九万二〇〇〇円、納付すべき税額三三万一六〇〇円とする不動産取得税の賦課決定を行った。これに対して、Xは、①地方税法七三条の二一第一項ただし書による登録価格により難い「特別の事情」とは不動産取得税については賦課期日前に生じた事情か否かは問わないと解すべきである、②「特別な事情」が賦課期日前に生じた事情であるとしても、本件の場合には平成六年から平成八年の公示価格の下落率（四〇パーセントから五〇パーセント）よりもはるかに下落しており、不動産取得税の課税標準の特例の適用を考慮してもなお「特別な事情」があるというべきである、と主張して、本件賦課決定のうち適正時価を超える部分に相当する部分の税額の取消しを求めた。

二 判旨

一 「法七三条の二一第一項ただし書にいう『当該固定資産の価格により難いとき』とは、当該不動産の評価が行われ、その価格が決定された年度の固定資産税の賦課期日後に、当該不動産につき、増築、改築、損壊、地目の変換その他特別な事情が生じ、その結果、右登録価格が当該不動産の適正な時価を示しているものとみて、右登録価格を基に不動産取得税の課税標準額を決定することが公平な税負担という観点からみて看過できない程度に不合理と認められる事態に至った場合をいう」。右ただし書にいう「特別の事情」には、賦課期日後に生じた地価の著しい下落といった事情も含まれるものと解するが、賦課期日後の地価の下落により、当該不動産の取得時における時価とその登録価格に乖離が生じ、それが公平な税負担の観点からみて看過できない程度に達した場合にはじめて、右ただし書にいう「当該固定資産の価格により難いとき」に該当することになる。

二 平成六年から平成八年までの公示の下落率はおおむね四〇パーセントないし五〇パーセントであることが認められ、本件各土地の時価についても、平成六年一月一日以後右と同程度の下落があったものと推認されるが、「法附則一一条の五第一項の定める不動産取得税の課税標準の特例により、その課税標準額は本件各登録価格を基に計算した本件各持分の価格の二分の一の額とされ、基準年度である平成六年度の固定資産税の賦課期日後、本件各持分の取得時までに生じた地価の下落については、課税の適正が損なわれないよう法律上の手当てがされているのであって、右特例により課税標準額が減額される割合と平成六年一月一日から原告による本件各持分の取得時までの本件各土地の時価の下落の程度を比較すれば、本件各土地については本件各登録価格と時価との間に生じた乖離が、公平な税負担の観点からみて、看過し難い程度に達しているということはできない」。

三　評　釈

1　規定の趣旨と争点

不動産取得税の課税標準は、不動産を取得した時における不動産の価格（適正な時価）である（地税法七三条の一三第一項、七三条五号）が、具体的には、不動産について、市町村の固定資産課税台帳に価格が登録されているときには、その価格である（地税法七三条の二一第一項本文）。ただし、当該不動産について、「増築、改築、損かい、地目の変換その他特別の事情がある場合において当該固定資産の価格により難いとき」は、この限りではなく、その場合には、都道府県知事は、自治大臣の定める固定資産評価基準により、当該不動産の課税標準となるべき価格を決定することができる（地税法七三条の二一第一項ただし書、二項）。

不動産取得税がこのような登録価格準拠方式を採用しているのは、不動産取得税と固定資産税の同一の課税対象について、同じ地方税である両税の間で評価の不統一が生ずることを避けるとともに、課税事務の簡素化を図ろうとする趣旨によるものであると解されているが、(1) 流通税たる不動産取得税と財産税たる固定資産税における評価方法の統一には理論的な必然性がないといえることから、この規定の趣旨はもっぱら課税事務の簡素化によると解することができよう。

本件の争点は、本件各持分の課税標準額（平成六年基準年度における固定資産課税台帳への登録価格を基準に算定）が本件各持分の取得時の時価を大幅に上回るとして、地方税法七三条の二一第一項ただし書にいう「特別の事情」ないしは「当該固定資産の価格により難いとき」に該当するか否かである。

2 「特別の事情」は賦課期日後の事情に限定されるか

「特別の事情」が賦課期日後に生じた事情に限定されるかについて、その条文の文言からは必ずしも明確ではないが、最高裁平成六年四月二一日判決（判例自治一三三号四一頁）は、「『当該固定資産の価格により難いとき』とは、当該不動産につき、固定資産税の賦課期日後に増築、改築、損かい、地目の変換その他特別な事情が生じ、その結果、……右登録価格を不動産取得税の課税標準としての不動産価格とすることが適当でなくなった場合をいうものと解すべきであ（り）」、そして、納税者は、「それが賦課期日後に生じた特別の事情によるものであることをも主張する必要がある」と判示する（傍線筆者、以下同）。右最高裁平成六年四月二一日判決は、賦課期日の当時において価格の乖離が生じていればよいとする見解を退けて、実務上の取扱い（「地方税法及び同法施行に関する取扱いについての依命通達（都道府県税関係）」第四章第三・賦課徴収参照）を支持している。本判決も、右最高裁判決に準拠し、Xの主張を退けている。このような見解は、この最高裁判決後の下級審判決によっても広く採用されているところであり、既に定着した感がある。

このように解する背景には、固定資産の価格評価を適正に行うために固定資産評価基準にもとづいた評価が行われており、また決定された価格については固定資産税の納税者に不服申立ての機会を与え、さらに固定資産課税台帳に登録された基準年度の価格も、第二・三年度において「地目の変換、家屋の改築又は損壊その他これら類する特別の事情」等が生じた場合には当該不動産に類似する不動産の基準年度の価格に比準する価格によることにより不適当、不均衡な価格は是正されうる(2)（地税法三四九条二項）、ことなどが存する（前掲最高裁平成六年四月二一日判決等参照）。

しかし、このような規定にもとづいて、賦課期日現在の「適正な時価」が登録・修正されているとは実務上必ずしもいえず、[3]さらに、固定資産税の納税者が基準年度において登録価格を争わない限り、原則としてその後に不動産取得者はその価格について争う手段を有しないのであるから、[4]後述するように「当該固定資産の価格により難いとき」について本件各登録価格と時価との間に生じた乖離について看過し難い程度の乖離を要求する通説的な立場と合わせ考えてみると、不動産取得税の納税者の救済手続きは固定資産税のそれに比してきわめて制限されているといわざるを得ない。[5]このような視点から、たとえば、二審・福岡高裁平成四年九月一〇日判決（判時一四六九号六八頁）は、「特別の事情を価格登録後に生じた事由に限定する必要はないと判示しており、評価されよう。[6]金子宏教授は、「特別の事情」とは、固定資産課税台帳に登録された価格によることが不動産取得税の課税標準の決定を著しく不公平ならしめるおそれのある事情のことであり、具体的には、固定資産課税台帳に固定資産の価格が登録されたのち、その固定資産について、地目の変換、家屋の増改築・損壊等が生じた場合（七三条の二第一項但書、三四九条二項但書）、課税台帳に登録された価格に重大な錯誤がある場合（四一七条。大阪地判昭和四一年六月一三日・行裁例集一七巻六号六四四頁）等が、これに含まれると解すべきであろう[7]」とされる。「特別の事情」とは、固定資産課税台帳の評価額を不動産の適正な時価として維持することが相当でないと考えられない程度の重大な錯誤がある場合をも含むとする趣旨であると解されることから、地価の下落については、価格登録後に生じた事由に限定する趣旨ではないと解されよう。

3　「当該固定資産の価格により難いとき」とは

最高裁昭和五一年三月二六日判決（裁判集民一一七号三〇九頁）は、「登録価格が当該不動産の客観的な適正な時価に一致していなくとも、それが法七三条の二一第一項但書所定の程度に達していない以上は、右登録価格によってした不動産取得税の賦課処分は違法となるものではなく」、右賦課処分の取消訴訟において、登録価格がただし書所定の程度に達していない以上は課税標準たる価格を争うことはできないと判示する。前掲最高裁平成六年四月二一日判決は、ただし書所定の程度について必ずしも明確ではないが、一審・大阪地裁平成三年一二月二四日判決（判時一四六九号七一頁）は、当該不動産について「経年以外の要因による物理的変動や社会環境の著しい変動が生じ、そのために当該不動産の価格が固定資産課税台帳の登録価格に比して著しく変動したことをいうものと解すべきである」（傍線部筆者）と判示している。また、前掲大阪地裁昭和四一年六月一三日判決は、地方税法七三条第二一の一項本文及びただし書の各規定の立法趣旨から考えてみると、同条同項本文のとる課税体系上の原則を排除し、都道府県知事がみずから評価する必要があるとされる程度のもの、すなわち、「固定資産課税台帳の評価額との差の著しいものをいう」と解する。これに対して、前掲最高裁平成六年四月二一日判決の二審・福岡高裁平成四年九月一〇日判決は、「価格登録後に生じた事由に限定することなく、『右登録価格が当該不動産の評価として公正妥当なものたりえていないとき』という具合に広く解すべきである」と判示している。右福岡高裁平成四年九月一〇日判決を別にすれば最高裁のいう「不動産取得税の課税標準としての不動産の価格とすることが適当でなくなった場合」の基準については、本判決のように「本件各土地については本件各登録価格と時価との間に生じた乖離が、公平な税負担の観点からみて、看過し難い程度に達しているということはできない」とする方向で判例は固まりつつあるといえる。本件においては、平成六年一月一日以後原告が本件各土地を取得した平成八年二月一五日までの間に公示の下落率はおおむね四〇パーセントないし五〇パーセントであったあったと推認されながら、課税標準の特例により、本件各登録価格と時価との間に生じた乖離が、看過し難い程度に達しているということはできないと判示する。また、東京地裁平成一〇年一月二七日判決（判例自治一七九号一九頁）も、付近の地価が毎年前年比で三〇％前後下落していたなかで、基準年度の固定資産税の賦課期日から一年半以上経過した後に取得された本件土地について（本件土地については、平成八年法律第一二号による改正前の附則一一条の五第一項の課税標準額の特例により課税標準額は登録価格の三分の二に減額されるものである。）、右特例により課税標準額が減額される割合と右の地価の下落状況から推認される平成六年一月一日から本件各土地の取得時までの本件各土地の時価の下落の程度（毎年前年比で三〇％前後の割合）を比較すれば、登録価格と時価との乖離が公平な税負担の観点から看過し難い程度に達しているとは認められないと判示している。課税標準額の特例による減額割合が「当該固定資産の価格により難いとき」の重要な要因となっているようであるが、課税標準の特例により解消されえない場合について、「当該固定資産の価格により難いとき」に当然に該当するか否かは明確ではない。

（1）前川尚美他『地方税〔各論Ⅰ〕』（ぎょうせい・一九七八）、最高裁昭和五一年三月二六日判決・裁判集民一一七号三〇九頁等。
（2）ここでの特別の事情には地価の下落を含まないとの指摘もある。碓井光明〈福岡高裁平成四年九月一〇日判決・判例批評〉判例評論四二七号二七頁等参照。
（3）平成六年及び平成九年の評価替えについて、地価公示価格の七割評価によって評価基準時の時価よりも登録価格の方が高くなった「逆転現象」を違法と主張する取消訴訟は多い。これを違法として取り消した判決として、たとえば東京地裁平成八年九月一一日判決（判例自治一六四号一〇九頁）等がある。
（4）固定資産税の不服申立ての問題については、占部裕典「固定資産税の争訟方式の特殊性と改革の方向」総合税制研究八号一七頁（一九九九）参照。
（5）登録価格が当初から適正な時価でない場合については、価格決定に重大かつ明白な瑕疵があるとして、実際上は登録価格の無効を主張することができるとの見解がある（東京地裁平成一〇年一月二七日判決・判例自治一七九号一九頁、判例自治一三三号四三頁コメント参照）が、検討の余地が存する。
（6）同旨、碓井・前掲判例批評二七頁。三木義一〈最高裁平成六年四月二一日判決・判例分析〉民商法雑誌一一三巻三号一二五頁等も、この点につき最高裁判決に若干の異論を提起する。
（7）金子宏『租税法（第七版）』四八九頁（弘文堂・一九九九）。

（追　補）

本判決以後の判例としては、横浜地裁平成一二年六月二一日判決（未登載）がある。同判決も最高裁昭和五一年三月二六日判決を引用して、登録価格が客観的に適正でないと主張して課税標準たる価格を争うことはできないと判示している。

第二二章　課税処分を巡る国家賠償訴訟の特殊性

一　はじめに――問題の所在

行政処分の違法を理由として国家賠償訴訟を提起する場合、あらかじめ当該行政処分の公定力を排除するために、それを取消訴訟等で取り消しておく必要はないと一般的には解されている。(1) すなわち、国家賠償訴訟においては行政行為の違法性が審理・判断されるが、行政処分の公定力は行政処分の法的効果のみに及び、行政処分の法的効果を生ずる法的要件の存在に及ばないので、このことは公定力ないしは取消訴訟の排他的管轄の制度に反しないと解されている。(2)

しかし、このような原則について、特に最近に至り、課税処分のように金銭を納付させることを直接の目的とする行政処分は、金銭債権債務に直接かかわるものであり、取消訴訟と国家賠償訴訟が実質的に同一の機能を果たす場合については、国家賠償訴訟において「取消訴訟の排他的管轄」が及ぶとする見解が塩野宏教授、宇賀克也教授など、行政法学者から強力に主張されてきている（後述二1(1)参照）。一方、このような国賠否定説に対して、国賠認容説も遠藤博也教授、阿部泰隆教授、人見剛教授らにより、唱えられている（後述二1(2)参照）。

そこで、本稿では、課税処分の違法を理由とする取消訴訟と、それと実質的に同じ目的・機能を有する国家賠償訴訟との関係に係る議論を前提にして、そこから派生する関連問題を租税法学の視点から考察することとする。

二　不服申立て、取消訴訟等を経ない国家賠償訴訟の可否

税務訴訟において、課税処分（決定・更正）の取消訴訟を提起するためには、通常の行政処分の取消訴訟に係る訴訟要件を充足しなければならないことは当然であるが、不服申立前置主義が要請されており（国通法一一五条一項、地税法一九条の一二参照）、特に国税においては国税不服審判所に対する審査請求（不服申立ては原則二審制、すなわち異議申立て・審査請求を採用する。ただし、青色申告者は異議申立てを必ずしも経る必要はない（国通法七五条四項）。なお、地方税については地税法一九条の一一参照）をいかなる場合においても要求している。

また、固定資産税について、地方税法四三二条は、固定資産課税台帳に登録された事項について不服がある場合については縦覧期間の初日から末日後一〇日までの間において（縦覧期間については、地税法四一五条一項参照）、固定資産評価審査委員会に審査の申出をすることができる旨、規定するとともに、地方税法四三四条は、固定資産税の納税者は、固定資産評価審査委員会の決定に不服があるときは、その取消の訴えを提起することができる旨、規定している。そして、地方税法四三四条二項においては、固定資産評価審査委員会に審査を申し出ることができる事項（地税法四三二条一項）について不服がある固定資産税の納税者は、同項及び前項の規定によりのみ争うことができるとして、固定資産課税台帳への登録事項について「争訟方式の排他性」を規定している。よって、賦課処分の取消訴訟のなかで固定資産課税台帳に登録された事項に係る違法を主張することはできないことから、縦覧期間を経過すれば固定資産課税台帳に登録された事項について納税者は一切争う手段をもたないこととなる(3)。また、固定資産評価審査委員会に対して審査の申出をし、その委員会の決定に不服があるときには、その審査決定の取消訴訟により争うこととされているが、この点についても固定資産評価審査委員会への審査申出前置主義が採用されている。このような争訟

制度は、固定資産課税台帳に登録された事項を早期に確定し、賦課処分の早期安定を実現する見地から採用されているが、この制度は後に行われる賦課徴収の事前手続として位置づけることができよう[4]。

また、納税者は、原則として、法定申告期限から一年以内において課税標準等又は税額等が法律の規定に従っていなかった場合、減額更正を求めて更正の請求をすることができる（国通法二三条一項）。納税者自らは納税申告書の課税標準等又は税額等をこの方法によってのみ減額をすることができる（いわゆる「更正の請求の排他性」）と解されている。しかし、課税庁の作成した公的情報（たとえば、固定資産税あるいは相続税における路線価等）をもとに納付税額を算定した際に、公的資料に誤りがあった場合にやはり更正の請求の排他性が機能するのであろうか。

よって、本稿において、固定資産税に係る「争訟の排他性」あるいは「更正の請求の排他性」などにも留意しておく必要がある（その他、課税処分の取消訴訟等の訴訟要件（訴えの利益）に影響を及ぼすものとして、「更正の請求の排他性」の問題があるが、後述三(5)参照）。

このような争訟手段を徒過した後に、国家賠償訴訟を提起あるいは過誤納額の還付を目的とした損害賠償請求が許されるかについて、いかなる問題が存するであろうか。

1　学説・判例の展開

主要な学説・判例については、ドイツの比較法的な考察を含めて、最近公表された人見剛教授の論文「金銭徴収・給付を目的とする行政処分の公定力と国家賠償訴訟」（東京都立大学法学会雑誌三八巻一号一五七頁以下（一九九七））に紹介されている。一部人見論文と重複するところもあるが、本稿での議論との関係で最低限、必要なものを次に掲げる。

(1)　国家賠償訴訟否定説（国賠否定説）

この両者の関係、特に国家賠償訴訟が取消訴訟との関係において、国家賠償請求をすることが許されないのではないかとの疑問は、学説的にはかなり早い時期から提唱されており（おそらく公刊されたものとしては、以下の松宮隆弁護士の見解が最初ではあるまいか。）、その後に、広く行政法学者により支持されるところとなっている。

① 松宮説

松宮隆弁護士は、賦課ならびに滞納処分は公権力の行使に当たるから、その違法な行為により生じた損害は、国家賠償法一条により当然賠償すべきであるが、「課税処分を違法であるとして、国家賠償法に基づき納付済の税金の返還を求める訴えは、課税処分が違法として取り消されない限り、納税義務は法律上存続しているのであるから、その義務の履行として納付した税金相当額を損害と観念することはできないと思われるので、その成否は頗る疑問である(5)」とされていた。

松宮弁護士の見解は、課税処分の公定力（取消訴訟の排他的管轄）との抵触を示唆しているといえよう。

② 山内説

山内一夫教授は、「更正処分を取消訴訟の排他的管轄に服させる目的、換言すれば、更正処分に公定力を認める目的は、国がその作用に不可欠な経済的な価値を迅速に入手し、かつ、それを維持することを可能にするためであるから、裁判所が原告の国家賠償請求を容認することができないのは明らかである。けだし、国家賠償は、金銭によって支払われるものである以上、その請求を容認するとすれば、更正処分を取消訴訟の排他的管轄に服させ、更正処分に公定力を認めることは、全くその意味を失うことになるからである。(6)」とされる。

山内教授は、明確に「更正処分の公定力」との抵触を指摘されており、以後の学説の展開に大きな影響力をもつこととなる。

③ 宇賀説

宇賀克也教授は、「課税処分……に関する処分は、金銭債権債務にかかわるものであり、取消訴訟と国家賠償請求訴訟は、実質的に同一の機能を果たすものであるから、前掲最判五七・二・二三の法理〔後述二1(1)⑥参照―筆者注〕を援用するまでもなく、行政上の不服申立てを経ないで国家賠償請求を行うことは、取消訴訟につき不服申立前置主義を設けた趣旨を潜脱することになり許されないと解しうる。(7)」「また、課税処分について、直ちに取消訴訟の排他的管轄が及ばず、直ちに国家賠償請求が可能であるとすると取消訴訟の排他的管轄の趣旨が没却されるおそれがある。たとえば、増額更正処分を受けた場合に、それによって生じた損害の賠償請求を直ちに提起することを認めると、当該処分を取り消すことなく、不当利得返還請求を認めたのと実質的に同じ効果が生じてしまう。よって、不服申立前置主義、取消訴訟の排他的管轄の趣旨からして、国家賠償訴訟は許されない(8)」と主張される。

国賠否定説において、不可争力が生ずるまでは国家賠償訴訟の提起は可能であるか否かはなお、一つの問題であるが、宇賀教授は取消訴訟によって当該処分を取り消すことなくして、国家賠償訴訟は認められないとする立場をとられる。(9)なお、不可争力が生じた後はそもそも更正処分の違法が主張できなくなることにより国家賠償訴訟の提起自体がそもそも許されないと解しているのか（この場合、結果的には付随的損害についても請求が許されないことになろう。）、国家賠償訴訟において過大納付税額が損害として主張できないとの趣旨であるのか必ずしも明確ではないように思われる。

④　**塩野説**

塩野宏教授は、「課税処分のような、直接金銭上の権利義務にかかる処分については、国家賠償請求訴訟を認めると、出訴期間、不服申立主義の前置の意義を失わせることになるので、これら処分の請求方法は別途検討の要がある。仮に原告が更正処分の取消請求をせず、国家賠償請求のみを主張したときに、その賠償額を更正処分相当額とするならば、故意・過失（注意義務違反）の要件はあるにせよ、排他的管轄のしばりを実質的に免れることになるのである(10)」と主張される。上記の宇賀説と一見同説のようにもみえるが、後述の塩野教授が一方で主張される国賠要件加重説と比較すると、必ずしも「課税処分の公定力」の抵触を理論的に問題視されているとは解されないであろう。違法な課税処分の結果生じた過大納付税額を取消訴訟と国家賠償訴訟のどちらかで取り戻すかの相違だけで、宇賀説のように両者の関係に排他的な管轄を認めようとする趣旨は必ずしも存しないように解される。

⑤ **碓井説**

碓井光明教授は、「出訴期間経過後に国家賠償請求訴訟を提起して、故意過失という責任要件によって損害賠償によって目的を達しうるというのは、出訴期間制度による法律関係の早期安定の趣旨を没却するものである。私は、金銭の賦課を目的とする処分について、それが取消原因たる瑕疵を有するにとどまる場合において、取消訴訟を提起することなく、当該金額を国家賠償請求における損害額として主張することは、原則として許されない[11]〔と解す〕」と述べられている。この見解は、国家賠償訴訟の提起は許容するが、違法な更正処分に係る税額を損害として主張することを許さないとする趣旨である。

⑥ **国賠否定説の趣旨**

以上のような国賠否定説は、さらに村重慶一判事、上野至判事、岩崎政明教授等によって支持されている。[12]これら国賠否定説（課税処分の違法を理由とする国家賠償請求訴訟を認めない見解）の根拠は、次のように要約できるであろう。

(1) 金銭債権債務にかかわる課税処分の取消訴訟と課税処分の違法を理由とする国家賠償訴訟は実質的に同じ目的・機能を有することから、国家賠償請求を認めると、それが実質的に課税処分の効力を覆滅させることになる。

(2) 不服審査前置主義、さらには法律関係の早期安定の趣旨から導入されている不服申立てに係る申立期間の制限や取消訴訟に係る出訴期間制限などを回避させることになる。

上記の(2)については、金銭債権債務にかかわるものについてでなくとも特別の争訟手段が用意されていれば、損害賠償請求を否定することがある（そこでは争訟手段の特殊性そのものが問題となるといえよう。）。宇賀説の見解に大きな影響を与えた最高裁昭和五七年二月二三日判決は、行政処分ではないけれども、強制執行手続について、「不動産の強制競売事件における執行裁判所の処分は、債権者の主張、登記簿の記載その他記録にあらわれた権利関係の外形に依拠して行われるものであり、その結果関係人間の実体的権利関係との不適合が生じることがありうるが、これについては執行手続の性質上、強制執行法に定める救済の手続により是正されることが予定されているものである。したがって、執行裁判所みずからその処分を是正すべき場合等特別の事情がある場合は格別、そうでない場合には権利者が右の手続による救済を求めることを怠ったため損害が発生したとしても、その賠償を国に対して請求することはできないものと解するのが相当である」と判示する。すなわち、本判決は当事者が損害回避義務を懈怠した場合、国家賠償請求自体が許されないとした点に大きな特色がある（本件一・二審は、国家賠償法一条の適否について、適用肯定説を採用し、当該職務行為の違法性、故意、過失等を判断するための実質審理を行い、その認定事実にもとづいて独自に法令を適用したうえで、当該職務行為の特殊な性格を配慮して違法性等の認定に一定の制約を課すという審理方法をとっていた。）(13)また、従来、裁判官の職務行為（判決、決定、強制執行手続、強制処分、破産手続等）について、その職務行為の違法を是正する手続として、上訴、再審、不服申立て等の方法が法律上予定されている場合には、国家賠償請求をすることは許されないとする判例、学説が広くとられていたところである。(14)

宇賀説、塩野説等は、課税処分については、不服審査前置主義などの税務訴訟の特殊性を強調しているがしかし、このことのみにより国家賠償訴訟を否定するものでないことから、つまるところ上記の理由(1)と(2)は同じことを意味していることとなろう。(15)なお、国賠否定説の多くは、その理由をここでの課税処分の取消訴訟と損害賠償請求訴訟は過大納付税額の還付という同じ目的・機能を有しながら、国家賠償請求訴訟を認めると、結果的に「課税処分の公定力」（あるいは「遮断効」）を侵害するということに求めているといえようか。

(2) 国賠認容説

① 学　説

国家賠償請求訴訟を許容する見解は、まず遠藤博也教授であり、国家賠償請求訴訟と取消訴訟とはその目的を異にし、故意過失という要件が別に付加されており、取消訴訟の出訴期間経過後であっても、それと無関係に判断してもおかしくはないと主張され、(16) さらに阿部泰隆教授も、同様に「国家賠償における違法性は取消訴訟の出訴期間の趣旨とは別に独立に評価できようし、国家賠償では故意・過失という独立の要件も必要であるから、国家賠償の要件を満たしたときにその請求を認容したからといって、取消訴訟の趣旨が当然に没却されるものではない」と述べられている。(17) なお、古崎慶長判事は山内説を異説として引用されていることから、この問題についても国賠認容説の立場に立たれるものと思われる。(18)

人見教授は、行政処分の公定力の整合性だけを問題とすることは一面的であり、国家賠償制度の存在意義も考慮される必要があるとされ（特に国家賠償請求の限定的ファクター（故意・過失）を強調される。）、国賠否定説に次のような問題を投げかけられる。

「否定説は、国家賠償請求権の憲法上の根拠である同一七条『何人も、公務員の不法行為により、損害を受けたときは、法律の定めるところにより、国又は公共団体に、その賠償を求めることができる。』との適合性を問われるべきである。憲法一七条の下で、処分の公定力のみを根拠に、違法行為によって招来された損害の賠償請求を否定することが容認されるところであろうか。仮にそれが認められるとしても、それには実定法の明文の根拠が必要ではないか、あるいは賠償請求の制限をするのではなくそれをアンブロックに完全に排除することが、比例原則を含めた憲法の趣旨に適合するであろうか。否定説は、これらの点に言及すべきであろう。また、金銭の徴収・給付を目的とする行政処分の場合に、国家賠償訴訟が当該処分の取消訴訟と同一の結果をもたらすというのは、金銭というものの特質に由来することであって、取り立てて特にこの場合に処分の公定力との調整を図るまでもない、とも考えられる。[19]」

② 判　例

〔課税処分の取消訴訟と国家賠償請求訴訟の関係〕

この問題について、正面から論じた判決は、固定資産税に係る事案が中心である。

(1) 浦和地裁平成四年二月二四日判決・判時一四二九号一〇五頁、判例自治九八号三〇頁[20]

本件は、八潮市の原告住民Xが被告八潮市Yに対して、住宅用地に対する固定資産税の減税特例を看過して課税したために損害を被ったとして、過払税額相当の損害賠償を求めたものであるが、Yの「(行政不服審査法上の異議申立て又は審査請求、及びこれに続く取消訴訟の提起等による) 救済手段がとれなくなった後において、それと同一の目的を国家賠償法により達成しようとすることは許されない」との主張に対して、裁判所は、課税処分について、無効ではなく、取り消しうるべき瑕疵があるに過ぎないことを明言したうえで、「被告は、違法な租税の賦課処分は、専ら行政不服審査法上の異議申立て又は審査請求、及びこれに続く取消訴訟の提起等によって是正されるべきであると主張するが、これらは専ら租税の賦課処分の効力を争うものであるのに対して、租税の賦課処分が違法であることを理由とする国家賠償請求は、租税の賦課処分の効力を問うのとは別に、違法な租税の賦課処分によって被った損害の回復を図ろうとするものであって、両者はその制度の趣旨・目的を異にし、租税の賦課処分に関することだからといって、その要件を具備する限り、国家賠償請求が許されないとする理由はない。」と判示して、Xの損害賠償請求を認容している。

(2) 広島高裁平成八年三月一三日判決・判例自治一五六号四八頁 (原審広島地裁平成六年二月一七日判決・判例自治一二八号二三頁、シュトイエル三八五号一頁・三八六号一頁)[21]

広島県が誤記した嘱託分筆登記の地積を登記官が看過してそのまま分筆登記を行い、次にこの地積変更通知により市が固定資産課税台帳に過大な地積を記載したことから、X_1が固定資産税相当額の過剰徴収額に相当する損害について、また当該土地の所有者の相続人（X_2 X_3）が同台帳にもとづき本件土地の価額を算定し、過大に納付した相続税相当額の損害について、国家賠償法一条にもとづいて、国Y_1、広島県Y_2、広島市Y_3に損害賠償訴訟を提起した。広島地裁平成六年二月一七日判決は、X_1の右請求を認容した（Y_3の責任のみを認める。Y_2に対しては国家賠償法による請求をそもそも否定）ものの、X_2とX_3の請求を棄却した（Y_1及びY_3の双方の過失を認めたが、双方の行為と損害との因果関係を否定）。そのため、X_2とX_3は控訴に及んだ（X_1については確定）。

一審においては、まず国家賠償法にもとづく請求の可否がまず争点となったが、「国家賠償に基づく請求は、行政処分の法的効力を問題とするものではないから、行政処分の公定力に抵触するものではなく、更に行政処分の取消訴訟とは、目的、要件を異にするものであるから、取消訴訟の出訴期間を潜脱するものであるということはできず、取消訴訟の提起等及び固定資産評価委員会に対する審査の請求ができたか否かにかかわらず、国家賠償に基づく請求は許されると解するのが相当である」と判示して、そもそも国家賠償訴訟の提起を許容している。二審も同様に、「国家賠償法に基づく請求と右過剰徴収の課税処分取消訴訟及び過剰納付相続税の更正請求とはその効果において実質的に同一の面があるが、右両者はその目的、要件を異にしており（この点において、不当利得に基づく過誤納金の返還請求とは異なる。）、また、国家賠償請求に基づく請求は、行政処分の法的効果を問題とするものではないから、行政処分の公定力にも抵触するものではなく、さらに右のように行政処分の取消訴訟とは目的、要件を異にする別個の訴訟であるから、取消訴訟の出訴期間を潜脱するものであるということはできず、右取消訴訟の提起等及び固定資産評価審査委員会に対する審査の申出ができた否かにかかわらず、右国家賠償法に基づく請求は許される」と判示する。

なお、この広島高裁平成八年三月一三日判決において、被告側は、塩野説にもとづき損害賠償請求訴訟が認められるとしても、単なる過失ではなく重過失の存在が必要とされると論じている点で注目すべきものである。[22]

以上のように、課税処分のような、直接金銭上の権利義務に係る処分について国家賠償訴訟を認めることができるか否かが直接争点となったケースは、固定資産税の賦課処分にみることができる。これは、固定資産税についてはほぼ国賠認容説で固まりつつあるといってよい。固定資産税は賦課課税方式であり、申告納税方式をとる国税とはその租税債務確定構造を異にし、かつ争訟方法も前述したように国税に比べて、さらに特殊であることにも留意をしておくべきであろう。

浦和地裁平成四年二月二四日判決、広島地裁平成六年二月一七日判決、広島高裁平成八年三月一三日判決に係る事件はまさに納税者が争訟手段を喪失した結果、損害賠償訴訟を提起したものであったと考えられる。これらの判決は、固定資産税に係る争訟手段の抱える問題点から生じた納税者の不利益を救済する機能を果たしているとも評価することができる。

一方、国税については、公刊された判例のなかにはこの問題が正面から争われたものは存しないが（ただし、広島高裁平成八年三月一三日判決は、固定資産税における土地評価を前提とした相続税の課税処分に係る損害賠償訴訟にも認めている。）、課税処分の公定力を排除することなく、広く損害賠償訴訟そのものは認められている。[23]

(3) 国賠要件加重説

① 塩野説

塩野教授は一方で、「一般に、国家賠償請求訴訟における処分の違法判断は公定力に反しないとされるのであるが、行政目的が専ら金銭の徴収にかかわるような場合には、取消訴訟と国家賠償は機能を等しくするので、国家賠償請求権の成立は単純な過失（注意義務違反）では足りず、故意または重過失に限るものと考えるべきであろう。或いは、かかる場合は処分の無効要件を充足するものとして、専ら税務訴訟の枠内で処理することも考えられる」[24]とされる。

塩野説は、宇賀説と違い、国家賠償訴訟は一切許されないと解するのではなく、国家賠償訴訟において故意・過失のいう主観的要件を加重するか、あるいは無効確認訴訟を認めて、納税者の救済を一定の場合に認めるとするものであり、国賠認容説にも与しているといえよう。(25)

この説は課税処分が無効の場合に、それを課税処分の無効確認訴訟で対応するか、当然その場合には公定力に抵触しないので損害賠償訴訟で対応するかの問題とも考えられるが、この前提には課税処分の無効要件（重大かつ明白な瑕疵）が存する場合に、とりもなおさず国家賠償訴訟の重過失、故意といった加重要件に該当するということがなければならない。塩野説は、このような前提に立つものであろう。

② 判例――国家賠償訴訟における過失の程度

前掲広島高裁平成八年三月一三日判決（このケースは、更正の請求期間後において国家賠償法にもとづいて過剰納付税額（相続税）に係る損害賠償請求ができるか否かが争点となっている、きわめて珍しいものである。なお、一審においては過剰徴収固定資産税が国家賠償法にもとづく損害として損害賠償請求できるか否かも争点となっており、まさに行政法学者はこのようなケースも念頭におくべきである。）において、塩野説に従って、被告国側は国家賠償請求権の成立には故意又は重過失が要求されると主張した。同判決は、以下のように述べている。

(1) Y_3の責任について

「Y_3が本件登記地積を用いて算出した本件土地の固定資産評価額を固定資産課税台帳に登録したことは、登記官の過失に起因する結果にすぎず、X_2らが右登記に係る固定資産評価額にもとづき相続税を過剰納付したことにつきY_1とは別個に独立の過失責任を認めるのは相当ではない……（本件は登記地積の誤りという登記官の過失に端を発しているところ、わが国の不動産登記制度のもと、国家の管理する公簿（登記簿）に寄せる一般の信頼性に鑑みると、不動産登記の専門官である登記官の右過失は重大であり、登記官による実質審査を経た本件登記地積を信じたにすぎないY_3（担当者）の右行為は、X_2らの本件損害（相続税の過剰納付）との間の法的因果関係上、登記官の過失行為に包摂されるとみるのが相当であり、これとは別個独立の行為として評価することはできない。……）。」

(2) Y_1の責任について

「登記官が分筆登記の際本件土地の登記簿に誤った地積を記載したことについて面積の単位を誤認した過失があることは明らかである。そして、X_2らが右登記簿上の地積によって本件土地の面積を把握して申告したことにより本件過剰納付の結果を生じたのであるから、登記官の過失と本件過剰納付との間には相当因果関係があると認めるのが相当であり」、Y_1は損害を賠償する責任がある。また、Y_3（担当者）の行為は、Y_1の過失に誘発されたものであり、当該担当者が誤記に気づくことが容易ではなかったことなどから、「合併前の高陽町の担当者に右因果関係を切断する程の重大な過失があったとは認められない」。

(3) X_2とX_3の過失の有無

相続税財産評価に関する基本通達（「財産評価基本通達」）によれば、土地の評価額の算定は実地面積によるとされているが、路線価の定めのない本件土地は、倍率方式により固定資産評価額を一・六倍して評価額を算出すべきものとされていることから、現実にも経験則上からもX_2らは登記地積にもとづき算出された本件土地の同台帳の登録価格を相続税申告にあたり用いざるをえないことは明らかであるから、X_2らに登記地積を信用させて相続税の申告をしたことを捉えて重大な過失があったと評価することはできない。

(4) Y_1登記官の過失の有無

広島高裁は、不動産登記の専門官である登記官に重過失が存する旨、判示する。本件の登記官には面積の単位を誤認した過失があることは明らかであろうが、一審判決は単純過失に止まる旨判示していたが、本判決は重大な過失を認定している（なお、塩野教授の見解との関係に注意）。本判決は、登記簿の記載の真正にきわめて高い社会的な信頼性があることを強調して、高度な注意義務を課している。判例・学説は、一般的には無過失責任に近い、きわめて高度の注意義務を登記官に課していると解する傾向にある。(26)

ここでの登記官の過失の程度は本稿での問題と直接関係がないようにみえる。しかし、一方、本判決は、「合併前の高陽町の担当者に右因果関係を切断する程の重大な過失があったとは認められない」と述べていることからして、重過失を要求しているといえよう。

一審判決は、「登記所から通知を受けた高陽町の課税担当者は、その通知は土地分筆に伴う地積の変更通知であったから、固定資産課税台帳に従前記載の二五九・四〇平方メートルが八五七・五二平方メートル（二五九・四〇坪）と記載されていたことに疑問を抱き、いずれが正しいかについてそれ以前の固定資産課税台帳を調査するなり登記所に照会してその疑問を解決し、正しい地積を右台帳に記載すべき注意義務」があったとして、本判決に比べてより高い注意義務を課している。本判決が、担当者が右通知内容の誤りに気づくことが容易であったとはいえないとするのに対し、一審判決は、担当者が注意義務を怠り、漫然と右通知記載の地積を右台帳に記載したことに過失があるというべきであると判示する。

本判決は、登記官の記載行為、固定資産課税台帳への登録（地積変更通知を介するが）、さらには固定資産税の評価額をベースにした相続税の申告（の基礎となる本件土地の価額）という流れは、特別の事情（すなわち、Y_3担当者の重過失）が存しない限り切断できないものと解しているといえよう。本判決は、固定資産税の評価にかかわる特殊な事例に係るものであるが、塩野説の国賠要件加重説に沿っていると評価することも一面では可能であろう。

三　国賠否定説への疑問

(1)　課税処分の公定力との抵触

違法な課税処分の取消訴訟（あるいは不服申立て）と当該課税処分に係る国家賠償訴訟とが実質的に同じ機能を有することから、国家賠償訴訟を認めることは課税処分の公定力と抵触することになるとの見解は、経済的に過剰納付税額が二重に還付されることから問題が生ずるのであり、敢えて「課税処分の公定力」（取消訴訟の排他的管轄）の侵害（あるいは「遮断効」）をもちだすまでもない。課税処分自体に不可争力が発生するのみで、金銭債権そのものに直接不可争力が生ずるわけではない。その限りで、本件の場合も、通常の行政処分の取消訴訟と国家賠償訴訟との関係と本質的に何ら変わるところはないといえよう。(27) 国家賠償訴訟の「損害額」の範囲の問題といえる。よって、課税処分自体に不可争力が発生している場合においても国家賠償請求は可能であるといえよう。

(2)　課税関係の早期安定

行政処分の公定力（＝取消訴訟の排他的管轄）は、いわゆる権利関係の早期安定をその旨とするものである。結果的には、課税処分に係る争訟手段については「租税債務の早期安定」をその目的とするものであるとも換言することができそうであるが、所得税等に係る各課税処分に不可争力が生じたからといって、それ以後納税者は過剰納付税額について争訟手段を失うことには必ずしもならないことに留意をすべきである。再更正処分等が行われると、それを奇貨として再更正処分のなかですでに不可争力の生じた課税処分の過大納付税額を、更正と再更正等の関係を総額主義にもとづいて理解をする通説・判例のもとでは、再更正処分によって増額された範囲内で（ただし、青色申告の場合には、理由附記による制約がある。）、不可争力の生じた課税処分に係る過剰納付税額を争うことができる。(28) よって、国賠否定説をとったからといって租税債務の早期安定を強調することにはならないといえよう。

さらに、このような課税争訟構造（総額主義）を前提とすると、国賠否定説（ただし、不可争力が生ずるまでは国家賠償請求も可能との説による。）においては、更正処分の税額は後に再更正処分が行われた場合には、不可争力が生ずるまでは当該再更正処分の取消訴訟又は国家賠償訴訟の提起を認め、不可争力が発生した後には、国家賠償訴訟の提起を認めないこととなるが、再々更正がなされるとその部分の税額につきまた当該再々更正処分の取消訴訟又は国家賠償訴訟の提起を認めることになる。このようなことの繰り返しが予想され、理論的に大きな矛盾が生ずることになる。

(3) 国家賠償訴訟の目的

違法な課税処分の取消訴訟と課税処分の違法を理由とする国家賠償訴訟とは、国賠否定説にいうように確かに金銭（税額）を取り戻す限りにおいては同じ機能を果たすのであるが、やはり国賠認容説の主張するように、国家賠償請求には公務員の責任（故意・過失）が要件になっていることを軽視することはできないであろう。(29) 国賠否定説に立ち、前掲浦和地裁平成四年二月二四日判決あるいは広島地裁平成六年二月一七日判決を否定することは、納税者にとってきわめて不合理な結果が生ずることとなろう。

なお、国賠認容説に立つと、実践的にも①付随的な損害の賠償請求が認められやすいこと、(30) ②勧奨（行政指導）による修正申告による過誤に国家賠償請求が認められると解されることから、納税者の権利救済に役立つといえよう。後者の②については、勧奨による修正申告に係る課税標準等又は税額等の過誤が課税庁による行政指導に起因するとするならば、行政指導によった部分については国家賠償訴訟により過誤納金の還付が可能となるであろう（ここでは、「更正の請求の排他性」が問題となる。勧奨による修正申告をあくまでも申告と捉えると「更正の請求の排他性」により損害賠償は許されないと考える余地もある。後述(5)参照。しかし、実質的には誤った行政指導によった税額部分については、自主申告と区別して、国家賠償請求が可能であると解すべきであろう。[31]）。

⑷ 課税処分の違法性と国家賠償請求の違法性との関係

最高裁平成五年五月一一日判決・民集四七巻四号二八六三頁は、「税務署長のする所得税の更正は、所得金額を過大に認定していたとしても、そのことから直ちに国家賠償法一条一項にいう違法があったとの評価を受けるものではなく、税務署長が資料を収集し、これらに基づき課税要件事実を認定、判断する上において職務上通常尽くすべき注意義務を尽くすことなく漫然と更正をしたと認め得るような事情がある限り、右の評価をうけるものと解するのが相当である」と判示し、取消訴訟において違法とされた税務署長の課税処分について、国家賠償訴訟において違法性相対説にたち、違法性判断基準として職務行為基準説を採用して、国家賠償法一条一項の違法性を否定した注目すべき判決である[32]。申告納税制度のもとで、正確な所得金額（の内容）は、納税義務者自身が最もよく知っていることをその理由とするものである。

これまでの判決は、課税処分が違法であると判示された場合に、国家賠償法上も違法であることを前提として（いわゆる違法性同一説）、税務職員の故意・過失を論ずるものが多いといえる[33]。今日、上記の最高裁判決と同様の見解をとる裁判例が増えつつあるが[34]、学説において、なお両者の対立状況は続いているといえよう[35]。

この課税処分の違法性と国家賠償請求の違法性との関係について違法性同一説に立てば、両者の結びつきに理論的に必然性はないが（国家賠償請求に違法性のみでなく責任要素がその要件として求められる。）、国賠否定説を導きやすいといえよう。

違法性相対説あるいは違法性同一説の対立について、課税要件法規は、租税法律主義（課税要件法定主義、課税要件明確主義、合法性の原則）にもとづくものであり、税務行政の領域において課税処分ないし法的効果の効力要件に関する違法性と納税者に損害を発生させる違法性とは同じ課税要件法規への適合性を判断すれば足りると考えられる。

税務領域において、違法性相対説はとりえないものと解されよう。[36]

⑸　**更正の請求の排他性との関係**

納税義務者は、法定申告期限から一年を経過すると、原則として、申告に係る課税標準等又は税額等が国税に関する法律に従っていなかったことなどを理由に更正の請求をすることができない（国通法二三条一項）。納税義務者はまた更正の請求をしておかなければ、更正処分の取消訴訟において、申告額を超える金額の取消しを請求することはできないと解されている。通説によれば、いわゆる「更正の請求の排他性」により、申告額は更正の請求を通してのみ申告に係る課税標準等又は税額等の減額が認められている。[37]申告額については、最高裁は、申告行為に重大かつ明白な瑕疵があり、かつ特別な事情がある場合に限り、当該申告行為の無効を許容する（現実にはこのような主張が認められることは皆無に近い。）。このような最高裁の立場の前提には「更正の請求の排他性」が存在する。[38]勧奨による修正申告もあくまでも自主修正申告の一種であると解すると、「更正の請求の排他性」により損害賠償は許されないと考えられよう。これは租税法がそもそも過大納付額を取り戻す方法として更正の請求のみを予定していることによる。さらに、更正の請求を経ることなく、不服申立てあるいは取消訴訟において、申告額を下回る額を請求することはできない。すなわち、「更正の請求の排他性」は、吸収説にもとづく課税処分の取消訴訟において「申告額を超えない部分の取消しが認められないという原則」を導いている（正確には、課税庁の減額更正の後にさらに増額更正があると取消訴訟の対象となりうる。）。吸収説のもとで申告額を超えない部分の取消しが認められないのは更正の請求の排他性による。

国賠否定説に立てば、申告額（課税標準等又は税額等）の算定過程に公務員がかかわる場合において、公務員の違法行為に起因する税額は「更正の請求の排他性」に服することになるものと解される（このことは、前掲広島高裁平成八年三月一三日判決における争点の一つであった。）。しかし、更正の請求は前述したように自主修正申告にのみ適用されるものであり、公務員の違法行為に起因する税額にまで「更正の請求の排他性」はそもそも及ばないと解されよう。仮に、「更正の請求の排他性」が及ぶと解しても、広島高裁（平成八年三月一三日判決）が判示するように、その目的、要件を異にしていることから、国家賠償請求は許されると解される。

具体的には、以下のような点が検討されるべきであろう。

① 一、〇〇〇万円の申告税額について更正の請求により五〇〇万円の減額を請求している場合に、更正の請求を理由なしとされた処分が違法である場合に、損害賠償訴訟を提起することができるであろうか。前述したように、更正の請求をすることなしに、減額更正の不作為の違法確認あるいは損害賠償訴訟を提起することが許されるか否かは大きな問題であるが、更正の請求を理由なしとする処分に対する不服申立て、取消訴訟に代えて、損害賠償訴訟を提起することは当然許されよう（ただし、多くの場合、そもそも違法性は申告納税制度のもとで納税者の申告行為に起因することから、損害賠償請求が認められることは現実にはありえないであろう。）。

② 一、〇〇〇万円の申告税額に申告漏れがあったとして、二、〇〇〇万円の増額更正処分がなされたとすると、納税者は増額更正部分を争えるかという限りではこれまでの議論であるが、一、五〇〇万円の損害賠償請求を求めることができるであろうか。これは、更正の請求の制度と国家賠償訴訟との競合問題である。前述したように「更正の請求の排他性」は国家賠償訴訟には及ばず、前掲福岡高裁平成八年三月一三日判決が支持されるべきであろう。

なお、「勧奨による修正申告」について、行政指導にもとづく申告であるとするならば、行政指導によった税額部分については国家賠償訴訟はできるのであろうか。この点についての議論は必ずしも十分に行われていないが、おそらく通説からは、前述した「更正の請求の排他性」の枠内で処理すべきことを予定しており、国家賠償請求は許されないと解しているものと思われる。

(6) 課税庁の減額更正処分との関係

納税義務者は、法定申告期限から一年を経過すると、更正の請求の排他性に服することとなるが、課税庁には更正のための権限が法定申告期限から最長七年は留保されていることから、課税庁が職権減額更正を放置している場合には、過大納付額の減額を求めて、不作為の違法確認の訴え（あるいはさらに義務づけ訴訟）が提起できるとの見解も有力である。[39] しかし、更正の請求あるいは課税処分（決定・更正）の不服申立て、あるいは課税処分の取消訴訟によるべきであるとの見解が通説であるといえよう。[40]

国賠否定説のもとでは、このような国家賠償訴訟も否定されることになるが、前述(1)～(5)までの趣旨を踏まえると、不作為の違法確認の訴えはともかくも、国家賠償訴訟は許容されうると解することができよう。

(7) 不当利得返還請求訴訟との関係

誤納金は、最初から法律上の原因を欠いている利得であるから、納税者は直ちに不当利得としてその返還を求めることができるが、これに対して、過納金は、有効な確定処分にもとづいて納付ないし徴収された税額であることから、基礎になっている行政処分が取り消され、公定力が排除されない限り、納税者は不当利得としてその返還を求めることはできないと解されている。[41] 課税処分が無効でない以上は、その公定力を排除するために、課税処分の取消訴訟を提起しなければならない。課税処分が存在する限り、その公定力によって、納付税額は適法かつ有効であったのであり、不当利得を構成しないと解される。よって、前述したように、宇賀教授は、損害賠償訴訟を認めると、当該課税処分を取り消すことなく、不当利得の返還請求訴訟を認めたことになるという。[42]

これに対して、前掲広島高裁平成八年三月一三日判決は、「国家賠償法に基づく請求と右過剰徴収の課税処分取消訴訟及び過剰納付相続税の更正請求とはその効果において実質的に同一の面があるが、右両者はその目的、要件を異にしており（この点において、不当利得に基づく過誤納金の返還請求とは異なる。）」と判示する。この判決は、損害賠償請求訴訟と不当利得返還請求訴訟とでは、その取扱いを異にするようであるが、これは過納金に係る大審院以来の判例・通説を意識したものであるとも考えられる（国通法五六条以下、地税法一七条以下参照）。

違法な課税処分にもとづく税額の返還を目的とする国家賠償訴訟及び違法な更正処分にもとづく過納金の返還を求める不当利得返還請求訴訟とは、過大な納付税額の返還を求める点で同一であるが、国家賠償訴訟とで取扱いを異にすることに理論的な整合性はあるのであろうか。国家賠償法一条に規定する請求権の性質と不当利得返還請求権の性質との違いによるものであり、この相違は肯定されるべきであろう。前述したように、国家賠償請求は公務員の責任（故意・過失）が要件になっており、その目的は不当利得返還請求訴訟のそれと大きく異にするといえよう。

小早川光郎教授は、課税処分と不当利得返還請求訴訟との関係について、「実体法的に見る場合、課税要件の存否が不当利得返還請求に対して先決関係を有することは否定されえないであろう。……しかし、現行の租税手続法の全体の仕組を考慮にいれると、別の観点が必要となる。現行法上、課税処分の取消を求めるについては不服申立前置および不服申立期間（ならびに出訴期間）が法律で規定され、また……課税処分の違法をのちの滞納処分の段階で主張することは許されないと解されている。ところで、課税処分の不存在を理由とする不当利得返還請求訴訟は、同じ理由で課税処分に対して提起される争訟と、その目的および機能において重なり合うものである。このような請求が、それ自体として課税処分の効果を否定するものでないとの理由で、課税処分の不可争化ののちに直接裁判所に提起され、課税されうるとすれば、さきのような租税手続法の仕組が結果的において覆されてしまうことは明らかである。そこで、滞納処分に関する争訟との関係で課税処分に認められる〔前述の〕遮断効果が、解釈上、不当利得返還請求に対する関係にも同様に及ぶと解されるべきことになる。一般的に言えば、課税処分の遮断効果は、国が税金を迅速かつ確実に収受し、保有することを目的として、課税要件の存否に関する主張を遮断するものである。したがって、特定の請求または抗弁と課税処分の特定の具体的な効果との法律上の関連を問うまでもなく、結果において右の目的実現を妨げるような請求・抗弁に対して、すべて遮断効果が及ぶと解することには、合理性がある」[43]として、遮断効果から説明される。このような視点からいえば、損害賠償請求はその性質からして、課税処分の遮断効果（国が税金を敏速かつ確実に収受し、保有すること）は及ばないと解さざるをえないであろう。[44]

四　おわりに

以上の見解をもとにすれば、課税処分の取消訴訟と国家賠償訴訟との関係は、二重に過大納付額を損害賠償として、あるいは過誤納金として主張することが許されないまでであって、大上段にその理由として「課税処分の公定力」あるいは「遮断効」などをあえて持ち出す必要はなかろう。国賠認容説が支持されるべきであろう。また、損害賠償訴訟において故意・過失のいう主観的な要件が加重されるか否かについて、原則として、申告納税方式に係る税目の課税処分については故意又は重過失が要求されると解されるが、賦課課税方式のそれについては単純な過失で足りると解すべきであろう。[45]

（1）　最高裁昭和三六年四月二一日判決・民集一五巻四号八五〇頁等参照。塩野宏『行政法Ⅰ』一〇九頁、一一〇頁（有斐閣・一九九一）、藤田宙靖『行政法Ⅰ（総論）〔第三版〕』二〇五頁（青林書院・一九九五）等参照。

（2）　塩野・前掲書一〇九頁等。学説については、上野至「行政訴訟と国家賠償請求訴訟との関係」村重慶一編『裁判実務大系18』一二二頁以下（青林書院・一九八七）参照。

（3）　金子宏『租税法　第六版補正版』三八四頁以下（弘文堂・一九九八）、碓井光明『地方税の法理論と実際』一九四頁以下（弘文堂・一九八六）、西村宏一・小川英明・碓井光明編『法解不動産法—不動産関係税法Ⅱ—』二五七頁以下

（田中治執筆）（青林書院・一九九二）等参照。
(4) 西村宏一他・前掲書二五〇頁以下（田中治執筆）等参照。
(5) 松宮隆『争訟の実務』二七七頁（酒井書店・一九六四）。
(6) 山内一夫・雄川一郎編著『演習行政法』五〇頁以下（山内執筆）（良書普及会・一九七二）。
(7) 宇賀克也『国家賠償法』三七九頁（有斐閣・一九九七）。宇賀克也「強制執行法上の救済手続きの懈怠」（判例解説）行政判例百選（第二版）二八七頁（一九八七）、宇賀克也『ドイツ国家責任法の分析』一六五頁以下（有斐閣・一九八八）もあわせて参照。
(8) 宇賀・前掲書（『国家賠償法』）三八一頁以下。
(9) このような段階での国家賠償訴訟の可否について、人見剛「金銭徴収・給付を目的とする行政処分の公定力と国家賠償訴訟」東京都立大学法学会雑誌三八巻一号一七四頁以下（一九九七）参照。
(10) 塩野・前掲書一一〇頁。
(11) 碓井光明「納税者の租税争訟費用の負担　アメリカ合衆国の例と若干の提案」『納税者の権利』（北野弘久教授還暦記念論文集）三三七頁注(5)（勁草書房・一九九一）。
(12) 村重慶一「国家賠償(1)一般的問題」小川英明・松沢智編『裁判実務体系20』五三六頁以下（青林書院・一九八八）。岩崎政明「課税処分の違法を理由とする国家賠償請求の可能性と範囲」金子宏編『所得課税の研究』四八六頁（有斐閣一九九一）。岩崎教授の見解は碓井説と同じであると考えられる。上野・前掲論文一二四頁は、実質的には更正処分の違法を主張して否定することと同じであるから、許されないと考える余地があろうと述べる。
(13) この問題については、大藤敏「強制競売事件において権利を侵害された者の国の国家賠償請求の可否」（判例解説）西村宏一・幾代通・園部逸夫編『国家補償法大系3・国家賠償法の判例』一九三頁以下（日本評論社・一九八八）参照。この判決の法理については、古崎慶長・民商法雑誌八七巻四号一五二頁参照。
(14) 学説・判例については、大藤・前掲論文一九六頁以下。その他、西村宏一「裁判官の職務活動と国家賠償」判タ一五〇号八四頁（一九六三）、桜田勝義「裁判官の国家賠償責任」法学教室（旧版・復刻版）七号七四頁（一九七五）等参照。

(15) 人見・前掲論文一七四頁以下の否定説の分析もあわせて参照。
(16) 遠藤博也『国家補償法（上）』二一七頁以下（青林書院新社・一九八一）。
(17) 阿部泰隆「取りすぎた税金は返還できないのか？」法学セミナー四三六号七九頁以下（一九九一）。
(18) 古崎慶長『国家賠償法の法理』二七五頁注(1)（有斐閣・一九八五）。
(19) 人見・前掲論文一七五頁、一七六頁。
(20) 宇賀克也・前掲書（『国家賠償法』）三七九頁以下、人見・一六〇頁等に言及がある。
本稿掲記以外の参考判例については、人見・前掲論文一六〇頁以下を参照。

なお、阿部・前掲論文七九頁は、時効にかかった債権と国家賠償との関係を論ずる。法律の規定する消滅時効の効果は損害賠償請求を認めると有名無実に帰し、時効制度の趣旨を没却することになると判示する（東京地裁昭和四一年五月一九日判決・判時四四七号六四頁）。
(21) 本判決の解説としては、占部裕典「地方行政判例解説—土地固定資産税等過剰徴収事件（広島県・広島市）」判例自治一六九号一〇〇頁（一九九八）。一審判決の紹介としては、富岡淳「平方メートル二重書換え事件」民研四四八号二八頁（一九九四）、澤田省三「登記制度と固定資産税課税事務との関係の一断面」判例自治一二八号一一三頁（一九九五）がある。
(22) 占部・前掲判例解説一〇三頁参照。富岡・前掲判例紹介二八頁もあわせて参照。
(23) たとえば、課税処分の公定力を排除することなく、税務調査の違法（手続的違法）を主張して、過大納付税額の返還を目的とした国家賠償訴訟が広く提起されている。
(24) 塩野宏『行政法II（第二版）』二五一頁、二三七頁（有斐閣・一九九四）。ちなみに、同『行政法II』（一九九一）にはこのような主張はない。
(25) 塩野説と同様の見解として、森田寛二教授は、重過失が存するときは国家賠償請求訴訟を認容すべきであると主張される。森田寛二「行政行為の『特殊な効力』」雄川一郎・塩野宏・園部逸夫編『現代行政法大系2巻』一四一頁（注）22（有斐閣・一九八四）。兼子仁『行政法学』一五五頁（岩波書店・一九九七）もあわせて参照。これらの詳細については、人見・前掲論文一六二頁以下参照。

(26) 最高裁昭和四三年六月二七日判決・民集二二巻六号一三三九頁。古崎・前掲論文一二五頁以下。具体的な注意義務の程度については、伊藤進「登記官の注意義務と不動産登記制度（中）」登記研究五〇三号一頁以下（一九八九）が詳しい。高度な注意義務を課すことについて、反対の立場としては、樋口哲夫「登記」前掲『裁判実務体系18』三八六頁以下参照。

(27) 結論において、人見教授の「(この問題は) 金銭ともいうもの特質に由来することであって、取り立てて特にこの場合に処分と公定力との調整を図るまでもない」（人見・前掲論文一七六頁）との見解に賛成である。

(28) この問題については、占部裕典「租税争訟における『更正の請求の排他性』の機能と限界」税法学五一九号三六頁以下（一九九四）参照。総額主義と争点主義の対立については、金子・前掲書六三四頁以下参照。

(29) 国賠肯定説論者は総じてこの点を強調する。人見・前掲論文一七五頁以下参照。

(30) 遠藤・前掲書二一七頁以下参照。

(31) 勧奨による修正申告の問題点については、占部裕典「勧奨による修正申告の誤りに対する救済方法(1)（2完）」六甲台論集三四巻一号一四一頁（一九八七）、八幡大学論集三八巻三・四合併号一一一頁（一九八八）参照。国家賠償請求を認めることにより、ここで指摘する「更正の請求の排他性」による弊害等を除去し、納税者の権利救済を図ることができる。

(32) 本判決の評釈・解説としては、小貫芳信「課税処分の国家賠償法一条一項の違法性」（判例解説）『平成五年行政判例解説』三四五頁（ぎょうせい・一九九四）、三木義一「更正における所持金額過大認定が違法とされなかった例」（判例批評）民商法雑誌一〇九巻六号一五〇頁（一九九四）、山田二郎「所得金額を過大に認定した更正処分が違法であっても国家賠償法一条一項にいう違法がないとした事例」（判例評釈）ジュリスト一〇五〇号一九〇頁（一九九四）等。二審判決（大阪高裁平成元年三月二八日判決・判時一三二四号三七頁）の評釈・解説としては、田中清「課税処分と国家賠償」（判例解説）『平成元年行政判例解説』三四五頁（ぎょうせい・一九九〇）、岩崎政明「課税処分における所得認定の過誤と国家賠償の可否」（判例批判）判例評論三八六号二七頁（一九九一）等参照。

(33) たとえば、津地裁昭和四三年三月二一日判決・訟月一四巻七号七五三頁等参照。

(34) 東京地裁昭和六一年一二月二四日判決・判時一二六〇号六九頁等参照。このような判例の流れについては、小貫・

前掲判例解説三五二頁以下参照。

(35) 学説・判例の展開については、阿部泰隆「国家賠償訴訟における違法と抗告訴訟における違法」塩野宏編『行政法の争点（新版）』一七六頁以下（有斐閣・一九九〇）参照。

(36) 取消訴訟の違法性と国家賠償訴訟の違法性については、仮に、違法性相対説に立ち、行政処分の取消訴訟において争われる行政処分の違法とその処分の違法を前提として国家賠償訴訟において争われる損害を賠償すべき違法性とは異なるといえると解しても（すなわち、国家賠償訴訟における違法とは、要するに、「究極的には他人に損害を加えることが法の許容するところかどうかという見地からする行為規範性」を内容とする（遠藤・前掲書一六六頁）。したがって、国家賠償請求訴訟の違法性の判断においては、単に行政処分の法的要件の充足性の有無（取消訴訟における違法性）を審理するだけで足りず、さらに被侵害利益の種類、性質、侵害行為の態様及びその原因、行政処分の発動に対する被害者側の関与の有無、程度並びに損害の程度等の諸般の事情を総合判断する必要があるという（上野・前掲論文一二六頁））、税務行政においてはこのような見解は当てはまらない。課税処分の違法性の判断（取消訴訟における違法性）は、租税法律主義のもと単に行政処分の法的要件の充足性の有無を審理するだけで足りると考えられることから、実質的に課税処分の取消訴訟と目的を同じくする損害賠償請求の場合において、その違法性の審査は同じであるといえよう（古崎・前掲書二七七頁以下（「行政訴訟と国家賠償訴訟」判例タイムズ別冊二号（一九七六年）初出）参照）。違法性は同じであるといえる。

(37) 金子・前掲書五二七頁、六五九頁等参照。

(38) 最高裁昭和三九年一〇月二二日判決・民集一八巻八号一七六二頁等参照。この最高裁判決については、占部・前掲論文(31)（六甲台論集三四巻一号）一四三頁参照。

(39) この問題については、占部・前掲論文(28)五五頁以下参照。

(40) 占部・前掲論文(28)五六頁参照。

(41) これは大審院以来の判例・通例である。金子・前掲書四九八頁。田中二郎「公法上の不当利得について」『公法と私法』五三頁（有斐閣・一九五五）参照。

(42) 宇賀・前掲書（『国家賠償法』）三一八頁。

なお、租税の賦課処分と不当利得返還請求訴訟の関係も、公定力の効果としてではなく、それとは別個の遮断効の問題として理解するものとして、小早川光郎「先決問題と行政処分」『公法の理論（下）』（田中古稀記念）三七三頁以下（有斐閣・一九七六）。

(43)　小早川・前掲論文三九一頁、三九二頁。

(44)　小早川教授は、この問題について、とりあえず結論を留保されている。小早川・前掲論文三九七頁注(2)。人見前掲論文一五八頁もあわせて参照。

(45)　本稿では、取消訴訟の判決の既判力の問題については言及しなかった。この問題は、仮に行政処分が取消訴訟によって違法であることが確定されて取り消された後に、被処分者である原告が国家賠償訴訟を提起したとき、被告国又は地方団体は取消訴訟の判決の既判力に妨げられて処分の適法性が主張できないか、あるいはこの逆に、行政処分が取消訴訟によって適法であることが確定された後に、被処分者である原告は国家賠償訴訟を提起したとき、被告国又は地方団体は取消訴訟の判決の既判力に妨げられて処分の違法性が主張できないか、ということである。

「既判力は、前訴で判断済みの事項が後訴において直接の内容として判断される場合に限らず、後訴の請求の先決問題である場合にも、裁判所は、既判力に反する判断をすることは許されない」（斉藤秀夫『民事訴訟法概論』四〇五頁（有斐閣・一九六九）。取消訴訟の訴訟物は行政処分の違法性一般であるとして、個々の違法事由については生じないと解されていることから（緒方節郎「課税処分取消訴訟の訴訟物」実務民訴九七頁。最高裁昭和四九年四月一八日判決・訟月二〇巻一一号一七五頁等参照）、取消訴訟の確定判決（請求認容と請求棄却の判決）の既判力は個々の違法事由ごとに生ずるのではなく、行政処分が適法であること、違法であることについて生ずると解されている（近藤昭三「判決の効力」田中二郎・原龍之助・柳瀬良幹編『行政法講座第三巻』三三三頁（有斐閣・一九六四）等参照）。

東京地裁昭和三九年三月一一日判決・訟月一〇巻四号六二〇頁は、課税処分の取消訴訟で課税処分が違法と判断された場合には、右確定判決の既判力により、国家賠償訴訟において、被告は課税処分が違法でないと主張できない、としている（上野・前掲論文一二九頁参照）。税務訴訟における訴訟物については争いがあるが、通説のいうように違法性一般であると解すると上記の結論を支持することになろう。

この問題は、確定処分に対する争訟の対象を総額主義的に解するか、争点主義的に解するかという問題と関連して、興味ある論点を提供する。

第二三章　虚偽の更正の請求による逋脱犯の既遂時期について

――納期説再考の手がかりとして――

一　はじめに

各種租税逋脱犯に共通の構成要件は、偽りその他不正の行為により税を免れたことである（所法二三八条一項、法法一五九条一項、相法六八条一項等）。逋脱犯は、構成要件上、一定の結果の発生を必要とする実質犯（結果犯）であり、しかも未遂処罰の規定はないので既遂のみを処罰の対象としている。しかし、何をもって「税を免れた」とするか、すなわち結果の発生ありとするかについては、かねてより、学説・判例の対立があった。

逋脱犯の既遂時期を巡るこれまでの議論の中心は、法定申告期限前の虚偽申告逋脱犯、無申告逋脱犯、法定申告期限後の虚偽申告逋脱犯に係る逋脱類型についてであった。法定申告期限後における虚偽申告以外の「偽りその他不正の行為」による逋脱犯の既遂時期については、判例も乏しいこともあり、学説上も十分検討されたものとはいえなかった。しかし、最近、正当税額による確定申告後に内容虚偽の更正の請求書を提出することにより逋脱犯が成立するか否かが争点となった興味深い判決が続いている。そこで本稿では、これまでの申告納税方式のもとでの逋脱犯の既遂時期に関する学説・判例を念頭においたうえで、虚偽の更正の請求書の提出という新たな類型の「偽りその他不正の行為」による逋脱犯の既遂時期を検討し、逋脱犯の既遂時期を巡る問題再考のための端緒としたい。

本稿で取り上げる中心判例は、東京地裁昭和六一年三月一九日判決（判時一二〇六号一三〇頁）（以下、①判決という。〕、東京地裁昭和六一年四月一五日判決（税資一七二号一八五四頁）、ただし、この二判決に係る脱税請負人（共犯）に対する東京地裁昭和六一年四月一五日判決・判時一二〇七号一三七頁参照）〔以下、②判決という。〕である。

二　問題の所在――東京地裁判決を通して

1　東京地裁判決の概要

事例設定と問題抽出の意味を兼ね、まず、①②判決の事案をみることにする。

〔①判決の事実〕　被告人（X_1）は実父Kの死亡により共同相続（九人）したが、Aらと共謀のうえ、架空債務を計上し（KがAに債務を有し、全額をX_1が相続により負担するようになったとした。）、虚偽の相続税申告書（申告額一億円余、なお正規の税額一億九、〇〇〇万円余）を提出した。しかし、この債務の存在を他の相続人に疑われたため、一旦共同相続人と右債務を均分負担として修正申告書（申告額一億六、〇〇〇万円余）を提出した後、さらにAらと共謀のうえ、架空債務等を計上し、税額四百万円余となる旨の内容虚偽の更正の請求書を提出したが、課税庁から減額更正を得るには至らなかった。

〔②判決の事実〕　被告人（X_2）は、自己の相続税額が二億一、〇〇〇万円余であるとする相続税確定申告書を提出していたが、法定申告期限後Bらと共謀のうえ、架空債務等を計上して税額三、五〇〇万円余とする旨の内容虚偽の更正の請求書を提出し、課税庁から減額更正を得て、その結果一億八、五〇〇円余の相続税を免れた。

①②判決の事案の主たる相違点は、①判決の事案が修正申告に係る税を免れるものであるのに対し、②判決の事案は期限内確定申告に係る税を免れるものであること、及び①判決の事案においては虚偽の更正の請求により減額更正が行われていないのに対し、②判決の事案においてはそれにより減額更正が行われていること、である。ただし、前

者の相違点については、内容虚偽の更正の請求書の提出による逋脱犯の既遂時期を論じるにあたっては①判決の事案も②判決の事案同様、確定申告により正当税額が既に確定していると事案設定して議論を進めても問題はない(1)。

①②判決事案の争点は、逋脱犯の既遂時期そのものというよりもその前提たる逋脱犯の保護法益であったが、この問題は逋脱犯の既遂時期のそれと密接不可分である。検察官は、逋脱犯の保護法益を、申告納税制度を前提に、申告により抽象的租税債権を具体的租税債権に確定させる段階（法定申告期限）における内容の真実性を保護法益とした犯罪であるとして、①判決の事案については詐欺罪の未遂を、②判決の事案については詐欺罪の既遂を主張した（予備的訴因相続税法違反）。

〔①②判決の要旨〕　①②判決は、逋脱犯は具体的に租税債権が確定した後において、「偽りその他不正の行為」によりその義務の履行を免れることにより租税収入の減少をきたす場合をも保護法益とした犯罪であるとし、①判決も②判決も、逋脱犯の既遂が成立すると判示した。

すなわち、ともに次の理由により、①判決は、課税庁による更正処分のいかんに拘わらず虚偽の更正の請求により修正申告による税額から更正の請求による税額を控除したものから、さらに虚偽の相続税申告書を提出し、法定納期限を徒過させることにより成立している先の逋脱犯との重複部分（修正申告税額から当初申告税額を引いた額）を控除した九千六百万円余につき、逋脱犯（既遂）が成立する、②判決も同様に一億八、〇〇〇万円余につき、逋脱犯（既遂）が成立すると判示した。

(1)　逋脱犯の原則的犯罪類型は、申告納税制度のもとでは申告時に虚偽過少申告により税を免れることであるが、申告により具体的租税債権の確定が妨げられても直ちに租税収入の減少につながらず（正当税額が申告されれば、更正を経ずにたやすく納税義務の履行・強制ができるという限りでは意味がある。）、税の確定手続は納税義務の履行ないし強制への一過程にすぎず、「納税義務の適正な履行」そのものではなく、結局、逋脱犯の構成要件上も申告時における確定妨害を要件とするものではない。

(2)　申告納税制度においても、納税者の申告による納付税額の確定はあくまで原則であり、場合によっては決定、更正により確定するのであるから、申告による税額の確定はその後の課税庁による行政処分による確定がない場合の一応のものであるということができ、一旦申告により納付税額が確定し一応具体的租税債権に転化した後も、不正行為によりその義務の履行を免れることによって租税収入の減少をきたす場合には、法は逋脱犯として処罰することを予定している。

(3)　法人税法一五九条一項は、「第七四条一項第二号（確定申告に係る法人税額）（中略）に規定する法人税の額につき法人税を免れ」と規定し、あたかも逋脱犯は確定申告時における逋脱行為に限定して成立するかのようであるが、同法七四条一項二号と統一的にこの規定を解釈すると、「正当な税額計算の方法により計算した法人税額」を免れの意味に理解され、逋脱犯の対象となる行為を確定申告時のそれに限定することはできない。

(4)　納付済みの税額に係る不正受還付罪の規定（所法二三八条一項及び法法一五九条一項）は税の納付により国の租税債権が消滅した後において、新たな事実を主張して国から不正に還付を受ける点で通常の逋脱犯の類型に入らず、詐欺罪に酷似するが、通常の逋脱犯同様行政犯的性格を持っていることより逋脱犯の一類型として規定しているのであるから、それらの規定に比べて、虚偽の更正の請求による逋脱犯は更正の請求にもとづく不正受還付罪の規定（旧物品税法四四条一項二号参照）がなくとももより逋脱犯の類型に親しむものである。

(5)　申告納付制度に伴う旧相続税法の改正は、罰則を所得税法と統一的に整備したにすぎないものであり（申告納税制度導入前においても所得税法は未遂を処罰する規定がなかったが、一方旧相続税法二四条は未遂も処罰対象としていた）、逋脱犯の対象となる行為を特に税額確定前の行為に限定する趣旨ではなく、現にこのことは立法担当者の解説等によっても明らかである。

2　問題点

以上の①②判決は、逋脱犯の保護法益は何か、すなわち「税を免れた」の本質は何かと絡んで、虚偽の更正の請求という、新たな「偽りその他不正の行為」の態様による既遂時期をどのように解するのかという問題をあらためて提示する。(2) すなわち、これまで逋脱犯の既遂時期を巡る議論は、納期説と確定時説（今日では後述するように申告期限説に受け継がれている。）に集約され、これらの税の理論的帰結として、既遂時期は画一的に導かれるような感を呈していたが、学説上、納期説によろうとも確定時説によろうとも、虚偽の更正の請求による逋脱類型に類似している「偽りその他不正の行為」による逋脱類型（後述③事案等）をみる限り、その結論は論者によりまちまちであり、本事案においても両説からそれぞれ統一的な結論は出てこないものと思われる。①②判決は後述するように納期説によったものであるが、学説上納期説においてもこのような逋脱犯類型は十分に議論しつくされたものではなく、逋脱犯の結果発生が①②判決でいう時期になるのかなお検討が必要である。この点、確定時説に立っても事情は同様である。

そこで今日、逋脱犯の既遂時期を巡ってはその理論的基礎について未だ検討の余地を残しており、その再考のうえに立ってあらためて、法定申告期限後の虚偽申告以外の不正行為による逋脱犯の既遂時期を考える作業が必要である。

なお、本稿で論じようとする態様（①②判決のような事案）と類似すると考えられる逋脱犯の態様としては、たとえば、正当税額での確定申告後になされた課税庁の税務調査の際に虚偽答弁等をすることにより減額更正処分を受ける場合（以下、③事案とする。この場合、虚偽答弁等の罪（所法二四二条八・九号、法法一六二条二・三号、相法七〇条三・五号等）と、逋脱犯が成立するとした場合の罪数は別途考察を要する。）、無申告で法定申告期限を徒過し、課税庁の決定を受けたが、虚偽の異議申立て等をすることにより減額更正を受ける場合（以下、④事案とする。単純無申告罪（所法二四一条、法法一六〇条、相法六九条等）と、逋脱犯が成立するとした場合の罪数は、別途考察を要する。）、過少申告により課税庁の更正を受けたが、虚偽の異議申立て等をすることにより減額再（再々……）更正を受ける場合（以下、⑤

事案とする。）等がある。単純無申告で法定申告期限を徒過したものが、後日「偽りその他不正の行為」により虚偽期限後申告を行う場合（逋脱犯が成立すると解した場合、期限経過により成立している単純無申告罪との罪数については、④事案同様別途考察を要する。）、単純過少申告後、逋脱の意図で虚偽過少申告を行う場合（たとえば、一千万円の申告漏れ所得に法定申告期限後気付いたが、そのうちの五百万円だけ上乗せした虚偽過少申告を行う。）等も、法定申告期限後に「偽りその他不正の行為」の態様が納税者の再度の確定行為を伴わず、課税庁の更正、決定等の行政処分により課税標準等又は税額等の確定がなされる点で、これらの上記事案とは異なる。

三　逋脱犯の既遂時期を巡るこれまでの議論

1　学説の動向

逋脱犯の既遂時期を巡ってはこれまで大きく分けて確定時説と納期説の対立があった。しかし、その内容は論者により必ずしも一様ではない。以下、時代を追って学説を概観する。

昭和二二年以降、税制の大幅な改正が行われたものの、逋脱犯の構成要件に関する規定はその表現においてほとんど改正を見なかったが、罰則のもつ意義は大きく形式犯から実質犯へと変化を遂げた。この時期までにおける「税ヲ逋脱シタル」の意義については、「租税を逋脱すると言えば、納むべき租税を不正手段を以って納めないで済ませること」(3)と広く解されており、いわゆる納付説（納期説ともいう。）によっていたとされている。(4)

しかし、昭和二二年からの申告納税制度のもとにおいて、まずその当時の行政見解として昭和二四年に津田実氏（当時法務府検務局経済第二課長）が、税を免れたというのは納税者が税の収納を減少せしめる結果を生ぜしめる事実を発生せしめたということであり、逋脱の結果たる税の具体的減少事実は課税標準等の確定を誤らせた場合に発生するとして、いわゆる確定時説（申告時説、債権確定説、確定申告提出時説ともいう。）を説いてから、[5]この見解が学説上も行政上の取扱いをも支配していたといえよう。[6]

これに対して、昭和二九年に河村澄夫判事は、納税義務の確定自体は、単に納税義務の履行ないし強制への一過程にすぎず、決して納税義務そのものではないので正当税額による確定があっても直ちに納税義務の履行があったとはいえないし、また逆に納税義務が不当な内容をもって確定され又は法の期待する時期に確定されなかったからといって直ちに納税義務の不履行であるといえないと述べ、法の期待する時期（法定納期限）にその正しい履行がなされないときにはじめて当該租税の収納減少の事実が現れるとして、申告納税制度のもとにおいても納期説（納期限経過時説）を唱えた。[7]

このような納期説の再現に対し、昭和四三年に田中二郎博士は、確定時説を押し進めたかたちで、租税を免れるとは、租税請求権を侵害し、租税法に定める租税収入を得さしめないよう確定させることであるので、よって逋脱犯の成立時期は、租税法の予期する申告等の期限であり、その期限までに適正に納付すべき税額の確定がなされないことによって逋脱犯が成立するとして、申告期限説を説いた。[8]また、昭和四五年には、堀田力検事が、租税債権の確定は租税債権実現のための要件にすぎないから、逋脱犯の発生を租税債権の不確定に求めるのは理論的ではなく、その不実現（租税債務が法の期待どおりに履行されないこと）という実害に逋脱犯の法益を求めるべきであるとした。そして、基本的には納期説によりながらも、税額の確定を逋脱犯の構成要件上不可欠の要件とし、逋脱の結果は、法が法定申告期限を定めることにより期待している租税債権の実現を、法の期待する内容において確定させないことにより（確定時説、申告期限説を配慮している。）、侵害したときに発生すると説いた[9]（以下、「折衷説」という。）。

しかし、その後昭和五四年に小島建彦判事は、この堀田検事の解く折衷説に疑問を呈し、税の履行にとって税の確定手続は不可欠であるが、不履行を考えるうえでは要件ではなく（もともと、確定手続の制度は租税債権の成立・実現のために不可欠ではなく、徴税行政上の便宜から存在する。)、確定手続を離れて課税要件を認定することも可能であるし、租税債権が成立していれば、確定手続がなくとも侵害は可能であるとして、河村判事の納期説を補強した。すなわち、小島判事は、「税を免れた」とは抽象的租税債権(賦課権)の侵害である(これに対して、小島判事は、確定時説のそれは確定手続の妨害、すなわち不正行為による過少な税額の確定がなされ、徴収権が侵害されたことであるとする)と説き、河村判事の納期説を支持する。(10)

現在、法定申告期限内であれば確定申告書の差換えが実務上も学説上も可能であると解されていることから、当初の確定時説によったとしても法定申告期限経過時まで逋脱犯は成立しないと考えられる(よって実務も確定時説から申告期限説に改められたと考えられようか。そこで、以下、特に断らない限り、確定時説をこのような意味で用いる。)。その結果、申告期限説、折衷説、納期説における逋脱犯の既遂時期は、原則として法定申告期限(申告期限説)と法定納期限(折衷説、納期説)が一致している(所法一二〇条一項と一二八条、法法七四条と七七条、相法二七条一項、二八条一項と三三条等参照)ため法定申告期限(あるいは法定納期限)前の不正行為による逋脱犯については差がない。ただし、例外的に法定申告期限と法定納期限が異なる場合(たとえば、国税通則法一一条による法定納期限の延長)には、その学説の相違がはっきりする。

学説上、既遂時期に差をもたらすのは、単純無申告により法定申告期限(法定納期限)を経過した後の不正行為等による逋脱犯の既遂時期である。

このような場合の既遂時期について、津田氏は、虚偽の期限後申告をなしたときはその期限後申告時、税を免れる意図のもとにその単純無申告を利用し二重帳簿の作成・虚偽答弁等の不正行為をなしたときはその行為時であるとする。(11)

同様に確定時説に立つ忠佐市氏は、単純無申告の後に虚偽の申告をなしたとき、その他の積極的な詐欺不正の行為

がありそれが外部に現れたときは、そのときに逋脱犯の既遂ありとする。(12)

河村判事は、単純無申告の後、虚偽の期限後申告あるいは期限後課税庁の調査にあたり、虚偽答弁をするなど、これら不正行為が行われた場合、先になされた租税の不納付という不行為とあいまって、その不正行為のときに、初めてそこに租税逋脱の意思の確定的な発現があり、逋脱の結果が発生するとする。(13)

田中博士も、単純無申告を逋脱犯としない趣旨は、積極的な不正行為がない限り、逋脱犯の構成要件に該当しないとするにとどまり、不正行為が申告期限前になされることまで要求するものとは解されないとして、同様の結論に立つ。(14)

いみじくも、確定時説と納期説がこの限りでは結論を同じくするのであるが、虚偽過少申告以外の不正行為による逋脱犯につき、河村判事（納期説）は、確定時説を貫くときは不正行為のときではなく、決定等の確定の時であるとして、確定時説を批判する。(15)

堀田検事（折衷説）は、構成要件上、確定手続を不可欠であるとするので、虚偽期限後申告については申告時、それ以外の不正行為によるものについては課税庁による決定等の処分時とする。(16)この結論は、納期説からも、確定期限及び納期限は法定納期限徒過後も刻々と到来しつつあると考えることにより導き出すことができるとし、期限後における虚偽申告以外の不正行為による逋脱犯の既遂時期に係る納期説の見解が、もし法定申告期限の徒過をもって結果の発生があり、その後に不正の行為が行われることによって構成要件がみたされるとするのであれば、それは不正行為と結果発生の因果関係を無視するものであると批判する(17)（なお、この批判は、津田、忠両氏の確定時説にも同様に向けられるべきであろう。）。

小島判事は、この納期説に対する批判に対し、堀田検事の批判を受け入れたうえで、「納期限を徒過した場合には課税上の債務不履行は成立するが、不正行為がない限り、構成要件要素としての『税を免れた』ことの内容をなす不履行が成立したとはいえない。しかし、納税義務者としては、納期限後においても、租税債権が除斥期間経過等によって消滅するまでの間履行義務を負うもので、このような履行適状にある限り、不正手段によって確定的に納付しない新たな措置をとるときは、そこにはじめて「税を免れた」結果の発生を見出すことができる。」として、それを当該不正行為時であると解する。(18)

以上の学説の概要をみるに、確定時説、申告期限説、折衷説及び納期説は、法定申告期限前の不正行為による逋脱犯、虚偽期限後申告による逋脱犯の既遂時期について結果的に時を同じくし異論はみないものの、法定申告期限後における虚偽申告以外の不正行為による逋脱犯の既遂時期については説明あるいは結論を異にするといえる。

2　虚偽の更正の請求による逋脱犯の既遂時期に係る学説

更正の請求制度（現行規定は国通法二三条）が導入された時期は各税法により異なる。たとえば、所得税法については昭和二二年、相続税については昭和二五年、法人税法については昭和三四年である。これまで、虚偽の更正の請求による逋脱の結果発生に直接言及した論文はほとんどない。

しかし、虚偽の更正の請求による逋脱が、③④⑤事案と同様、法定申告期限（納期限）後における虚偽申告以外の不正行為による逋脱類型に含まれることから、この類型に係る議論が参考になる。以下、この点の議論を中心にみていく。

津田氏は、法定申告期限時に単純無申告であった納税者に対する課税庁の決定（当時の所得税法四四条二項の仮決定、四六条四項の決定等）に対して、納税者が不当に税を免れる目的で再調査の請求（同法四八条一項）あるいは審査の請求（同法四九条一項）をなした場合（④事案に類似）には、誤った決定がなされた時が逋脱の結果発生であるとする。(19)

①②判決をこれと同様に解すると、その既遂時期は、内容虚偽の更正の請求書を提出し、課税庁による調査の結果、

減額更正がなされた時点ということになろう。

忠氏は、上記と同様の事案（④事案に類似）において、「虚偽の事実を主張して、その主張するところによれば、正当の税額の納付義務を減少ならしめたとき」（忠氏は、一説には再調査又は審査の結果により過少税額が実現したときに既遂になる見解もあるとコメントしている。）に逋脱犯が成立するとする。[20] この趣旨は明確ではないが、コメントと併せ読むと、①②判決の既遂時期は内容虚偽の更正の請求書を提出した時点ということになるのであろうか。

河村判事は、同様の事案、すなわち単純無申告後の課税庁の決定に対して虚偽過少の税額を主張して無調査請求（旧所得税法四八条）等をすれば、その再調査請求のときに逋脱の結果が発生すると解する。[21] すると、①②判決の既遂時期は、内容虚偽の更正の請求書提出時ということになろう。

確定時説に立つ戸塚岩夫氏（当時国税庁査察課長補佐）は、更正の請求による逋脱犯の成立に直接言及するが、確定時説に立ったうえで、虚偽の更正の請求により減額の行政処分がなされたときに逋脱の結果が発生すると解する。[22]

堀田検事は、期限後における虚偽申告以外の不正行為による逋脱犯は、課税庁による決定等の処分時に既遂になると解する。[23] すると、①②判決の既遂時期は減額更正処分時ということになろう。

小島判事は、期限後不正行為による逋脱犯のうち、(a)税務官吏に対する不正工作による逋脱犯は、税を免れるため、税務官吏に対し、欺罔、脅迫、贈賄等のはたらきかけを行って課税処分の免脱工作をしたとき（不納付が確定的に表現されたとき）、(b)課税処分騙取等による逋脱犯（課税処分を予想し調査に対して虚偽の申立てをし、あるいは虚偽の審査請求をなし、過少の税額確定の行政処分を受ける。）は、行為時説と処分時説が考えられるが、処分騙取を企てたものについては、詐欺利得罪に準じ、課税庁の処分のときに既遂に達すると解する。[24] すると、虚偽の更正の請求による逋脱犯は後者に該当するので、①②判決の既遂時期は減額更正処分がなされた時点ということになろう。

虚偽の更正の請求による逋脱の結果発生に係る学説を整理すると、申告時説、折衷説においては減額更正処分時

（ただし、忠氏の趣旨は不明である。）、納期説においては内容虚偽の更正の請求書提出時と減額更正処分時に分かれることになりそうである。

3　判例の動向

申告納税方式による直接税の分野において、納期限前の不正行為による逋脱犯の既遂時期については、当初は確定時説に立つものが多数を占めていたが、昭和二六年を境に申告期限説あるいは納期説に立つ判例が主流を占めるに至った。申告期限説か、納期説かについては、原則的に法定申告期限と法定納期限が同一であるため、現実の既遂時期を巡って差は生じないが、①法定申告期限を徒過した場合に、徒過と同時に逋脱犯が既遂となるとするもの（東京高裁昭和五二年一〇月二六日判決・税資一〇〇号一三七七頁等）、②法定納期限の経過によって逋脱犯が既遂となるとするもの（東京高裁昭和四五年五月六日判決・税資六四号五八五頁等）、③確定申告時期又は納期の経過時に逋脱犯が既遂となるとするもの（甲府地裁昭和五一年一〇月四日判決・税資九三号一四〇一頁等）など、その既遂時期を巡る文言は多様である。

しかし、判決が申告期限説か納期説かについては、最高裁昭和三六年七月六日判決（刑集一五巻七号一〇五四頁）が、「法人税の収納がないときは政府は収納の減少を来たし納税義務者より見れば法人税を免れる結果となるから、法人税法第四八条第一項の逋脱犯は納期の経過により既遂犯となるものと解する。」とする原審東京高裁昭和三五年四月二八日判決（刑集一五巻七号一〇七五頁）を支持して以来、判例は納期説に固まったと一般的には評価されている。(25) だが、上記最高裁判決は、逋脱犯の成立後修正申告をしても逋脱犯の成立を妨げないとする前提として、既遂時期に言及したにとどまり、申告期限説と納期限説とが争点になった判決ではないため、その射程距離がそこまで及ぶかなお疑問があろう。(26)

しかし、最近は、法人税を正当税額で申告期限内に確定させた場合でも事前の不正行為により税を免れたならば、逋脱犯の成立する可能性を免れないとするもの（東京高裁昭和五九年三月二八日判決・判タ五二六号二四九頁）、①②判決（これら判決の分析については、後述四、1参照）のように明らかに納期説に立脚する下級審判決（ただし、小島・納期説とは結論を必ずしも同じくしない。）が増えつつある。

なお、納期限後の不正行為による逋脱犯の既遂時期を巡っては判例は限られているが、期限後虚偽過少申告による逋脱犯は申告のときに既遂となるとするもの（東京地裁昭和三三年一一月二一日判決・税資二七号二七〇頁等）、期限後における虚偽答弁により、法人税を過少に誤認させ、過少に法人税を決定させたときは、その決定のときに既遂となるもの（神戸地裁昭和三〇年一二月二七日判決・税資二八号三四三頁、控訴審・大阪高裁昭和三一年一一月二六日判決・税資二八号三二三頁）がある。虚偽の更正の請求による逋脱犯の成立を争った判例は、本稿①②判決を除いて公刊されたもののなかには見当たらない。

四　納期説に対する批判

1　東京地裁判決の分析

逋脱犯の保護法益について、検察官は、逋脱犯が抽象的租税債権を具体的租税債権に確定させる段階における内容の真実性を保護法益としたもの、いわゆる狭義の確定時説と解しているが、そのような学説がいつから誰により主張されてきたかは定かではない。確定時説においてさえ、このように保護法益を限定したことはなく、この点に異論をさしはさまない。(27)

現行国税通則法は、申告納税制度のもとで一次的には納税者が法定申告期限までに課税標準等又は税額等（租税債務）を自ら確定することを義務づけているものの、二次的には法定申告期限後も継続的に課税標準等又は税額等を適正に修正する権限を納税者に与えている（国通法一九条、二三条参照）ことから、納税者自らが二次的な確定権（期限後申告）により、又は納税者が課税庁の確定権（決定、更正）を行使させることにより税を免れることは可能である。法定申告期限等の租税債権確定段階における内容を逋脱犯の保護法益として限定することは明らかに不合理である。前述（二、1）の判決理由の(3)(5)も広く学説においても肯定されており、異論をみないところであろう。[28] その結果、法定申告期限後も、逋脱犯が成立するとする点で前述の判決理由(1)(2)の結論は妥当である。

なお、検察官による詐欺罪成立の主張に対して、判決は、前述の判決理由の(4)において法人税法一五九条一項が欠損金の繰戻しによる不正受還付による逋脱犯を特別に規定した趣旨を、税の納付により国の租税債権が消滅した後において、新たな事由を主張して国から不正に還付を受ける点において通常の逋脱犯の類型に入らないが、納付前の税金を免れる行為と同様の行政的性格をもっていることから逋脱犯の一類型としたとしているが、更正の請求も正当税額が既に完納された後になされる場合には不正受還付犯と逋脱類型は酷似するのであり、判決理由(4)には説得力がないと思われる。

次に課税標準等又は税額等の確定を逋脱犯の成立にあたって、どのように評価しているかであるが、①判決は、「ほ脱犯の構成要件上……確定妨害を要件とするものとは解されない」とし、課税庁による減額更正処分のいかんに拘わらず逋脱犯の既遂が成立するとしているところから、折衷説でないことは確かである。①②判決が、抽象的租税債権が納税者の申告により具体的確定を妨げられたことが直ちに租税収入の減少につながらない結果、「税の確定手続は、納税義務の履行ないし強制への一過程にすぎず、『納税義務の適正な履行』そのものではない。」とする（この表現は、昭和二九年の河村論文〔注（4）〕における表現と全く同一である。昭和五四年の小島論文〔注（2）〕も前述したように全く同様の、この河村判事の文言を引用し、納期説を支持している。）ことから、河村・小島判事の説く納期説を念頭においていることに異論はなかろう。

ただし、これら東京地裁判決が納期説に立つことは間違いないとしても、前述したように法定申告期限（納期限）徒過後の不正行為による逋脱犯の既遂時期については河村・納期説と小島・納期説で見解に相違があったところ、①判決をみるに既遂時期から単純に判断すると河村・納期説になりそうである。しかし、①判決が、内容虚偽の更正の請求書を提出し、これを受理した町田税務署担当者に対し、請求書の内容が真実であるかのように欺罔工作を行った時点で、法の期待する正しい納税義務を履行しない意思が確定的に表現されたと判示しているところ、判決のいう実行行為を税務職員に対する不正工作による逋脱犯の類型（小島判事のいう前掲(a)類型）に該当するとすれば、小島・納期説ということにもなりそうでもあり、この点判決は明らかではない。

2　納期説に対する疑問

前述したように、最近の判例は納期説に立つものが増えつつある。この傾向に拍車をかけたのは小島論文であろうことは推測に難くない。しかし、納期説には、つぎのような問題点があると考えられる。

(1)　納期説は、租税債権が成立していれば確定しなくとも侵害の客体となることができ、たとえば不申告脱税のように何ら確定手続を経ない脱税も可能であるとする。(29)しかし、納税義務のある者が、虚偽申告であればもちろんのこと、単純無申告であっても法定申告期限を徒過することにより、国税通則法上、申告義務（国通法一七条、所法一二〇条、法法七四条、相法二七条等）違反（確定手続の妨害）が生じ、不作為により租税債権を正当に確定せしめないことにより抽象的租税債権は具体的租税債権に転化するのである。

この点についてはかねてより堀田検事が逋脱犯の構成要件上、確定せしめないことという要素が不可欠であると主張しているところであるが、(30)不作為による確定を含む確定概念は逋脱犯の構成要件要素として存在するといわざるをえない。納期説（特に小島判事）は抽象的租税債権を前提とする賦課権の侵害も可能であるが故に確定していなくとも既遂になるとするが、納期説といえども法定納期限前に逋脱犯の成立を認めるものではないと考えられるので、暦年（所得税）、事業年度（法人税）等の終了による抽象的租税債権の成立と法定納期限との間には「確定（作為・不作為）」というスクリーンを通らざるをえないものと思われる。納期説のいう不申告脱税の場合には抽象的租税債権のみでなく、具体的租税債権も考慮されているのである。

(2) 正当税額で一度申告すると、法定納期限までに税を納付したか否かを問わず逋脱犯は成立しない（滞納は別途徴収上の問題である。）のは当然であるが、その後本稿の①②判決のように新たに逋脱行為を行う場合、納期説が原則的に逋脱犯の既遂時期とする不正行為の時には抽象的租税債権も具体的租税債権も正しい履行がなされており、すなわち納期説のいう租税減少の事実は現れておらず、賦課権の侵害は発生していないといわざるをえない。逋脱犯は危険犯ではなく結果犯であり、その成立には「税を免れた」という要件が必要である。①②判決のような場合について、納期説の見解からは、法定納期限前の不正行為による逋脱犯の既遂時期と法定納期限後の不正行為による逋脱犯の既遂時期につき理論上矛盾が存在する。

さらに、小島判事は、法定納期限後の不正行為による逋脱犯につき、前述のように(a)と(b)の類型でその既遂時期を異にするが、仮に納期説の見解を前提としてもなぜ後者の場合のみ詐欺利得罪に準じ、課税庁の処分があったとき（確定時）に既遂になるとするのか明らかでない。

(3) 単純無申告による逋脱については、これまで逋脱の意思によりなされた無申告は不正行為に該当せず、単純無申告罪によって処罰されるにすぎない（最高裁昭和三八年二月一二日判決・民集七巻三号一八三頁等参照）と解されてきた[31]が、申告納税方式が定着し、納税倫理が高まった今日、無申告が不作為ないし消極的行為であるということの一事をもって、「偽りその他不正の行為」に該当しないと解することは相当ではなく、無申告という不作為も他の偽計その他の工作とあいまって不正行為として評価できると解されている（最高裁昭和四二年一一月一八日判決・刑集二一巻九号一一九七頁）。[32]そこで、多くの場合、逋脱の意図を伴う無申告は現実に逋脱犯として処罰しうるであろうが、さらに、国民の間に納税倫理が定着してきた以上、逋脱の意図をもってする無申告は社会通念上それ自体不正行為に該当し、逋脱犯として処罰しうると解すべきであろう。

すると、単純無申告罪は、逋脱の意図を伴わない無申告、あるいは逋脱の意図が存しても少額の税を逋脱するための無申告の場合に成立するにすぎず、単純無申告による租税債権の確定妨害の結果生じる租税債権の侵害は、形式犯としての単純無申告罪及び法定申告期限後あるいは法定納期限後の確定行為（決定、申告）により生じる附帯税の賦課により評価しつくされることになろう（仮に、単純無申告罪の成立を前掲最高裁昭和四二年一一月一八日判決と同様に広く解しても、理論的には同様である。）。

よって、田中博士の説くように単純無申告を逋脱犯としない趣旨を限定的に解することもできないし、また単純無申告で納期限を徒過した後、これを奇貨として不正行為を行った場合に、堀田検事のように徴収権の消滅時効（国通法七二条）まで租税債権が正しく確定されることが期待されていることから、あるいは小島判事のように更正の除斥期間（国通法七〇条）まで租税債務が履行適状にあることから、不正行為時に「税を免れた」結果の発生を見出すことができるとする見解[33]も支持できないと考えられる。しかし、この点については、なお十分な検討を要する。

(4)　納期説（小島判事）は、逋脱犯の保護法益は課税権のうちの賦課権であり、抽象的租税債権を前提とする賦課権の侵害をもって逋脱犯の成立をも認める。しかし、現行の申告納税制度において租税法律主義のもとで課税要件の充足によって機械的に（暦年、事業年度等の終了によって）成立した抽象的租税債権を確定する行為は、一次的に法が予定しているのは納税者による確定行為（期限内申告）であり、二次的に法が予定しているのは賦課権（法定申告期限の経過により発生）いわゆる課税庁による確定権（決定・更正）及び納税者による確定権（修正申告。なお、更正の請求は確定に直接結び付くものではない。）であり、無申告により法定申告期限を徒過すれば一次的確定権を侵害したことになるが、不正行為がない限り逋脱犯は成立せず、後の租税債務の履行遅滞が生じるだけである。その結果、二次的賦課権（確定権）により法定申告期限経過により確保されている租税債権が侵害されない限り、逋脱犯は成立しない。

(5)　河村判事のいう納期説は、確定時説が一度租税債権を確定させた以上法定申告期限内に修正申告しても逋脱犯の成否に影響を及ぼさず、既遂であるとする点にその批判を中心においており、それとの論理一貫性を保つため、虚偽無申告による逋脱犯の既遂時期も納期限に求めたものとも思われるが、法定申告期限まで差換えが許され[34]、時間的には法定申告期限と法定納期限とが原則として一致する今日、なぜ納付すべき税額の履行期限にその納税義務の不履行が求められるのか理解できない（もし、現金で現実に納付することを念頭においているならば、その納期限の徒過は確定した租税債務を履行遅滞の形態で存続させる〔金銭債権として存続させる〕に過ぎず、不履行により租税収納の減少の事実が生じるのではない。）[35]。この点について小島判事は十分理解を示しながらも、河村判事同様に法定納期限の徒過により逋脱犯が既遂になるとするが、なぜ納税義務の確定した国税を実際に納付すべき期限である納期限の徒過により租税債権の侵害が生じるのか必ずしも明らかでない。

法定申告期限と法定納期限が相違する場合に、確定時説によると逋脱犯は法定申告時で既遂になるが、納期説によると逋脱犯は法定納期限で既遂になるという点で結果的には区別の意義があるようにもみえる。たとえば、法定申告期限の徒過後、確定行為（期限後申告あるいは決定）なくして正当税額を納付した場合についてみると、確定時説からは逋脱犯は成立するが、納期説からは抽象的租税債権は侵害されていないので不成立ということになり（期限内過少申告の後、正当税額を納付した場合も同様）、また同様に、法定申告期限の徒過後、正当税額による確定がなされた場合、法定納期限に税を納付しようとすまいと確定時説からは逋脱犯は成立し、納期説からは未だ不成立ということになる。しかし、納期説が逋脱犯成立の鍵とする納期限には、納税義務の確定した国税を実際に納付すべき期限としての意味しかなく、逋脱犯の成否に影響を及ぼすものではない。

(6) 小島判事は、確定時説が逋脱犯の保護法益に確定手続ないし徴収権を据えることは、税の確定、徴収手続を保護する法体系（記帳義務、税務調査、加算税、無申告罪等の刑事秩序罰等）を考慮すると、過当に徴収権を保護し、国家利益を重視することになるとする。(36) しかし、確定時説は、法定申告期限の徒過をもって逋脱犯の成立を認めるものであり、法定申告期限と法定納期限は原則として一致すること（確定時説による逋脱犯の既遂時期が法定納期限より早く既遂に達する場合は、納期限のみが延長された場合しかありえない（国通法一一条等）。）から、逋脱犯の本質をあくまでも納税義務の不履行（法の予期する内容（税額）をもって履行しないこと）と解する納期説こそ、まさに国税徴収法によりそれが二重に担保されているといえる。特に、小島判事は、確定時説においては逋脱犯の客体たる税が徴収権の消滅時効に服するとすることから（この見解は堀田検事の見解であるが、堀田検事は納期限をも配慮しており、確定時説とはいえない。）、確定時説は徴収権が保護法益であるとするが、(37) 確定時説からもそれが確定権の除斥期間に服するとすることも十分理論的に可能であり、むしろ、その方が合理性がある。よって、納期説イコール賦課権説、確定時説イコール徴収権説と図式化するのはきわめて短絡的であろう。

(7) 納期説は確定時説より逋脱犯の成立時期が明確であるとするが、(38) 今日では津田氏のいう確定時説はとりえないのであるから、法定納期限前の不正行為による逋脱犯の場合、両説とも問題はないが、法定申告期限（法定納期限）後の虚偽過少申告を除く不正行為による逋脱犯の場合には、確定時説が納期説よりも明確である。

(8) 納期説の理論的帰結は、暦年、事業年度の経過等により観念的に成立した抽象的租税債権が「偽りその他不正の行為」により侵害されることにより、納税減少の事実が実体的に認められたときに逋脱犯の成立を認めるという結論を導くが、これは逋脱犯の構成要素を不当に拡大する危険をはらんでいる。前掲東京高裁昭和五九年三月二八日判決は、納期説を前提にして、「法人税を正当税額で確定させた場合にも、事前の不正行為により税を免れたならば、法人税法一五九条一項の逋脱罪が成立する可能性を否定することはできない」と判示する。当該判決は、国税徴収法一八七条一項、一八九条一項の滞納処分妨害罪が、確定税額に関してのみしかその処罰の対象とすることができないので、税額確定前の段階において税の徴収を不能もしくは困難にするような財産隠匿等の不正行為をして納期限内に税を納付しないならば、逋脱犯の対象として処罰することができるとする。この判決は、納期説が徴収権の保護に密接に連動し、過当に徴収権を保護し国庫利益を重視するなど、納期説の問題点を露呈している。

納期説は、納税義務の成立と確定の区別の存在しなかった賦課課税制度のもとでの学説に源流をもつものである。戦後わが国の税制が賦課課税制度から申告納税制度へと転換したことにともなって租税刑罰に係る基本的理念も当然変化してしかるべきであり、申告納税制度の導入の意図が歴史的にどのようであったにしろ、それが国民主権主義の基本原理からの必然的要請として位置づけられつつある今日、租税刑罰の理念も申告納税制度の適切な確立のための機能へと移行することは不可欠であると考えられる。

3　私　見

法定申告期限前の不正行為と法定納期限前の不正行為による逋脱犯の既遂時期は、納期限が延長されないかぎり同一であるが、河村判事及び小島判事の説く納期説には、前述した納期説に対する批判（四、2）から賛成できない。また、折衷説も確定概念を構成要件要素とする点では支持できるが、既遂時期をあくまでも納期限とする点で、納期説同様問題がある。

確定時説においても確定申告時に逋脱の結果発生を認める津田氏、忠氏の見解は、今日法定申告期限まで納税者は自由に確定申告書の差換えができ、国税通則法の予定している課税標準等又は税額等は法定申告期限までは確定しないことから問題がある。しかし、理論的には、田中博士の申告期限説同様、適正な税額を確定させないことによって租税債権の減少を導いたときに逋脱犯が成立するとする点で基本的に賛成である。法定申告期限前の不正行為による逋脱犯は法定申告期限時に成立する。

しかし、期限後虚偽過少申告以外の法定申告期限後の不正行為による逋脱犯の既遂時期については、納期説同様、確定時説、申告期限説も法定申告期限後の不正行為による逋脱犯につき無申告で法定申告期限を徒過した後に不正行為がなされたときには、その行為時に逋脱犯が既遂になるとする。そこで、この限りにおいて逋脱犯の特別規定である単純無申告犯の趣旨を誤る（四、2、(3)参照）とともに、因果関係を無視する（三、1の河村判事に対する堀田検事、小島判事の批判参照）などの問題を残していると考えられる。

申告納税制度のもとで、法は一次的に法定申告期限までに納税者に正当税額で確定させるという申告義務を負わせている結果、単純無申告で法定申告期限を徒過する場合には、その時点で抽象的租税債権を確定させ、その結果具体的租税債権を減少させ、「税を免れた」という結果（租税債権は零）は発生している。しかし、なんらの不正行為のなされていない単なる無申告は逋脱犯の不正行為に該当せず、単純無申告犯として評価されるにとどまるにすぎない（ただし、単純無申告犯にあたるものは、納税倫理の高揚に伴い、前述（四、2(3)）したように限定的に解釈されるべきであろう。）。

すなわち、先の無申告による租税債権は、後日、二次的確定権（決定、期限後確定申告）の行使により正当な租税債権との齟齬が表面化した場合に法定申告期限後二次的確定権の行使前に不正行為が行われたとしても、加算税等の行政罰、調査妨害犯等の対象となることはあっても、その時点で逋脱犯が成立することはありえない。単純無申告による租税債権の侵害の評価は一次的確定権の下では、以上で完結してしまう。

しかし、法はさらに二次的に課税庁あるいは納税者に確定権を付与していることから、①納税者が具体的に確定した正当税額、あるいは正当税額の一部を、なんらかの不正行為により、課税庁の確定権を行使させ減額させる、さらに②単純無申告等において顕在化する正当税額を、不正行為により課税庁の確定権を行使させることによって、又は期限後申告によって減額させることによって、逋脱犯の成立を認めることが可能である。

そこで、単純無申告による法定申告期限（あるいは法定納期限）後の不正行為による逋脱犯は、納税者が虚偽期限後申告を行ったとき、あるいは課税庁がなんらかの確定行為（決定、更正）を行ったときに成立すると考えるべきである（単純無申告犯と逋脱犯は併合罪として処断される。(39) 前掲神戸地裁昭和三〇年一二月二七日判決、前掲大阪高裁昭和三一年一一月二六日判決参照）。

よって、逋脱犯の保護法益が法定申告期限（あるいは法定納期限）時における確定妨害による租税債権の減少に限定できない点で①②判決と同一の結論であるが、①法定申告期限において要求される申告義務による租税債権の確定は、その後課税庁の確定がない場合の一応のものであると解することにより（①②判決の理由(2)参照）あるいは②法は法定申告期限において正当税額が確定されることを要求しており、法定申告期限後も引き続いて納税義務の確定を期待していると解すること等により（四、2、(3)参照）、この結論が導き出せるものではない。一次的確定権の補足的・補完的なものにすぎない二次的確定権のもとで、法定申告期限において把握された正当税額をあらためて侵害するということにより導きだせるものであり、この意味においてのみ二次的確定権のもとでの逋脱犯は成立する。

このように解することにより、法定申告期限前の逋脱犯、法定申告期限後の逋脱犯、さらにはあらゆる不正行為による逋脱犯を統一的に理論構成することができるものと思われる。このような見解は、確定時説、申告期限説、折衷説と区別して、「租税債権侵害説」と呼ぶことができよう。

この租税債権侵害説に立って、①②判決をみると、内容虚偽の更正の請求書の提出という「偽りその他不正の行為」による逋脱の結果発生は、減額更正処分時に求められるべきである。正当税額の確定申告あるいは修正申告により既に税が納付してあろうとなかろうとこの結論に差はない。よって、①判決には賛成できない。②判決は結論において妥当であるが、その理論的説明には問題がある。③④⑤事案のケースも本件と同様に逋脱犯の既遂時期は、減額更正処分がなされたときである。

五　おわりに

本稿でみてきたように、最近の東京地裁判決、東京高裁判決及び学説の通説も逋脱犯の既遂時期につき、納期説によっている。しかし、虚偽の更正の請求による逋脱等については、納期説論者によってもその既遂時期を異にするなどの混乱がみられる。また、下級審においては、「偽りその他不正の行為」による租税収入の減少につながる恐れのあるもので、逋脱犯以外の租税法上の刑事罰の対象とならないものは逋脱犯の構成要件の中に取り込もうとする傾向が伺えるようにも思える。これは裏を解せば、国庫主義思想のもとで行政犯的に解されてきた逋脱犯が自然犯化することにより、結果無価値のみならず行為無価値をも、すなわち「偽りその他不正行為」の態様をも保護法益に含めようとする時代の到来を示唆しているともいえる。

しかし、現行法の逋脱犯が結果犯である以上、逋脱犯の実行行為たる「偽りその他不正行為」の態様は社会通念上多様であるにしても、「税を免れた」という逋脱の結果は不当に拡大解釈されてはならない。申告納税制度のもとで、国庫主義思想下にその源を発する納期説は猛省をせまられるべきであろう。

なお、本稿で論じたような租税刑法の問題は、刑法学者と税法学者の研究の谷間にあり、研究の遅れている領域である。刑法に浅学の筆者自身、本稿についても理論的に十分に煮詰めることができず、なお検討すべき多くの問題を残している。税法学者、刑法学者双方から御批判をいただければ幸いである。

（1） 虚偽の確定申告書を提出し、法定納期限後に正当税額の修正申告を行っても、逋脱犯の正否には影響はない（最高裁昭和三六年七月六日判決・民集一五巻七号一〇五四頁等参照）ことから、このように事案を簡潔にすることができよう。なお、①②判決では、詐欺罪と逋脱犯との関係、さらに①判決では、虚偽の更正の請求による逋脱犯と先の虚偽過少申告による逋脱犯との罪数及び前者の逋脱犯に係る逋脱税額の算定方法が問題となるが、本稿では直接言及しない。これらの問題点については、佐藤英明〈①判決の判例研究〉ジュリスト八九〇号一二頁を参考にされたい。

（2） 構成要件要素である「偽りその他不正の行為」は、逋脱の意図をもって、その手段として税の賦課徴収を不能もしくは著しく困難ならしめるようになんらかの偽計その他の工作を行うことである（最高裁（大）昭和四二年一一月八日判決・刑集二一巻九号一一九七頁）。このような非類型的な記述を構成要件に取り込んだのは、逋脱犯の手段が社会的に様々であって、これを類型的に記述すると、かえって構成要件に取り込まれなかった社会的不正行為との間に不均衡が生じる恐れがあるためであると考えられている（津田実「改正税法罰則解説(1)」財政経済弘報一九四号一頁（一九五〇）、堀田力「租税ほ脱犯をめぐる諸問題(1)」法曹時報二二巻二号二三五頁注(4)（一九七〇）参照。

虚偽の更正請求書の提出が不正行為にあたるか否かについては、虚偽答弁、虚偽の再審査請求等が不正行為に該当することは学説・判例において異論をみないところである（小島建彦「直税法違反事件の研究」司法研究報告書二四巻二号六一頁以下（一九七九）等参照）ことから、虚偽の更正の請求がこれに含まれると解して問題はない。虚偽の更正の請求が不正行為にあたることを明言するものとして、戸塚岩夫「税法における詐偽その他不正の行為の意義」税経通信一一号九〇頁（一九五四）がある。

（3） 美濃部達吉『行政刑法概論』一七七頁（岩波書店・一九二五）。

（4） 同旨の見解の紹介については、河村澄夫「税法違反事件の研究」司法研究報告書四巻八号二三九頁注(1)（一九五四）参照。河村判事は後述するように納付説を納期説と呼ぶ。

（5） 津田・前掲論文一頁以下。津田氏は、法定申告期限内に最初の虚偽過少申告を訂正しても逋脱犯の成否に影響を及ぼさないとする（津田・前掲論文一頁）。河村判事は、この見解を申告時説と呼び、栗坂検事は、債権確定説と呼ぶ。しかし、名古屋高裁昭和二六年六月二〇日判決・国税関係刑事事件判決要旨集二四八頁は、訂正しかつ納税を完了すれば未遂にとどまると判示する。

(6) 栗坂諭『租税犯の捜査』三九頁以下（協和図書出版・一九四九）、忠佐市『租税法要論』四九四頁以下（日本評論社・一九五〇）等。後述の納期脱出現後の昭和三一年においても安原検事は、「『税を免れ』とは、租税債務の内容を具体的に確定させる段階において、これを誤って過少に確定させ、又は税法がその内容を確定させることを期待しているときに確定させないことすなわち、租税債務の具体的確定を妨げることをいう」と説いている（安原美穂「税法罰則における故意と過失」税経通信一一号七六頁（一九五六））。
(7) 河村・前掲論文二四四頁以下。
(8) 田中二郎『租税法』三四四頁以下（有斐閣・一九六八）、同新版（一九八一）においてこの説を申告期限説と名付けている。なお、法定申告期限経過のときに逋脱犯の既遂が成立するとするものとして、金子宏『租税法（補正版）』四七七頁（弘文堂・一九八一）、北野弘久『税法学原論』三八三頁（青林書院新社・一九八四）等がある。
(9) 堀田・前掲論文(2)法曹時報二二巻四号七六二頁以下。
(10) 小島・前掲論文八六頁以下、伊東栄樹他編『注釈・特別刑法〔第5巻経済法編Ⅱ〕』二二三頁以下（立花書房・一九八四）（小島建彦執筆）参照。なお、納期説に立つものとして、清水敬次『新版　税法』二六六頁（ミネルヴァ書房・一九八〇）、畠山武道『租税法（改訂版）』三八〇頁（青林書院・一九八五）等がある。
(11) 津田・前掲論文二頁。
(12) 忠・前掲書四九五頁。
(13) 河村・前掲論文二四五頁以下。
(14) 田中・前掲書三八四頁以下。
(15) 河村・前掲論文二四六頁。
(16) 堀田・前掲論文（2）七六四頁。
(17) 堀田・前掲論文（2）七六三頁。
(18) 小島・前掲論文八八頁以下。
(19) 津田・前掲論文二頁。
(20) 忠・前掲書四九三頁。

(21) 河村・前掲論文二四五頁以下。
(22) 戸塚・前掲論文九一頁。
(23) 堀田・前掲論文（2）七六四頁。
(24) 小島・前掲論文九二頁以下。
(25) 堀田・前掲論文(2)七五四頁以下、小島・前掲論文九〇頁以下、田中・前掲書〔新版〕三八六頁注(6)、西原春夫他編著『判例刑法研究（八巻）』八二頁（東條伸一郎執筆）（有斐閣・一九八一）等参照。
(26) その論拠となる判決の多くは、最高裁昭和三六年七月二六日判決をはじめとして法定申告期限前の虚偽申告による逋脱犯事案であり、その場合法定申告期限はすなわち法定納期限であるので、果たしてそれらの判決が納期説と言い切れるのか疑問視する向きもある。堀田・前掲論文（2）七六〇頁注(37)参照。法定納期限が延長されて、法定申告期限とその既遂時期が異なる事案において納期限の徒過をもって逋脱犯の成立を認めれば納期説に立っているといえるであろう。なお、最高裁昭和六〇年二月二七日判決・判時一一四九号一六四頁は、双方とも延長されたとしてその既遂時期を争ったもので参考にならないものと思われる。
(27) 小島・前掲論文八四頁以下は、侵害客体の「税」を納税確定申告徒過時によって確定すべき租税債権に限るとする「狭義の確定時説」と脱税の結果発生を確定妨害の発生したときに求め、従って確定申告の段階はもとより納期限後において、誤った期限後申告、課税処分がなされた時にも犯罪の成立ありとする「広義の確定時説」に分けるが、前説が誰によって主張されたかについては触れていない。なお、戸塚・前掲論文九〇頁も、法定申告期限後には納税義務は存しないところから、法定申告期限後の虚偽申告逋脱犯及び無申告逋脱犯の成立はないと主張されるとして、いわゆる「狭義の確定時説」の存在に言及している。本稿で引用した確定時説に立つ学説は納期限徒過後も逋脱犯が成立することを当然の前提として論じている。
(28) 津田実「改正所得税法等その他関係法令の罰則について」刑資四六号二四八頁、小島・前掲論文八四頁以下参照。本稿で引用した文献はもちろんのこと、狭義の確定時説に立つ見解は、筆者がみる限り見当たらない。
(29) 小島・前掲論文八八頁。河村・前掲論文二四四頁参照。
(30) 堀田・前掲論文（2）七五七頁以下。

(31) 堀田・前掲論文（1）二三九頁以下、小島・前掲論文七〇頁以下が詳細に判例・学説を分析している。

(32) 単純無申告と不正の行為との関係については、堀田・前掲論文（1）二三九頁以下参照。なお、最近の判例の動向等については、池上政幸「不作為による租税ほ脱罪の成立範囲」商事法務一一〇六号三一頁（一九八七）参照。

(33) 堀田・前掲論文七六三頁。小島・前掲論文八九頁。法は一次的に、納税者は「納税申告書を法定申告期限までに税務署長に提出しなければならない」（国通法一七条）と規定していることから、納税者の申告義務は法定申告期限の前と後（国通法一八条、一九条）で同一と解することはできない。すなわち、法は、納税者が法定申告期限までに正当税額で申告することを絶対的に要求している。

(34) 堀田・前掲論文（2）七五六頁以下、税務大学校編『国税通則法』（普通科教本）一九頁以下（一九七九）一九頁以下等参照。

(35) 田中・前掲書三八六頁注(6)参照。

(36) 小島・前掲論文八七頁。

(37) 小島・前掲論文八五頁。

(38) 堀田・前掲論文（2）七六一頁注(38)等参照。

(39) 西原他編著・前掲書（東條執筆）八三頁は、単純無申告犯は期限後の過少申告逋脱犯に吸収されるとする。

（追　記）

本稿の校正中に①②判決の控訴審判決に接した。①判決の控訴審（東京高裁昭和六二年三月二三日判決・判時一二四二号一三九頁）は、本件のように当初申告又は修正申告によりいったん具体的租税債権の確定をみている場合について、「相続税を免れる」結果が発生しているというためには、単に更正請求がなされているだけで足りず、課税庁の更正処分により上記具体的租税債権の減少又は消滅の効果が生じていることを要すると判示し、①判決を破棄した。②判決の控訴審（東京高裁昭和六二年三月二三日判決・判時一二四二号一三九頁）は、課税庁による減額更正がなされていることをもって②判決を支持している。両控訴審判決とも結論において私見と同じであり、その点で評価できるが、論理構成においては疑問が存する。

〈追　補〉

その他、本稿に関係する判決としては、以下のようなもの（追記で掲げた二判決もここに含める。）を挙げることができる。

⑴　東京地裁昭和六一年三月一九日判決（刑裁月報一八巻三号一八〇頁、判時一二〇六号一三〇頁）は、相続税につき修正申告をしたものが、修正申告に係る相続税を免れるために相続により多額の債務を負担したとの架空の事実にもとづく減額更正請求をした場合には、詐欺未遂罪が成立するのではなく相続税の逋脱犯が成立すると判示する。

⑵　東京高裁昭和六二年三月二三日判決（判時一二四二号一三九頁）は、相続税につき申告等により具体的租税債権が確定した後に、架空の事実にもとづき減額更正請求がなされたがまだ更正処分がされていないときには、相続税の逋脱犯（既遂）は成立しないと判示する。

⑶　東京高裁昭和六二年三月二三日判決（判時一二四二号一三九頁、判タ六五〇号二七〇頁）は、相続税につき申告等により納税額が確定した後に、架空の事実にもとづき内容虚偽の減額更正請求をし、減額更正処分を受けたときは、相続税の脱税犯（既遂）が成立すると判示する。

⑷　東京地裁昭和六一年三月二四日判決（税資一六一号三六五頁）は、相続税につき修正申告をしたものが、修正申告に係る相続税を免れるために相続により多額の債務を負担したとの架空の事実にもとづく減額更正請求を行い、当該請求書の内容が真実であるかのような偽装工作を行った場合には、減額更正処分がされていなくとも、相続税の逋脱犯（既遂）が成立すると判示する。

⑸　東京地裁昭和六一年三月二四日判決（税資一六二号一六七六頁）は、相続税の申告後、内容虚偽の減額更正請求書を提出して減額の更正を求めたときに、相続税の逋脱犯（既遂）が成立すると判示する。

⑹　東京地裁昭和六一年四月一一日判決（税資一六一号四七一頁）は、相続税の申告後、内容虚偽の減額更正請求書を提出して、その内容が真実であるかのような偽装工作を行ったときには、減額更正処分がなされていなくとも、相続税の逋脱犯（既遂）が成立すると判示する。

⑺　東京地裁昭和六一年四月一五日判決（税資一七二号一八五四頁）は、相続税の申告後、内容虚偽の減額更正請求を行うなどの不正行為を行い、正しい履行をしなかったときにも、脱税犯（既遂）が成立すると解されるところ、内容虚偽

の減額更正請求を行い、減額更正処分をさせているのであるから脱税犯が成立すると判示する。

(8)　東京高裁昭和六二年三月一六日判決（東高刑裁時報三八巻一〜三号合併号一七頁、税資一六一号三四七頁）(4)の控訴審）は、「相続税法六八条一項は、偽りその他不正の行為により、相続税等を免れるという結果が発生した場合を処罰するのであるから、同条項違反の罪が成立するためには、単に納税義務者の相続税を納付しない意思が確定的に表明されているだけでは足りず、『相続税を免れた』結果が発生していることを要するのである。もし、原判決のいうところが、納税義務者の相続税を納付しない意思が確定的に表明されることにより相続税を免れるという結果が発生するという趣旨であるとすれば、それは本件の場合にあてはまらないというべきである。すなわち、本件のように、当初申告又は修正申告によりいったん具体的租税債権の確定をみている場合については、更正請求自体は、なんら右租税債権を減少又は消滅させる効果を生ぜず、税務署長の更正処分によって初めてそのような効果が発生するのであるから、このような場合については税務署長の更正処分があって初めて『相続税を免れた』結果が発生するものと解すべきである。しかるに、原判決は、修正申告によりいったん具体的租税債権の確定をみている場合につき、いまだ税務署長の更正処分もなされていないのに、相続税法六八条一項にいう『相続税を免れた』場合に当たるとしているのは、右法令の解釈・適用を誤ったものというべきであり、その誤りが判決に影響を及ぼすことは明らかである。

原判決は主たる訴因である詐欺未遂の訴因を排斥し、前記相続税法違反の事実を確定しているところ、主たる訴因である詐欺未遂の訴因を排斥した原判決の判断は当裁判所もこれを是認することができる。そしてその理は、本件のようにいまだ「相続税を免れた」段階に至らないため、未遂犯処罰の規定を欠く相続税法によっては処罰することができない場合にあっても異なるところはない。すなわち相続税法等の租税法の体系は、刑事についていえば、一般法である刑法の特別法をなすのであり、具体的な違法行為が税法の予定する犯罪類型に該当する限り、税法の適用を優先すべきであって、一般法たる刑法を適用すべきものではなく、さらに各種税法は、その犯罪類型を定めるにあたっては、未遂犯処罰の要否を検討し、未遂犯処罰の必要なものについてはその旨の規定を設けており、相続税法に相続税ほ脱の未遂犯処罰の規定がないのは、その未遂罪は処罰しない趣旨であると解されるから、これを一般法たる刑法の詐欺未遂罪として処罰することは許されないのである。そうすると、主たる訴因は採用できず、予備的訴因について、前示のとおり、被告人の前記所為は、いまだ「相続税を免れた」ものとはいえず、相続税ほ脱の未遂にすぎないから、未遂犯処罰の規定を欠く相続税法によっては処罰することはできず、結局被告人の右行為は罪とならないから、刑訴三三六条により主文三項のとおり被告人に対し無罪の言渡をする。」と判示する。

(9) 東京高裁昭和六二年三月一八日判決（税資一六一号三四七頁）(6)の控訴審）は、相続税の申告後に虚偽の減額更正請求書を提出し、その内容が真実であるかのような偽装工作を行ったとしても、「相続税を免れた」とはいえず、脱税犯（既遂）は成立しないと判示する。

(10) 東京高裁昭和六二年三月二三日判決（判時一二四二号一三九頁、税資一六二号一五九七頁）(5)の控訴審）は、相続税の申告後に虚偽の減額更正請求書を提出し、その内容が真実であるかのような偽装工作を行ったとしても、「相続税を免れた」とはいえず、脱税犯（既遂）は成立しないと判示する。

著著紹介

占部裕典（うらべ　ひろのり）

金沢大学法学部教授（租税法，国際租税法，行政法）
1953年　山口県生まれ
神戸大学法学部卒業，神戸大学大学院法学研究科博士課程修了，
エモリー大学ロー・スクール修了
LL. M（米国・エモリー大学ロー・スクール），博士（法学・神戸大学）
主要著書
『信託課税法』清文社（2001）
『固定資産税の現状と課題』信山社（監修）（1999）
『国際的企業課税法の研究』信山社（1998）
『租税債務確定手続』信山社（1998）
『イギリス信託・信託税制研究序説』清文社（共著）（1994）
『国際租税法の研究』法研出版（共著）（1990）
など

租税法の解釈と立法政策 II

2002年2月20日　初版第1刷発行

著　者　占部　裕典
発行者　今井　貴＝村岡侖衛
発行所　信山社出版株式会社
113-0033 東京都文京区本郷6-2-9-102
TEL 03-3818-1019　FAX 03-3818-0344
印刷・松澤印刷　製本・渋谷文泉閣

ISBN 4-7972-5269-3　C3032

事 項 索 引

あ 行

か 行

さ 行

た　行

な　行

は 行

ま　行

や　行

ら行～